KOMPASS

Endlich Feierabend

RHEIN-RUHR

44 WANDERTOUREN ZUM ENTSPANNEN

RHEIN-RUHR

44 Wandertouren

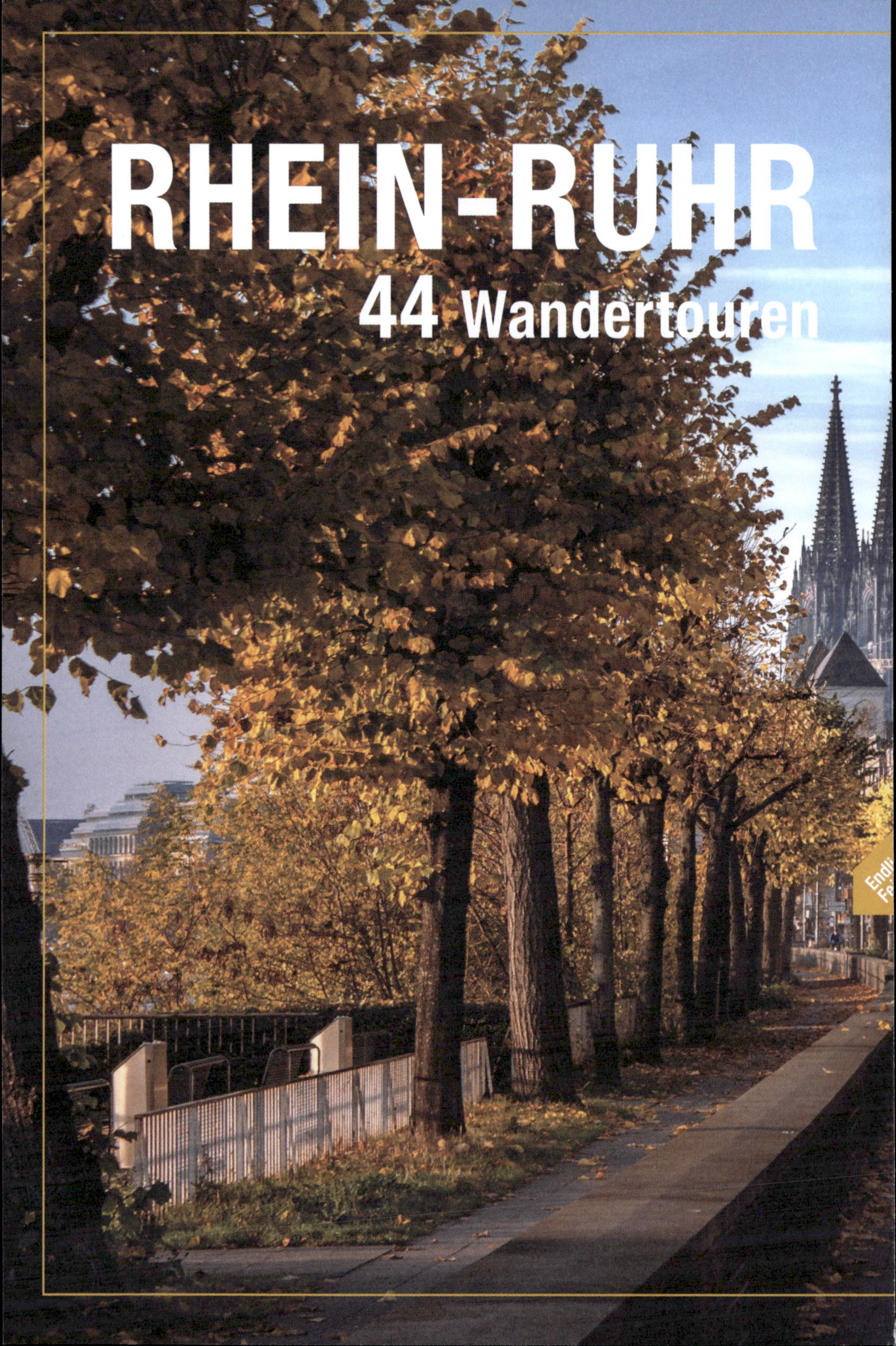

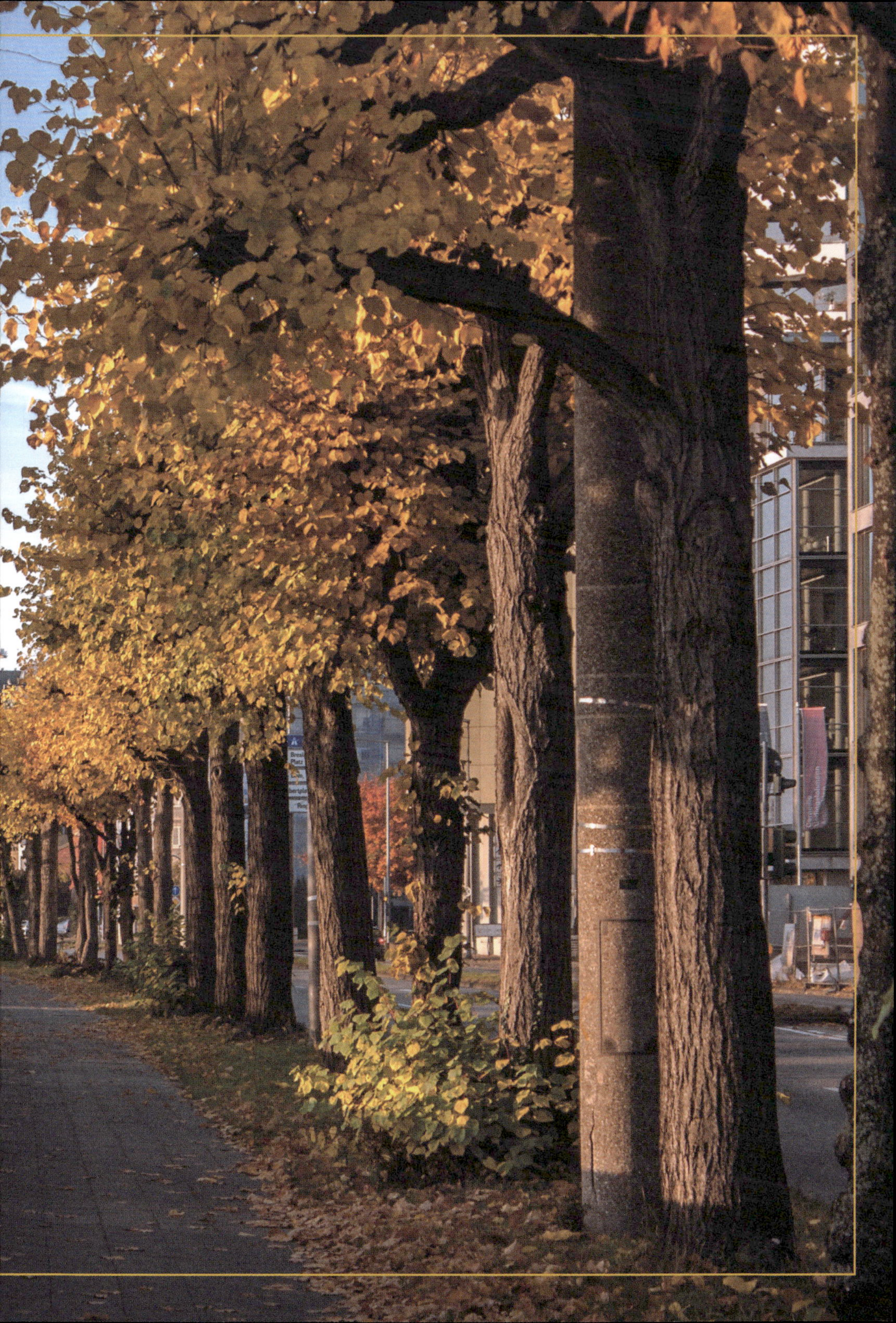

Inhalt

Tourenübersicht

44 Tourenziele
Alle Touren mit Dauer, Aufstieg, Distanz, Schwierigkeit 08–11

Übersichtskarte

Karte im Maßstab 1:550.000
Für die Planung der Anreise und die perfekte Übersicht der Region 12–13

Endlich...geht es los!

Vorwort und Einführung
Wo die Reise hingeht und was du erwarten kannst 14–15

Packliste

Endlich alle 7 Sachen zusammen
Alles was du auf deiner Wandertour brauchst 16–17

Verhaltenskodex

Endlich gern gesehn
So verhältst du dich richtig 18–19

Grundwissen

Wandern, Touren-1x1
Das solltest du bei deiner Wanderung am Feierabend wissen 20–23

Touren 1– 44

Karte und Tourenbeschreibung
Dein Wegweiser zu den schönsten Touren 26–203

Unsere Wander-Hacks

Tipps, Tipps und Tipps
So erleichterst du dir das Wandern 206–207

Endlich was Neues ausprobieren

Was gibt es noch?
Das alles kannst du in der Region noch erleben 208–209

Von Vorteil für Mensch & Natur

Nachhaltigkeit
5 Tipps für nachhaltiges Wandern 210–211

Impressum

Kleingedrucktes
Text & Bildnachweis 214–215

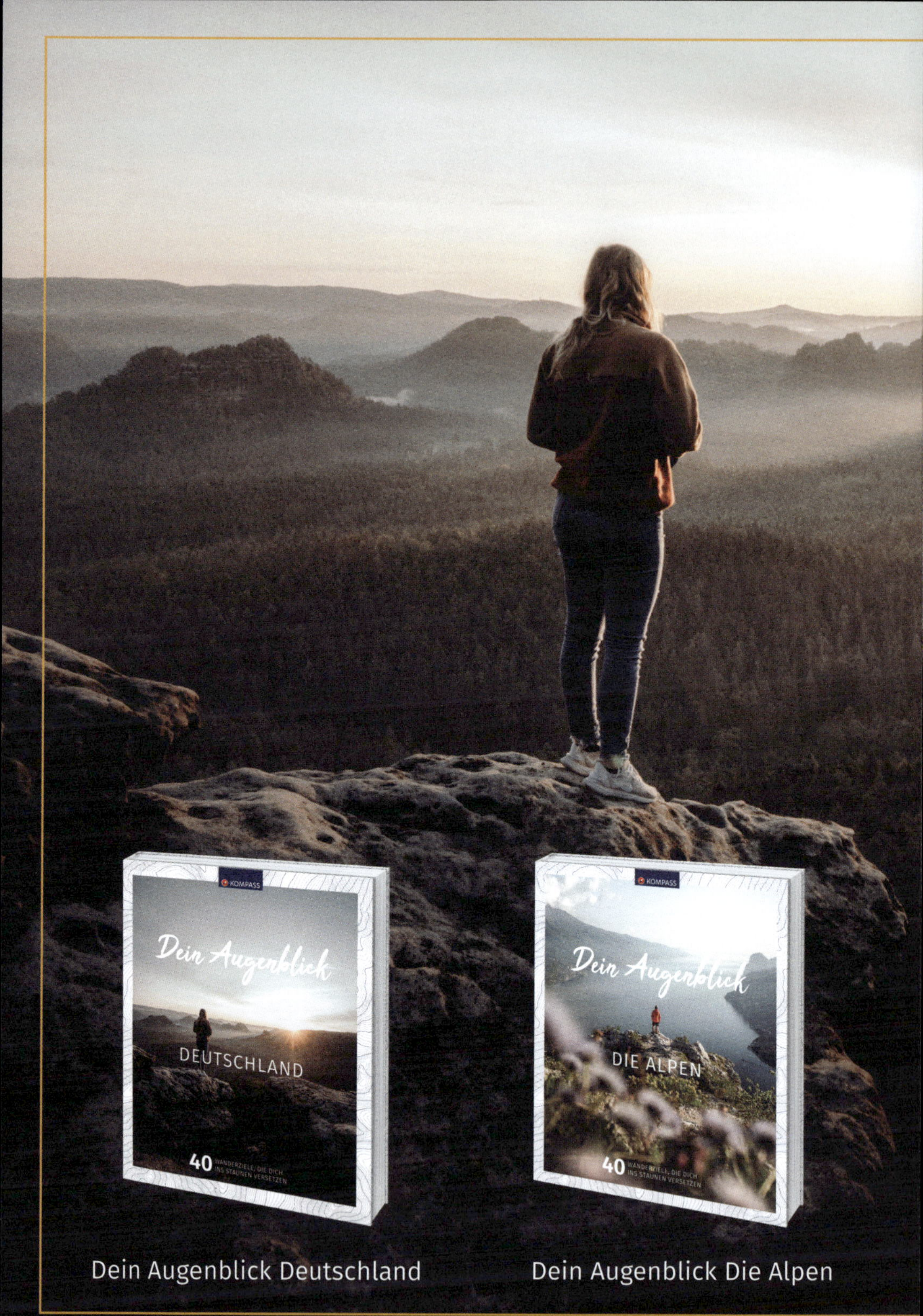
KOMPASS
Dein Augenblick
DEUTSCHLAND
40 WANDERZIELE, DIE DICH INS STAUNEN VERSETZEN
KOMPASS
Dein Augenblick
DIE ALPEN
40 WANDERZIELE, DIE DICH INS STAUNEN VERSETZEN
Dein Augenblick Deutschland
Dein Augenblick Die Alpen

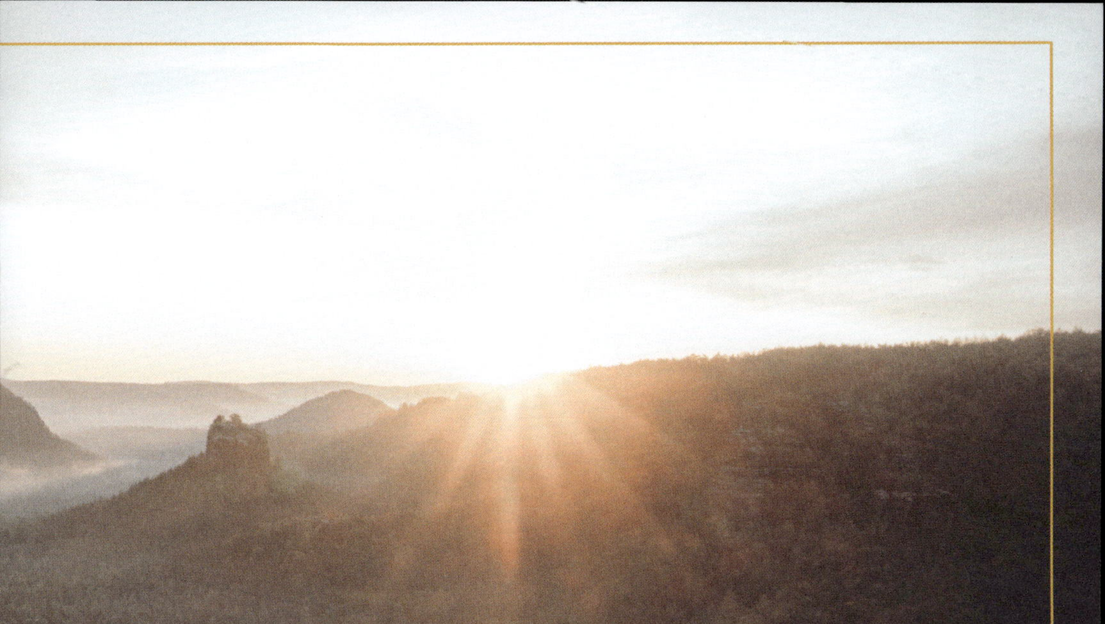

Wer wir sind

Wegweisend: der KOMPASS-Verlag

KOMPASS-Produkte sind für Entdecker, Abenteurer und Menschen mit Tatendrang. Ob spontan aufbrechen oder mit einem klaren Ziel vor Augen, ankommen will jeder und jede. Dafür machen wir seit 1953 Outdoor-Produkte.

Tourenübersicht

TOUREN 1–11

01 **Westerholt – Berge:** 2h, 120 hm, 7,7 km, **LEICHT**
Dorf- und Parkidylle zwischen den Großstädten **26**

02 **Um die Zeche Ewald:** 2h 15min, 220 hm, 8,4 km, **MITTEL**
Mächtiges Industriedenkmal und eine tolle Aussicht **30**

03 **Tatort Ruhrort:** 1h 15min, 50 hm, 5 km, **LEICHT**
Auf Kommissar Schimanskis Spuren in Duisburg **34**

04 **Grünes Duisburg:** 1h 30min, 40 hm, 6 km, **LEICHT**
Zwischen Hochofen und Naturidylle im Landschaftspark **38**

05 **Auf die Halde Haniel:** 2h 30min, 260 hm, 8,7 km, **MITTEL**
Gipfelerlebnis auf einer der größten Halden **42**

06 **Am Rhein-Herne-Kanal:** 2h, 80 hm, 7,6 km, **LEICHT**
Natur, Geschichte und Industriekultur auf engstem Raum **46**

07 **Rund um Schloss Beck:** 2h 10min, 80 hm, 8,4 km, **LEICHT**
Zwischen Freizeitpark und Kraftwerk **50**

08 **Allee des Wandels:** 2h 20min, 100 hm, 9,1 km, **LEICHT**
Auf der alten Zechenbahn von Herten nach Recklinghausen **54**

09 **Entenfang – Masurensee:** 1h 45min, 20 hm, 8 km, **LEICHT**
Durch die Duisburger Sechs-Seen-Platte **58**

10 **Broich – Saarn:** 2h 30min, 0 hm, 9 km, **LEICHT**
Mülheimer Gartenufer und Saarner Auenweg **62**

11 **Kettwig – Mintard:** 2h, 90 hm, 8,5 km, **LEICHT**
Über Ruhrhöhen zum Schloss Hugenpoet **66**

TOUREN 12–22

12 **Werden – Heissiwald:** 2h 15min, 95 hm, 8 km, **LEICHT**
Wildgehege, Wälder und Fernblicke hoch über der Ruhr **70**

13 **Baldeney – Korteklippe:** 1h 45min, 85 hm, 6,5 km, **LEICHT**
Zum schönsten Aussichtspunkt über dem Baldeneysee **74**

14 **Herne – Gelsenkirchen:** 2h, 0 hm, 11 km, **LEICHT**
Am Rhein-Herne-Kanal von Ost nach West **78**

15 **Mengede – Castrop:** 2h 30min, 40 hm, 8 km, **LEICHT**
Auf dem Emscher-Park-Wanderweg nach Castrop **82**

16 **Westfalenpark:** 2h 30min, 120 hm, 10 km, **LEICHT**
Parkwanderung in der Metropole Westfalens **86**

17 **Am Halterner See:** 2h, 5 hm, 8 km, **LEICHT**
Westruper Bilderbuchheide und Halterner Wassersportsee **90**

18 **Schloss Cappenberg:** 1h 30min, 90 hm, 6 km, **LEICHT**
Durchs Kohuesholz zum Schlössertraum **94**

19 **Blankensteiner Schleuse:** 2h 15min, 20 hm, 8,5 km, **LEICHT**
Aussichtsreich durch die Ruhrauen von Stiepel **98**

20 **Bommern – Hardenstein:** 2h 15min, 75 hm, 8,5 km, **LEICHT**
Durch das Muttental in die Wiege des Ruhrbergbaus **102**

21 **Hohenstein:** 1h, 60 hm, 4 km, **LEICHT**
Wälder, Wildgehege und ein prächtiger Blick auf das Ruhrtal **106**

22 **Auf dem Heil:** 2h, 203 hm, 8 km, **LEICHT**
Vom Harkortsee auf das Dach des Ardeygebirges **110**

Tourenübersicht

TOUREN 23–33

23 **Hengsteysee:** 2h, 10 hm, 8 km, **LEICHT**
Rund um den ältesten Ruhrstausee **114**

24 **Ergste – Syburg:** 2h 30min, 125 hm, 9,5 km, **LEICHT**
Vom Ruhrtal ins Ardeygebirge **118**

25 **Hohenlimburg:** 2h, 140 hm, 8 km, **LEICHT**
Zu einer der schönsten Mittelalterburgen Westfalens **122**

26 **Glörtalsperre:** 1h 30min, 10 hm, 5,5 km, **LEICHT**
Badevergnügen inmitten der Wälder **126**

27 **Hohe Molmert:** 3h, 365 hm, 11 km, **MITTEL**
Kurztour durch das romantische Bommecketal **130**

28 **KuLTour Drolshagen:** 2h, 200 hm, 7,3 km, **LEICHT**
Naturkunst an der Listertalsperre **134**

29 **Eckenhagener Heide:** 2h 10min, 190 hm, 8,2 km, **LEICHT**
Durch die verzauberte Wacholderheide **138**

30 **Burgberg Denklingen:** 2h, 150 hm, 6,2 km, **LEICHT**
Auf den Spuren einer Burg mit über 600-jähriger Geschichte **142**

31 **Harscheider Mühlentour:** 2h 30min, 200 hm, 9,6 km, **LEICHT**
Durchs Harscheider Bachtal zu den ehemaligen Mühlen **146**

32 **Burg Herrnstein:** 2h 10min, 160 hm, 7,9 km, **LEICHT**
Durch lichte Wälder zu einem prächtigen Schlosspark **150**

33 **Wahner Heide:** 2h 40min, 80 hm, 10,4 km, **LEICHT**
Durch das Naturschutzgebiet des ehemaligen militärischen Übungsplatzes **154**

TOUREN 34–44

34 **Ins Schlingenbachtal:** 2h 40min, 180 hm, 9,7 km, **LEICHT**
Durch lichte Wälder ins Naturschutzgebiet Schlingenbachtal **158**

35 **Immekeppeler Höhen:** 2h 20min, 150 hm, 8,1 km, **LEICHT**
Durch stille Bachtäler und über weite Höhen **162**

36 **Herrenstrunder Runde:** 2h 20min, 150 hm, 8,3 km, **LEICHT**
Über aussichtsreiche Höhen **166**

37 **Brucher Talsperre:** 2h 40min, 180 hm, 10 km, **LEICHT**
Wanderspaß und Badvergnügen **170**

38 **Lingesetalsperre:** 1h 40min, 80 hm, 6 km, **LEICHT**
Ein kleiner See für heiße Tage **174**

39 **Thier – Jörgensmühle:** 2h 40min, 150 hm, 8,2 km, **LEICHT**
Aussichtsreiche Wanderung auf stillen Sträßchen **178**

40 **Rund um Burscheid:** 2h 15min, 140 hm, 7,9 km, **LEICHT**
Entspannte Bachwanderung zur Schaumühle Lambertsmühle **182**

Unser Highlight

41 **Diepentaler Talsperre:** 2h 15min, 150 hm, 8,6 km, **LEICHT**
Kleine Runde in ein kleines, einsames Bachtal **186**

42 **Sengbachtalsperre:** 2h 40min, 230 hm, 9,6 km, **MITTEL**
An den Ufern der Wupper entlang **190**

43 **Im Wald bei Gräfrath:** 2h 40min, 210 hm, 9,7 km, **LEICHT**
Eine historische Altstadt und Idylle nahe der Wupper **196**

44 **Ronsdorfer Talsperre:** 2h 10min, 140 hm, 6,8 km, **LEICHT**
Durch ein kulturhistorisches Tal **200**

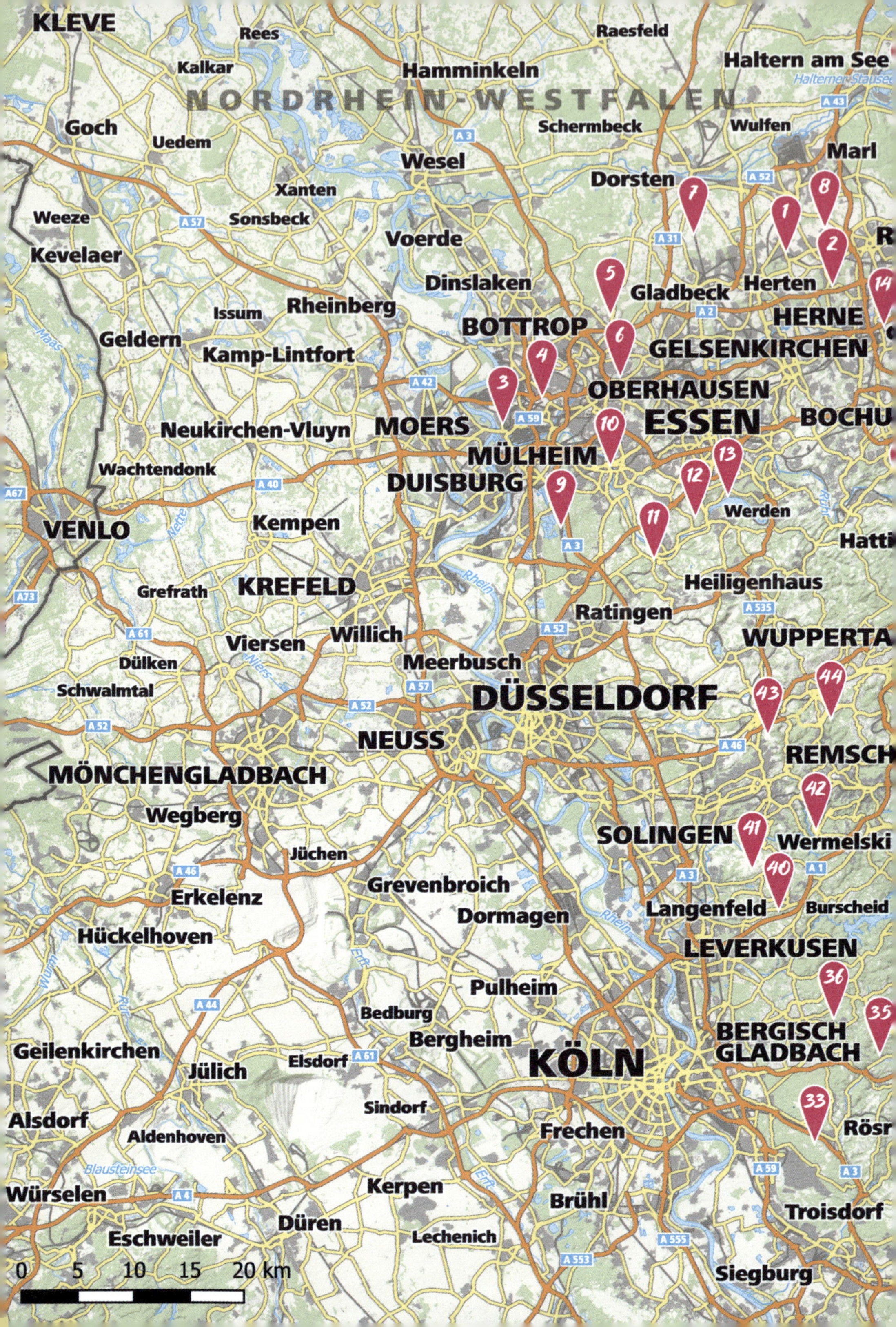

NORDRHEIN-WESTFALEN
KLEVE
Rees
Raesfeld
Haltern am See
Halterner Stausee
Kalkar
Hamminkeln
Goch
Uedem
Wesel
Schermbeck
Wulfen
Marl
Dorsten
Xanten
Weeze
Sonsbeck
Voerde
Kevelaer
Dinslaken
Gladbeck
Herten
Issum
Rheinberg
Geldern
BOTTROP
HERNE
GELSENKIRCHEN
Kamp-Lintfort
OBERHAUSEN
ESSEN
Neukirchen-Vluyn
MOERS
MÜLHEIM
Wachtendonk
DUISBURG
Werden
VENLO
Kempen
Heiligenhaus
Grefrath
KREFELD
Ratingen
Viersen
Willich
Meerbusch
Dülken
Schwalmtal
DÜSSELDORF
NEUSS
MÖNCHENGLADBACH
Wegberg
SOLINGEN
Wermelski
Jüchen
Erkelenz
Grevenbroich
Langenfeld
Burscheid
Dormagen
Hückelhoven
LEVERKUSEN
Pulheim
Bedburg
Bergheim
BERGISCH GLADBACH
Geilenkirchen
Jülich
Elsdorf
KÖLN
Sindorf
Alsdorf
Aldenhoven
Frechen
Rösr
Blausteinsee
Würselen
Kerpen
Brühl
Troisdorf
Eschweiler
Düren
Lechenich
Siegburg
Rhein
Maas
Niers
Nette
Erft
Rur
Wurm
Ruhr
A 3
A 43
A 52
A 57
A 31
A 2
A 42
A 59
A 40
A 67
A 73
A 61
A 535
A 46
A 1
A 44
A 4
A 555
A 553
1
2
3
4
5
6
7
8
9
10
11
12
13
14
33
35
36
40
41
42
43
44
0 5 10 15 20 km

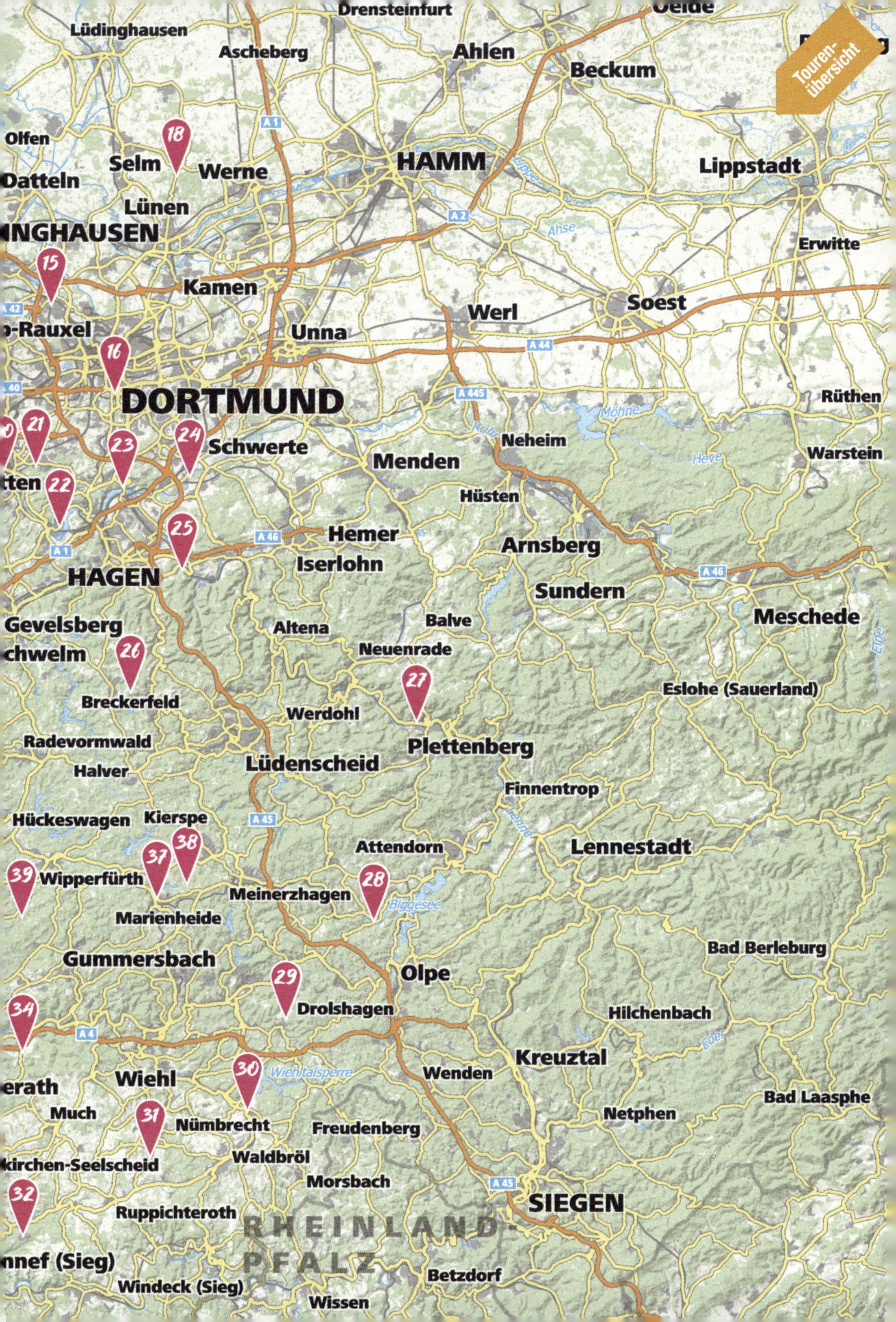
Touren-übersicht
Drensteinfurt
Oelde
Lüdinghausen
Ascheberg
Ahlen
Beckum
Olfen
18
Selm
Werne
HAMM
Lippstadt
Datteln
Lünen
NGHAUSEN
15
Kamen
Erwitte
Werl
Soest
-Rauxel
Unna
16
DORTMUND
Rüthen
21
23
24
Schwerte
Menden
Neheim
Warstein
tten
22
Hüsten
25
Hemer
Arnsberg
HAGEN
Iserlohn
Sundern
Meschede
Gevelsberg
Altena
Balve
chwelm
26
Neuenrade
27
Eslohe (Sauerland)
Breckerfeld
Werdohl
Radevormwald
Plettenberg
Halver
Lüdenscheid
Finnentrop
Hückeswagen
Kierspe
38
Attendorn
Lennestadt
39
37
Wipperfürth
28
Meinerzhagen
Biggesee
Marienheide
Bad Berleburg
Gummersbach
29
Olpe
34
Drolshagen
Hilchenbach
Kreuztal
30
Wiehltalsperre
Wenden
erath
Wiehl
Bad Laasphe
Much
31
Nümbrecht
Netphen
Freudenberg
kirchen-Seelscheid
Waldbröl
Morsbach
32
SIEGEN
Ruppichteroth
RHEINLAND-PFALZ
nnef (Sieg)
Betzdorf
Windeck (Sieg)
Wissen
A 1
A 2
A 42
A 40
A 44
A 445
A 46
A 45
A 4
Ahse
Möhne
Ruhr
Heve
Lenne
Eder

Endlich …

geht es los!

44 WANDERUNGEN FÜR DICH

Nach einem langen Arbeitstag ist endlich Feierabend – also rein in die Sportklamotten und los geht's auf eine entspannte Wandertour in deiner Umgebung! Denn was könnte schöner sein, als in geselliger Runde dem Sonnenuntergang und der Aussicht auf ein kühles Getränk entgegenzuwandern?

Genau dafür haben wir dir die besten Touren im Rhein-Ruhr-Gebiet zusammengestellt und wollen dir den Feierabend damit versüßen. Du hast die Wahl zwischen kurzen Touren in der Stadt, langen Spaziergängen im Speckgürtel oder etwas längeren Wanderungen inmitten der ländlichen Prärie. Am Rhein-Herne-Kanal in Herne entlangflanieren, den Westfalenpark in Dortmund erkunden oder Industriekultur in der Zeche Ewald erleben – nur ein paar der Highlights, die dich in den Städten erwarten. Auch die ländlichen Gebiete übertrumpfen sich mit Naturschätzen: Erfrische dich am Baldeneysee, spaziere über die Westruper Heide oder bestaune das Schloss Hohenlimburg.

Endlich Feierabend Rhein-Ruhr entführt dich raus aus dem Alltag, rein in die Auszeit! Ob Naturerlebnis oder Stadtbummel – zum Ausspannen ist hier für jeden die passende Tour dabei. Pack deine 7 Sachen und deine Liebsten ein und dann heißt es endlich Feierabend oder wie es in Köln heißt: „Leever ene Buch vom Suffe wie ene Buckel vum Arbeide" (was so viel heißt wie: Lieber einen Bauch vom Kölsch als einen Buckel vom Arbeiten).

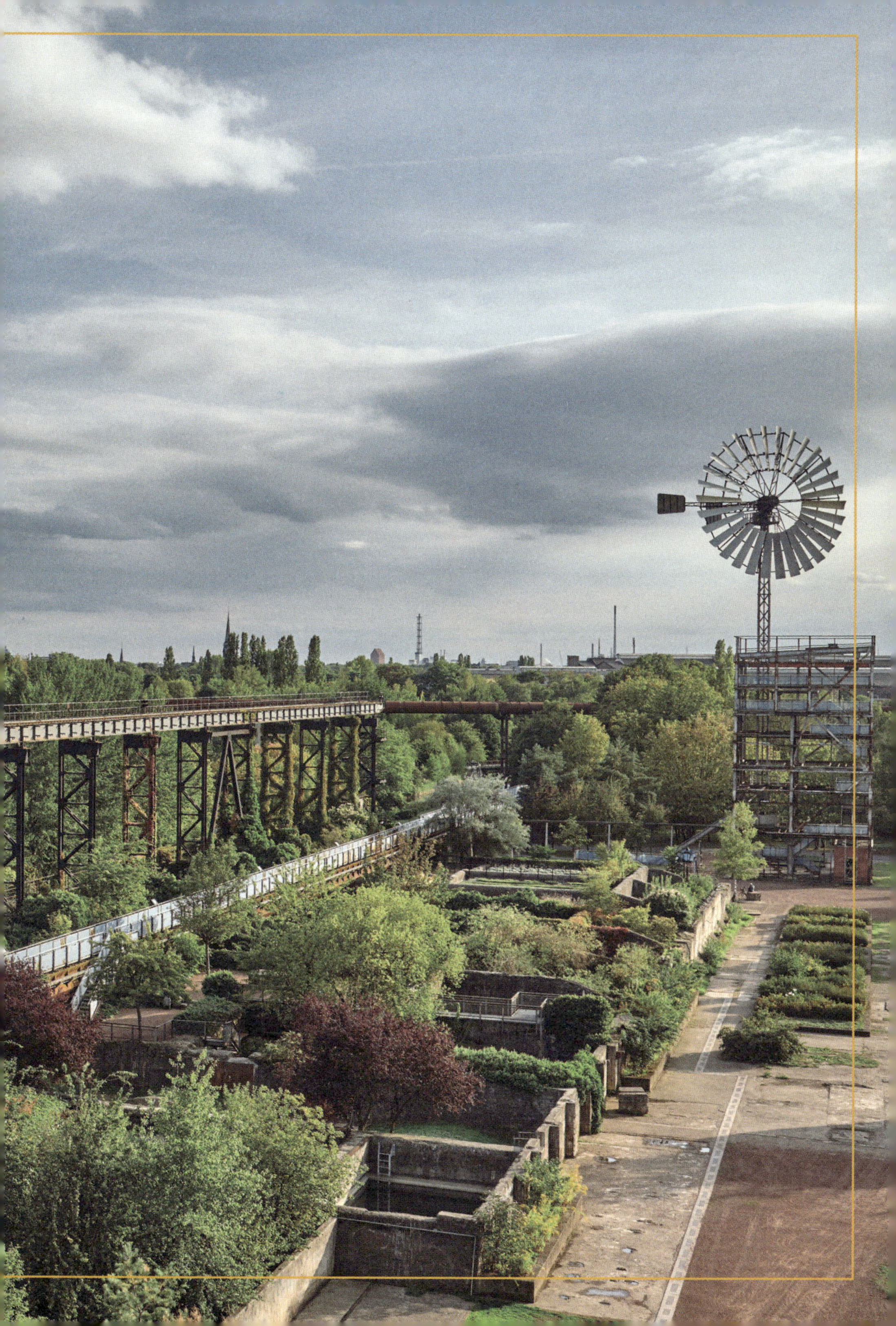

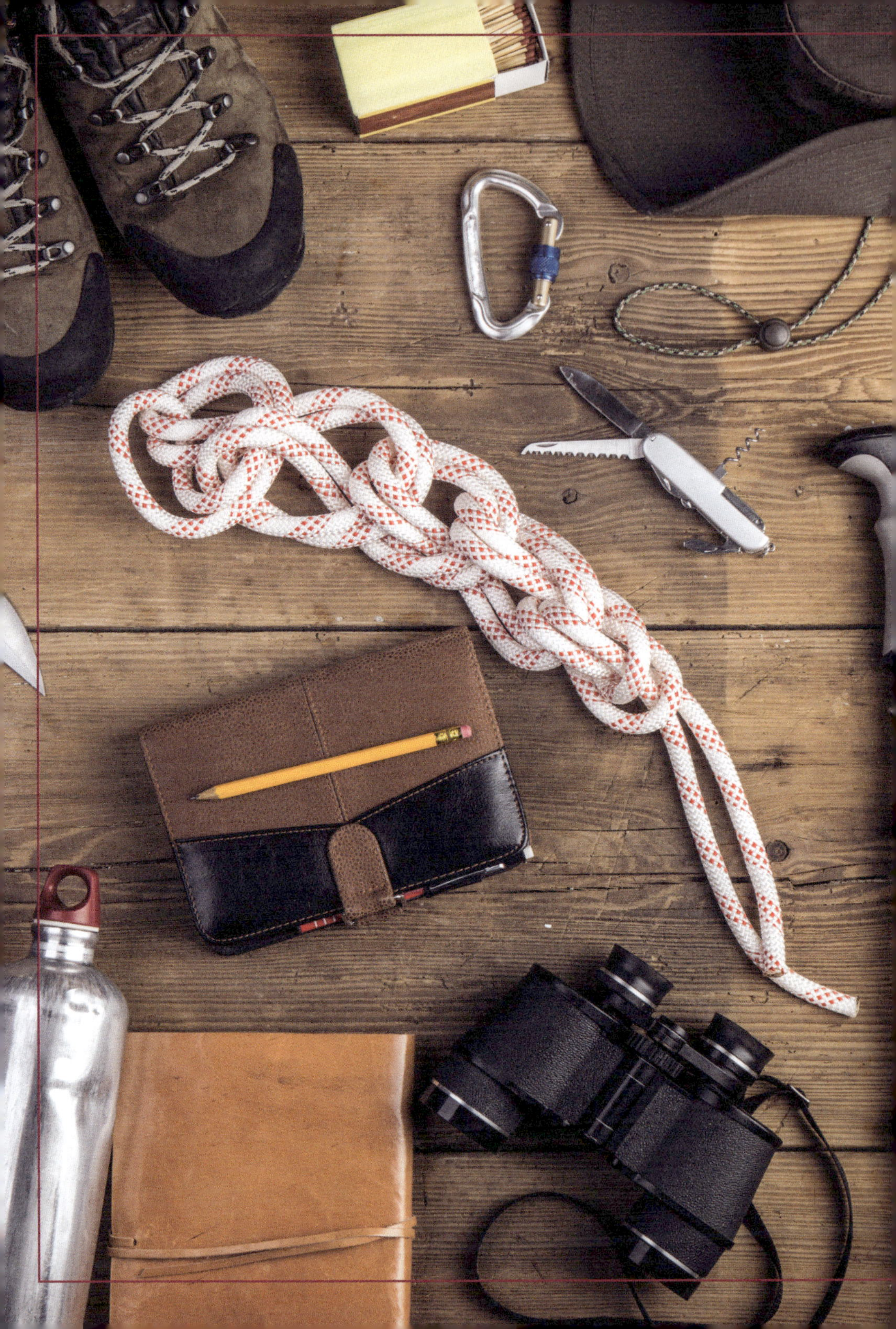

Endlich alle 7 Sachen zusammen

Packliste

Deine Packliste

MATERIALCHECK

Bei den Feierabendtouren handelt es sich um recht einfache und kurze Wanderungen. Daher benötigen wir auch nicht allzu viele Dinge in unserem Rucksack. Die wichtigsten Utensilien für die kurzen Wanderungen haben wir euch hier aber nochmal zusammengestellt:

- ○ leichter Wanderschuh
- ○ Handy (für den Notruf)
- ○ Funktionsbekleidung
- ○ Wechselkleidung
- ○ Wasser (mind. 1,5 Liter!)
- ○ Proviant
- ○ Erste-Hilfe-Set
- ○ Karte

Speziell für unsere Feierabendtouren sollten folgende Dinge in unserem Gepäck nicht fehlen:

- ○ Sonnenschutz
- ○ Jacke & Hose für die kühleren Abendstunden
- ○ Picknickdecke
- ○ Feierabendlaune

Endlich gern gesehen

Verhaltenskodex

BEIM WANDERN

Das Wandern hat eine lange und vielschichtige Tradition. Schon unsere Vorfahren sind gewandert, damals jedoch aus anderen Beweggründen – beispielsweise um ein neues Territorium zu erschließen. In der heutigen Zeit erhält das Wandern ganz neue und moderne Perspektiven. Anders als bei anderen Sportarten bewegst du dich beim Wandern nicht in Sporthallen oder auf Sportplätzen, sondern in der freien Natur oder in Kulturlandschaften – und das auch als Gast. Durch nachhaltiges Denken und Respekt können wir dazu beitragen, unsere Natur und Kulturlandschaft zu schützen und sie dennoch zu genießen. Deswegen haben wir hier für dich ein paar Verhaltensregeln, die du beim Wandern beachten solltest.

01 Auf den Wegen bleiben: Nicht umsonst befinden sich oft am Wegesrand diese Hinweisschilder, die auch eingehalten werden sollten.

02 Keine Pflanzen mitnehmen: Nicht nur die Blumen sind ein Tabu, auch alle anderen Pflanzen sollten weder gepflückt noch für den heimischen Garten ausgegraben werden.

03 Müll und Essensreste wieder mitnehmen: Weder Verpackungsmüll noch vermeintlicher „natürlicher" Abfall sollte einfach liegengelassen werden. Schalen exotischer Früchte verrotten nur langsam und stellen auch keine Nahrung für unsere heimischen Wildtiere dar.

04 Hunde an die Leine: Damit sie kein Wild aufschrecken oder es sogar jagen, sollten Hunde an der Leine geführt werden. Unsere vierbeinigen Freunde freuen sich auch mit Leine über den Auslauf.

05 Ruhezonen respektieren: Mancherorts wird mit einem Schild darauf hingewiesen. Hier sollte unnötiger Lärm und lautstarke Unterhaltungen vermieden werden.

06 Absperrungen einhalten: Wege bzw. Wegabschnitte sind aus verschiedenen Gründen immer wieder einmal gesperrt. Das sollte auch respektiert werden. Am besten vorher informieren, ob die gewünschten Wege auch begangen werden können.

07 Weideflächen nicht betreten: Eine Abkürzung oder ein kurzer Abstecher zum Bach – nur dummerweise ist die Weide dazwischen. Um Weidetiere nicht zu stören und sich selbst nicht zu gefährden sollten solche Unternehmungen unterlassen werden. Eine Ausnahme ist es natürlich, wenn der Weg durch die Weide führt, trotzdem sollte hier Abstand zu den Tieren gehalten werden.

08 Respektvoller Umgang untereinander: Begegne anderen Wanderern, Forst- und Almpersonal sowie Jägern und Landwirten stets freundlich und respektvoll, schließlich bist du Gast in dieser schönen Gegend.

Grundwissen

Wandern

SICHERHEIT UND BASICS

Wandern ist ein ideales Mittel, um einfach mal auszuspannen und den Alltag hinter sich zu lassen. Nur der eigenen Bewegung folgen, sich auf seine Schritte und den eigenen Rhythmus konzentrieren. Die Natur und ihre Schönheit genießen. Trotzdem gilt es einiges zu beachten, damit durch unvorhergesehene Ereignisse der Spaß nicht auf der Strecke bleibt.

Der richtige Einstieg: Voller Enthusiasmus aber ohne jegliche Erfahrungen gleich ins Hochgebirge zu starten sind ungünstige Voraussetzungen. Wenn der Körper die Anstrengung nicht gewöhnt ist, werden lange und anstrengende Distanzen schnell zur Qual und verderben jeglichen Spaß. So ist es ratsam, sich erst einmal kleinere Ziele in der näheren Umgebung zu suchen. Zwei bis drei Stunden reine Gehzeit oder 8 bis 12 Kilometer sind dabei vollkommen ausreichend.

Wettercheck: Gerade im Gebirge ist stabiles Wetter sehr wichtig. Sich bereits zwei bis drei Tage vorher zu informieren und am Abend vor der Tour oder bei Unsicherheit sogar morgens nochmal das Wetter abzuklären, kann oft böse Überraschungen vermeiden. Am besten informierst du dich beim Deutschen Wetterdienst oder über das Bergwetter des Deutschen Alpenvereins. Bei unsicheren Verhältnissen lieber die Tour absagen und auf einen anderen Tag verschieben.

Notruf bei Unfällen: Im Falle eines Unfalls haben Ruhe bewahren und überlegtes Handeln oberste Priorität. Erst einen Überblick über die Situation verschaffen, dann wird mit der europaweit gültigen Notrufnummer 112 ein Notruf abgesetzt. Funklöcher oder kein Handy erfordern das alpine Notsignal mittels Rufen, Pfiffen oder Licht: Alle zehn Sekunden eine Minute lang ein Signal, dann eine Minute Pause, dann wieder alle zehn Sekunden eine Minute lang ein Signal geben. Zudem sollten Erste-Hilfe-Maßnahmen durchgeführt werden, falls möglich.

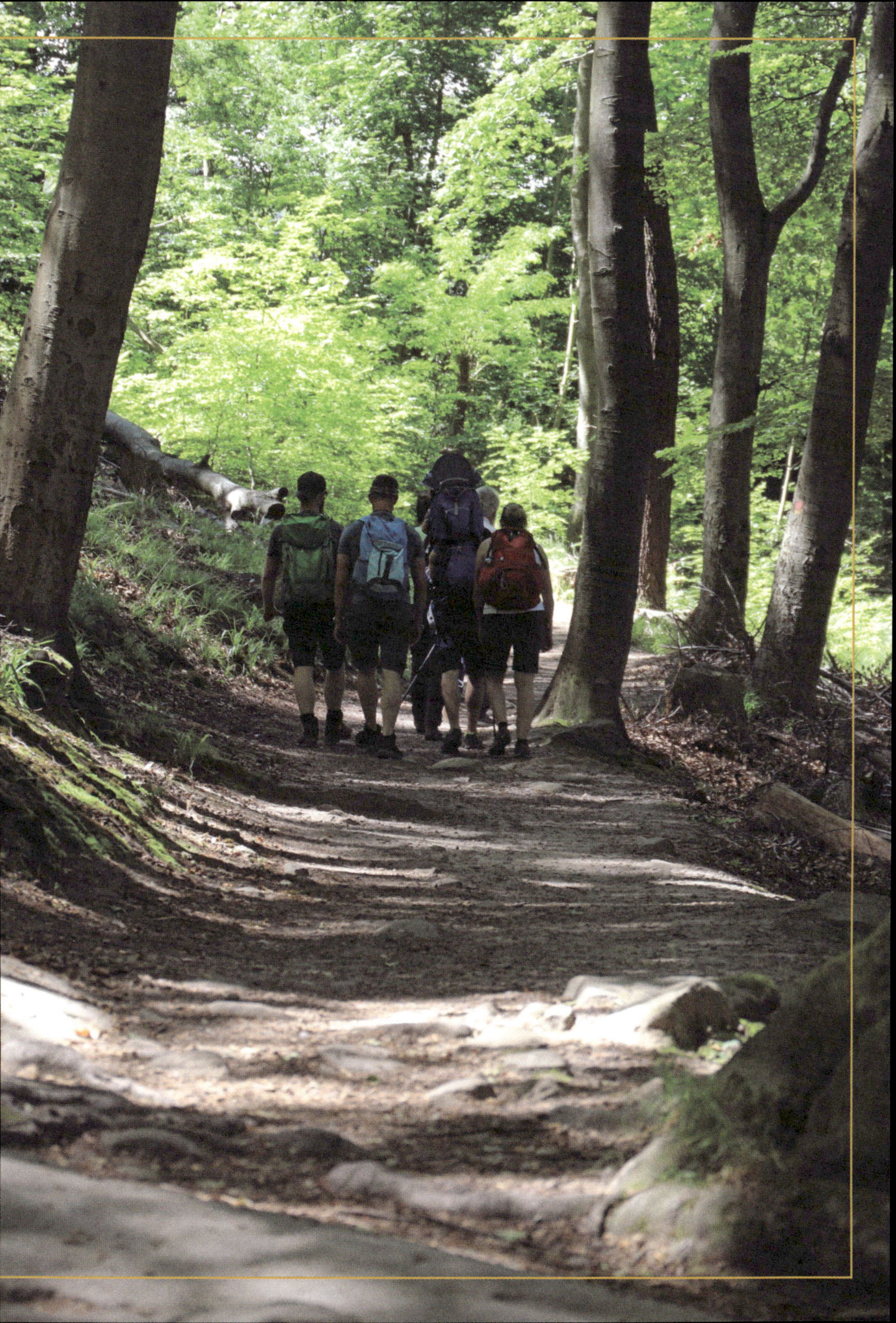

Grundwissen

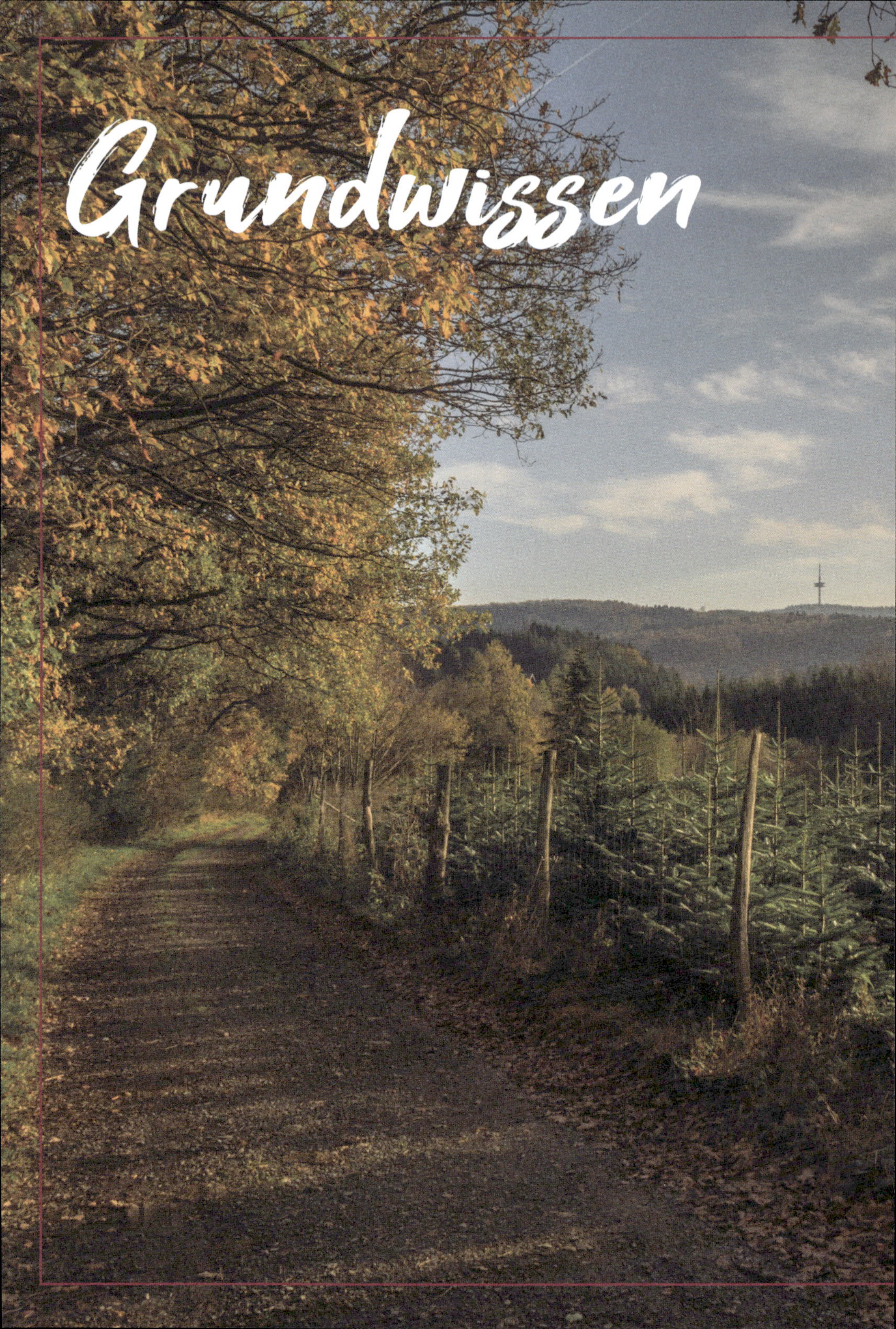

Wandern

TOUREN-1×1 & LEXIKON

Die Klassifizierung der Touren ist als Richtwert zu verstehen. Schätze dein Können und deine Kräfte realistisch ein und richte deine Tourenauswahl danach aus.

LEICHT: Meist gut markierte, breite Wanderwege ohne Gefahrenstellen, die stellenweise auch etwas steilere, wurzelige und felsige Passagen aufweisen können. Die Routen sind für AnfängerInnen, Kinder sowie fitte, ältere Personen geeignet und setzen keine großartige Bergerfahrung voraus.

MITTEL: Anspruchsvollere Wege und Pfade mit teils unwegsamem Untergrund (steinig, wurzelig, verwachsen, rutschig), die meist gut markiert sind und phasenweise leicht ausgesetzte Abschnitte beinhalten können. Die Routen sind überwiegend länger und setzen Bergerfahrung und eine gute Grundkondition voraus.

SCHWER: Herausfordernde Touren, meist auf schmalen und steilen Steigen in alpinem Gelände. Stellenweise können kurze (durch Drahtseile versicherte) Kletter- und Kraxelpassagen vorkommen, bei denen die Hände zur Hilfe genommen werden müssen. Es ist mit längeren An- und Abstiegen zu rechnen. Langjährige Bergerfahrung, Trittsicherheit und Schwindelfreiheit sowie ausgezeichnete Kondition sind Grundvoraussetzung!

Gehzeiten: Die angeführten Zeitangaben verstehen sich als Richtwerte für die reine Gehzeit ohne Pausen und basieren auf folgenden Erfahrungswerten pro Stunde: Aufstieg 400 Höhenmeter, Abstieg 600 Höhenmeter, 4 km auf flacher Strecke.

Wandersaison: Grundsätzlich lässt es sich in den Mittelgebirgen und dem Flachland ganzjährig wandern, trotzdem solltest du mit Schnee in den höheren Lagen rechnen. Besonders bei Minustemperaturen und Nässe ist auf die Wegverhältnisse zu achten. Deswegen empfehlen wir Wanderungen ab April bis Oktober. In alpinen Lagen lässt es sich von Juni bis Oktober gut wandern, wobei jede Jahreszeit ihren ganz besonderen Reiz hat. Während man in niedereren Regionen schon im Mai schöne Touren unternehmen kann, hält sich der Schnee in höher gelegenen Gegenden oft bis in den Hochsommer hinein. Der Herbst schafft eine einmalige Wanderkulisse und oft besteht sehr gute Fernsicht. Informiere dich am besten in der Region über die aktuelle Begehbarkeit der Wege und die Öffnungszeiten der Zufahrtsstraßen und Schutzhütten.

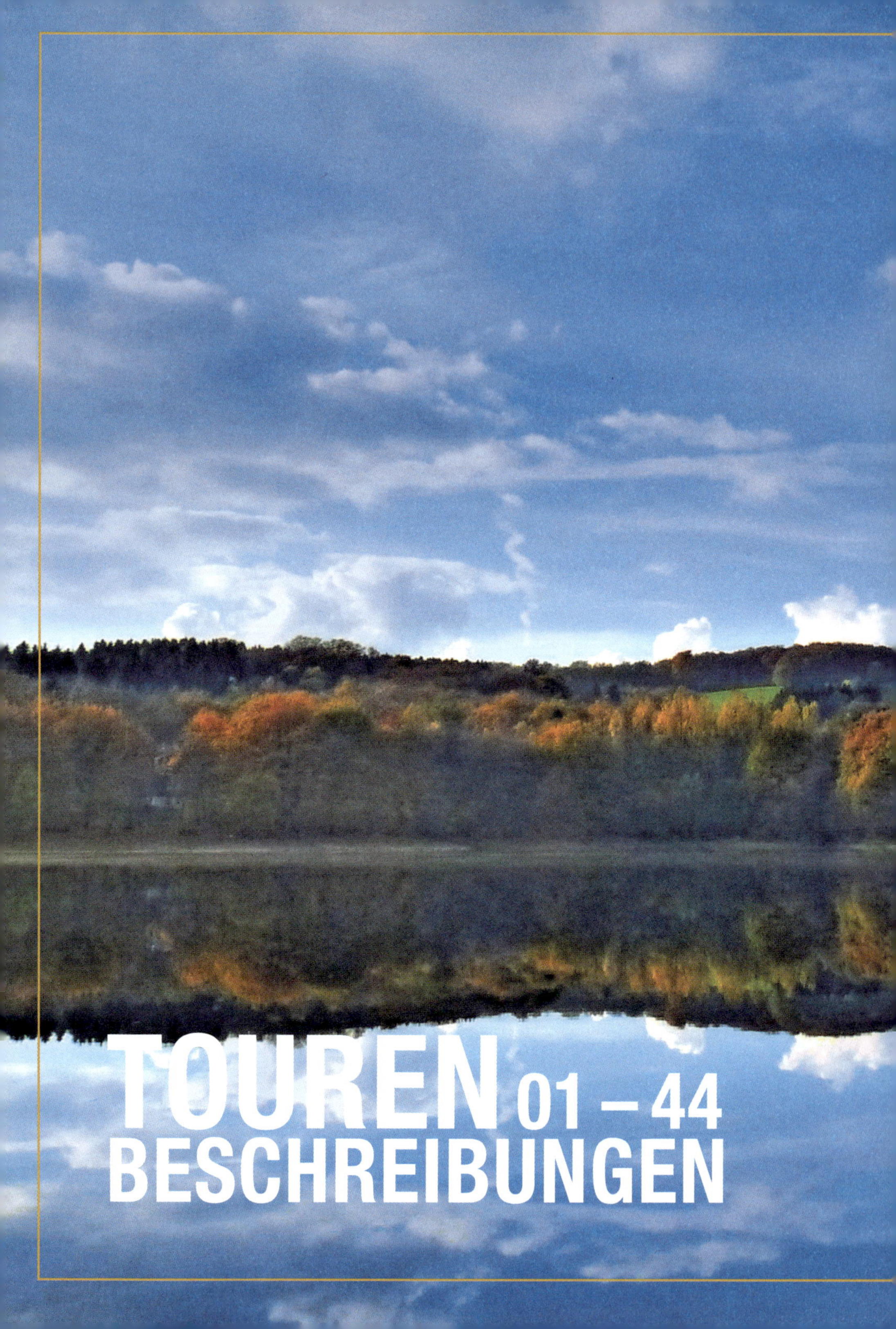
TOUREN 01 – 44
BESCHREIBUNGEN

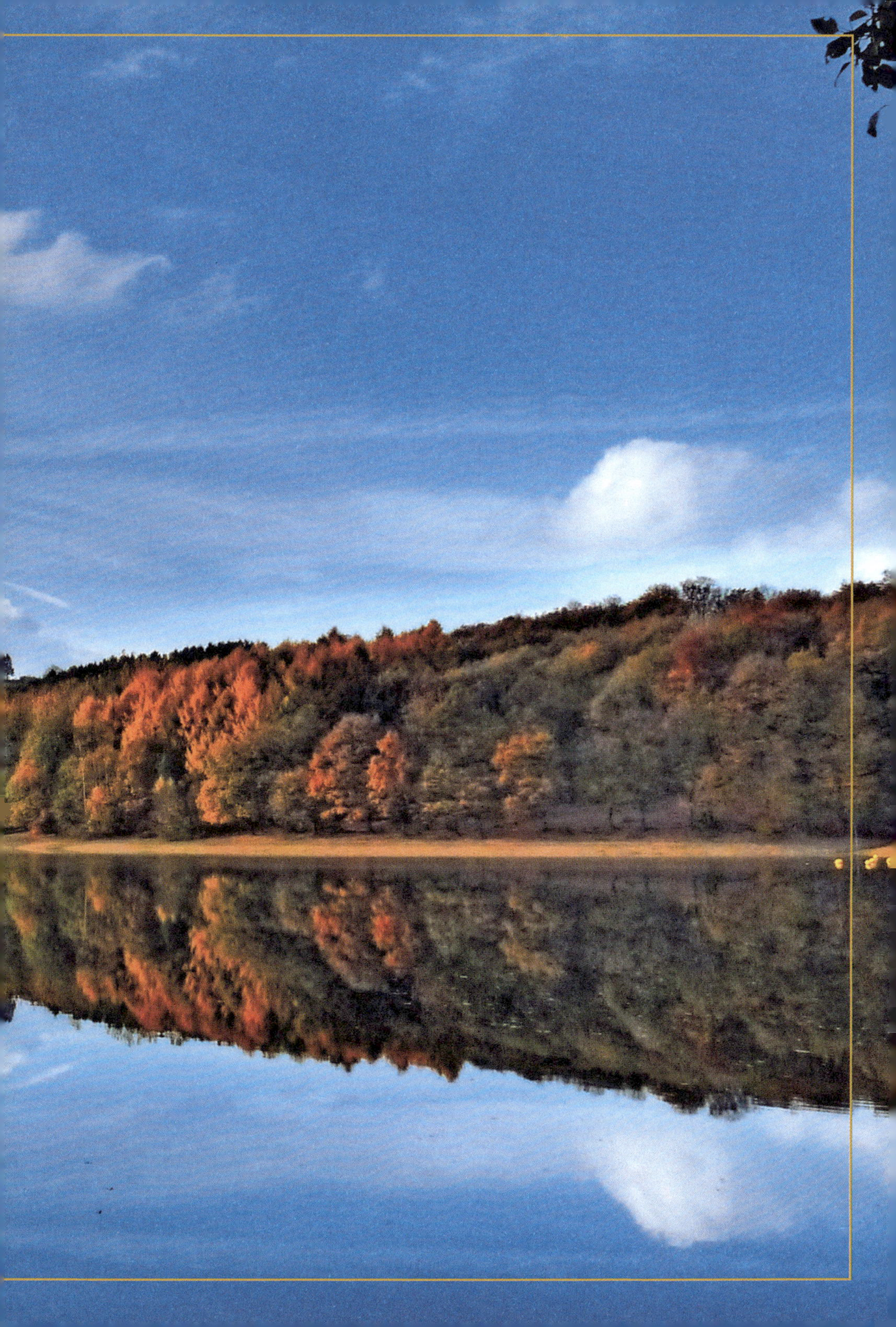

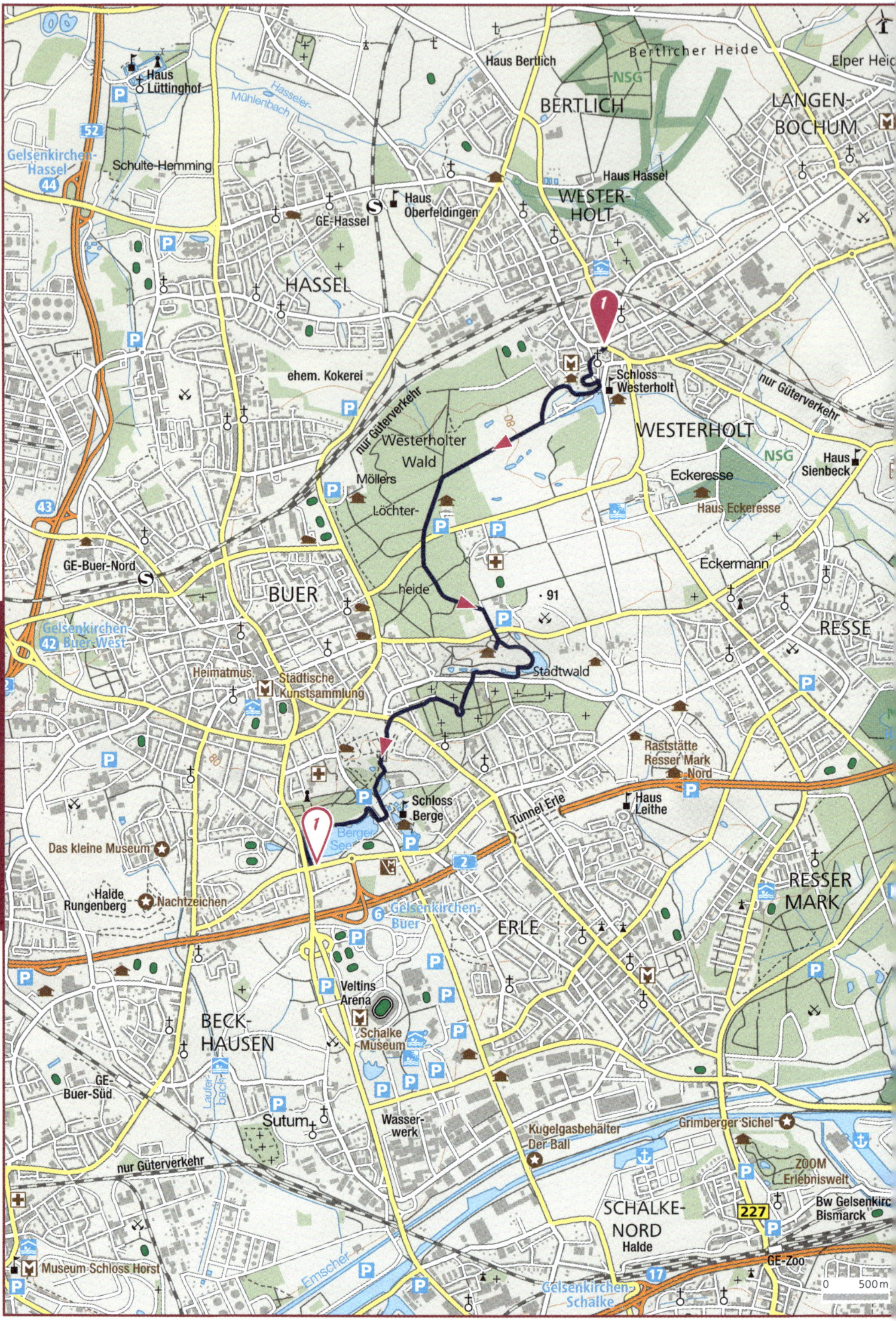
Haus Lüttinghof
Gelsenkirchen-Hassel
52
44
Schulte-Hemming
Hasseler Mühlenbach
GE-Hassel
Haus Oberfeldingen
HASSEL
Haus Bertlich
Bertlicher Heide
NSG
BERTLICH
LANGEN-BOCHUM
Elper Heide
Haus Hassel
WESTER-HOLT
ehem. Kokerei
nur Güterverkehr
Westerholter Wald
Möllers
Löchter-heide
Schloss Westerholt
WESTERHOLT
Haus Sienbeck
Eckeresse
Haus Eckeresse
Eckermann
RESSE
43
GE-Buer-Nord
BUER
Gelsenkirchen-Buer-West
42
91
Stadtwald
Heimatmus.
Städtische Kunstsammlung
Raststätte Resser Mark Nord
Haus Leithe
Tunnel Erle
Schloss Berge
Berger See
Das kleine Museum
Halde Rungenberg
Nachtzeichen
2
6
Gelsenkirchen-Buer
ERLE
RESSER MARK
Veltins Arena
Schalke Museum
BECK-HAUSEN
GE-Buer-Süd
Lauterbach
Sutum
Wasserwerk
Kugelgasbehälter Der Ball
Grimberger Sichel
ZOOM Erlebniswelt
227
Bw Gelsenkirchen Bismarck
SCHALKE-NORD
Halde
GE-Zoo
17
Gelsenkirchen-Schalke
Emscher
Museum Schloss Horst
0
500 m

01

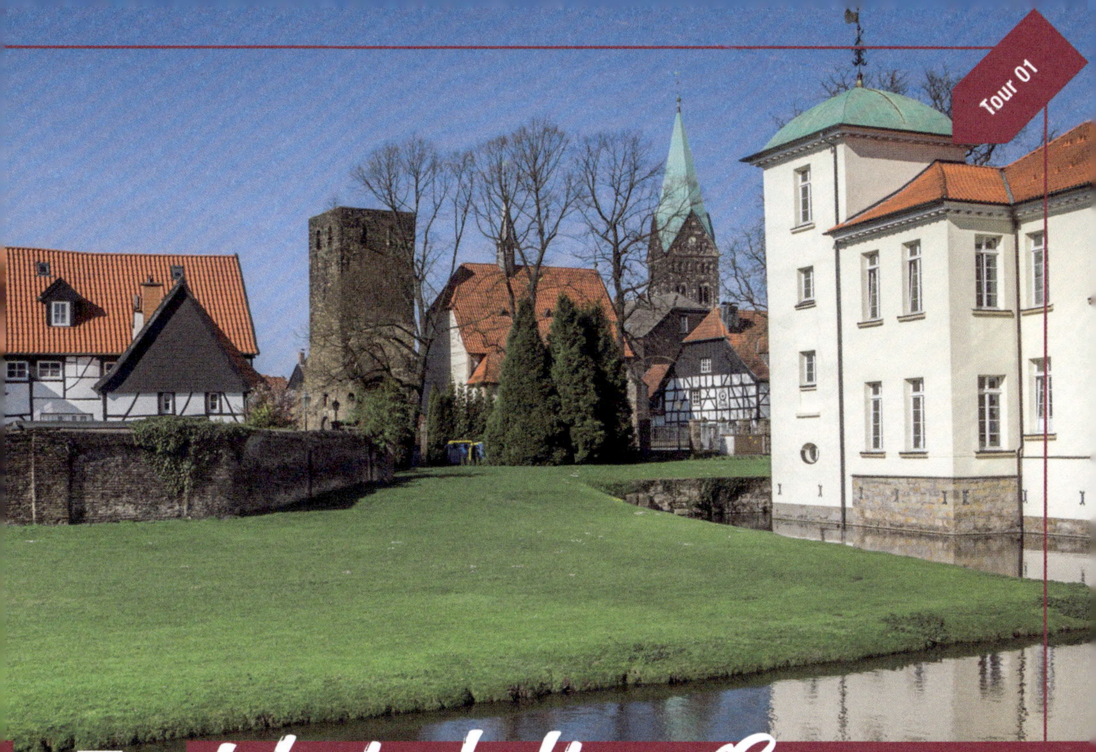

Tour 01

01 Genusstour

Westerholt – Berge

Dorf- und Parkidylle zwischen den Großstädten

DAUER	2h
LÄNGE	7,7 km
AUFSTIEG	120 hm
SCHWIERIGKEIT	LEICHT
MIT ÖFFIS ERREICHBAR	ja

Das erwartet dich ...

Es sind fast schon ländliche Eindrücke in abwechslungsreichen Park- und Gewässerlandschaften, die uns hier erwarten. Am Start und am Ziel treffen wir jeweils auf sehenswerte Schlösser. Und all dies mitten in der urbanen Sphäre der alten Industriestädte Herten und Gelsenkirchen.

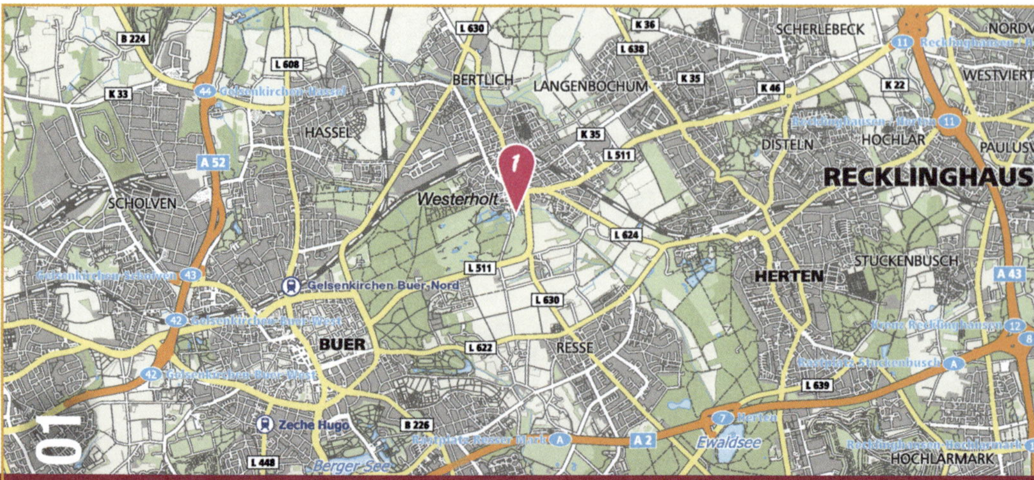

Start & Ziel & Anreise

Los geht es am Parkplatz des alten Rathaus Herten-Westerholt. Anreise mit Öffis einfach durch Bahnanschluss von Recklinghausen-Hbf. Mit dem Bus 238 Richtung Buer-Rathaus bis Haltestelle Westerholt/Schloßstraße (etwa 50 m vom Parkplatz in der Bahnhofstraße); vom Berger See kommen wir zurück zum Ausgangspunkt via Tram 302 nach Gelsenkirchen/Buer-Rathaus, von dort Bus 238 oder 249 nach Recklinghausen Hbf bzw. dem Bus 243 Richtung Herten Mitte.

Tourenbeschreibung

In Westerholt erwandern wir eine schöne Altstadt mit einer reizvollen Mischung von Fachwerkarchitektur aus Gründerzeitbauten und anderen Epochen. Mit dem Schloss Westerholt kreuzt auch recht früh schon ein erstes Highlight den Weg. Der Rest der Tour wartet mit großen Parks und einer Wald- und Wiesenlandschaft, die man hier kaum erwarten würde.

Wir starten im Zentrum von Westerholt an der Kreuzung Hertener Straße und Bahnhofstraße. Wir folgen dem X7-Wanderweg entlang der Schlossstraße, die bald eine Biegung nach links macht. Wir folgen ihr, verlassen sie aber dann rechts, um in die Martinistraße einzubiegen und über die Straße „Freiheit" einen U-förmigen Schlenker durch den historischen Ortskern von Westerholt zu machen. Zurück auf der Schlossstraße passieren wir das Bergbaumuseum und erblicken rechts die Brücke über den Wassergraben, die uns zum Schloss Westerholt führt.

Im Schlossgelände immer geradeaus und über die gegenüberliegende Brücke in einem Rechtsbogen der Nebenstraße folgen. An der Wegverzweigung biegen wir in die Straße Zur Braut ein. Wir folgen ihr immer geradeaus, den langen Parkplatz rechts liegen lassend, in den Schlosspark hinein. Bald treffen wir auf den Golfplatz, biegen direkt vor diesem rechts ab und folgen dem gut ausgebauten Weg entlang des Golfplatzes. Es geht knapp 900 Meter geradeaus, bis wir an der großen Kreuzung dem X7-Wanderweg nach links folgen. Wieder ein längeres Stück geradeaus, bis wir die Westerholter Straße überqueren. Bald passieren wir rechts die Sieben-Schmerzen-Kapelle und halten uns weiter immer geradeaus auf dem schönen Waldweg. An der Stelle, an der wir den Wald verlassen, biegen wir an der Wegverzweigung rechts in die Forststraße ein. Auf ihr über offenes Feld bis zur Reesestraße, die wir überqueren, um die rechter Hand befindliche, sehr stilvoll eingerichtete Waldschänke Avino zu passieren.

Die Waldschänke vor uns halten wir links-südostwärts auf den kleinen aber feinen Stadtwald-See zu und folgen in einem Rechts-Links-Schlenker seinem Nord- und Westufer. Wir überqueren eine Brücke an seinem Südwestzipfel und biegen hinter dieser rechts ab. An der nächsten Weggabelung dann links und hinüber zur Ortbeckstraße. Wir überqueren sie und halten uns im Hauptfriedhof in Richtung des Bergarbeiterdenkmals. Von dort rechts in Richtung der Grabstätte der „Grafen auf Berge" und über diese zum Westausgang. Dort geradeaus in Richtung des Alten Kiosks, eines urigen kleinen Baudenkmals.

Über die Cranger Straße geht es nun in den Berger Schlosspark hinein. Wir schlängeln uns nun immer geradeaus durch den prächtigen Park, bis wir die ersten Gewässer erreichen und nach Überquerung der Aschbrockallee und der Parkplätze Schloss Berge vor uns haben. Hier bietet sich ein Rundgang und ein Päuschen im Biergarten an. Das letzte Stück des Weges führt uns zur Adenauerallee, wo wir uns, den Berger See vor uns sehend, nach rechts wenden und an der ersten Weggabelung links einbiegen, um dann erneut links dem Nordufer des Sees zu folgen. Dann können wir den Alleen des Parks in einem weiteren Linksbogen oder geradeaus folgen. Am Ende des Sees und an der Kurt-Schumacher-Straße angekommen, halten wir uns links und erreichen bald unser Ziel, die Tramhaltestelle Berger See.

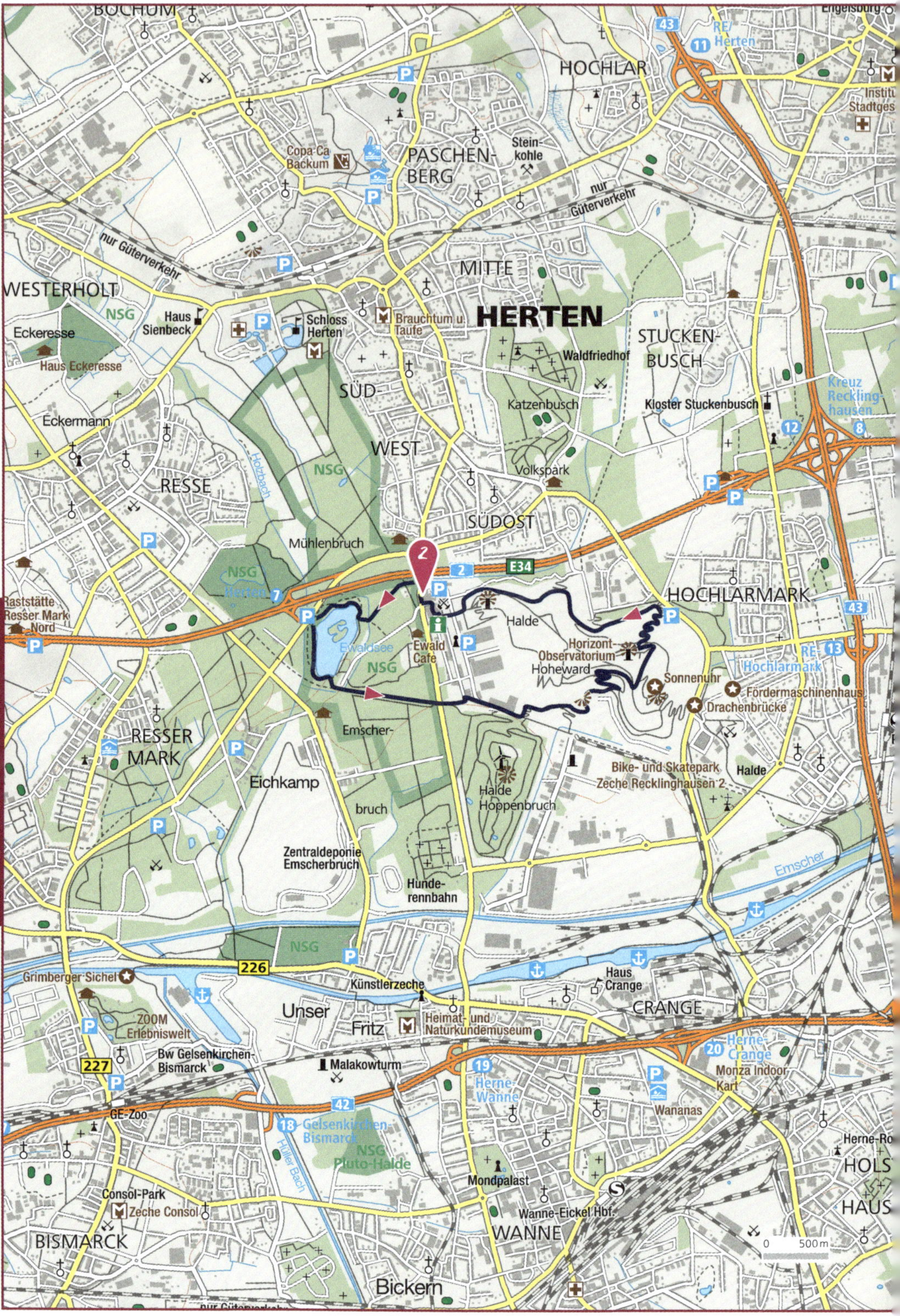

BOCHUM
Engelsburg
RE/Herten
HOCHLAR
Institut
Stadtges.
Copa Ca Backum
PASCHEN-BERG
Stein-kohle
nur Güterverkehr
nur Güterverkehr
MITTE
WESTERHOLT
NSG
Haus Sienbeck
Schloss Herten
Brauchtum u. Taufe
HERTEN
STUCKEN-BUSCH
Eckeresse
Haus Eckeresse
Waldfriedhof
SÜD-
Katzenbusch
Kloster Stuckenbusch
Kreuz Reckling-hausen
Eckermann
WEST
NSG
Holzbach
Volkspark
RESSE
SÜDOST
Mühlenbruch
E34
NSG
Herten
Raststätte Resser Mark Nord
HOCHLARMARK
Halde
Ewaldsee
NSG
Ewald Café
Horizont-Observatorium
Hoheward
Sonnenuhr
RE-Hochlarmark
Fördermaschinenhaus
Drachenbrücke
RESSER MARK
Emscher-
Eichkamp
bruch
Halde Hoppenbruch
Bike- und Skatepark Zeche Recklinghausen 2
Halde
Zentraldeponie Emscherbruch
Hunde-rennbahn
Emscher
NSG
226
Grimberger Sichel
Künstlerzeche
Haus Crange
CRANGE
ZOOM Erlebniswelt
Unser
Fritz
Heimat- und Naturkundemuseum
Herne-Crange
Bw Gelsenkirchen-Bismarck
227
Malakowturm
Herne-Wanne
Monza Indoor Kart
GE-Zoo
Gelsenkirchen-Bismarck
NSG Pluto-Halde
Hüller Bach
Wananas
Herne-Rö
HOLS
HAUS
Mondpalast
Consol-Park
Zeche Consol
Wanne-Eickel Hbf.
BISMARCK
WANNE
0
500 m
Bickern
nur Güterverkehr

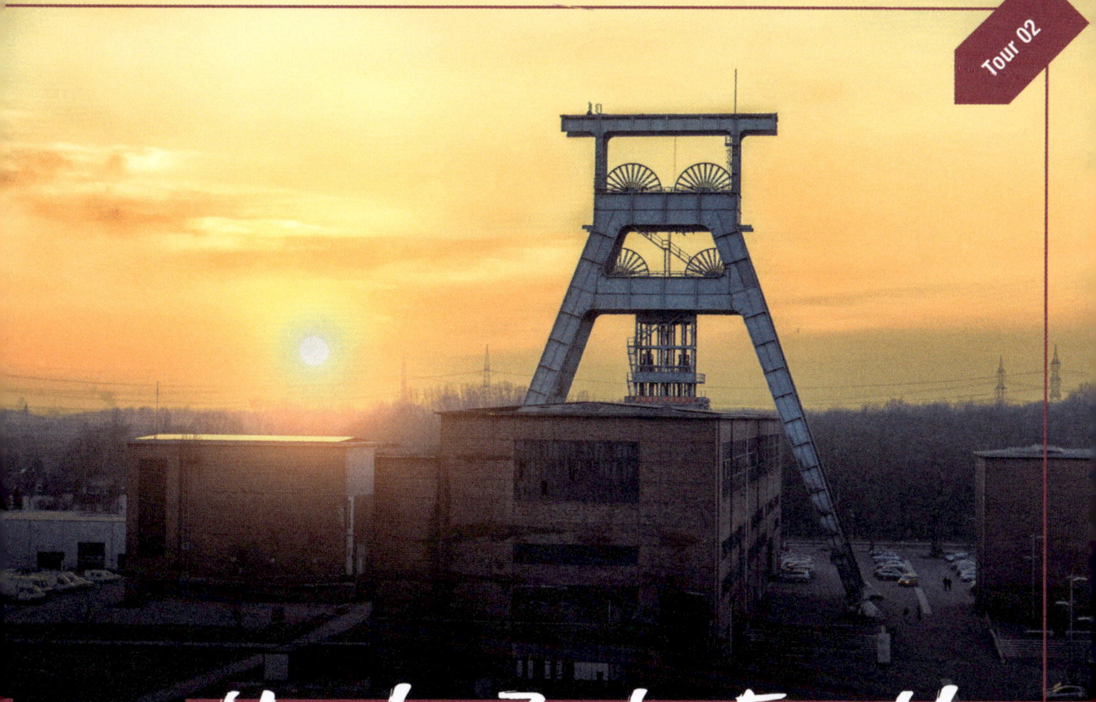

Erlebnistour 02

Um die Zeche Ewald

Mächtiges Industriedenkmal und eine tolle Aussicht

DAUER	2h 15min
LÄNGE	8,4 km
AUFSTIEG	220 hm
SCHWIERIGKEIT	MITTEL
MIT ÖFFIS ERREICHBAR	ja

Das erwartet dich ...

Ruhrpott pur kann man zu dieser großen Ladung Industriekultur in Kombination mit einem spannenden Landschaftserlebnis nur sagen. In dieser vielseitigen Erlebnistour sind alle Aspekte enthalten, die den heutigen Reiz des ehemaligen Kohlereviers ausmachen.

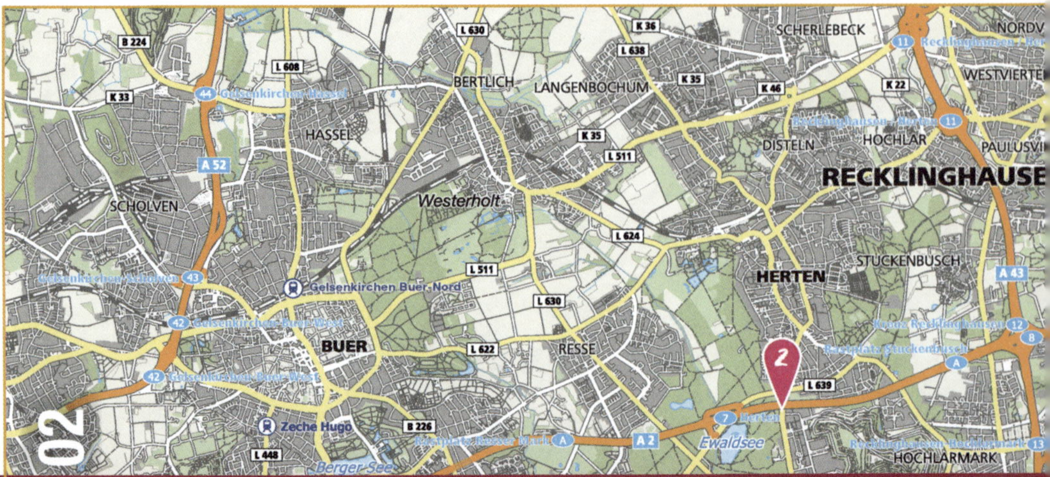

Erlebnistour 02

Start & Ziel & Anreise

Los geht es am Parkplatz Zeche Ewald, Werner-Heisenberg-Straße 1; weitere Parkplätze gibt es auf dem Zechengelände. Anreise mit Öffis: Haltestelle Bergwerk Ewald 1/2 mit Direktverbindung via Bus SB 27 von und nach Wanne-Eickel-Hbf

Tourenbeschreibung

Nach dem Motto „das Beste zum Schluss" fangen wir diese Tour mit einer gemütlichen Einstimmungsrunde um den Ewaldsee an. Danach machen wir eine Beinahe-Bergtour auf die Halde Hoheward, die zusammen mit der benachbarten Halde Hoppenbruch die größte Haldenlandschaft Europas bildet. Zuletzt, wenn wir den Kopf schön frei für viele Eindrücke haben, nehmen wir die Zeche Ewald genauer unter die Lupe. Auf deren Gelände und in den einstigen Werkshallen ist heute jede Menge Kultur und Spektakel geboten.

Wir starten an einem der zahlreichen Parkplätze auf dem Zechengelände und begeben uns zum Besucherzentrum an der Ewaldstraße, der wir anschließend etwa 100 Meter nach rechts bzw. Norden bis zur Bushaltestelle Bergwerk Ewald 1/2 folgen. Wer mit öffentlichen Verkehrsmitteln angereist ist, kommt direkt hier an.

Wir folgen nun dem kleinen Weg gegenüber dem Zechengelände in den Wald hinein, bis er auf den breiteren Weg zum Ewaldsee trifft. Diesem Weg geradeaus und zuletzt in einem Rechtsbogen bis zum Seeufer folgen. Wir umrunden den See auf schmalen Wegen dicht am Ufer und freuen uns über die schönen Blicke, die er uns dank seiner beiden kleinen Inseln bietet.

An der Aussichtsplattform verlassen wir den See und biegen rechts ab. Wir treffen auf den breiten Forstweg und folgen ihm nach links. Er führt uns ein langes, schönes Stück durch den Wald, bis wir auf die Ewaldstraße treffen und sie überqueren. Weiter geradeaus kommen wir bald zum Mondsee, den wir linksseitig passieren. An einer Infotafel halten wir uns links und nehmen bei erster Gelegenheit die Halde Hoheward schräg links hinauf in Angriff. Wir halten uns zunächst auf der Südseite der Halde, auf der Höhe der Balkonpromenade bleibend. Dadurch können wir die Panoramabrücke und die Himmelsbrücke „mitnehmen", bevor wir, nach nochmals etwa 400 Metern auf gleicher Höhe, einem Serpentinenweg folgend den „Gipfelanstieg" meistern. Unser Ziel, das Horizontobservatorium, ist unübersehbar.

Nach der tollen Aussicht und der Gipfelrast steigen wir auf der gegenüberliegenden Seite ab. Nun geht es – je nach Wunsch steil und direkt oder flacher und in Serpentinen – wieder bis auf die Ebene der Balkonpromenade hinauf und folgen dieser linksseitig. Nach einem langen Spaziergang um die Nordseite der Halde erreichen wir wieder das Gelände der Zeche Ewald. Wir spazieren den Weg Richtung Doncasterplatz entlang und haben nun die freie Auswahl, was wir uns auf dem Weg zum Auto oder zur Haltestelle noch anschauen. Für eine kleine Stärkung zum Abschluss stehen uns das Ewald Cafe oder der Biergarten zur Verfügung.

Autoren Tipp

Auf dem Gelände der Zeche Ewald sollte man sich vor oder nach der Tour ruhig noch ausführlich umschauen. Neben den Besichtigungsmöglichkeiten der ehemaligen Anlagen und Hallen sorgen Ausstellungen und gastronomische Angebote für Abwechslung. Außerdem befinden sich hier originelle Eventlocations wie der RevuePalast Ruhr, das einzige Travestietheater Deutschlands.

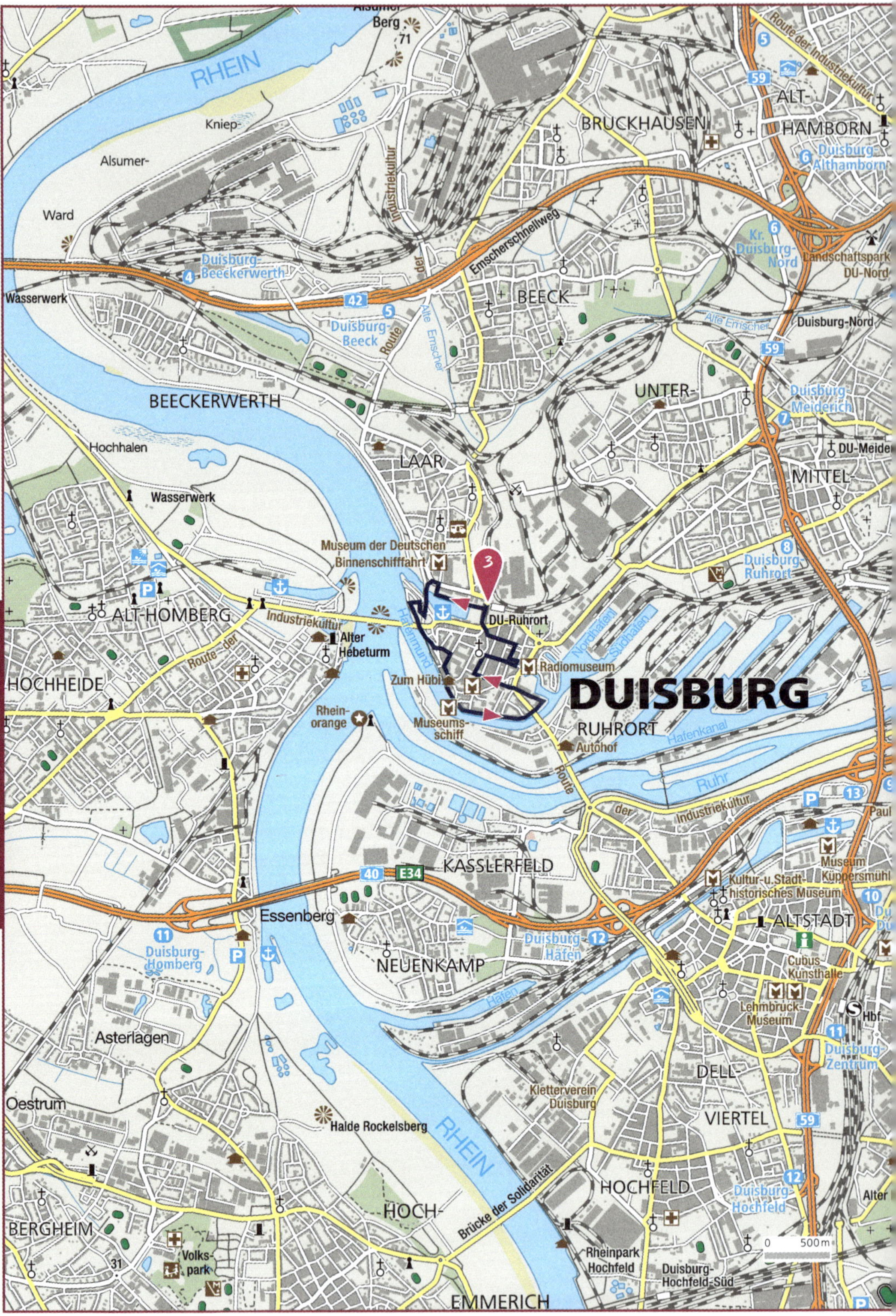
DUISBURG
RHEIN
Alsumer Berg
Kniep-
Alsumer-
Ward
Wasserwerk
Duisburg-Beeckerwerth
Industriekultur
der
Route
Emscherschnellweg
BRUCKHAUSEN
ALT-HAMBORN
Route der Industriekultur
Duisburg-Althamborn
Kr. Duisburg-Nord
Landschaftspark DU-Nord
BEECK
Duisburg-Beeck
Alte Emscher
Duisburg-Nord
BEECKERWERTH
UNTER-
Duisburg-Meiderich
DU-Meiderich
MITTEL-
Hochhalen
LAAR
Wasserwerk
Museum der Deutschen Binnenschifffahrt
Duisburg-Ruhrort
ALT-HOMBERG
Industriekultur
Alter Hebeturm
DU-Ruhrort
Radiomuseum
Nordhafen
Südhafen
Hafenmund
HOCHHEIDE
Route der
Zum Hübi
Rhein-orange
Museums-schiff
RUHRORT
Hafenkanal
Autohof
Ruhr
der Industriekultur
KASSLERFELD
E34
Kultur-u. Stadt-historisches Museum
Museum Küppersmühle
ALTSTADT
Essenberg
Duisburg-Homberg
Duisburg-Hafen
NEUENKAMP
Cubus Kunsthalle
Lehmbruck-Museum
Hafen
Hbf.
Duisburg-Zentrum
Asterlagen
DELL-
VIERTEL
Kletterverein Duisburg
Oestrum
Halde Rockelsberg
RHEIN
HOCHFELD
Duisburg-Hochfeld
Brücke der Solidarität
HOCH-
BERGHEIM
Volks-park
Rheinpark Hochfeld
Duisburg-Hochfeld-Süd
EMMERICH
0 500 m

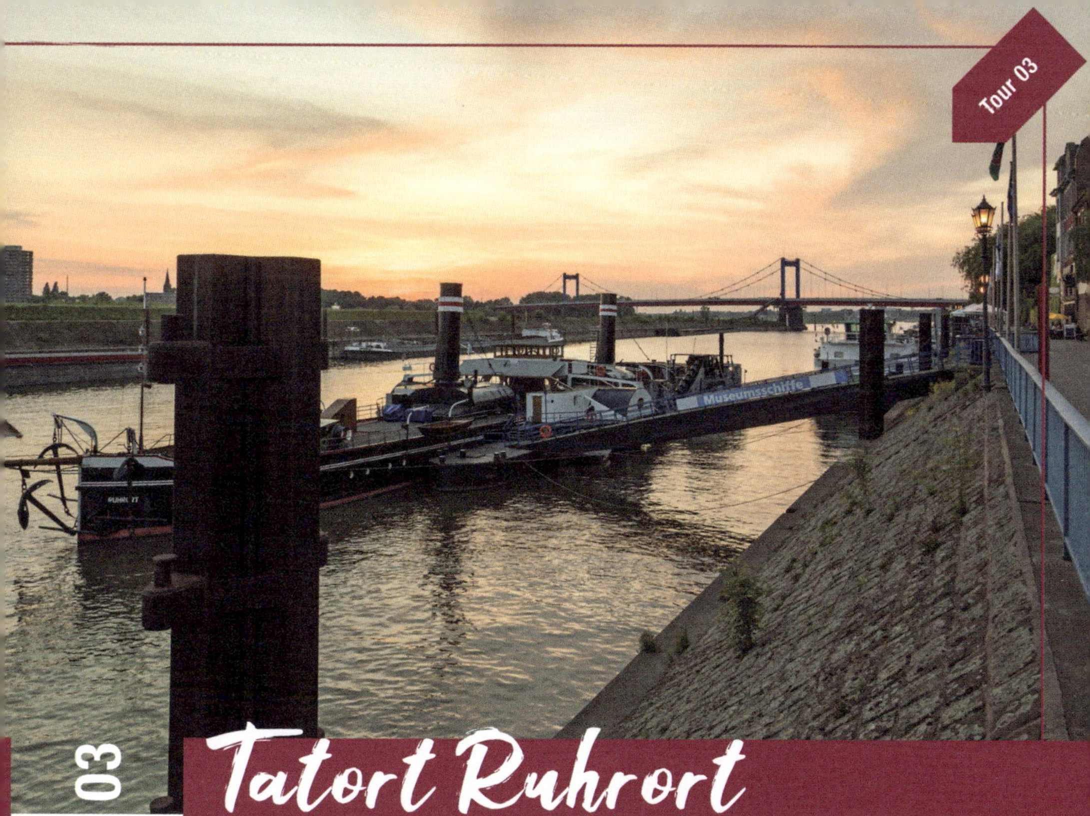

03

Kulturtour

Tatort Ruhrort

Auf Kommissar Schimanskis Spuren in Duisburg

DAUER	1h 15min
LÄNGE	5 km
AUFSTIEG	50 hm
SCHWIERIGKEIT	LEICHT
MIT ÖFFIS ERREICHBAR	ja

Das erwartet dich ...

Kultige Impressionen in Duisburg-Ruhrort, dem berühmten Schauplatz der Tatort-Krimis der ARD. Dabei bekommen wir den Stadtteil mit bekannten Drehorten und das Gelände des größten Binnenhafens Europas (oder, je nach Betrachtungsweise, der Welt) zu sehen.

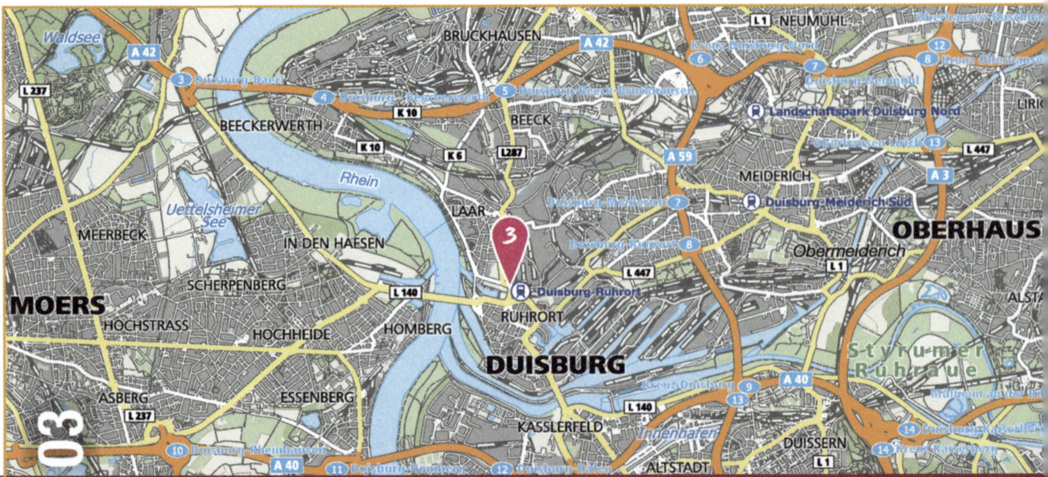

Kulturtour 03

Start & Ziel & Anreise

Für die Anreise mit dem Auto befinden sich Parkplätze an der Bahnstation Duisburg-Ruhrort. Anreise mit Öffis: Regelmäßige Verbindungen von und nach Oberhausen-Hbf mit NWB RB36 oder Tram 901 von und nach Mülheim-Hbf.

Tourenbeschreibung

Götz George und Duisburg-Ruhrort: Der herbe Charme des Hafendistrikts und der herbe Charme des legendären deutschen Fernsehkommissars passten perfekt zusammen. Die hier gedrehten Krimis sind die populärsten der Tatort-Reihe, die Kulisse dementsprechend berühmt. Wir nehmen auf einer entspannten Innenstadtrunde dieses einmalige Industrie- und Kulturdenkmal unter die Lupe.

Wir starten vor der Bahnstation Ruhrort und folgen der Straße Am Eisenbahnbassin direkt geradeaus. Am Becken des von viel Grün umgebenen Eisenbahnhafens geht es weiter, bis die Straße eine Rechtskurve macht und in die Deichstraße mündet. Ihr folgen wir nach links, um dann gleich wieder links einzubiegen und auf die Alte Brücke am Eisenbahnhafen zu gelangen. Wir gehen weiter auf der Dammstraße bis wir scharf rechts abbiegen, um eine kleine Runde durch den

Mühlenweide-Park mit seinem markanten Schiffsmast zu drehen. Wir halten südwärts auf die Pegelstation zu, die als Drehort einer Schimanski-Folge diente.

Nach einem kurzen Stück an der Rheinpromenade folgen auf dem Weg stadteinwärts einige Wegverzweigungen. An den ersten beiden halten wir uns links, dann zweimal rechts und zuletzt wieder links. Wir befinden uns nun in der Rheinbrückenstraße, die uns zur markanten Gebäudefassade eines weiteren Schimanski-Drehorts in der Friedrich-Wilhelm-Straße (in die wir rechts einbiegen) führt. Letzterer folgen wir anschließend, bis es links in die Dammstraße geht, um nach etwa 100 Meter in die Horst-Schimanski-Gasse einzubiegen. In der nach dem Fernsehkommisar benannten Gasse kann man in der zünftigen Ruhrgebietskneipe „Zum Hübi" ein gepflegtes Pils, eine Curryfrikadelle oder andere Spezialitäten zu sich nehmen.

Weiter geht es links und vorbei am Museumsschiff Oscar Huber am Ufer des Vinckekanals mit seinem regen Schiffsverkehr entlang. Wir gehen einen längeren Rechtsbogen um Ruhrort und folgen dem Uferweg vor dem einmündenden Becken des Werfthafens scharf nach links. Wir passieren das beeindruckende Tausendfensterhaus, überqueren die Ruhrorter Straße und halten uns geradeaus, um in die Dr.-Hammacher-Straße zu gelangen. Dieser folgen wir über mehrere Kreuzungen hinweg, bis wir rechts in die historisch interessante Fabrikstraße einbiegen. Am Sankt-Maximilian-Platz geht es erneut rechts, bis wir am Radiomuseum links in die Hanielstraße einbiegen. Über den Luisenpark und den Karlsplatz erreichen wir die Amtsgerichtsstraße mit dem schönen Gründerzeitbau der Hauptpost. Der Amtsgerichtsstraße folgen wir links westwärts, bis wir rechts in die Fabrikstraße und den Friedrichsplatz kommen. Nun noch ein kurzes Stück der Friedrich-Ebert-Straße folgen, bis rechter Hand die Bahnstation und damit unser Ziel in Sicht kommt.

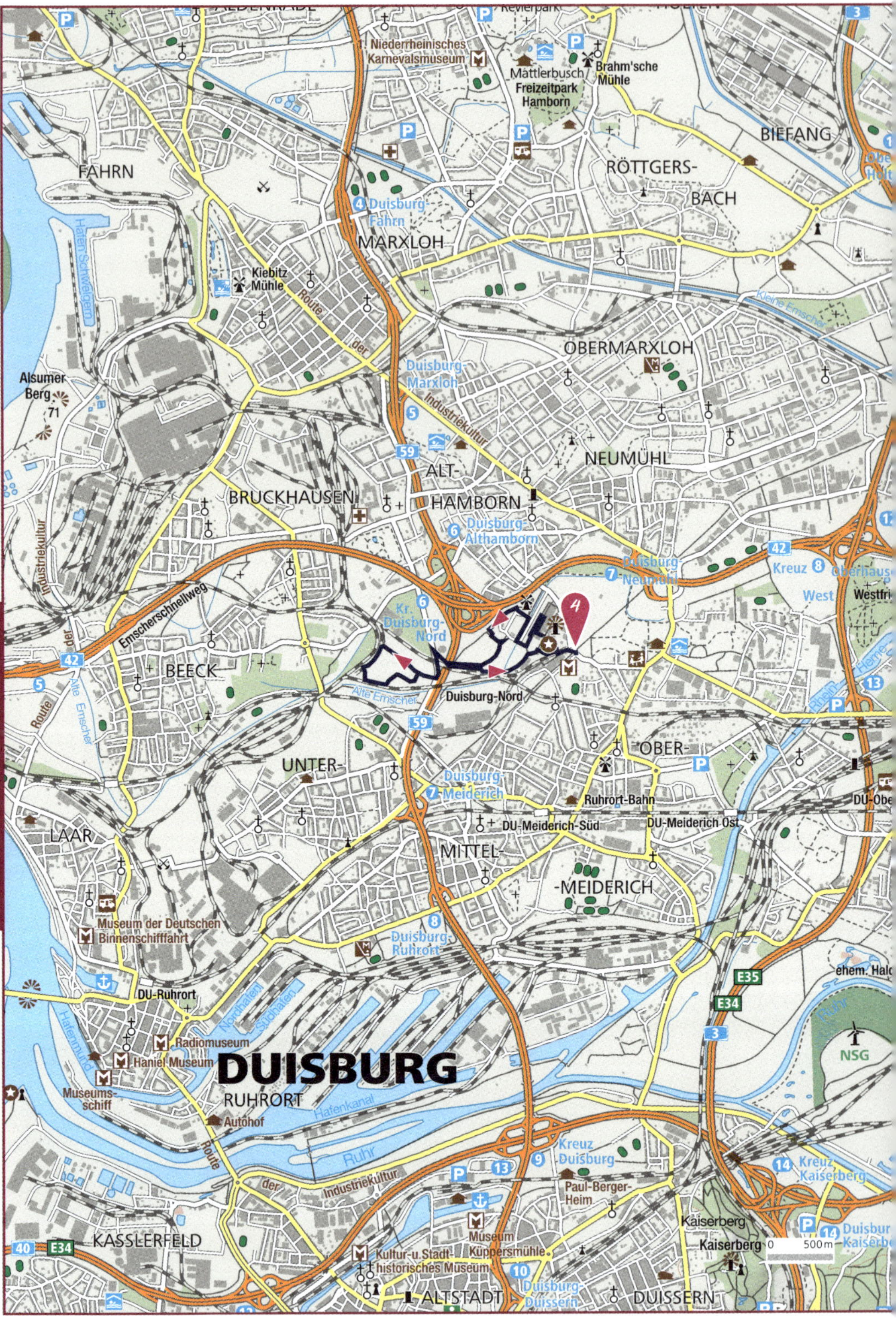
DUISBURG
Niederrheinisches Karnevalsmuseum
Revierpark
Mattlerbusch
Freizeitpark Hamborn
Brahm'sche Mühle
BIEFANG
RÖTTGERS-
BACH
FAHRN
Duisburg-Fahrn
MARXLOH
Hafen Schwelgern
Kiebitz Mühle
Route der Industriekultur
Kleine Emscher
OBERMARXLOH
Alsumer Berg
71
Duisburg-Marxloh
NEUMÜHL
ALT-
HAMBORN
BRUCKHAUSEN
Duisburg-Althamborn
Duisburg-Neumühl
Kreuz Oberhausen-West
Westfriedhof
Emscherschnellweg
Kr. Duisburg-Nord
BEECK
Alte Emscher
Duisburg-Nord
Rhein-Herne-Kanal
UNTER-
OBER-
Duisburg-Meiderich
Ruhrort-Bahn
DU-Meiderich-Süd
DU-Meiderich Ost
LAAR
MITTEL-
-MEIDERICH
Museum der Deutschen Binnenschifffahrt
Duisburg-Ruhrort
DU-Ruhrort
Nordhafen
Südhafen
Hafenmund
Radiomuseum
Haniel Museum
Museumsschiff
RUHRORT
Hafenkanal
Autohof
Ruhr
Kreuz Duisburg
Paul-Berger-Heim
Kreuz Kaiserberg
Kaiserberg
Duisburg-Kaiserberg
NSG
KASSLERFELD
Kultur-u. Stadthistorisches Museum
Museum Küppersmühle
ALTSTADT
Duisburg-Duissern
DUISSERN
E35
E34
42
59
0 500m

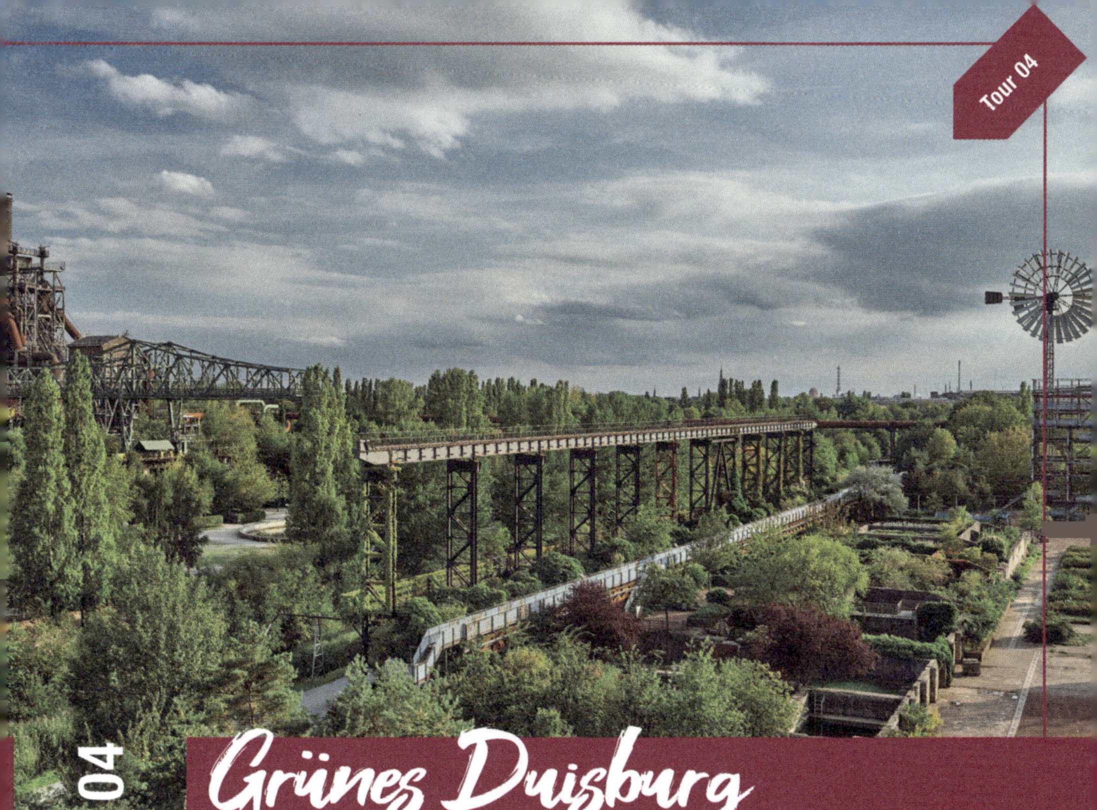

Tour 04

04 Stadttour

Grünes Duisburg

Zwischen Hochofen und Naturidylle im Landschaftspark

DAUER	1h 30min
LÄNGE	6 km
AUFSTIEG	40 hm
SCHWIERIGKEIT	LEICHT
MIT ÖFFIS ERREICHBAR	ja

Das erwartet dich ...

Variierbare und familientaugliche Rundtour. Es wartet eine faszinierende Mischung von gewaltigen Industrieanlagen und zunehmend renaturierten Wald- und Wiesenlandschaften. Zuerst werden die ehemaligen Anlagen erkundet, dann folgt ein längerer Spaziergang mit etwas Abstand, um zuletzt wieder starke Industrie-Impressionen aufzunehmen.

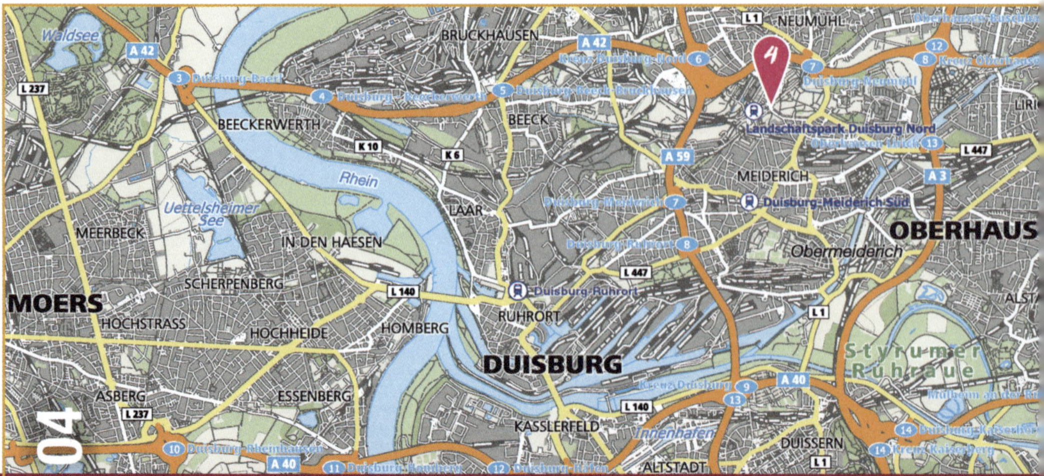

Stadttour 04

Start & Ziel & Anreise

Ausgangspunkt ist das Hüttenwerk am Landschaftspark Nord, Duisburg; Parkplätze etwa 100 m links nördlich in der Emscherstraße. Anreise mit Öffis: Mit Tram 903 ab Landschaftspark Nord von und nach Duisburg-Hbf.

Tourenbeschreibung

Der Landschaftspark Duisburg-Nord bietet eine der wohl spektakulärsten Industriekulissen weltweit. Heutzutage ist er zu einer Kultur- und Freizeitarena geworden, deren Ausmaß und Vielfalt ebenfalls spektakulär ist. Auf dieser kurzen Rundwanderung erkunden wir die alten Industrieanlagen und das umgebende Gelände, das sich von der Industriebrache immer mehr zum Naturraum entwickelt. Den Rundgang durch die alten Anlagen kann man beliebig variieren. Unsere Tour nimmt möglichst viele Highlights mit und hebt sich den sprichwörtlichen Höhepunkt – die Besteigung von Hochofen 5 – für den Schluss auf.

Wir starten beim Eingang Hüttenwerk und passieren das Besucherzentrum vor der gewaltigen Kraftzentrale. Wir halten auf die Gleisanlagen zu, wo es in der „Bunkertasche" schöne Graffiti zu sehen gibt. Hinter den Schienen halten wir uns rechts, um einen Blick auf die Kletteranlagen und den Klettersteig des Deutschen Alpenvereins zu werfen. Auf dem parallel verlaufenden Weg kehren wir zurück und drehen eine Runde um die Klärbecken.

Nun erkunden wir die weiten Grünflächen des Außengeländes. Auch diesen weiteren Wegverlauf durch den Park kann man problemlos variieren als hier vorgeschlagen – unsere Wegführung ist wegen der naturbelasseneren Wege und der größeren Distanz zu den Schnellstraßen ausgewählt.

Auf der Höhe vom Sinterplatz biegen wir dann links ab. Wir passieren den Sinterplatz rechtsseitig am Fuße der liebevoll „Monte Schlacko" genannten Halde. Wer will kann den Monte Schlacko bezwingen, wer nicht will, biegt direkt links ab und folgt dem Parkrundweg auf der aussichtsreichen Anhöhe in die Gegenrichtung.

Bald ist der Stadtrandgarten erreicht, den wir durchqueren, um dann für etwa 100 Meter dem Weg in Richtung Mitte des Landschaftsparks zu folgen. An seiner Einmündung in den Hauptweg biegen wir rechts ab. Wir folgen dem bequemen Spazierweg bis zum Westeingang des Landschaftsparks. Dort biegen wir links in die Hamborner Straße ein, um nach knapp 200 Meter wieder rechts in einen weiteren Teil des Landschaftsparks abzubiegen. Von hier aus drehen wir eine Runde von etwa 1,5 Kilometer gegen den Uhrzeigersinn durch das Gelände. Mehrere ehemalige Zechen und Schächte verbergen sich hier.

Die Runde endet an der Hamborner Straße, der wir wieder zurück zum Westeingang des Landschaftsparks folgen. Diesmal geht es direkt entlang der Bahngleise auf direktem Wege an der in Blickrichtung rechten Seite des Parks zurück zu den alten Industrieanlagen. Wir halten uns immer geradeaus bis wir den Hochofen 5 rechts vor uns haben und folgen der Beschilderung. Der Aufstieg ist schon beeindruckend, wird aber vom Ausblick oben nochmals in den Schatten gestellt. Definitiv ein würdiger Ausklang einer vielseitigen Rundtour. Wer möchte kann den Ausklang im Restaurant Hauptschalthaus noch etwas verlängern, bevor der Start- und Zielpunkt am Eingang Hüttenwerk erreicht ist.

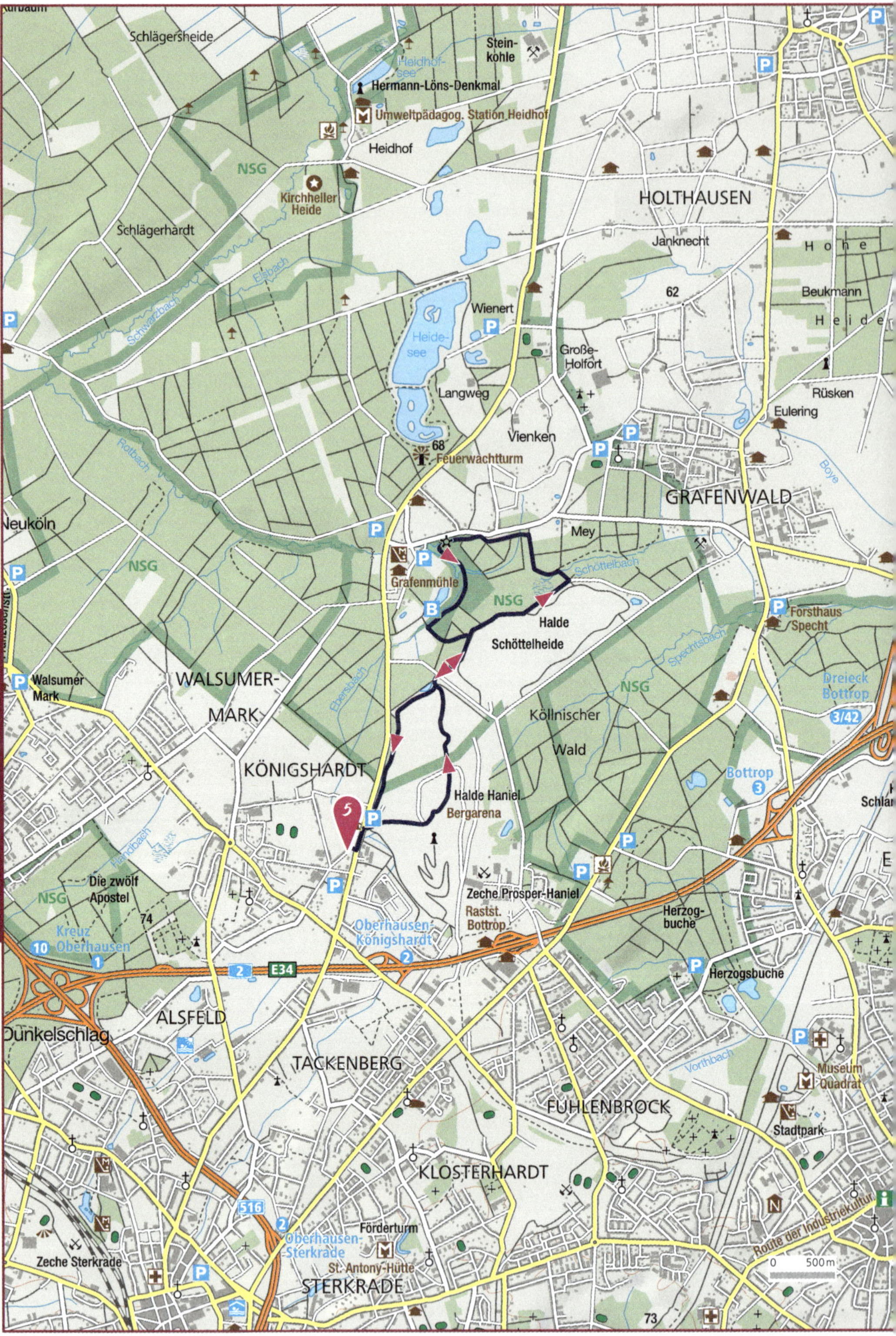
Schlägersheide
Heidhof-see
Hermann-Löns-Denkmal
Stein-kohle
Umweltpädagog. Station Heidhof
Heidhof
NSG
Kirchheller Heide
HOLTHAUSEN
Schlägerhardt
Janknecht
Hohe Heide
Elsbach
Schwarzbach
62
Beukmann
Wienert
Heide-see
Große-Holfort
Langweg
Rüsken
Eulering
Vienken
68
Feuerwachtturm
Rotbach
Boye
GRAFENWALD
Neukölln
Mey
Grafenmühle
Schöttelbach
NSG
Halde Schöttelheide
Forsthaus Specht
Walsumer Mark
WALSUMER-MARK
Ebersbach
Specktsbach
NSG
Dreieck Bottrop
3/42
Köllnischer Wald
KÖNIGSHARDT
Bottrop
3
Halde Haniel
Bergarena
5
Handbach
Die zwölf Apostel
Zeche Prosper-Haniel
NSG
74
Raststt. Bottrop
Herzog-buche
Kreuz Oberhausen
10
1
Oberhausen-Königshardt
2
2
E34
Herzogsbuche
ALSFELD
Dunkelschlag
TACKENBERG
Vorthbach
Museum Quadrat
FUHLENBROCK
Stadtpark
KLOSTERHARDT
516
2
Förderturm
Oberhausen-Sterkrade
Route der Industriekultur
Zeche Sterkrade
St. Antony-Hütte
STERKRADE
0
500 m
73

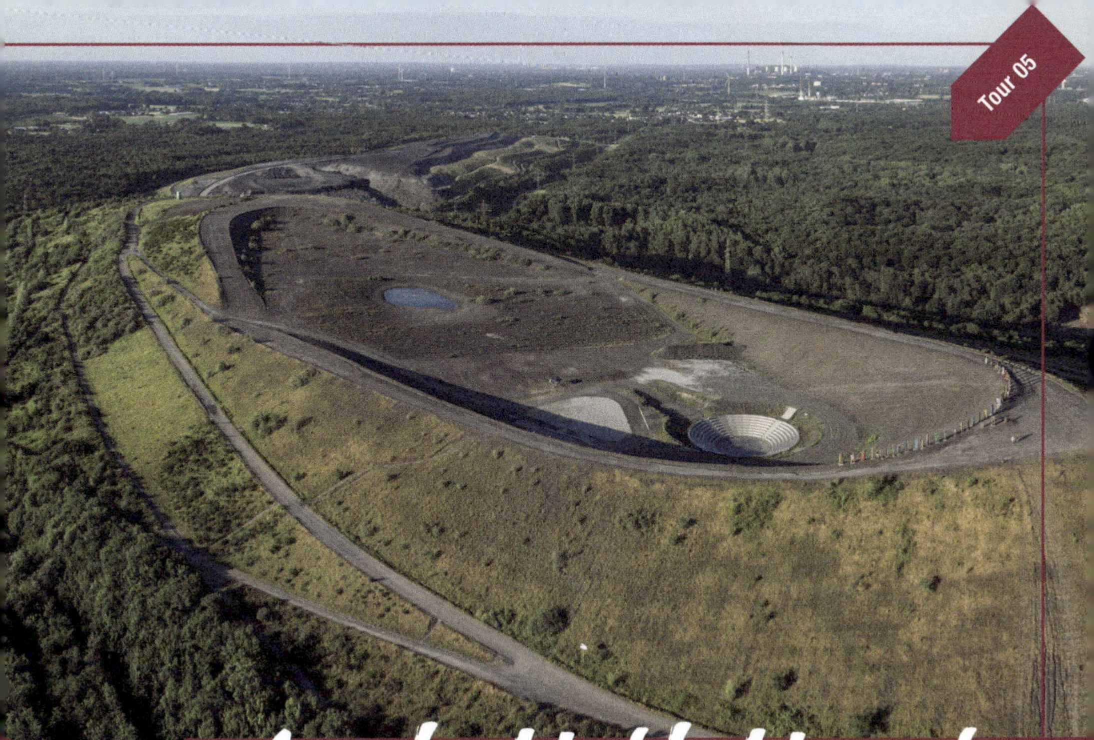

Auf die Halde Haniel

Gipfelerlebnis auf einer der größten Halden

DAUER	2h 30min
LÄNGE	8,7 km
AUFSTIEG	260 hm
SCHWIERIGKEIT	MITTEL
MIT ÖFFIS ERREICHBAR	ja

Das erwartet dich ...

Eine ausgedehnte Rund- und Haldenbergtour, die unterwegs mit Kunstinstallationen, Spuren der Geschichte und landschaftlichen Highlights für viel Abwechslung sorgt. Da die Tour an vielen Stellen variiert und abgekürzt werden kann, ist sie trotz einiger Höhenmeter familientauglich.

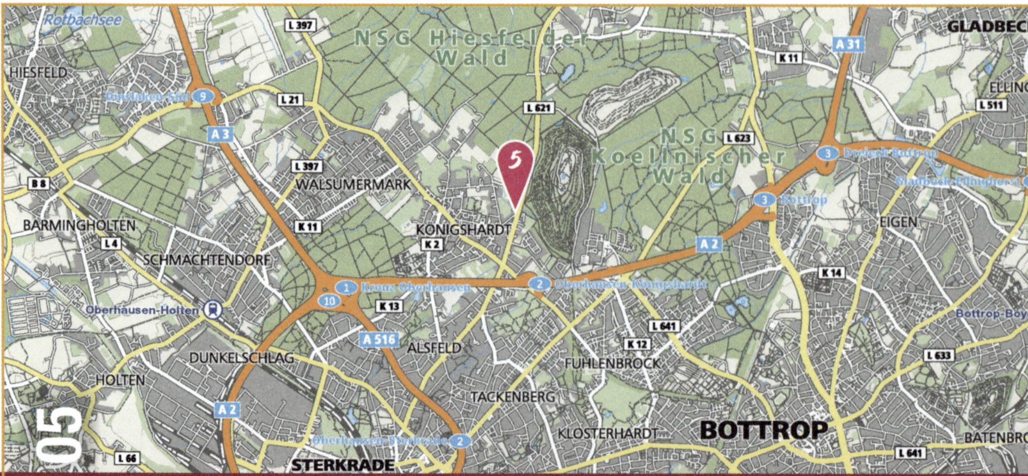

Haldentour 05

Start & Ziel & Anreise

Los geht es am Parkplatz an der Bushaltestelle Everslohstraße, weitere Parkplätze befinden sich 100 m nördlich an der Kirchhelllener Straße. Anreise mit Öffis via Bus 952 von und nach Sterkrade-Bahnhof, Oberhausen.

Tourenbeschreibung

Mit etwa 118 Metern Höhe über der Umgebung ist die Halde Haniel die höchste ständig zugängliche Halde im Ruhrgebiet. Das und ihre zentrale Lage an der Stadtgrenze von Bottrop und Oberhausen verspricht eine äußerst lohnende Aussicht. Wir erklimmen die Halde gleich zu Beginn und drehen dann zur Vertiefung der Eindrücke eine Runde durch das Naturschutzgebiet Grafenmühle zu ihren Füßen.

Startpunkt ist die Haltestelle mit dem Parkplatz, von wo wir uns links bzw. nordwärts auf der Kirchhellener Straße halten. An einem weiteren Parkplatz biegen wir rechts ab und halten direkt auf die Halde zu. Es gibt hier mehrere Aufstiegsmöglichkeiten zur Auswahl. So könnten wir auch weiter südlich über den deutlich flacheren, dafür aber zeitaufwendigeren Kreuzweg aufsteigen. Nehmen wir die direkte, sportliche und kurze Variante, sind wir in schweißtreibenden 10 bis 15 Minuten oben auf dem Plateau angekommen. Dort erblicken wir erst die Greifer-

Skulptur, dann, ganz oben, das Amphitheater, das wie ein kleiner Vulkankrater in den Gipfel eingelassen ist. Wir umrunden den „Krater" gegen den Uhrzeigersinn und genießen eine umwerfende Aussicht.

Es geht nun leicht bergab und wir kommen an dem kleinen See vorbei, der sich hier oben nach und nach bildet. Wir halten uns weiter an der rechten Seite an der Oberkante des Plateaus, um an seine gegenüberliegende Nordseite zu gelangen. Dort kreuzen wir zwei breite Fahrwege, bevor wir das Plateau verlassen und absteigen. Auch hier gibt es wieder mehrere Möglichkeiten, wir wählen wieder den direkten, steileren Trampelpfad. Hier sind weniger Mountainbiker unterwegs als auf den flacheren Querwegen.

Unten angekommen könnten wir die Tour beenden, indem wir einfach am Fuß der Halde links zurück zum Ausgangspunkt wandern. Es empfiehlt sich aber, die folgende Schleife noch mitzunehmen und das Wandererlebnis so erst richtig „rund" zu machen. Wir halten uns also rechts und folgen dem breiten Weg zu einer Kreuzung mit Infotafel. Hier geradeaus weiter, sodass wir links an der Halde Schöttelheide vorbeigehen. Etwa 1,3 Kilometer legen wir am Fuß der Halde zurück, bis wir an einer Abzweigung links auf den Wanderweg X22 in das NSG Grafenmühle abbiegen. Wir folgen nun der Markierung X22 durch den Grafenwald.

Kurz vor der Straße „Zur Grafenmühle" halten wir uns links und parallel zur Straße im Wald, dem Waldweg Richtung Grafenmühle folgend. Die Grafenmühle und der Teich laden zur Rast oder Einkehr ein.

Unser Weg biegt vor dem Grafenmühler Teich scharf links ab und folgt als Drei-Bäche-Pfad dem Ebersbach mehreren Bachverläufen. Zwei kleine, dicht aufeinander folgende Abzweigungen lassen wir links liegen, bevor wir nach weiteren etwa 400 Meter links abbiegen. Wir befinden uns nun auf dem Weg zur Halde Schöttelheide und treffen wieder auf unseren Hinweg. Wir folgen diesem bis zum Fuß der Halde Haniel, die wir nun links liegenlassend passieren. Dabei können wir dem breiten, flachen Weg oder dem leicht auf- und abführenden Pfad am Hangfuß folgen. Beide führen uns zurück zum Parkplatz an der Kirchhellener Straße sowie zum Ausgangspunkt unserer Wanderung.

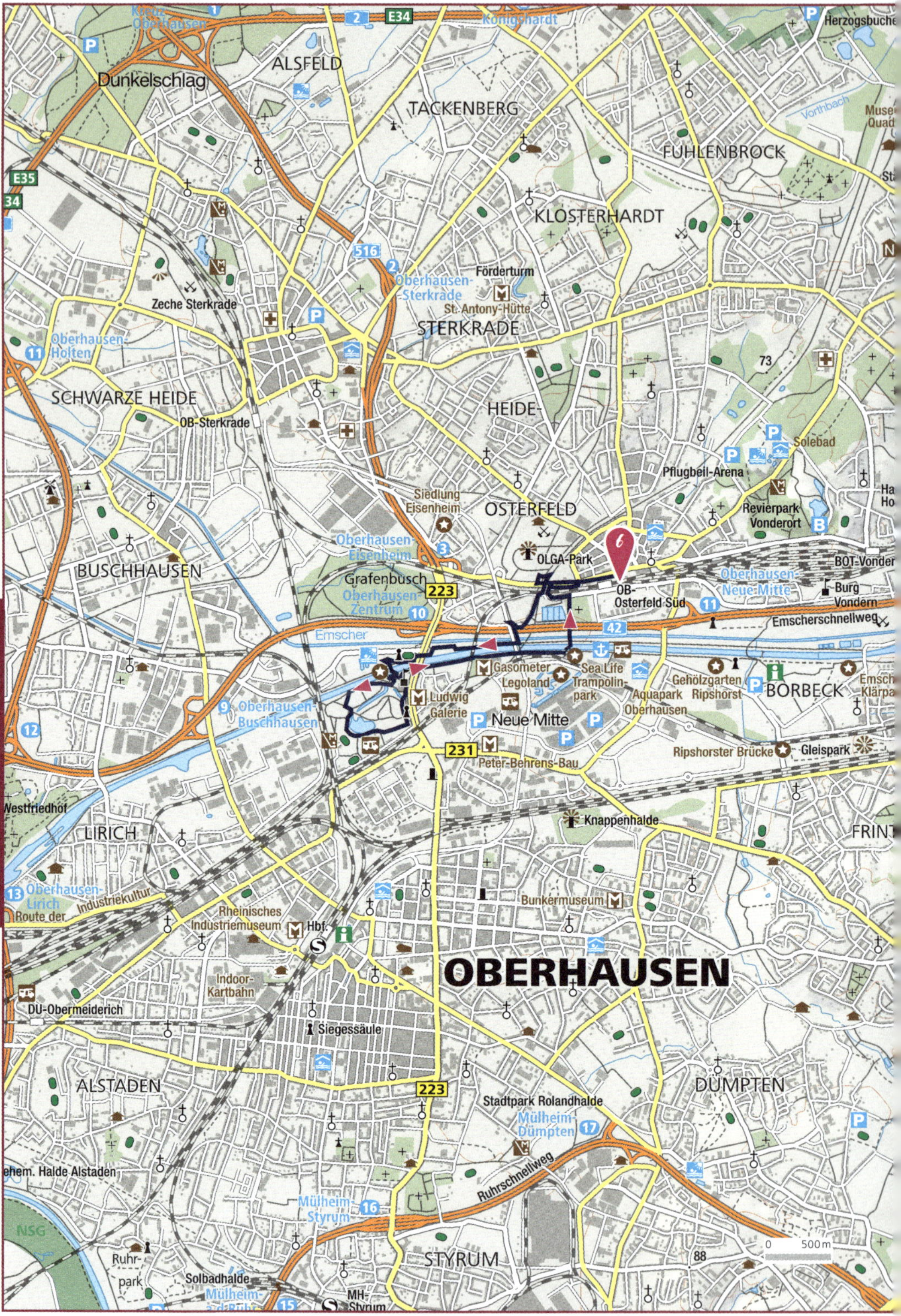

Kreuz Oberhausen
Königshardt
Herzogsbuche
ALSFELD
Dunkelschlag
TACKENBERG
FUHLENBROCK
Vorthbach
KLOSTERHARDT
Förderturm
Oberhausen-Sterkrade
St. Antony-Hütte
STERKRADE
Zeche Sterkrade
Oberhausen-Holten
SCHWARZE HEIDE
OB-Sterkrade
HEIDE
Solebad
Pflugbeil-Arena
Revierpark Vonderort
Siedlung Eisenheim
OSTERFELD
Oberhausen-Eisenheim
OLGA-Park
BUSCHHAUSEN
Grafenbusch
Oberhausen-Zentrum
OB-Osterfeld Süd
Oberhausen-Neue Mitte
BOT-Vonder
Burg Vondern
Emscherschnellweg
Emscher
Gasometer
Legoland
Sea Life
Trampolin-park
Aquapark Oberhausen
Gehölzgarten Ripshorst
BORBECK
Ludwig Galerie
Oberhausen-Buschhausen
Neue Mitte
Peter-Behrens-Bau
Ripshorster Brücke
Gleispark
Knappenhalde
Westfriedhof
LIRICH
FRINT
Oberhausen-Lirich
Route der Industriekultur
Rheinisches Industriemuseum
Hbf.
Bunkermuseum
OBERHAUSEN
Indoor-Kartbahn
DU-Obermeiderich
Siegessäule
ALSTADEN
DÜMPTEN
Stadtpark Rolandhalde
Mülheim-Dümpten
ehem. Halde Alstaden
Ruhrschnellweg
Mülheim-Styrum
NSG
Ruhr-park
Solbadhalde
Mülheim-a.d.Ruhr
STYRUM
MH-Styrum
0 500 m

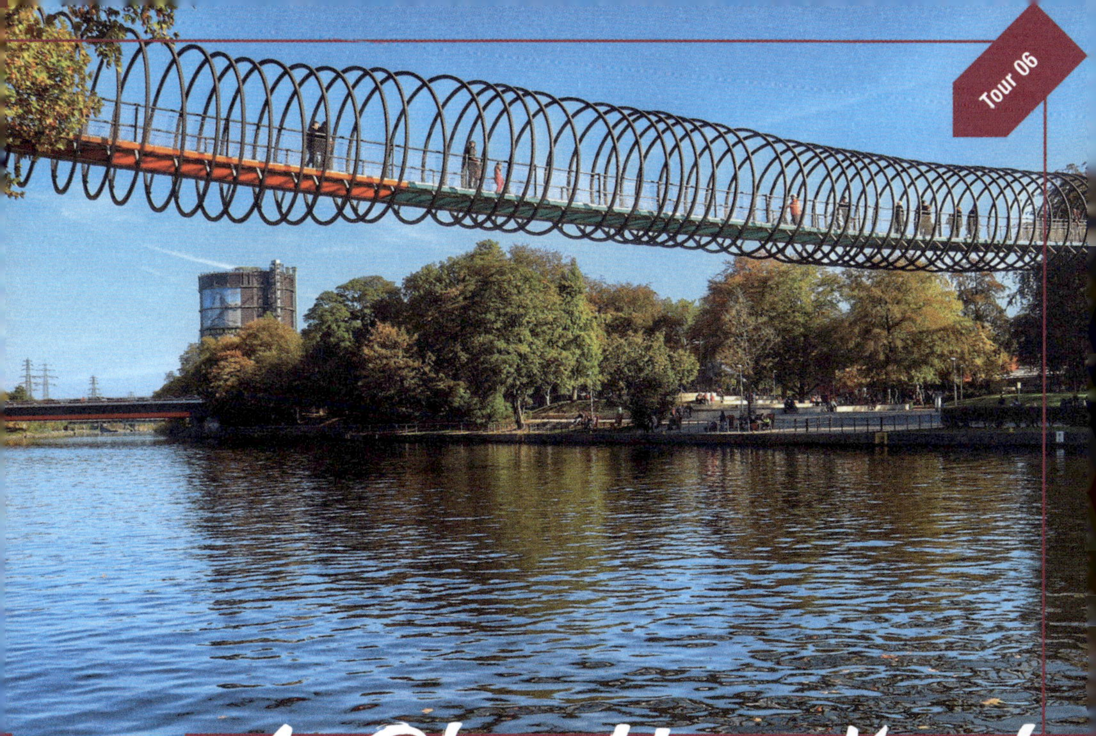

Tour 06

06 Flusstour

Am Rhein-Herne-Kanal

Natur, Geschichte und Industriekultur auf engstem Raum

DAUER	2h
LÄNGE	7,6 km
AUFSTIEG	80 hm
SCHWIERIGKEIT	LEICHT
MIT ÖFFIS ERREICHBAR	ja

Das erwartet dich ...

Wir können uns auf eine abwechslungsreiche Tour freuen, auf der sich kontrastreiche Eindrücke zwischen Gewässern, Parks und Industriestadt entspannt verbinden lassen. Mit dem Gasometer Oberhausen prägt eine echte Ikone des Ruhrgebiets weite Teile unserer Wanderung.

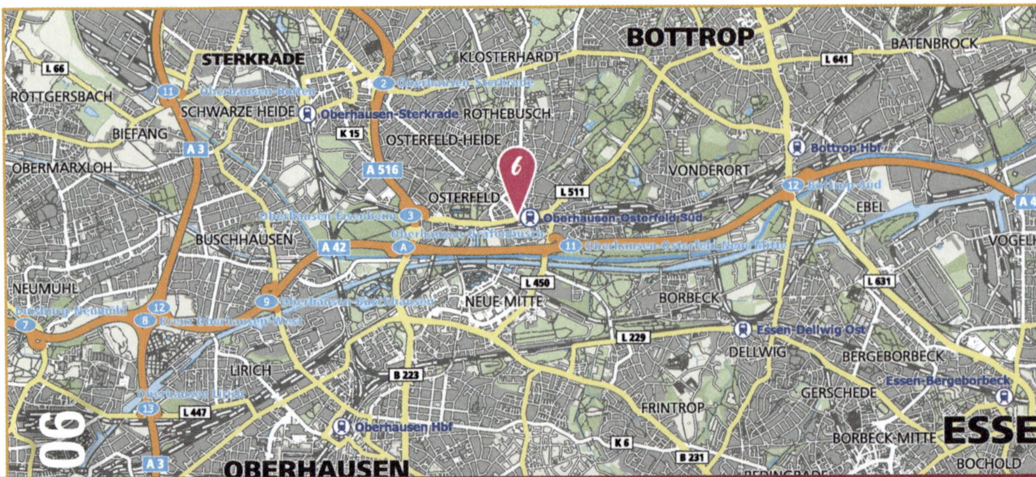

Start & Ziel & Anreise

Ausgangspunkt ist der Parkplatz am Bahnhof Osterfeld-Süd, Oberhausen, alternativ gibt es weitere Parkplätze in den Seitenstraßen der Bottroper Straße. Anreise mit Öffis: Direkte Busanbindung nach Oberhausen-Hbf (SB91) und Bottrop-Hbf (SEV).

Tourenbeschreibung

Parks, Gewässer, Industriedenkmäler und kulturelle Highlights: Bei dieser Wanderung am Rhein-Herne-Kanal ist alles dabei. Hier in Oberhausen hat sich die ehemalige Industrielandschaft wie fast nirgends sonst in ein sehenswertes Kulturareal mit hohem Freizeit- und Erlebniswert verwandelt.

Wir starten unsere abwechslungsreiche Runde am verkehrsgünstig gelegenen Bahnhof Osterfeld-Süd. Wir folgen der Bottroper Straße links bzw. westwärts und biegen links in die Wittekindstraße. Nun überqueren wir die Bahngleise und biegen der kleinen Rampe abwärtsfolgend scharf rechts in die Hoffmanstraße ab. Unter den Bahngleisen durch biegen wir direkt dahinter links in die Scheuerstraße ein. Dieser folgen wir, bis wir auf die Fußgängerbrücke abbiegen, um die A42 und die Emscher zu überqueren.

Auf der Emscherinsel verlassen wir die verschachtelte Brückenkonstruktion und folgen dem Nordufer des Rhein-Herne-Kanals nach rechts bzw. westwärts. Der Weg macht bald eine Rechts- und eine Linkskurve, bevor wir beim Spielplatz links zum Ufer abbiegen. Bald erreichen wir die markante „Slinky Springs to Fame"-Brücke, auf der wir den Kanal überqueren. Der Weg dreht zwei ausgedehnte Schleifen, bis wir an einer Kreuzung scharf rechts und dann gleich wieder rechts abbiegen. Wir gelangen ans Kanalufer, das wir bei nächster Gelegenheit wieder nach links in den Emscherpark verlassen. Wir passieren einige Kugelskulpturen, biegen an der anschließenden Kreuzung links ab und gelangen so an den alten Emscher-Arm und an einen schönen kleinen See. Wir umrunden den See und folgen dem Emscherparkweg geradeaus bis zu einer markanten Kronen-Skulptur. Geradeaus gehen wir an dieser vorbei, bis wir am Ende des Wegs links abbiegen und dem Emscherparkweg weiter bis zum Schloss Oberhausen folgen.

Wir passieren das Schloss durch den Innenhof und gelangen an einem Parkplatz vorbei wieder zum Rhein-Herne-Kanal. Nun rechts dem Wanderweg immer dicht am Ufer folgen, bis wir am gewaltigen Bau des Gasometers vorbeikommen. Hier legen wir je nach Lust und Zeit einen Besichtigungsstopp ein oder folgen weiter dem Kanalufer. An der zweiten Brücke, der „Tausendfüßlerbrücke", überqueren wir dann etwa 500 Meter nach dem Gasometer den Kanal und die Emscher. Geradeaus geht es weiter am Friedhof vorbei, bis wir auf die vom Hinweg bekannte Wittekindstraße treffen und links in sie einbiegen. Nun geht es auf dem schon bekannten letzten Wegstück zurück zum Bahnhof Osterfeld-Süd.

Autoren Tipp

Der Gasometer gehört zu den bedeutendsten Industriedenkmälern im Ruhrgebiet. Das liegt nicht nur an seiner beachtlichen Größe und Höhe, sondern auch an den erstklassigen, oft spektakulären Ausstellungen, die in seinem Innern inszeniert werden. Spektakulär ist auch der gläserne Fahrstuhl zur Aussichtsplattform, der an der Innenwand verläuft und schwindelerregende Rundumsicht bietet. Infos zu Öffnungszeiten, Eintrittspreisen und Ausstellungen finden sich unter www.gasometer.de.

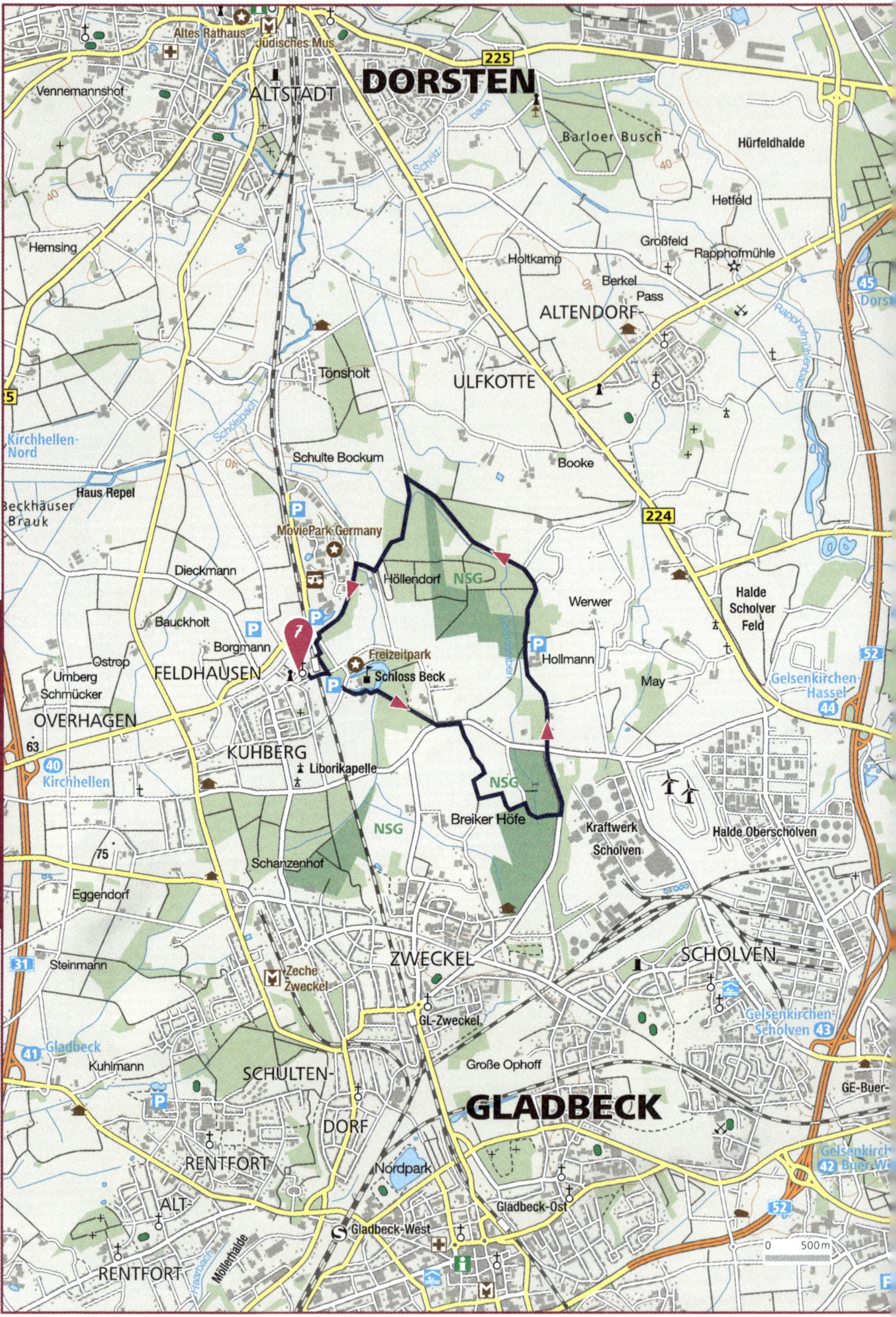
DORSTEN
Altes Rathaus
Jüdisches Mus.
225
ALTSTADT
Vennemannshof
Barloer Busch
Hürfeldhalde
Schölzbach
Hetfeld
Hemsing
Großfeld
Rapphofmühle
Holtkamp
Berkel
Pass
ALTENDORF-
45
Rapphofsmühlenbach
Tönsholt
ULFKOTTE
Kirchhellen-Nord
Schölsbach
Schulte Bockum
Booke
Haus Repel
Beckhäuser Brauk
224
MoviePark Germany
Dieckmann
Höllendorf
NSG
Werwer
Halde Scholver Feld
Bauckholt
Borgmann
Freizeitpark
Hollmann
52
Ostrop
Umberg
Schmücker
FELDHAUSEN
Schloss Beck
May
Gelsenkirchen-Hassel
44
OVERHAGEN
63
KUHBERG
40
Kirchhellen
Liborikapelle
NSG
NSG
Breiker Höfe
Kraftwerk Scholven
Halde Oberscholven
75
Schanzenhof
Eggendorf
ZWECKEL
SCHOLVEN
31
Steinmann
Zeche Zweckel
GL-Zweckel
Gelsenkirchen-Scholven
43
41
Gladbeck
Kuhlmann
Große Ophoff
SCHULTEN-
DORF
GLADBECK
GE-Buer-
RENTFORT
Nordpark
42
ALT-
Gladbeck-Ost
52
Gladbeck-West
RENTFORT
Möllerhalde
0
500 m

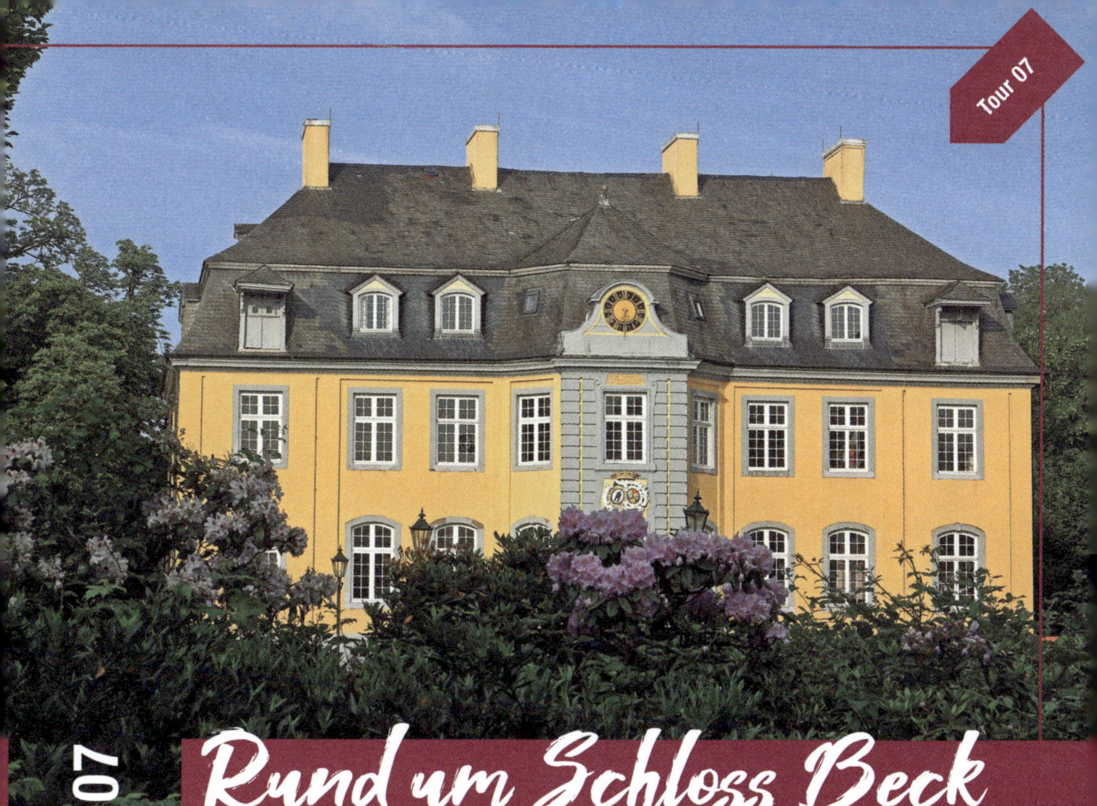

Tour 07

Erlebnistour 07

Rund um Schloss Beck

Zwischen Freizeitpark und Kraftwerk

DAUER	2h 10min
LÄNGE	8,4 km
AUFSTIEG	80 hm
SCHWIERIGKEIT	LEICHT
MIT ÖFFIS ERREICHBAR	ja

Das erwartet dich ...

Leichte und vielseitige Rundtour auf asphaltierten und unbefestigten Wegen. Es geht durch Feld, Wald, Wiese und vorbei an Industrielandschaften. Vor oder nach der Tour locken gleich zwei Freizeitparks: Entweder der Freizeitpark Schloss Beck oder der Movie Park Germany bieten einem viel Vergnügen.

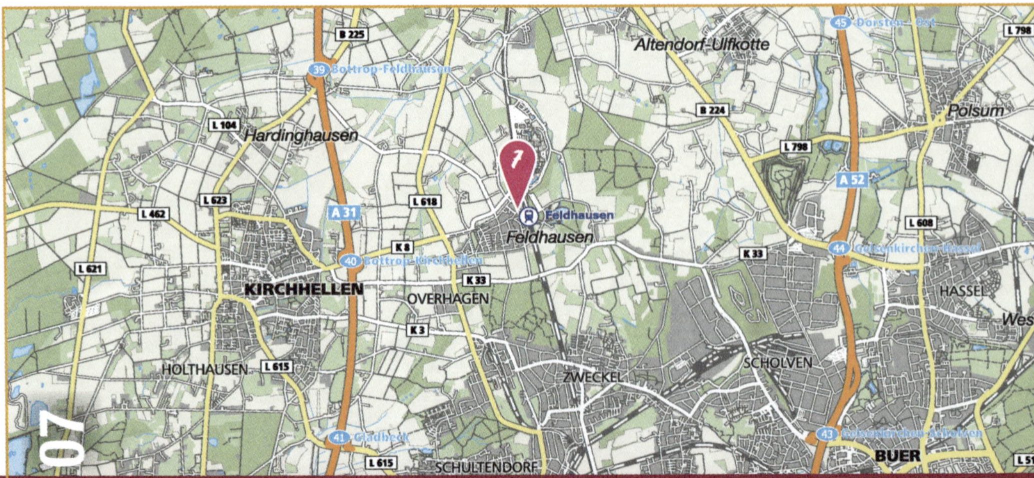

Erlebnistour 07

Start & Ziel & Anreise

Wir starten am P+R-Parkplatz an der Bahnstation Bottrop-Feldhausen, weitere gebührenpflichtige Großparkplätze der Freizeitparks befinden sich in unmittelbarer Nähe. Anreise mit Öffis: Die Nordwestbahn RE14 führt vom Hauptbahnhof Bottrop zur Bahnstation Bottrop-Feldhausen, von dort sind es noch ca. 500 m zum Freizeitpark Schloss Beck.

Tourenbeschreibung

Gleich zwei Freizeitparks, das Schloss Beck und das Kraftwerk Scholven, formen die Kulisse dieses ausgedehnten Wanderspaziergangs. Scholven war in den 1960ern eines der größten Kohlekraftwerke Europas und es produziert bis heute Strom und Fernwärme.

Wir starten die Runde am P+R-Parkplatz der Bahnstation Bottrop-Feldhausen. Wir folgen der Schlossgasse und biegen rechts ab zum Eingang des Freizeitparks. Entlang des Wassergrabens passieren wir das Schloss rechtsseitig und gelangen in den Wald des Schlossparks. Wir folgen dem schnurgeraden Waldweg bis zur Scholver Straße, in die wir rechts einbiegen. Nach etwa 150 Meter biegen wir erneut rechts in den einmündenden Feldweg ein, um einen kleinen Schlenker mit guten Blicken zum beeindruckenden Kraftwerk Scholven zu haben. An der ersten Abzweigung geradeaus weiter, bis der Weg einen Rechtsknick macht, dem wir folgen. Bei der nächsten Gelegenheit biegen wir links ab und dann nach 100 Meter nochmals links. Wir folgen dem Zickzackverlauf des Weges und halten uns an der Weggabelung rechts. Es folgt eine Linkskurve, bevor wir auf die Buerelterstraße treffen, der wir nach links folgen.

Wir bleiben nun für mehrere Kilometer auf der Buerelterstraße, die uns am idyllischen Naturschutzgebiet Möllers Bruch vorbeiführt. Wir begnügen uns vorerst mit der Umgehung, da das Möllers Bruch zur Zeit der Drucklegung in Privatbesitz ist und gelegentlich der Zugang erschwert wird. Das Spazierengehen ist hier erlaubt und sollte es ohne Hindernisse möglich sein, ist die direkte Durchquerung auf schönen Waldwegen in Richtung Movie Park Kirchhellen auf jeden Fall lohnend.

Unser Weg führt uns bis ans äußerste Nordende des Naturschutzgebiets zu einer Kreuzung, an der die Buerelterstraße zur Gelsenkirchener Straße wird und wir scharf links auf den Wanderweg abbiegen. Dieser führt uns in Richtung Movie Park, den wir auch bald erreichen. Vor dem Freizeitpark biegen wir links in die Straße Im Mandel ab und erreichen so nach einem knappen Kilometer den Ausgangspunkt unserer Tour, die Station Feldhausen.

Autoren Tipp

Wo gibt es das sonst? An der Bahnstation Feldhausen warten gleich zwei Freizeitparks auf Besucher. Für kleine Kinder und Familien ist der kleine, familiäre und schön gelegene Park direkt bei Schloss Beck zu empfehlen. Für größere Kinder und natürlich für Filmfans ist der Movie Park Germany mit seinen zahlreichen High-Tech-Attraktionen und spektakulären Shows die erste Wahl.

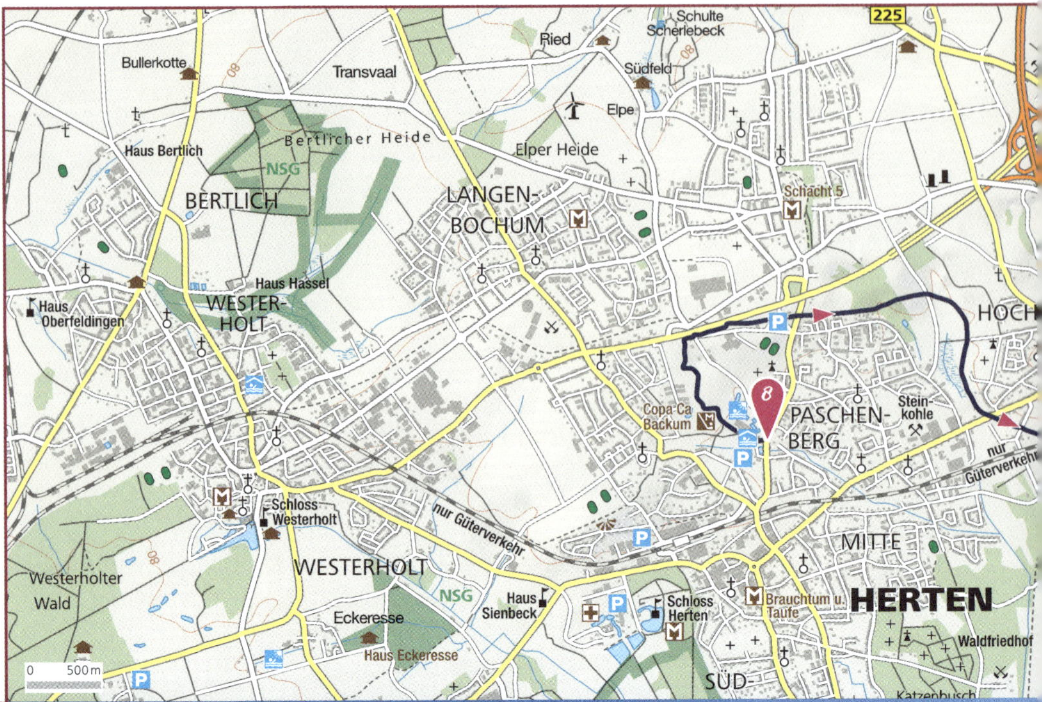
225
Schulte
Scherlebeck
Ried
Bullerkotte
Transvaal
Südfeld
Elpe
Bertlicher Heide
Elper Heide
Haus Bertlich
NSG
Schacht 5
BERTLICH
LANGEN-
BOCHUM
Haus Hassel
Haus
Oberfeldingen
WESTER-
HOLT
HOCH
Copa Ca
Backum
PASCHEN-
BERG
Stein-
kohle
nur Güterverkehr
Schloss
Westerholt
nur Güterverkehr
WESTERHOLT
MITTE
Westerholter
Wald
NSG
Haus
Sienbeck
Schloss
Herten
Brauchtum u.
Taufe
HERTEN
Eckeresse
Waldfriedhof
Haus Eckeresse
0
500 m
SÜD-
Katzenbusch

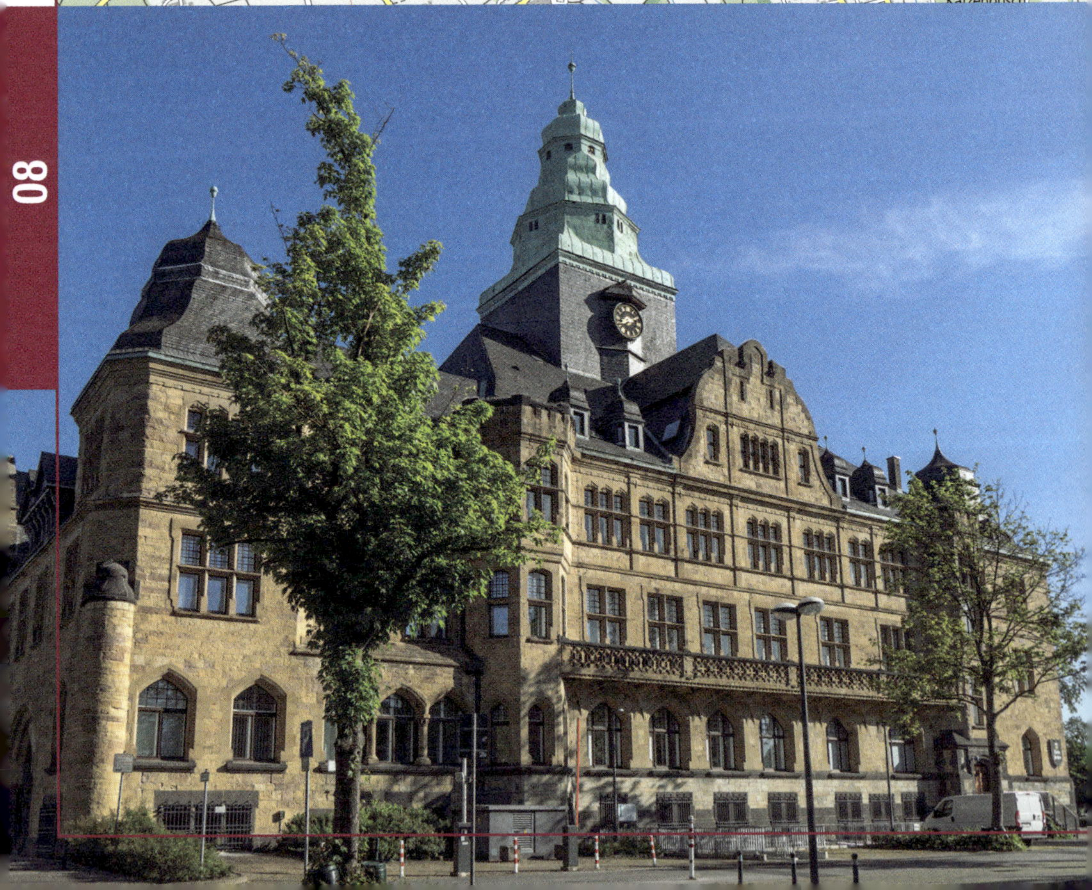

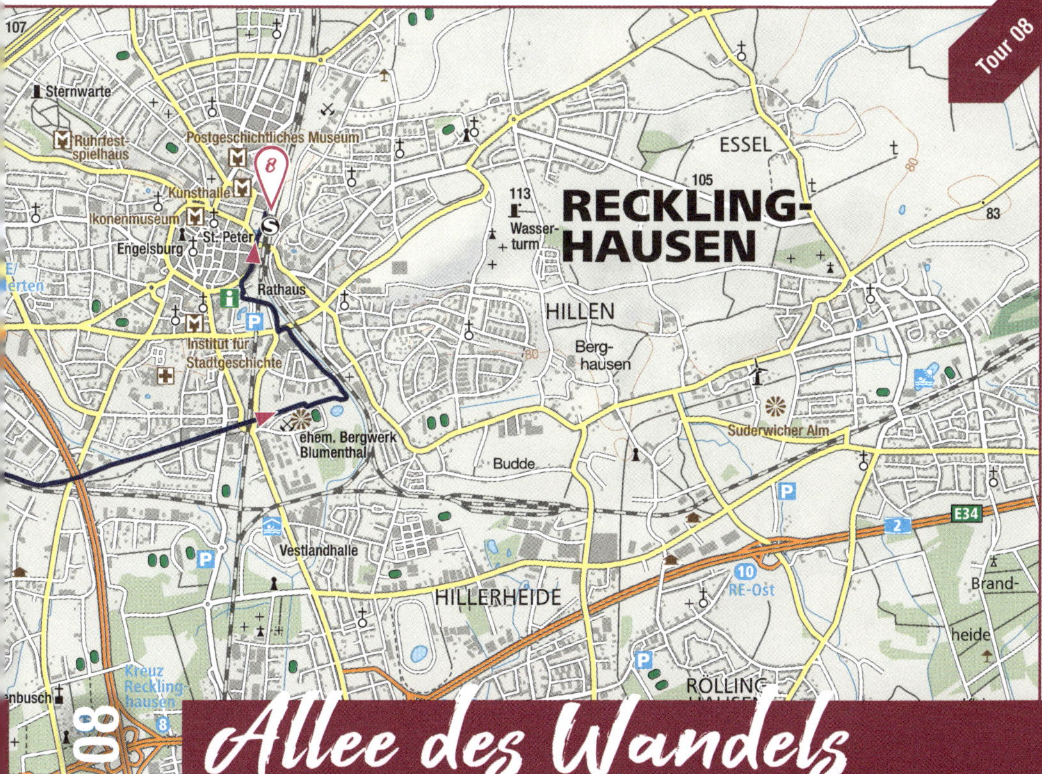

08

Kulturtour

Allee des Wandels

Auf der alten Zechenbahn von Herten nach Recklinghausen

DAUER	2h 20min
LÄNGE	9,1 km
AUFSTIEG	100 hm
SCHWIERIGKEIT	LEICHT
MIT ÖFFIS ERREICHBAR	ja

Das erwartet dich ...

Die Wanderung verspricht eine abwechslungreiche Tour auf einer ehemaligen Zechenbahntrasse durch das Ruhrgebiet. Die Distanz erfordert etwas Grundkondition, doch die gut ausgebauten Wege mit Möglichkeit zum Wechsel des Untergrunds hält die Anstrengung in Grenzen.

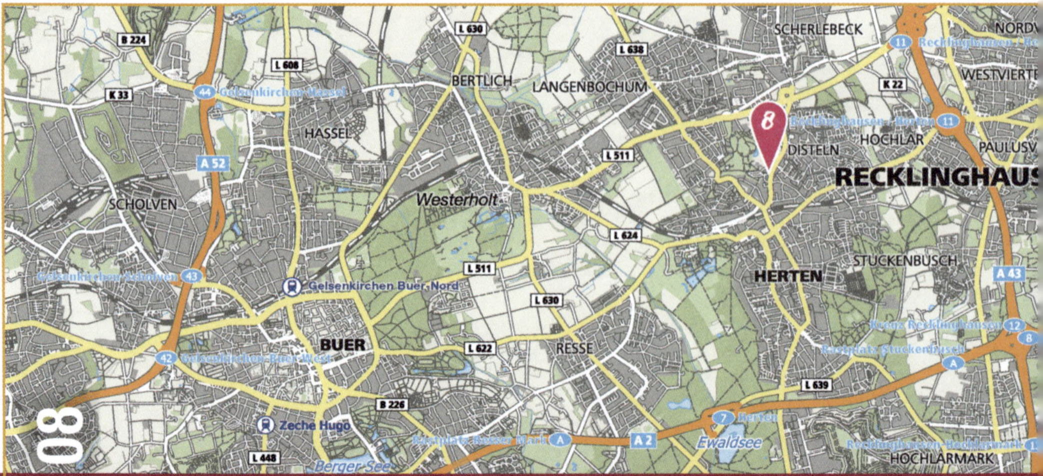

08 Kulturtour

Start & Ziel & Anreise

Für die Anreise mit dem Auto zu unserem Startpunkt, das Frei- und Hallenbad Copa Ca Backum, können wir den großen Parkplatz dort nutzen. Anreise mit Öffis: Der Bus 214 Richtung Herten-Mitte bringt uns direkt vom Hauptbahnhof Recklinghausen zur Bushaltestelle Copa Ca Backum. Unser Zielpunkt ist der Hauptbahnhof Recklinghausen, von wo wir auch wiederum den Bus zum Auto nehmen können, falls wir in der Teichstraße geparkt haben.

Tourenbeschreibung

Die Allee des Wandels ist eine alte Zechenbahntrasse und lässt sich auch sehr gut mit dem Rad erkunden. Die ganze Vielfalt und die Kontraste des Ruhrgebiets können wir dabei erleben. Uns werden hier zwischen Herten und Recklinghausen vom parkartigen Backumer Tal über viel ländlich anmutendes Grün bis zu Zechentürmen und Halden alle möglichen Eindrücke geboten.

Wir starten vor dem Copa Ca Backum, einem beliebten Frei- und Hallenbad in Herten und spazieren den Weg zwischen dem Parkplatz und dem Hallenbad entlang. Vorerst folgen wir dem Weg, lassen den Kinderspielplatz links und den Minigolfplatz rechts hinter uns. Es geht hinein ins schöne Backumer Tal, das wir mittig durchqueren. Rechts am Rodelberg vorbei biegen wir am Parkende vor den ersten Häusern rechts ab und gelangen auf die Straße Zum Rodelberg. Ihr folgen wir, bis wir rechts in die Fritz-Erler-Straße einbiegen. Nach etwa 200 Meter zweigt ein kleiner Pfad gegenüber der Schule nach links ab und wir gelangen zur Allee des Wandels, der wir nun nach rechts folgen. Wir legen auf der Allee nun etwa sechs Kilometer bis zur Halde General Blumenthal zurück, wobei wir der Radwegbeschilderung folgen können.

Zunächst geht es an einigen Siedlungen vorbei, bevor wir in das idyllische Naturschutzgebiet Kellergatt kommen eintreten. Ab hier können wir den Radweg hin und wieder verlassen, um auf dem parallel verlaufenden Wanderweg zu gehen. Nach einigen kleinen Kunstinstallationen und vielen beinahe ländlichen Eindrücken erreichen wir bei der Halde Akkoallee wieder urban anmutendes Terrain. Auch hier können wir gelegentlich den Asphalt des Radwegs gegen den festen Kies des parallel verlaufenden Wanderwegs eintauschen. Falls wir den Radweg wählen, müssen wir am „Knotenpunkt 72" bei Kilometer 4,6 unserer Tour kurz aufpassen und an der Abzweigung dem Weg weiter geradeaus folgen.

Mit der stillgelegten Eisenbahnbrücke und dem Schacht 5 der Zeche General Blumenthal kommen bald wieder markante Landmarken in Sicht. Die Umgebung wird wieder städtischer und wir treffen am Bruchweg auf die erste Querstraße. Wir gehen weiter geradeaus durch die Bahnunterführung und treffen gegenüber auf das ehemalige Zechengelände der General Blumenthal 1/2/6. Neben der Halde macht unser Weg einen Rechtsknick, dem wir folgen, um dann sofort links abzubiegen und gleich nochmal links, dem Radweg an einem Tümpel vorbei folgend. Nun treffen wir auf eine Bahntrasse, vor der wir links abbiegen, um dann der ehemaligen Zechenbahntrasse entlang des Hellbachs zu folgen. Der Weg macht bald eine Linkskurve, um anschließend rechts den Dordrechtring zu überqueren. Es geht weiter parallel am Hellbach entlang, bis der Weg in die Erlbruchweg einmündet, die wir bis zum Rathausplatz von Recklinghausen entlangspazieren. Rechts auf dem Innenstadtring Kaiserwall geht es nun zu unserem Ziel, dem Hauptbahnhof Recklinghausen, den wir nach wenigen Hundert Metern erreichen..

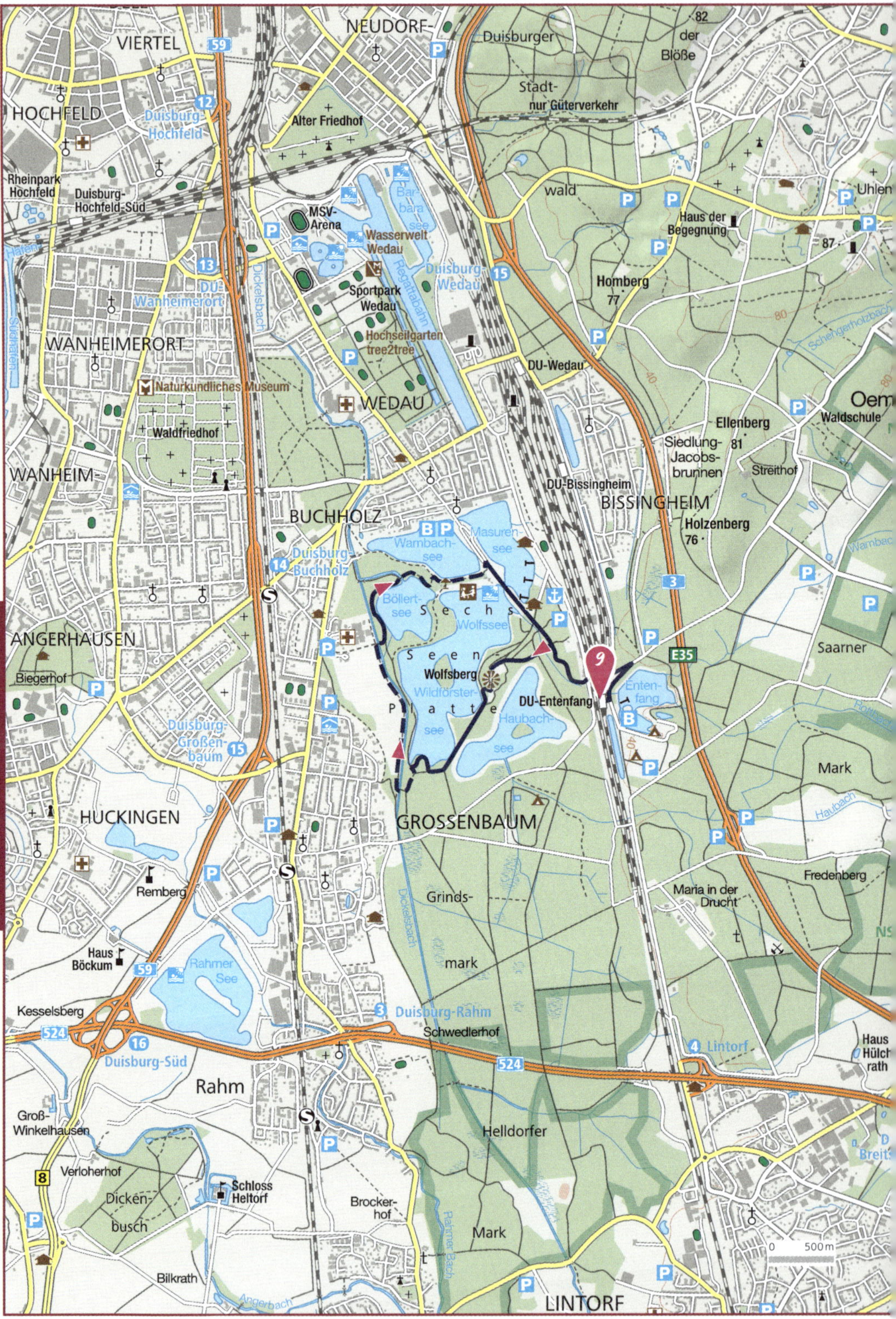
VIERTEL
NEUDORF-
Duisburger
Stadt-
nur Güterverkehr
wald
der
Bläße
82
HOCHFELD
Duisburg-
Hochfeld
Alter Friedhof
Rheinpark
Hochfeld
Duisburg-
Hochfeld-Süd
MSV-
Arena
Bar-
bara
see
Wasserwelt
Wedau
Sportpark
Wedau
Regattabahn
Duisburg-
Wedau
Hochseilgarten
tree2tree
Haus der
Begegnung
Uhlen
87
Homberg
77
DU-
Wanheimerort
WANHEIMERORT
Naturkundliches Museum
WEDAU
DU-Wedau
Oem
Waldschule
Ellenberg
81
Siedlung-
Jacobs-
brunnen
Streithof
Waldfriedhof
WANHEIM-
DU-Bissingheim
BISSINGHEIM
Holzenberg
76
BUCHHOLZ
Duisburg-
Buchholz
Wambach-
see
Masuren-
see
Böllert-
see
Sechs
Wolfssee
Seen
Wolfsberg
Wildförster-
Platte
see
DU-Entenfang
Enten-
fang
Haubach-
see
ANGERHAUSEN
Biegerhof
Saarner
Duisburg-
Großen-
baum
HUCKINGEN
GROSSENBAUM
Mark
Remberg
Grinds-
mark
Maria in der
Drucht
Fredenberg
Haus
Böckum
Rahmer
See
Kesselsberg
Duisburg-Süd
Duisburg-Rahm
Schwedlerhof
Lintorf
Haus
Hülch-
rath
Rahm
Groß-
Winkelhausen
Helldorfer
Verloherhof
Schloss
Heltorf
Dicken-
busch
Brocker-
hof
Mark
Bilkrath
LINTORF
Dickelsbach
Rahmer Bach
Angerbach
0
500 m
E35
524
59

Tour 09

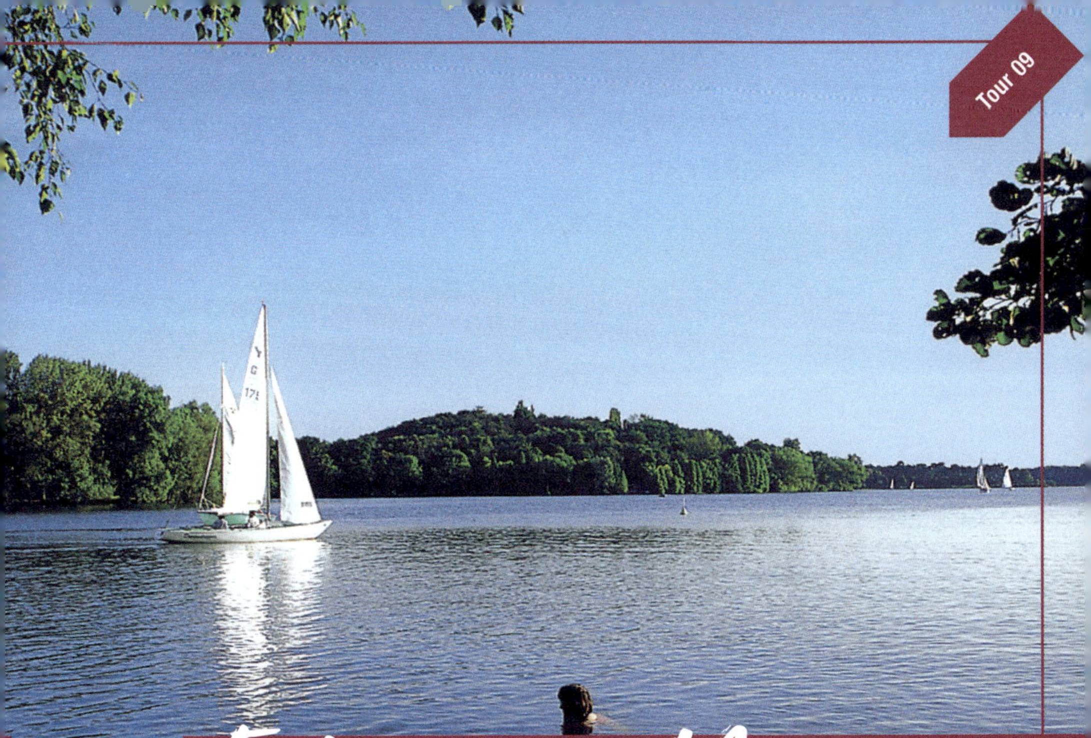

09

Seetour

Entenfang – Masurensee

Durch die Duisburger Sechs-Seen-Platte

DAUER	1h 45min
LÄNGE	8 km
AUFSTIEG	20 hm
SCHWIERIGKEIT	LEICHT
MIT ÖFFIS ERREICHBAR	ja

Das erwartet dich ...

Wir bewegen uns auf einer leichten, aussichtsreichen Park- und Ruhrauenwanderung. Es erwarten uns abwechslungsreiche Einblicke in einen der überraschend natürlichen Landschaftsparks des Ruhrgebiets, in dem nach und nach das Zepter an die Natur zurückgegeben wird.

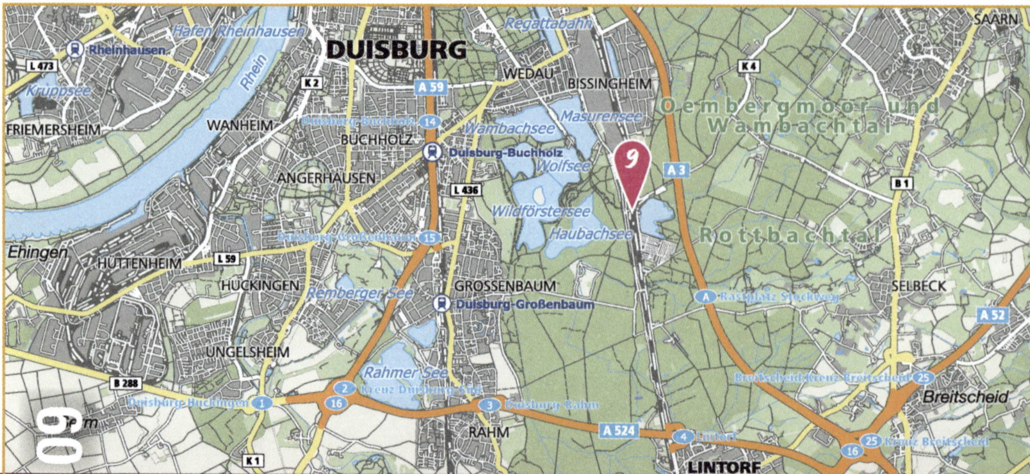

09 Seetour

Start & Ziel & Anreise

Startpunkt ist der Bahnhof Duisburg-Entenfang an der Bissingheimer Straße; Parkplätze befinden sich auf der Westseite an der Masurenallee. Anreise mit Öffis: Von Duisburg-Hbf nehmen wir den Bus 934 Richtung Großenbaum Bahnhof-Ost.

Tourenbeschreibung

Die Sechs-Seen-Platte im Duisburger Süden ist ein von Wald umgebenes Erholungs- und Wassersportzentrum mit Möglichkeiten zum Surfen, Segeln, Schwimmen und Rudern sowie für erholsame Spaziergänge und zur Naturbeobachtung. Die Seen entstanden durch Sand- und Kiesabbau ab 1910 und wurden ab den 1970er Jahren durch bewaldete Inseln und Halbinseln sowie durch eine abwechslungsreiche Linienführung der Ufer in ein Naherholungsgebiet umgewandelt. Die drei nördlichen Seen (Masurensee, Wambachsee, Wolfssee) sind für die aktive Freizeitgestaltung erschlossen (Freibad, Surfen, Segeln, Sporttauchen, Bootsverleih). Die südlichen Seen (Böllertsee, Wildförstersee, Haubachsee) werden durch Biotopschutzmaßnahmen als naturnahe Landschaft gestaltet.

Am stillgelegten Bahnhof Duisburg-Entenfang geht es auf der Brücke über den Gleiskörper zur Masurenallee auf die Westseite des Bahngeländes. Am Ende der

Brücke gehen wir gleich links zur Stufenanlage, die in den Wald hinabführt und sich als Weg neben dem Wambach fortsetzt. An der ersten Verzweigung geht es im Wald links weiter Richtung Aussichtsturm; der Weg überquert den Wambach und an der nächsten Wegekreuzung lohnt links der kurze Abstecher zum Aussichtspunkt am Haubachsee. Dessen Uferböschungen wurden frisch angeschüttet, flache und steile Ufer wurden gestaltet und ein Schilfgürtel gesetzt. Der Haubach erhielt ein eigenes Delta, wo er sich je nach Wassermenge und Strömung ein anderes Bett suchen kann. Für Blindschleichen und Eidechsen wurden Kiesflächen angelegt und Tümpel für Amphibien. Im Wald türmen sich Totholzhaufen; Kiefern, Erlen und Wildkirschen wurden gepflanzt.

Zurück zum Weg Richtung Aussichtsturm: Wir bewegen uns auf die bewaldete Kuppe zu, steigen in den Nordhang über dem Wolfsee ein – dort befindet sich am Ufer eine Grillstelle –, dann ist der Schlussanstieg zum 23 Meter hohen Aussichtsturm angezeigt. Der Wanderweg schlängelt sich am Ufer des Wildförstersees weiter, passiert mehrere Naturbeobachtungsstellen und eine Liegewiese am Ufer und mündet vor dem Golfplatz auf den Weg neben dem Dickelsbach. Kurz vor der Unfallklinik wechselt der Weg die Bachseite, eine verblasste Dreieck-Markierung leitet am Böllertsee entlang und wir spazieren am Ufer des Wambachsees und am Strandbad Wolfssee weiter zum Kalkweg. Dieser leitet uns rechts weiter, und nach Überqueren der aussichtsreichen Stegbrücke zwischen Masuren- und Wolfssee sowie nach Passieren der Gaststätte „Haus Seeblick" erreichen wir wieder den bekannten Weg in den Wäldern im Wambachtal. Geradeaus haltend und zuletzt links geht es zurück zum Ausgangspunkt am Bahnhof Entenfang.

Autoren Tipp

Der Aussichtsturm Wolfsberg ist ein lohnender Abstecher, der einen tollen Überblick über die Gegend verschafft. 2006 wurde der 23 Meter hohe stählerne Turm eingeweiht, nachdem der hölzerne Vorgängerturm in Brand geraten war. Auf dem Weg zum Turm vom Wolfssee aus findet sich an der Grillstelle eine weitere gute Gelegenheit zur gemütlichen Essenspause.

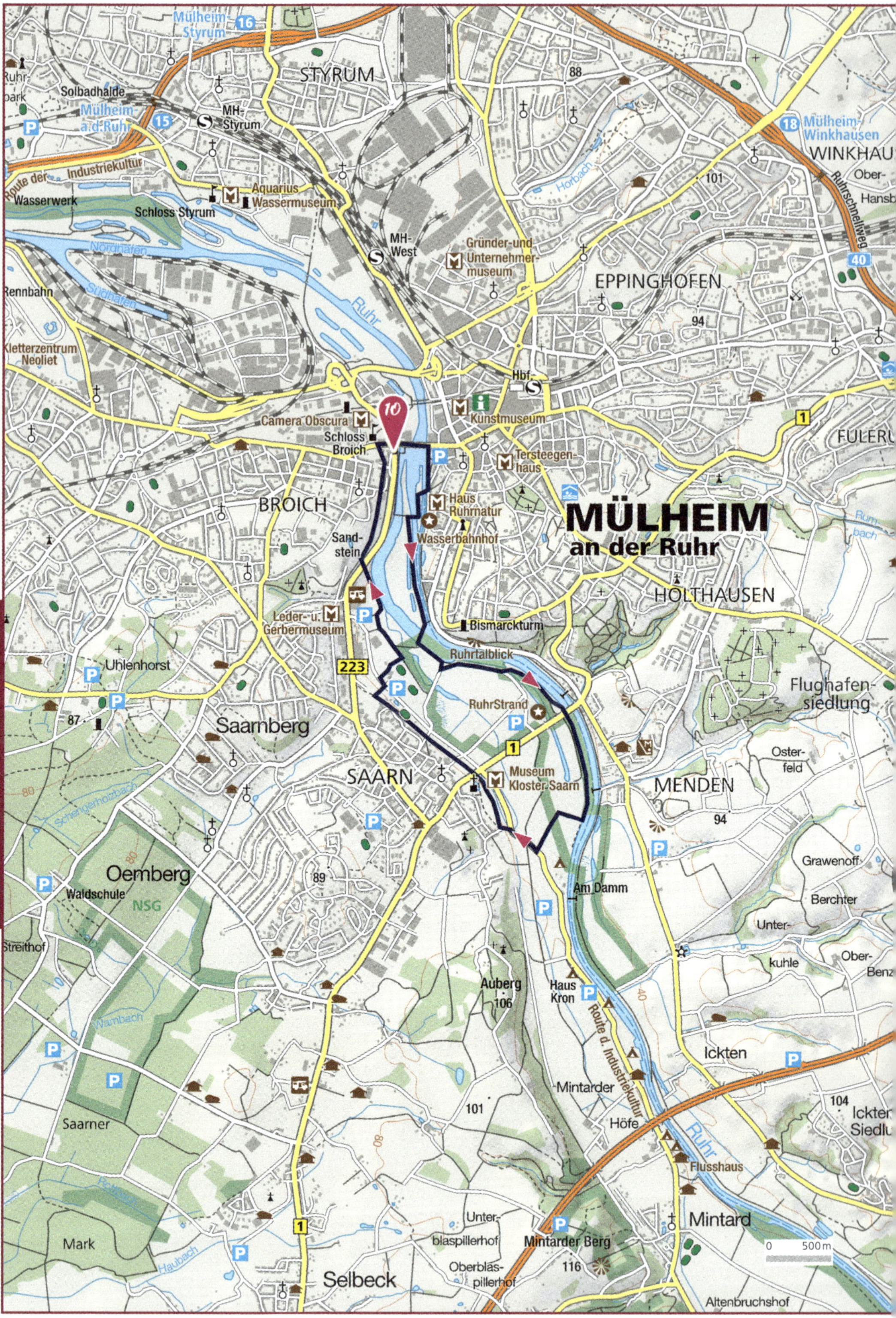
MÜLHEIM
an der Ruhr
Mülheim-Styrum
16
STYRUM
Ruhrpark
Solbadhalde
Mülheim a.d. Ruhr
15
MH-Styrum
88
18
Mülheim-Winkhausen
WINKHAU
Route der Industriekultur
Wasserwerk
Aquarius Wassermuseum
Schloss Styrum
Horbach
101
Ober-
Hansb
Ruhrschnellweg
Nordhafen
Südhafen
MH-West
Gründer- und Unternehmer-museum
40
EPPINGHOFEN
Rennbahn
Ruhr
94
Kletterzentrum Neoliet
Hbf.
Kunstmuseum
1
FULERU
Camera Obscura
Schloss Broich
Tersteegen-haus
BROICH
Haus Ruhrnatur
Wasserbahnhof
Rumbach
Sand-stein
HOLTHAUSEN
Leder- u. Gerbermuseum
Bismarckturm
223
Ruhrtalblick
Uhlenhorst
Flughafen-siedlung
RuhrStrand
87
Saarnberg
Oster-feld
SAARN
Museum Kloster Saarn
MENDEN
80
Schengerholzbach
Oemberg
Waldschule
NSG
89
Am Damm
Grawenoff
Berchter
Unter-kuhle
Ober-Benz
Streithof
Auberg
106
Haus Kron
Wambach
Route d. Industriekultur
Ickten
Mintarder Höfe
101
Saarner
104
Ickten Siedlu
Flusshaus
Mintard
Mark
Unter-blaspillerhof
Mintarder Berg
116
Oberblas-pillerhof
Selbeck
Haubach
0 500 m
Altenbruchshof

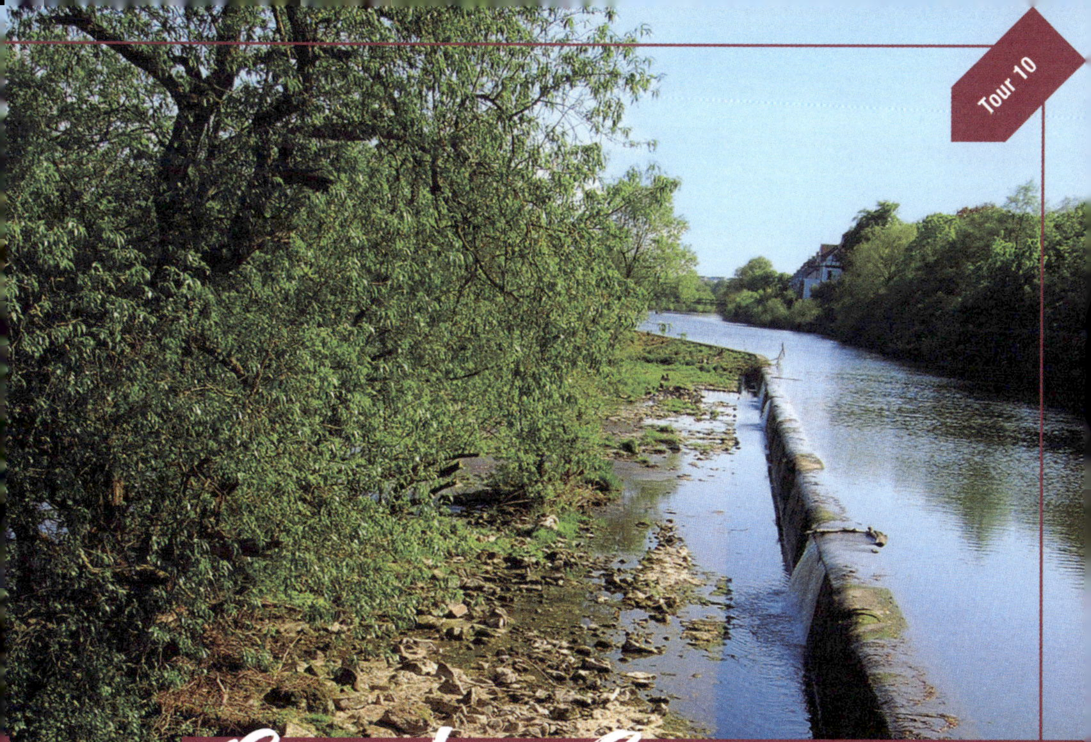

Flusstour 10

Broich – Saarn

Mülheimer Gartenufer und Saarner Auenweg

DAUER	2h 30min
LÄNGE	9 km
AUFSTIEG	0 hm
SCHWIERIGKEIT	LEICHT
MIT ÖFFIS ERREICHBAR	ja

Das erwartet dich ...

Diese Tour ist eine leichte, aussichtsreiche Park- und Ruhrauenwanderung. Es geht abwechslungsreich durch einen vergleichsweise idyllischen Winkel des Ruhrgebiets, in dem eher Klöster und Schlösser als Industrieanlagen das Bild bestimmen. Dabei laufen wir die meiste Zeit direkt an den Ufern der Ruhr entlang.

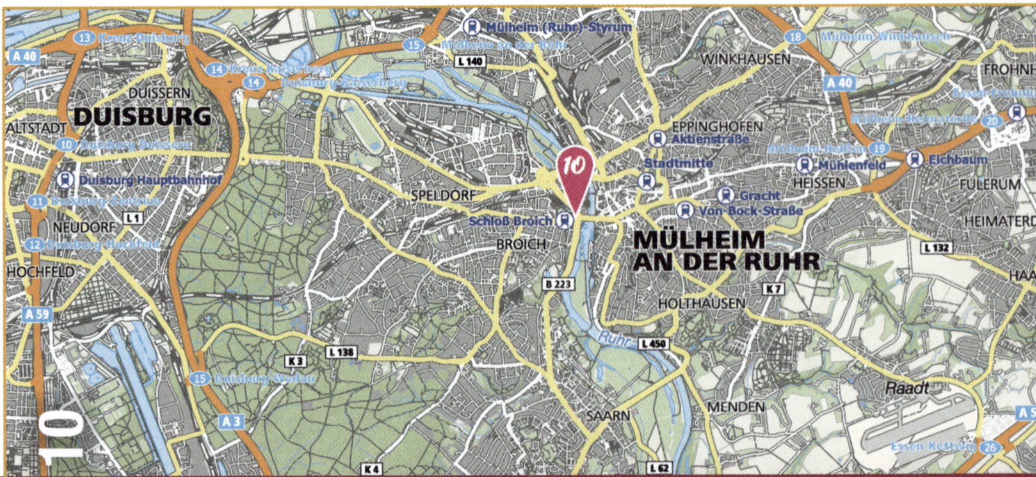

Start & Ziel & Anreise

Start- und Zielpunkt der Tour ist der U-Bahnhof Schloss Broich, der gut mit den Straßenbahnlinien 102 und 901 erreichbar ist. Mit dem Auto reisen wir über die A40 an und nehmen die Ausfahrt Mülheim an der Ruhr.

Tourenbeschreibung

Von Schloss Broich führt diese Ruhrtalwanderung durch das Gelände der Mülheimer Landesgartenschau zum Kloster Saarn. Schloss Broich wurde während der Normanneneinfälle 883–884 als Festung zur Sicherung des Ruhrübergangs errichtet und zur mächtigen Burg ausgebaut. Es ist in den karolingischen Teilen einer der ältesten erhaltenen Wehrbauten nördlich der Alpen. Heute wird es als Museum und für zahlreiche kulturelle Veranstaltungen genutzt.

Vom Schloss aus überqueren wir die Ruhr über die Schlossbrücke und folgen der Promenade am Ostufer. Der Weg führt talaufwärts durch die Parkanlagen der Mülheimer Landesgartenschau zur Schleuseninsel mit dem Wasserbahnhof. Ursprünglich war der 1927 errichtete Wasserbahnhof als Erfrischungshalle für die Gäste der Ruhrschifffahrt geplant, heute ist er Heimathafen und Abfahrtsstelle der Weißen Flotte. In unmittelbarer Nachbarschaft befindet sich auf der Schleuseninsel Haus Ruhrnatur ein Naturkundemuseum zu Flora und Fauna an der Ruhr. Auf dem Ruhrinselweg geht es südwärts bis zum Walzenwehr. Wer Lust und Zeit hat, kann hier einen Abstecher zum Bismarckturm machen, der zwar sehenswert ist, aber wegen Sanierungsarbeiten bis auf Weiteres geschlossen ist.

Das Walzenwehr führt uns ans Westufer der Ruhr und am Uferweg geht es weiter flussaufwärts zur Freizeitanlage Ruhrstrand sowie durch das Naturschutzgebiet Saarn-Mendener Auen, wo der Wanderweg landeinwärts zur Mintarder Straße führt. Längs der Straße geht es rechts über den Mühlenbach und gleich darauf wiederum rechts auf den autofreien Saarner Damm. Er leitet am ehemaligen Kloster Saarn vorbei nordwärts bis zum Sportpark Saarner Ruhraue; hier rechts zur Mintarder Straße, an ihr kurz links und rechts ab auf den Saarner Auenweg, der gleich links weiterführt. Hinter der Bundesstraße (Kassenberg) geht es rechts weiter auf dem autofreien Fossilienweg zum Ausgangspunkt bei Schloss Broich.

Auf der Kassenbergbrücke spazieren wir zum Wasserkraftwerk

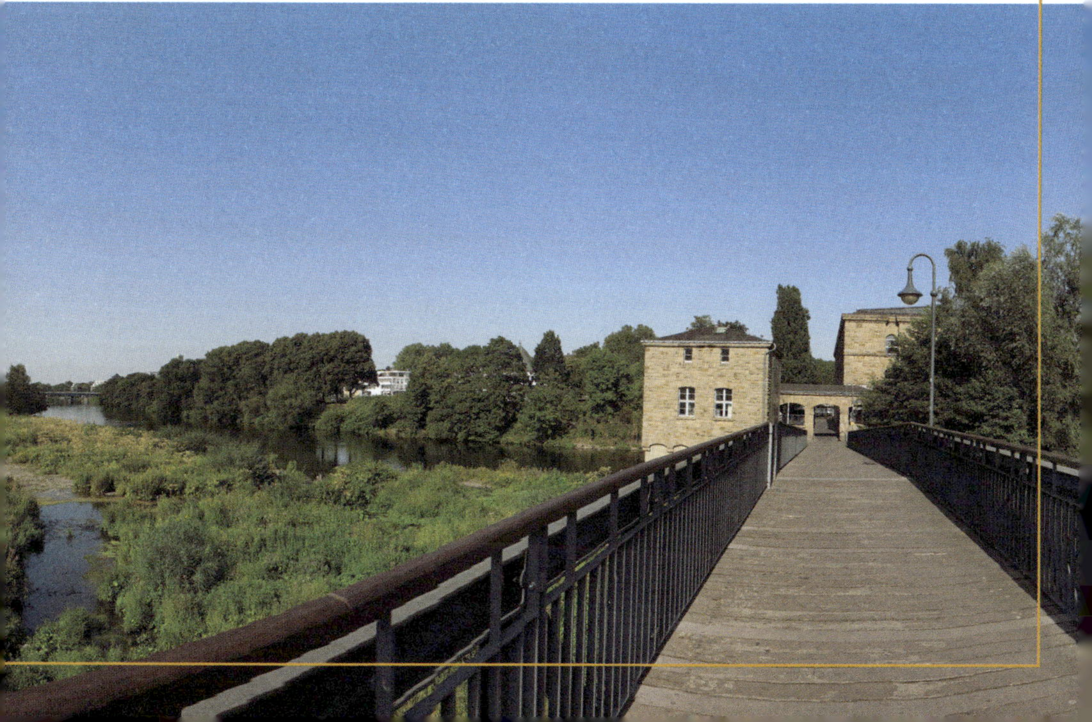

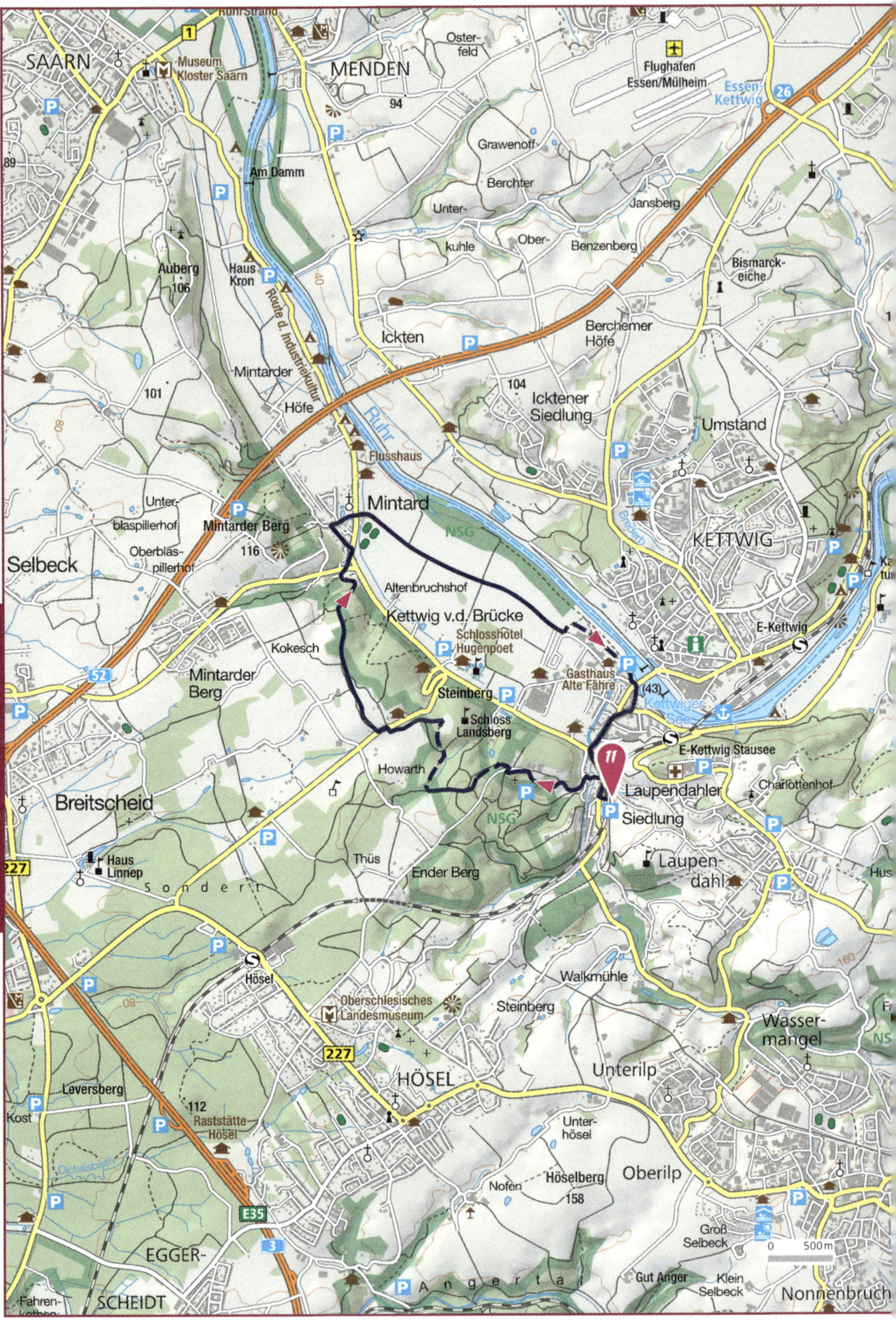

SAARN
Museum Kloster Saarn
MENDEN
Oster-feld
Flughafen Essen/Mülheim
Essen-Kettwig
26
Am Damm
Grawenoff
Berchter
Jansberg
Unter-kuhle
Ober-
Benzenberg
Bismarck-eiche
Auberg
106
Haus Kron
Route d. Industriekultur
Ickten
Berchemer Höfe
Mintarder Höfe
101
104
Icktener Siedlung
Umstand
Ruhr
Flusshaus
Mintard
Unter-blaspillerhof
Mintarder Berg
116
Oberblas-pillerhof
Selbeck
NSG
KETTWIG
Altenbruchshof
Kettwig v.d. Brücke
Schlosshotel Hugenpoet
E-Kettwig
Kokesch
Gasthaus Alte Fähre
52
Mintarder Berg
Steinberg
Schloss Landsberg
Kettwiger See
E-Kettwig Stausee
Howarth
Laupendahler Siedlung
Charlottenhof
Breitscheid
NSG
Haus Linnep
Thüs
Ender Berg
Laupen-dahl
227
Sondert
Hösel
Walkmühle
Oberschlesisches Landesmuseum
Steinberg
Wasser-mangel
227
HÖSEL
Unterilp
Leversberg
112
Raststätte Hösel
Kost
Unter-hösel
Dickelsbach
Nofen
Höselberg
158
Oberilp
E35
3
EGGER-
SCHEIDT
Angertal
Gut Anger
Groß Selbeck
Klein Selbeck
Nonnenbruch
0 500 m

11

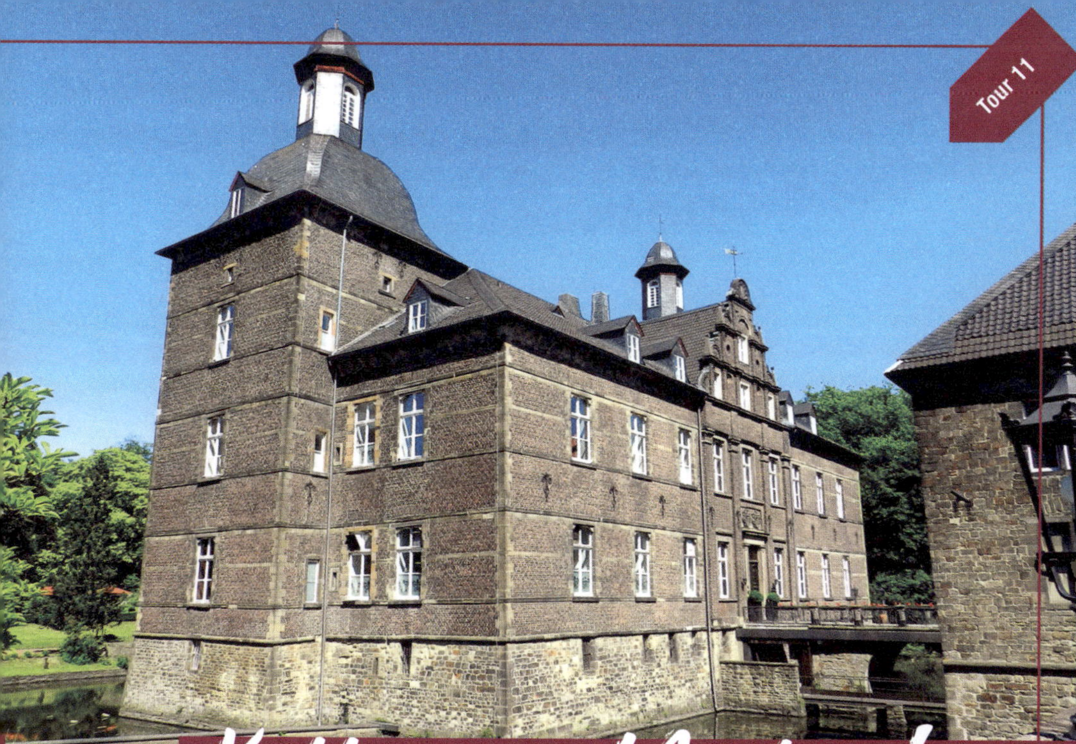

Panoramatour 11

Kettwig – Mintard

Über Ruhrhöhen zum Schloss Hugenpoet

DAUER	2h
LÄNGE	8,5 km
AUFSTIEG	90 hm
SCHWIERIGKEIT	LEICHT
MIT ÖFFIS ERREICHBAR	ja

Das erwartet dich ...

Die Tour ist eine hügelige Wald- und Aussichtswanderung. Neben abwechslungsreicher Landschaft mit vielen Spuren der Geschichte warten kulturelle Highlights wie das Schloss Hugenpoet nahe des Wegs. Dort sowie auch in Kettwig und in Mintard mangelt es nicht an guten Einkehrmöglichkeiten.

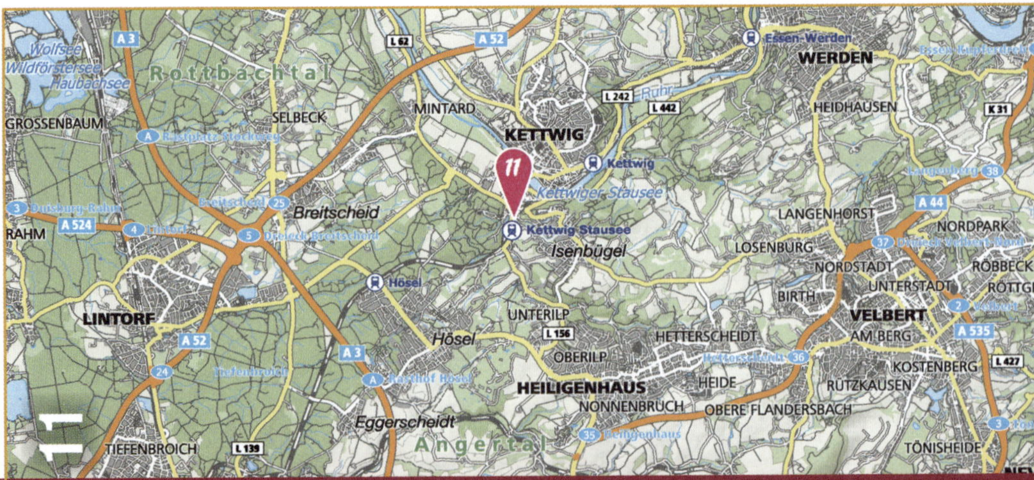

Panoramatour 11

Start & Ziel & Anreise

Wir starten die Tour in der Heiligenhauser Straße in Kettwig vor der Brücke, einem Ortsteil von Essen. Hier gibt es mehrere Parkmöglichkeiten direkt an der Straße bzw. befindet sich ein etwas größerer Parkplatz vor Mika's Eisbox. Die Anreise mit den Öffis erfolgt mit der S6 über den S-Bahnhof Kettwig-Stausee, der nur 10 Gehminuten entfernt ist. Zudem fährt der Bus 774 vom S-Bahnhof zur Bushaltestelle Am Strang, wo wir unsere Tour starten.

Tourenbeschreibung

Die Wanderung zeichnet sich durch schöne Hügellandschaften, weite Felder, die Ruhrauen, dem Schloss Hugenpoet und gutes Essen aus. Nun wollen wir aber starten: In Kettwig vor der Brücke verlässt der mit dem Zeichen xR markierte Ruhrhöhenweg die Heiligenhauser Straße auf dem Höseler Weg, der an der Verzweigung links hinauf im Wald zum Kettwiger Friedhof Mühlenberg führt. Hinter dem Friedhof geht es halb links weiter durch Wälder, zuletzt an der Essener Straße aussichtsreich links, bis der Ruhrhöhenweg rechts abzweigt zur Hubertushöhe in den Wäldern vom Mintarder Berg.

In den Wäldern geht es hinab in das Fachwerkdorf Mintard. Wir spazieren von der Straße Am Biestenkamp zur Mintarder Dorfstraße, biegen rechts ab, bis wir auf die August-Thyssen-Straße treffen. Das Fachwerkdorf Mintard im grünen Ruhrtal ist der kleinste Ortsteil von Mülheim, umgeben von Feldern, Reiterhöfen und bewaldeten

Hängen. Die Kirche St. Laurentius wird 873 erstmals erwähnt und zählt zu den ältesten Kirchengebäuden weit und breit.

Nach Queren der August-Thyssen-Straße am östlichen Ortsrand geht es geradeaus zum Weg Durch die Aue. Wir folgen dem schönen Weg für circa zwei Kilometer, bis rechts der Mintarder Weg abzweigt. Dieser Rad- und Wanderweg folgt der Trasse der 1968 stillgelegten Ruhrtalbahn Richtung Kettwig, rechts ist Schloss Hugenpoet zu sehen, links erstreckt sich das Naturschutzgebiet Untere Kettwiger Ruhraue, in das die Wandermarkierungen kurz vor Erreichen des Orts hineinführen. Das Schlosshotel Hugenpoet ist ein Blickfang im grünen Ruhrtal, exquisite Speisen serviert das Schlossrestaurant „Hugenpöttchen", das eine Kröte im Logo führt. Der Name wird „hugenpoot" ausgesprochen und bedeutet „Krötenpfütze", eine Anspielung darauf, dass die Umgebung schon vor 1000 Jahren grün und artenreich war. Auf dem 778 als Königsgut Karls des Großen erstmals erwähnten Burgplatz ließ Johann Wilhelm von Nesselrode-Hugenpoet 1674 das heutige Wasserschloss errichten.

Nach Überqueren des Rinderbachs lädt an der Ruhr der Gasthof „Zur Alten Fähre" zur Einkehr ein. In dem 1867 errichteten Gasthaus kehrten vor allem Fährmänner ein, um bei zünftigem Essen und Bier den Abend ausklingen zu lassen. Dabei werden vor allem saisonale Produkte aus der Region verwendet. Wer mit öffentlichen Verkehrsmitteln angereist ist, findet hier die Bushaltestelle Zur Alten Fähre. Wer noch weitergehen will, folgt den Wandermarkierungen A2 und A3. Wir treffen auf die Ringstraße, biegen rechts Richtung Kettwig vor der Brücke ab. Wer direkt zum S-Bahnhof will, folgt der Werdener Straße. Ansonsten folgt man der Ringstraße und kurz nach erneutem Überqueren des Rinderbachs ist die Heiligenhauser Straße wieder erreicht. Links hinauf geht es zurück zum Ausgangspunkt bei der Bushaltestelle Am Strang.

Autoren Tipp

Die Ruhrtalbahn ist die erste Schienenbahn des Ruhrgebiets und wurde 1838 in Mülheim in Betrieb genommen: Mathias Stinnes transportierte mit ihr Kohlen von der Zeche Sellerbeck zur Ruhr. Bergab rollte der Zug, bergauf musste das Zugpferd die leeren Waggons zur Zeche ziehen. 1854 wurde die Weiterführung mit Dampflokomotiven bis Essen geplant. Der erste fahrplanmäßige Personenzug mit 30 Fahrgästen hielt am 1. März 1862 in Mülheim. Damit wurde dort das Ende der Ruhrschifffahrt eingeleitet.

12

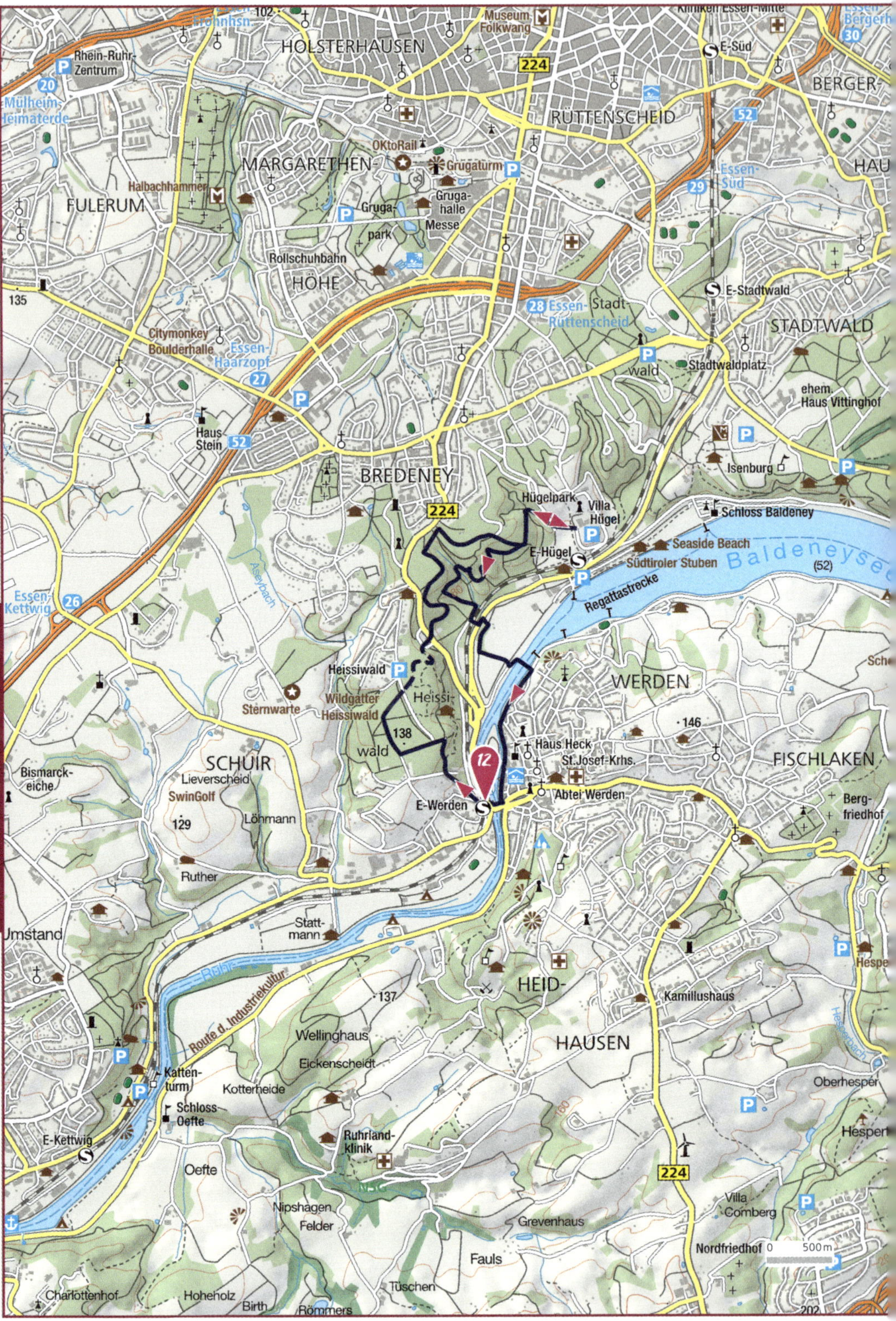

Frohnhsn.
102
Holsterhausen
Museum Folkwang
Kliniken Essen-Mitte
Essen-Bergerh.
30
Rhein-Ruhr-Zentrum
20
Mülheim-Heimaterde
224
E-Süd
Berger-
Rüttenscheid
52
OKtoRail
Grugaturm
Margarethen-
Hau
Halbachhammer
Fulerum
Gruga-park
Gruga-halle
Messe
Essen-Süd
29
Rollschuhbahn
Höhe
135
28
Essen-Rüttenscheid
Stadt-wald
E-Stadtwald
Stadtwald
Citymonkey Boulderhalle
Essen-Haarzopf
27
Stadtwaldplatz
ehem. Haus Vittinghof
Haus Stein
52
Isenburg
Bredeney
224
Hügelpark
Villa Hügel
Schloss Baldeney
E-Hügel
Seaside Beach
Südtiroler Stuben
Baldeneysee
(52)
Regattastrecke
Essen-Kettwig
26
Asbach
Heissiwald
Sternwarte
Wildgatter Heissiwald
Heissi-
wald
138
Werden
146
Schuir
Lieverscheid
SwinGolf
Bismarck-eiche
12
Haus Heck
St.Josef-Krhs.
Fischlaken
E-Werden
Abtei Werden
Berg-friedhof
129
Löhmann
Ruther
Umstand
Statt-mann
Ruhr
Route d. Industriekultur
137
Heid-
hausen
Kamillushaus
Hesper
Wellinghaus
Eickenscheidt
Katten-turm
Kotterheide
Schloss Oefte
Oberhesper
E-Kettwig
Ruhrland-klinik
Hesper
Oefte
224
Nipshagen
Felder
Grevenhaus
Villa Comberg
Nordfriedhof
0
500 m
Fauls
Charlottenhof
Hoheholz
Birth
Tüschen
Römmers
202

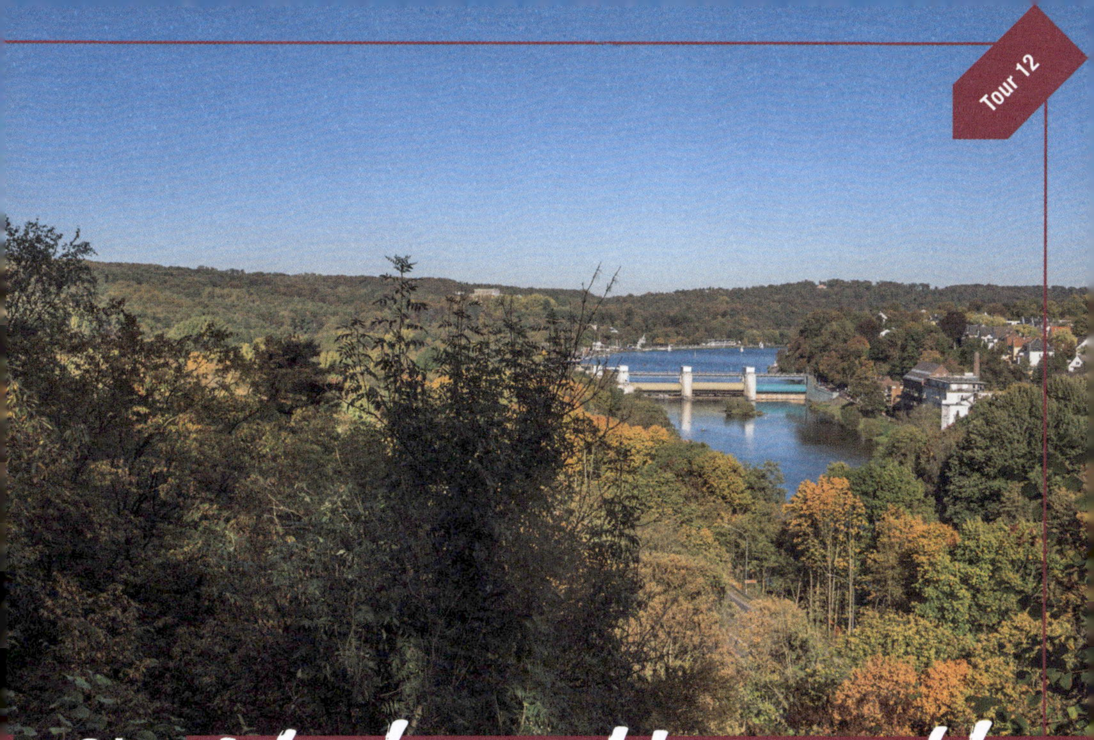

Panoramatour 12

Werden – Heissiwald

Wildgehege, Wälder und Fernblicke hoch über der Ruhr

DAUER	2h 15min
LÄNGE	8 km
AUFSTIEG	95 hm
SCHWIERIGKEIT	LEICHT
MIT ÖFFIS ERREICHBAR	ja

Das erwartet dich ...

Es folgt eine familienfreundliche Wald- und Uferpromenadenwanderung mit Aussichtsstellen. Uns erwartet das Wildgehege im Heissiwald und die Brehminsel in der Ruhr. Und wer noch Lust auf mehr geschichtliche Hintergründe hat, kann einen Abstecher zur Villa Hügel machen, in der früher die Industriefamilie Krupp wohnte. Heute dient das Haus als Veranstaltungsort und bietet Raum für die historische Ausstellung Krupp.

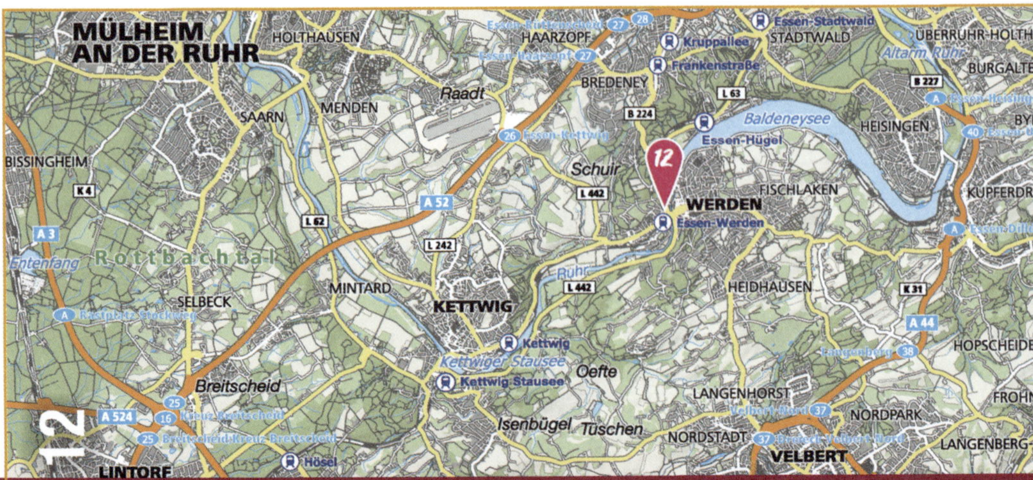

Start & Ziel & Anreise

Start- und Endpunkt unserer Tour ist der S-Banhof Essen-Werden. Die Anfahrt mit dem Auto erfolgt über die A52 bis zur Ausfahrt Essen-Haarzopf (27). Nun folgen wir der B224 bis zur Ruhrtalstraße, ein Parkplatz ist direkt am S-Bahnhof. Am einfachsten ist die Anreise mit Öffis jedoch mit der S6 direkt zum S-Bahnhof Essen-Werden, ansonsten verkehren auch mehrere Buslinien, unter anderem die 169, 180 und 190 zum S-Bahnhof.

Tourenbeschreibung

Vom Bahnhofsvorplatz am S-Bahnhof Werden führt die Markierung Raute 4 auf die Straße Plattenweiler, anschließend den Wilhelm-Bernsau-Weg hinauf zum Wildgehege im Heissiwald. In dem fünf Hektar großen Wildgehege leben Wildschweine, Rotwild, Damwild und Muffelwild, im Herbst kann man hier wunderbar spazieren gehen, Eicheln sammeln und „Frischlinge" beobachten.

Während der Rauten-Weg das Wildgatter bald nach dem Rechtsknick verlässt, folgen wir dem Gatter weiter bis zur nächsten Ecke und wechseln hier halb rechts auf den mit dem Zeichen A1 markierten Waldweg. Er quert die Straße Weg zur Platte bei einem Parkplatz und führt weiter durch den Wald, bis wir auf den Ruhrhöhenweg (xR) treffen. Diesem folgen wir mit teilweise prachtvoller Aussicht hinab zu einer Gaststätte, queren an der Ampel die Bredeneyer Straße (B224) und folgen dem Ruhrhöhenweg weiter links hinauf in den Kruppwald. Sobald wir auf die Markierung Raute 5 treffen, folgen wir ihr rechts hinab in Richtung der Villa Hügel. Der Abstecher zum ehemaligen Wohn- und Repräsentationshaus der Industriefamilie lohnt sich allemal. Neben der regulären Ausstellung Krupp finden zudem Konzerte und weitere Ausstellungen statt.

Nach unserem Abstecher gehen wir zurück und folgen dem Weg hinab zur S-Bahntrasse und zum Stauwehr des Baldeneysees. Nach Überqueren des Wehrs führt das Zeichen Raute 5 flussabwärts zur Brücke, die zur Brehminsel führt. Die Brehminsel mit ihrem alten Baumbestand ist ein idealer Rastplatz. Von der Insel kehren wir zurück zum Uferweg und überqueren die Ruhr auf der Gustav-Heinemann-Brücke. Hier kann abschließend ein lohnender Abstecher zur Reichsabtei Werden gemacht werden, die sich nur wenige Gehminuten östlich befindet. Die 799 gegründete Benediktinerabtei zählte zu den einflussreichsten Reichsabteien des Mittelalters. Ehemalige Abteigebäude beherbergen die als Museum öffentlich zugängliche Schatzkammer und den Hauptsitz der Musik-, Theater- und Tanz-Kunsthochschule. Direkt bei der Heinemannbrücke haben wir mit dem Bahnhof den Ausgangspunkt wieder erreicht.

Die Villa Hügel ist auf jeden Fall einen Besuch wert

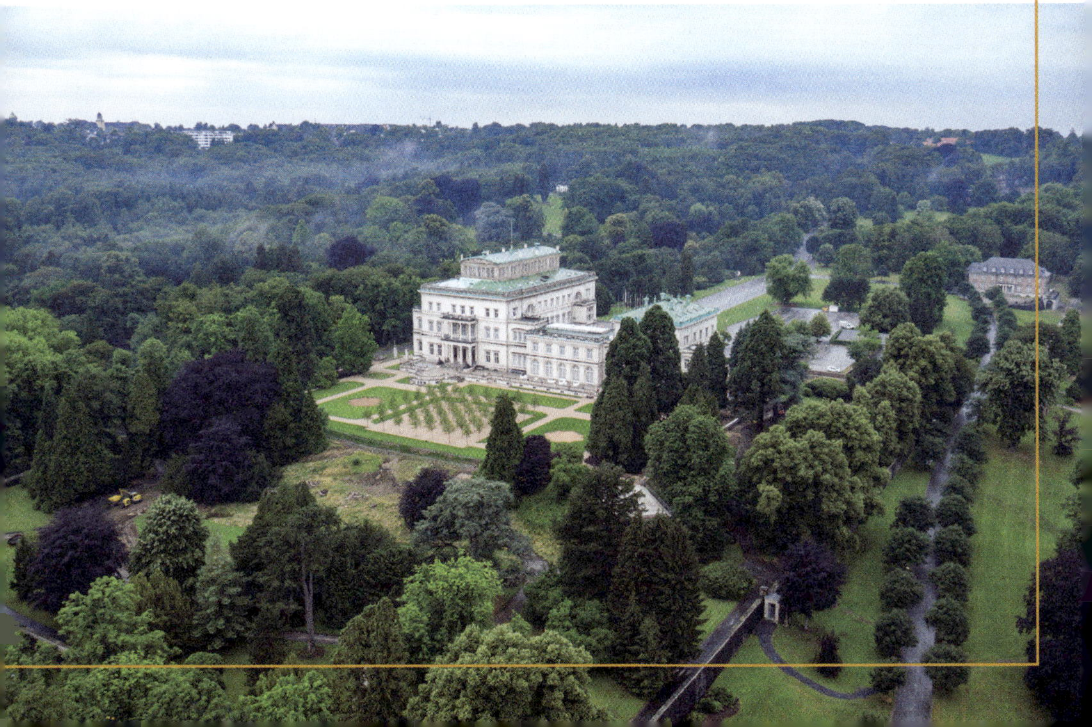

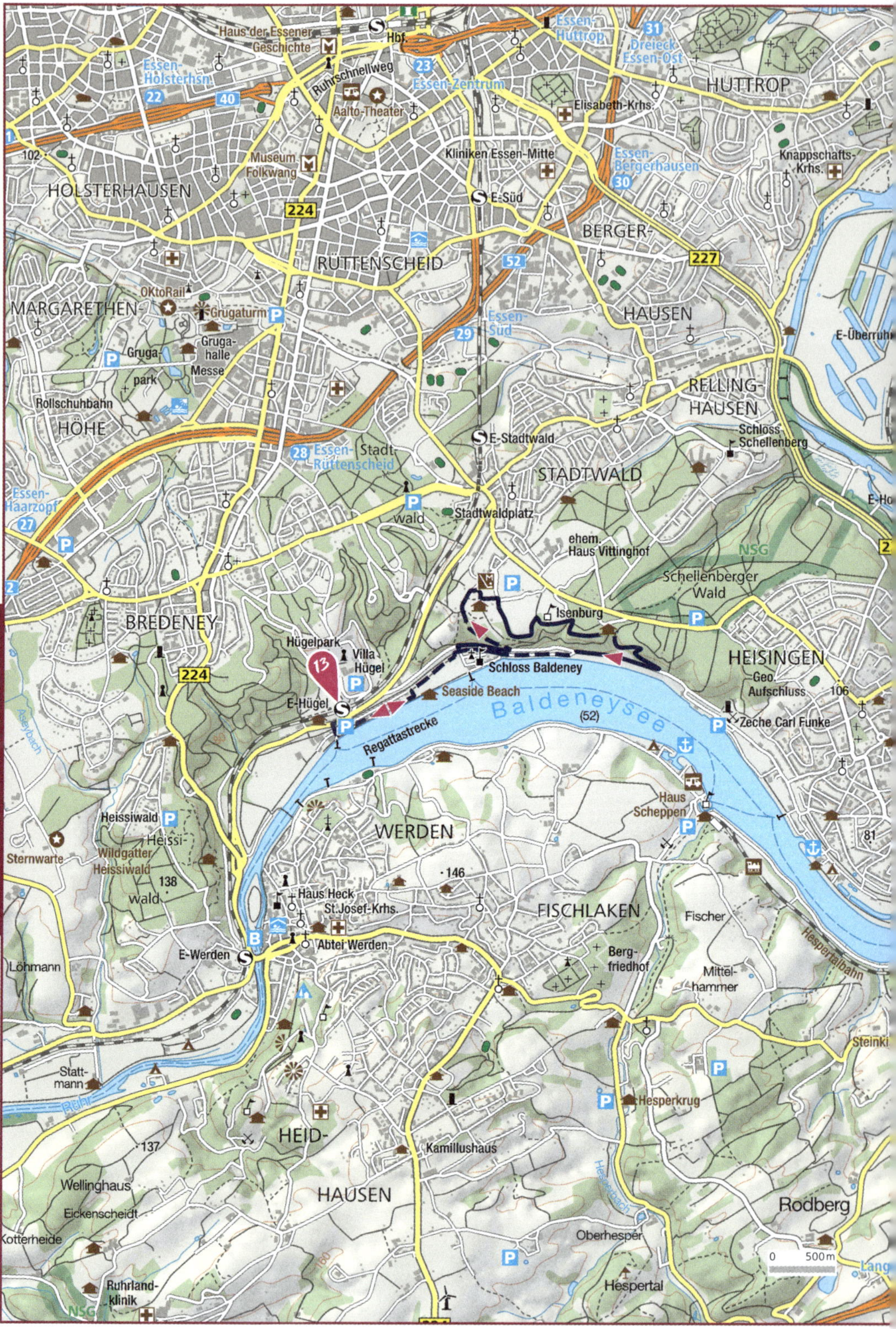

Haus der Essener Geschichte
Hbf.
Essen-Huttrop
31
Dreieck Essen-Ost
HUTTROP
Essen-Holsterhsn.
22
40
Ruhrschnellweg
Aalto-Theater
23
Essen-Zentrum
Elisabeth-Krhs.
102
Museum Folkwang
Kliniken Essen-Mitte
Essen-Bergerhausen
30
Knappschafts-Krhs.
HOLSTERHAUSEN
224
E-Süd
BERGER-
RÜTTENSCHEID
52
227
OKtoRail
MARGARETHEN
Grugaturm
HAUSEN
Essen-Süd
29
E-Überruhr
Gruga
Gruga-halle
Messe
park
RELLING-HAUSEN
Rollschuhbahn
HÖHE
Schloss Schellenberg
28
Essen-Rüttenscheid
Stadt-wald
E-Stadtwald
STADTWALD
Essen-Haarzopf
27
Stadtwaldplatz
ehem. Haus Vittinghof
NSG
Schellenberger Wald
2
BREDENEY
Isenburg
Hügelpark
Villa Hügel
13
HEISINGEN
Schloss Baldeney
224
Geo. Aufschluss
106
E-Hügel
Seaside Beach
Baldeneysee
(52)
Zeche Carl Funke
Regattastrecke
Haus Scheppen
Heissiwald
Heissi-wald
Sternwarte
Wildgatter Heisswald
138
WERDEN
·146
81
Haus Heck
St.Josef-Krhs.
FISCHLAKEN
Fischer
Löhmann
E-Werden
Abtei Werden
Berg-friedhof
Mittel-hammer
Steinki
Statt-mann
Ruhr
Hesperkrug
137
HEID-
Kamillushaus
Wellinghaus
HAUSEN
Eickenscheidt
Rodberg
Kotterheide
Oberhesper
0
500 m
Lang
Ruhrland-klinik
Hespertal
NSG
Hespertalbahn

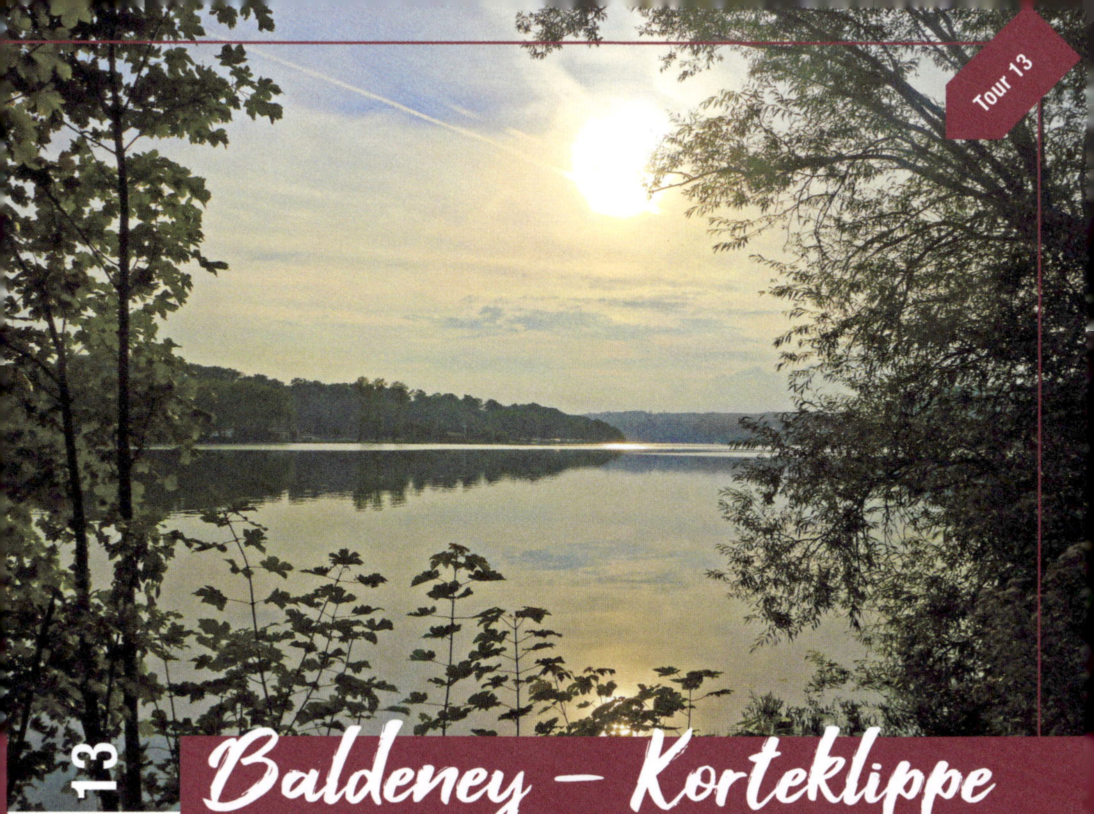

Tour 13

Panoramatour 13

Baldeney – Korteklippe

Zum schönsten Aussichtspunkt über dem Baldeneysee

DAUER	1h 45min
LÄNGE	6,5 km
AUFSTIEG	85 hm
SCHWIERIGKEIT	LEICHT
MIT ÖFFIS ERREICHBAR	ja

Das erwartet dich ...

Die Tour lockt mit der schönen Seepromenade und einer netten Wald- und Hügellandschaft. Es erwartet uns viel Abwechslung zwischen Natur und Kultur. Dank der Schifffahrt auf dem Baldeneysee bietet diese Tour zudem interessante Kombinations- und Erweiterungsmöglichkeiten.

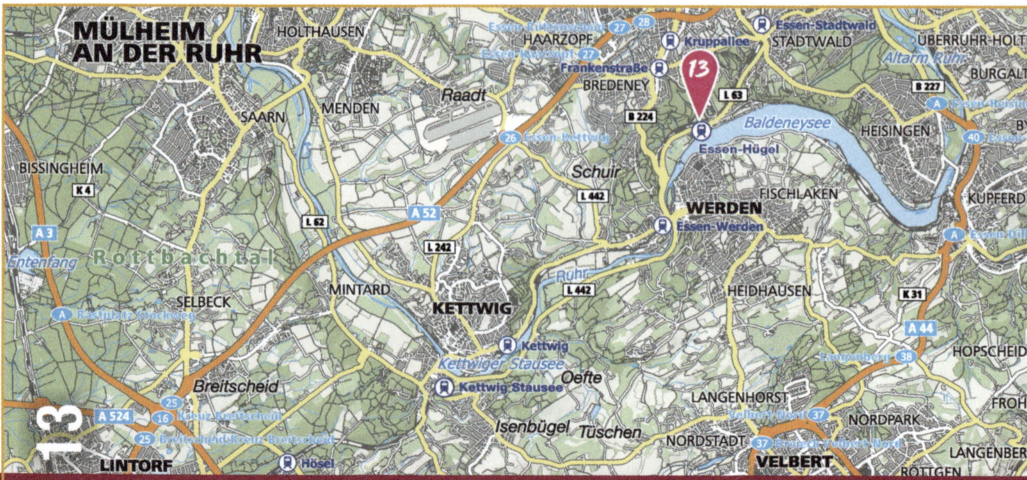

Panoramatour 13

Start & Ziel & Anreise

Ausgangs- und Zielpunkt ist der S-Bahnhof Essen-Hügel. Wir erreichen diesen über die A52 Ausfahrt Essen-Haarzopf (27), folgen der B224 bis zur Freiherr-vom-Stein-Straße und können direkt am Parkplatz vom Baldeneysee parken. Die Anreise mit den Öffis erfolgt über die S6 bzw. den Schnellbus SB19.

Tourenbeschreibung

Die Korteklippe ist der schönste Aussichtspunkt über dem Baldeneysee, der sich hier oben von der Staumauer bis zum Übergang in die Ruhrauen westlich von Kupferdreh überblicken lässt.

Vom S-Bahnhof Essen-Hügel bzw. den Parkplätzen längs der Freiherr-vom-Stein-Straße geht es hinab zur Fußgängerpromenade, die parallel zur Freiherr-vom-Stein-Straße (und parallel zur Fahrradstrecke) Richtung Schloss Baldeney führt. Unter Bäumen kommen wir an Einkehrmöglichkeiten und am Seaside Beach Baldeney vorbei bis zu einer Brücke über die Fahrradtrasse. Während es hier geradeaus zum als Wellness- und Beauty-Center fungierenden Schloss Baldeney geht (dort auch Seeuferrestaurant und Schiffsanleger), überqueren wir links die Brücke, wenden uns dahinter vor dem Kiosk rechts und zweigen gleich darauf scharf links hinauf ab.

Der mit dem Buchstaben S markierte Wanderweg führt im bewaldeten Hang aufwärts, wendet sich nach Überqueren der Höhe rechts und mündet beim Emily-Frick-Haus auf den Ruhrhöhenweg (Markierung xR). Dieser führt rechts hinab in den Wald und wechselt bald links auf einen Hangweg, der zwischen alten Buchen Ausblicke auf den See gewährt.

An der nächsten Wegekreuzung führt der Ruhrhöhenweg halb links weiter und unter efeuumrankten Buchen aufwärts. Dann mündet von links oben (wenige Meter nur sind es dort zur Ruine Isenburg, Zugang beim Hinweisschild „Fußweg") der Bergische Weg (Markierung x29) auf den Ruhrhöhenweg. In gemeinsamer Routenführung geht es rechts zum ehemaligen Aussichtsrestaurant Schwarze Lene (jetzt Restaurant Chicago) und dort links in den Wald hinein, wo gleich darauf eine Sitzbank zu einer aussichtsreichen Rast einlädt. Anschließend führt der Ruhrhöhenweg halb links hinauf zur Straße, dort kurz rechts und sofort rechts in den Wald hinein, wo an der Korteklippe Sitzbänke hoch über dem See zur Rast einladen. Von der Korteklippe geht es auf dem Ruhrhöhenweg kurz zurück, bis der Bergische Weg (Markierung x29) links abzweigt. Er führt hinab zu einem weiteren Aussichtspunkt und dort links weiter auf einem Weg (Pfad) im bewaldeten Steilhang; kurz bergauf, dann in Serpentinen hinab zum See. Dort leitet die Uferpromenade rechts zurück zum Ausgangspunkt am S-Bahnhof Essen-Hügel.

Autoren Tipp

Die Baldeneysee-Rundfahrten können an jeder Anlegestelle begonnen werden. Östlichster Anleger ist Kupferdreh nahe des Ostbahnhofs der Hespertal-Museumsbahn. Beim nächsten Anleger Heisingen lohnt ein Spaziergang im Vogelschutzgebiet. Von Haus Scheppen kann man an Betriebstagen mit der Hespertalbahn nach Kupferdreh zurückfahren. Der nächste Halt ist Baldeney und anschließend kommt Hügel, das bekannt ist für seinen Park und die Villa Hügel. Werden mit seiner Altstadt ist die westlichste Anlegestelle.

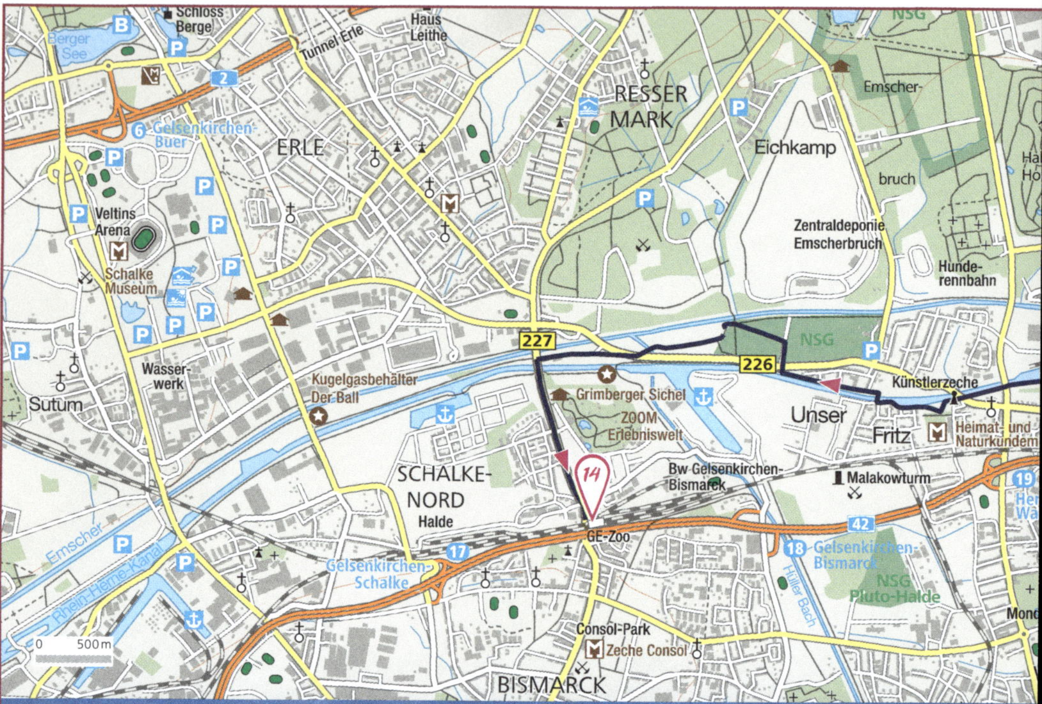
Schloss Berge
Berger See
Haus Leithe
Tunnel Erle
Gelsenkirchen-Buer
ERLE
RESSER MARK
Eichkamp
Emscher-bruch
Zentraldeponie Emscherbruch
Hunde-rennbahn
NSG
Veltins Arena
Schalke Museum
Wasser-werk
Sutum
Kugelgasbehälter Der Ball
Grimberger Sichel
ZOOM Erlebniswelt
Unser Fritz
Künstlerzeche
Heimat- und Naturkundem
SCHALKE-NORD
Halde
Bw Gelsenkirchen-Bismarck
Malakowturm
GE-Zoo
Emscher
Rhein-Herne-Kanal
Gelsenkirchen-Schalke
Gelsenkirchen-Bismarck
Hüller Bach
NSG Pluto-Halde
Consol-Park
Zeche Consol
BISMARCK
227
226
42
17
18
19
2
6
14
0 500 m

14

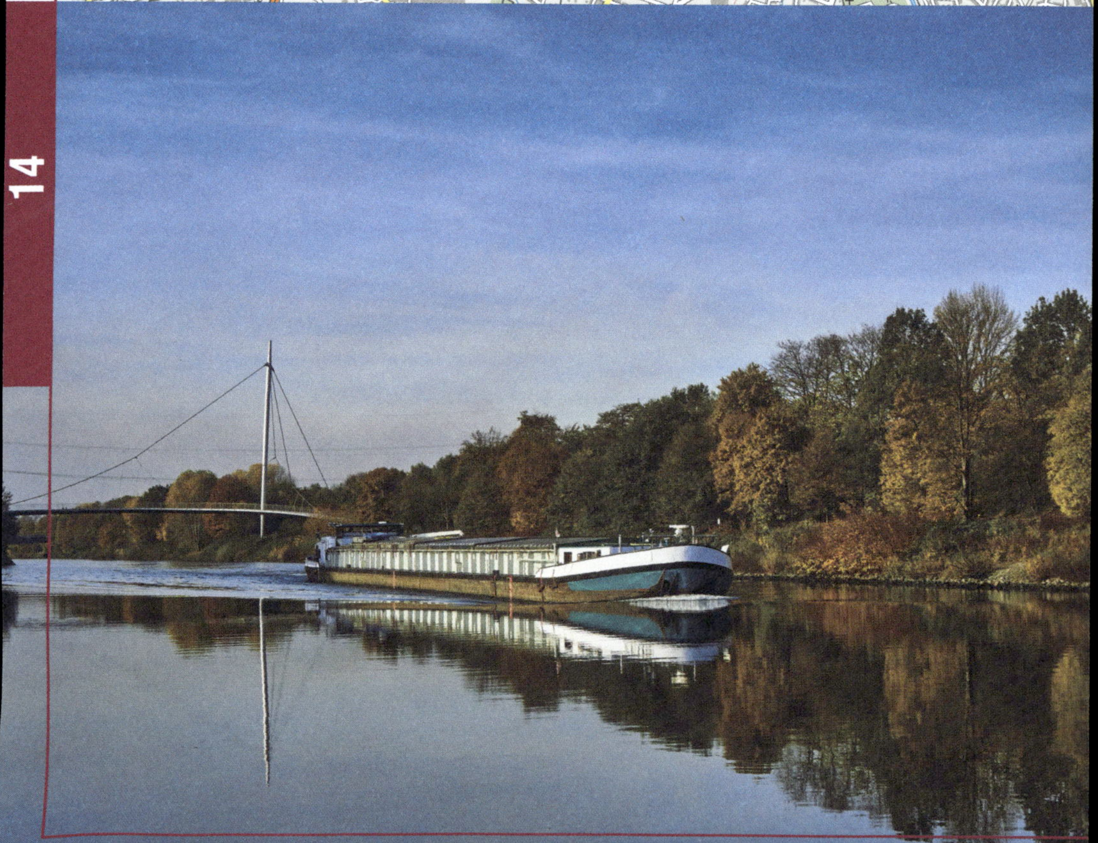

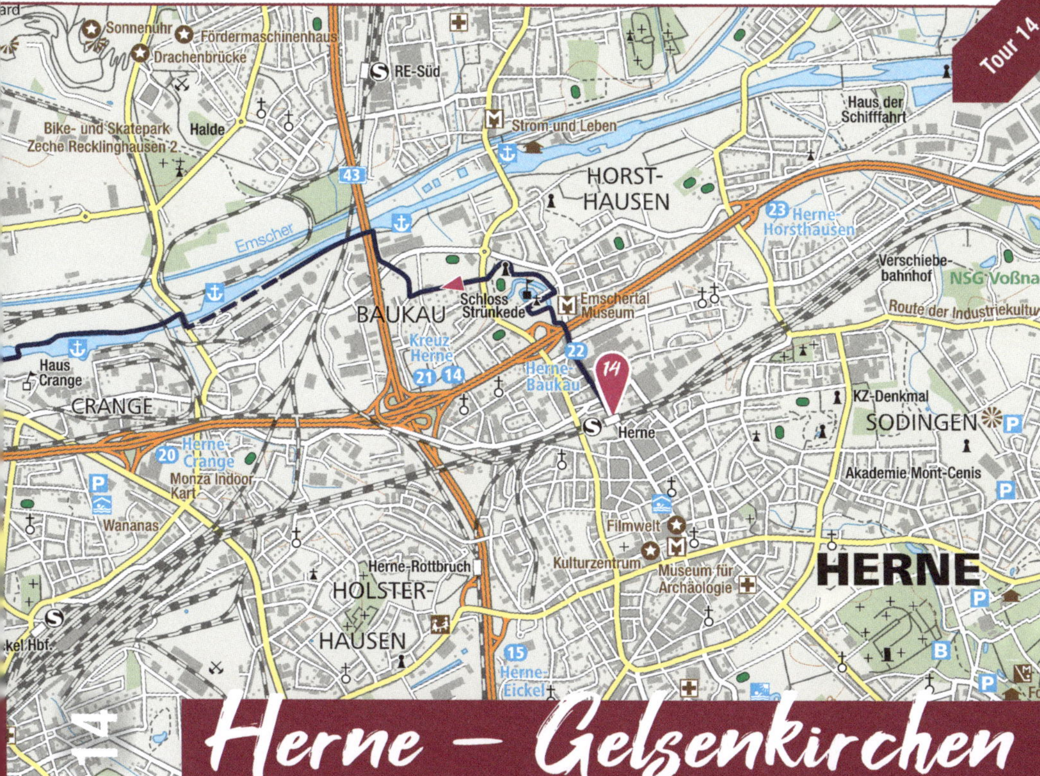

14 Flusstour

Herne – Gelsenkirchen

Am Rhein-Herne-Kanal von Ost nach West

DAUER	2h
LÄNGE	11 km
AUFSTIEG	0 hm
SCHWIERIGKEIT	LEICHT
MIT ÖFFIS ERREICHBAR	ja

Das erwartet dich ...

Die Tour besticht durch eine abwechslungsreiche Wegführung entlang des Rhein-Herne-Kanals auf meist fahrradtauglichen Wegen. Viele historische Bauten und Anlagen verleihen der ehemaligen Industrielandschaft einen besonderen Charme. Am Ende der Tour lockt auch noch der Gelsenkirchener Zoo mit seiner "Weltreise an einem Tag" und den Erlebniswelten Alaska, Afrika und Asien.

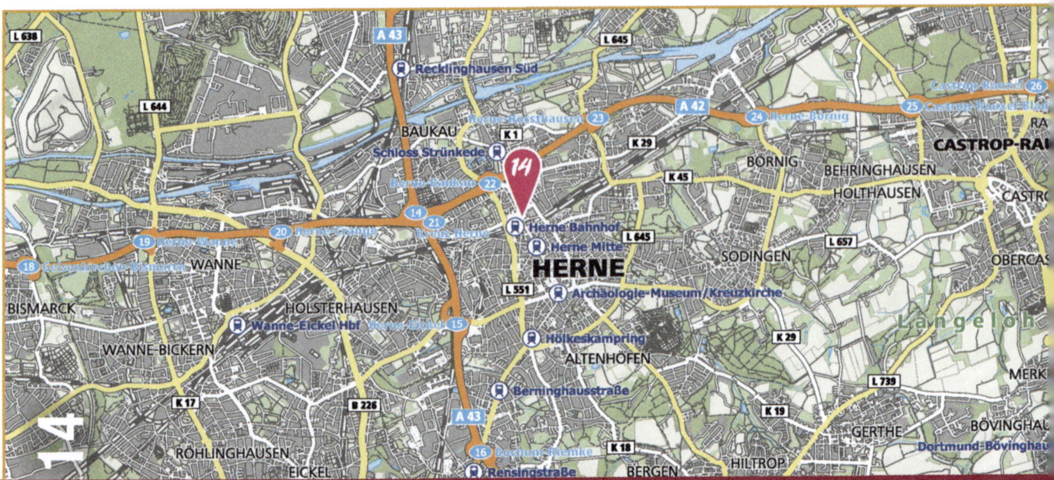

Flusstour 14

Start & Ziel & Anreise

Startpunkt ist der Bahnhof Herne, den wir über die A42 Ausfahrt Herne-Baukau erreichen. Geparkt werden kann direkt auf dem P&R-Parkplatz des Bahnhofs. Mit den Öffis erreichen wir den Bahnhof mit der Regionalbahn (z.B. RE3) oder auch dem Bus. Unser Zielpunkt ist der Bahnhof Gelsenkirchen-Zoo, der eine stündliche Direktverbindung zum Bahnhof Herne (RB 43) Richtung Dortmund hat.

Tourenbeschreibung

Von Herne leitet der Emscher-Park-Wanderweg zum Emschertalmuseum im Wasserschloss Strünkede und längs des Rhein-Herne-Kanals durch eine interessante Hafen und Schleusenlandschaft zum Ruhrzoo in Gelsenkirchen.

Vom Bahnhof Herne führt der Emscher-Park-Wanderweg (xE) durch die Bahnhofstraße nordwärts, wir gehen unter dem Emscherschnellweg (A42) hindurch und erreichen das von einem Park umgebene Schloss Strünkede mit dem Emschertalmuseum. Nach Passieren des Fußballstadions von Westfalia-Herne und Überqueren des Westrings geht es geradeaus durch Lackmanns-Hof zu einer Kleingartenanlage, wo wir am Ende rechts abbiegen. Nach kurzem Gang längs der A43 wechselt der Emscher-Park-Wanderweg auf den Uferweg neben dem Rhein-Herne-Kanal. Wir gehen unter der A43 und der Bahnlinie Wanne-Eickel–Münster hindurch.

Auf der ersten Straßenbrücke erfolgt ein Wechsel auf die Nordseite des Kanals, an der Schleuse Wanne-Eickel geht es zurück auf die Südseite in den Stadtteil Crange, wo alljährlich im Sommer die Cranger Kirmes stattfindet. Weiter am Hafen Wanne-West entlang erreichen wir das Heimatmuseum Unser Fritz, das, benannt nach der Zeche Unser Fritz in Wanne, in einer ehemaligen Schule untergebracht ist und unter anderem ein Bergwerksmuseum beherbergt. Interessant auch die Jugendstil-Trinkhalle sowie eine Bäckerei und eine Apotheke von 1905.

Wenig später wechselt der Emscher-Park-Weg erneut auf die Nordseite des Kanals und geht am Rand eines Waldstücks in der Resser Mark von Herne auf Gelsenkirchener Stadtgebiet über. Die Fleuthebrücke markiert dabei die Grenze zwischen Herne und Gelsenkirchen. Die nächste Kanalbrücke (B 227) ist zugleich eine Wanderwegskreuzung. Während der Emscher-Park-Wanderweg nun auf der Südseite weiter dem Kanal folgt, schließen wir uns den Markierungen x7 und Dreieck an und folgen ihnen südwärts zur ZOOM Erlebniswelt. Von hier aus können wir mit der Straßenbahn bzw. dem Bus zurück zum Ausgangspunkt fahren oder wir nehmen einen Regionalzug am Bahnhof Gelsenkrichen-Zoo.

Das Schloss Strünkede in herbstlicher Umgebung

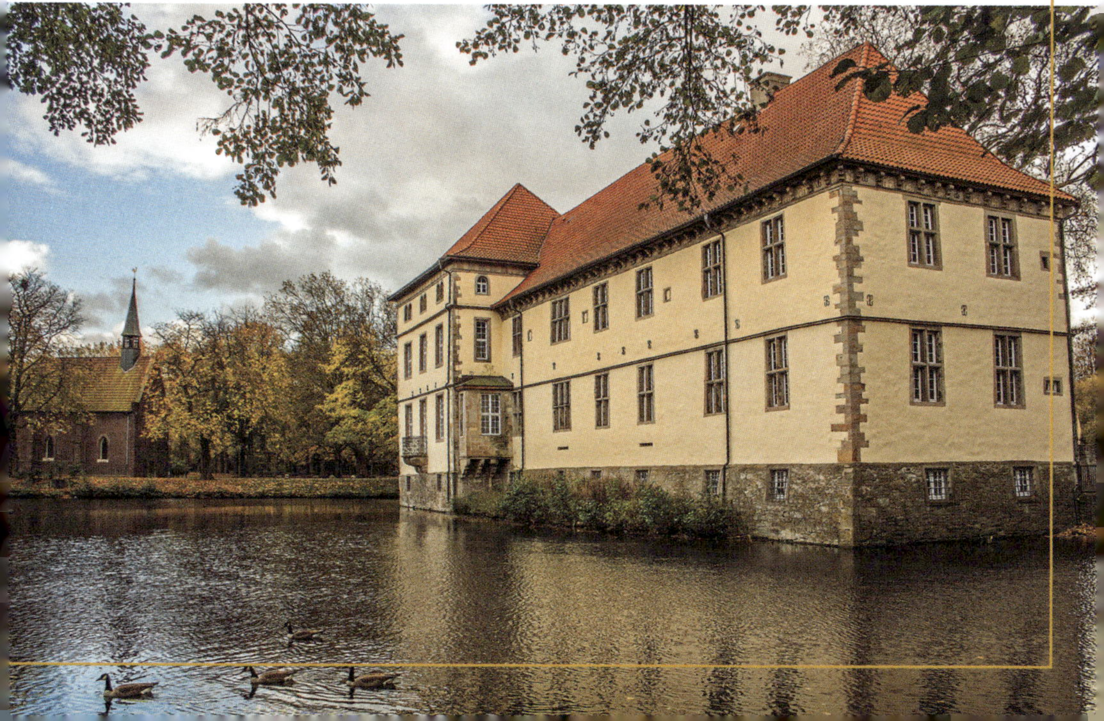

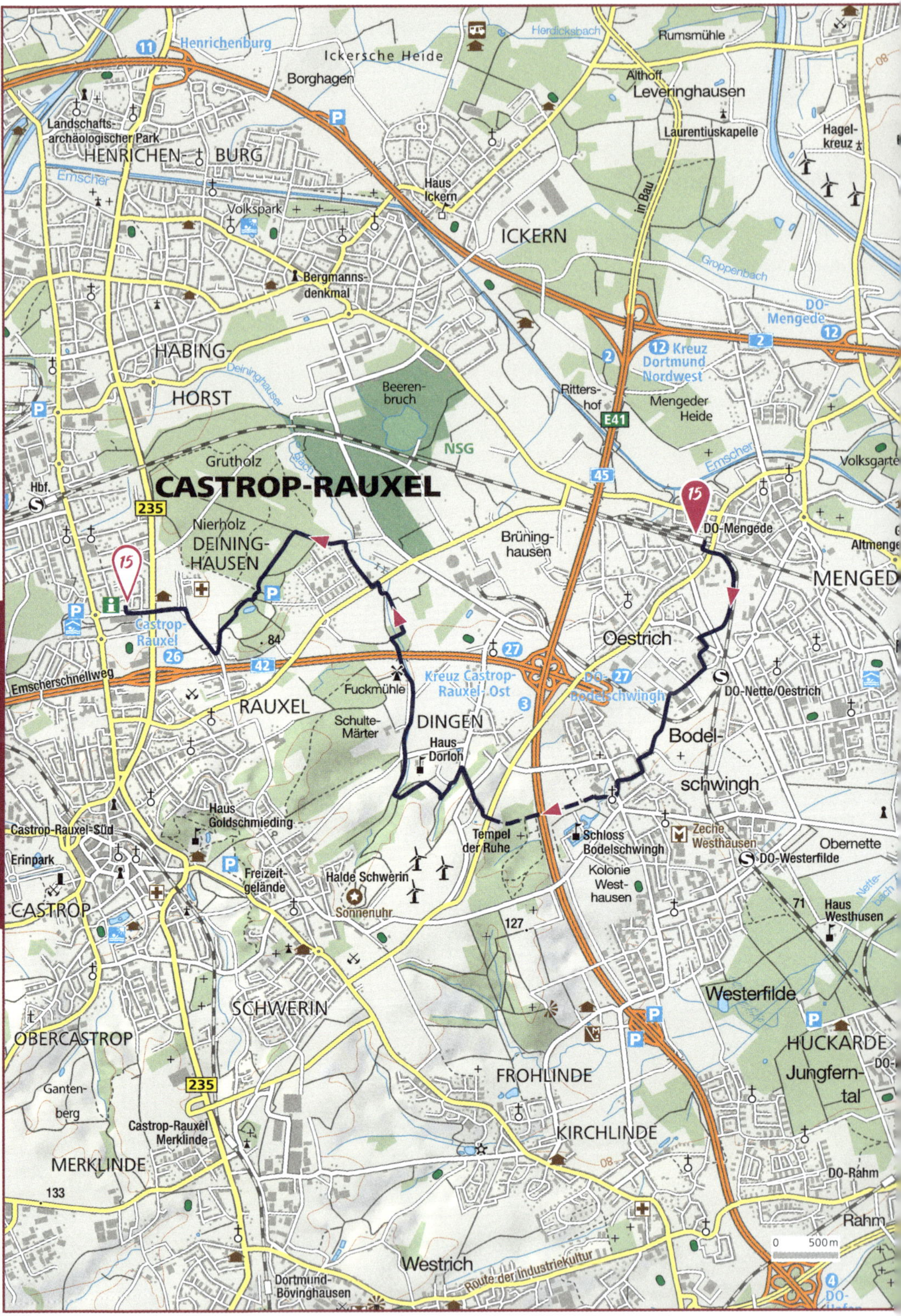
Henrichenburg
Ickersche Heide
Borghagen
Herdicksbach
Rumsmühle
Althoff
Leveringhausen
Laurentiuskapelle
Hagel-
kreuz
Landschafts-
archäologischer Park
HENRICHEN- BURG
Emscher
Volkspark
Haus
Ickern
ICKERN
in Bau
Groppenbach
Bergmanns-
denkmal
DO-
Mengede
Kreuz
Dortmund
Nordwest
HABING-
HORST
Deininghauser
Beeren-
bruch
Ritters-
hof
Mengeder
Heide
E41
NSG
Grutholz
Emscher
Volksgarte
Hbf.
CASTROP-RAUXEL
235
45
Nierholz
DEINING-
HAUSEN
Brüning-
hausen
DO-Mengede
Altmenge
MENGED
Castrop-
Rauxel
84
Oestrich
Emscherschnellweg
42
Kreuz Castrop-
Rauxel-Ost
DO-
Bodelschwingh
DO-Nette/Oestrich
Fuckmühle
RAUXEL
Schulte-
Märter
DINGEN
Haus
Dorloh
Bodel-
schwingh
Haus
Goldschmieding
Tempel
der Ruhe
Schloss
Bodelschwingh
Zeche
Westhausen
Obernette
DO-Westerfilde
Castrop-Rauxel-Süd
Erinpark
Halde Schwerin
Freizeit-
gelände
Sonnenuhr
Kolonie
West-
hausen
71
Haus
Westhausen
Nettebach
CASTROP
127
SCHWERIN
Westerfilde
OBERCASTROP
HUCKARDE
FROHLINDE
Jungfern-
tal
Ganten-
berg
Castrop-Rauxel
Merklinde
KIRCHLINDE
MERKLINDE
133
DO-Rahm
Rahm
0 500m
Westrich
Route der Industriekultur
Dortmund-
Bövinghausen
DO-

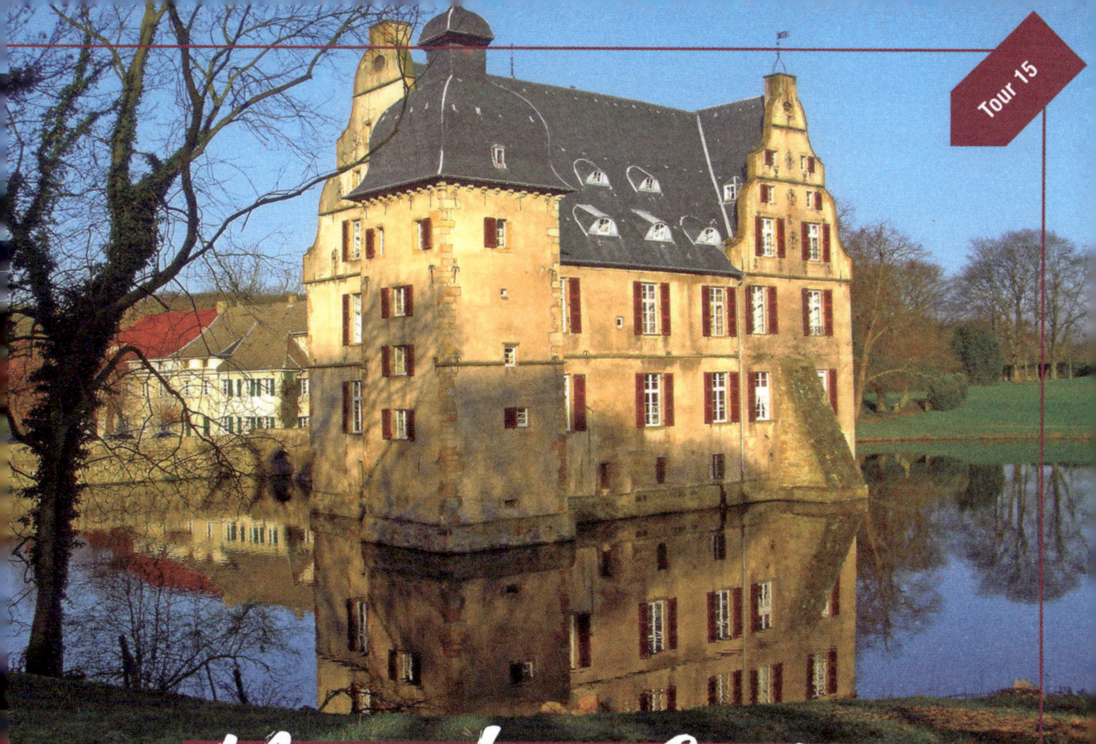

Tour 15

Genusstour 15

Mengede – Castrop

Auf dem Emscher-Park-Wanderweg nach Castrop

DAUER	2h 30min
LÄNGE	8 km
AUFSTIEG	40 hm
SCHWIERIGKEIT	LEICHT
MIT ÖFFIS ERREICHBAR	ja

Das erwartet dich ...

Es geht abwechslungsreich entlang einer alten Eisenbahntrasse, wobei wir auf viele Wald- und Feldwege treffen, die angenehm zu gehen und überwiegend fahrradfähig sind. Wir bekommen Eindrücke davon, wie das Ruhrgebiet vor der Industrialisierung aussah.

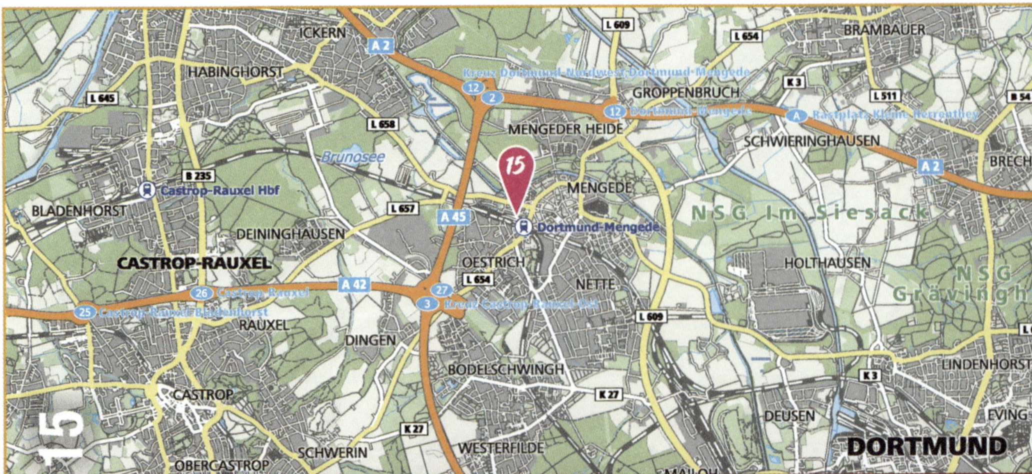

Start & Ziel & Anreise

Wir beginnen die Tour am S-Bahnhof Dortmund-Mengede. Mit dem Auto erreichen wir diesen über die A2 Ausfahrt Dortmund-Mengede oder die A45 Ausfahrt Kreuz Castrop-Rauxel-Ost. MIt den Öffis erreichen wir den S-Bahnhof Dortmund- Mengede zum Beispiel mit der RE3. Am Zielpunkt stehen uns mehrere Bushaltestellen (CAS Europaplatz, Rathaus Europaplatz oder Liebigstraße) zur Auswahl. Alternativ erreichen wir nach 10-minütigen Fußmarsch den Bahnhof Castrop-Rauxel.

Tourenbeschreibung

Von Mengede im Dortmunder Nordwesten führt der Emscher-Park-Wanderweg an Schloss Bodelschwingh vorbei und durch das Tal des Deininghauser Bachs zum Castroper Forum.

Vom S-Bahnhof Dortmund-Mengede folgen wir dem xE des Emscher-Park-Wanderwegs am denkmalgeschützten Verwaltungs- und Kauengebäude der ehemaligen Zeche Hansemann vorbei und durch den Hansemann-Park. Dann geht es auf einer ehemaligen Bahntrasse, weiter den Emscherwegmarkierungen folgend, in den Ortsteil Dortmund-Bodelschwingh. Nach Verlassen der Ortschaft zeigt sich uns linksseitig das Wasserschloss Bodelschwingh, der Stammsitz der Familie Bodelschwingh (Schloss und Park sind Privatgelände und der Öffentlichkeit nicht zugänglich).

Nach Überquerung der A 45 taucht der Weg in einen Wald ein, geht nach Überqueren der Landstraße auf das Stadtgebiet von Castrop-Rauxel über und leitet an Haus Dorloh (privat) vorbei zur Fuckmühle im Tal des Deininghauser Bachs. Dort wurde eine der größten Renaturierungsmaßnahmen im Emschereinzugsgebiet durchgeführt. Wer ein Extrapolster an Zeit und Energie hat, kann hier einen kleinen Abstecher in die Gegenrichtung machen und die südlich gelegene Bergehalde Schwerin erklimmen. Zwar wird die Aussicht dort durch zunehmende Vegetation eingeschränkt, doch interessant ist auch die überdimensionale Sonnenuhr, welche die Halde unverwechselbar macht und sich die Uhrzeit bei Sonnenschein exakt bestimmen lässt.

Mit oder ohne Abstecher folgen wir dem Deininghauser Bach und passieren nach der Unterquerung des Emscherschnellwegs (A 42) die Häuser von Deininghausen. In einem Bogen geht es durch das Nierholz zum Wildgehege am Klöppersberg. Über Feldwege geht es weiter zum Castroper Forum, dem Stadtzentrum mit Europahalle, Rathaus und Stadthalle. Hier bzw. nach Queren der Bahnhofstraße befinden sich zahlreiche Bushaltestellen. Alternativ zum Bus kann der Hauptbahnhof Castrop-Rauxel auch mit einem etwa 10-minütigen Fußmarsch nordwärts entlang der Bahnhofstraße von hier aus erreicht werden.

Die große Sonnenuhr auf der Halde Schwerin

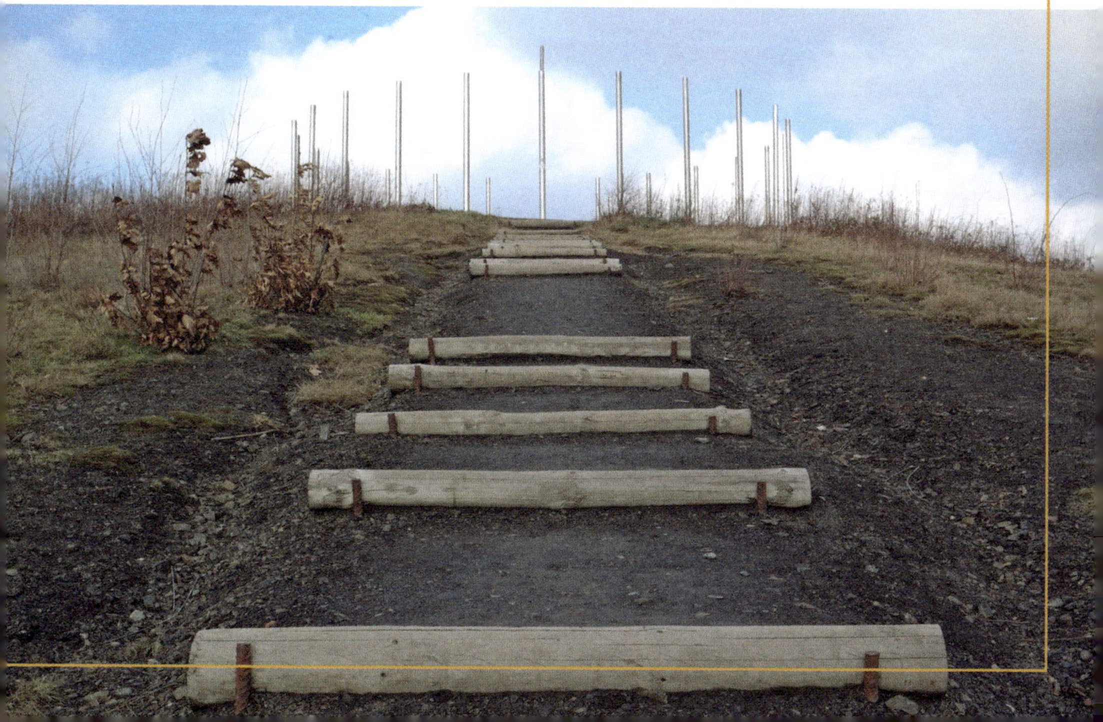

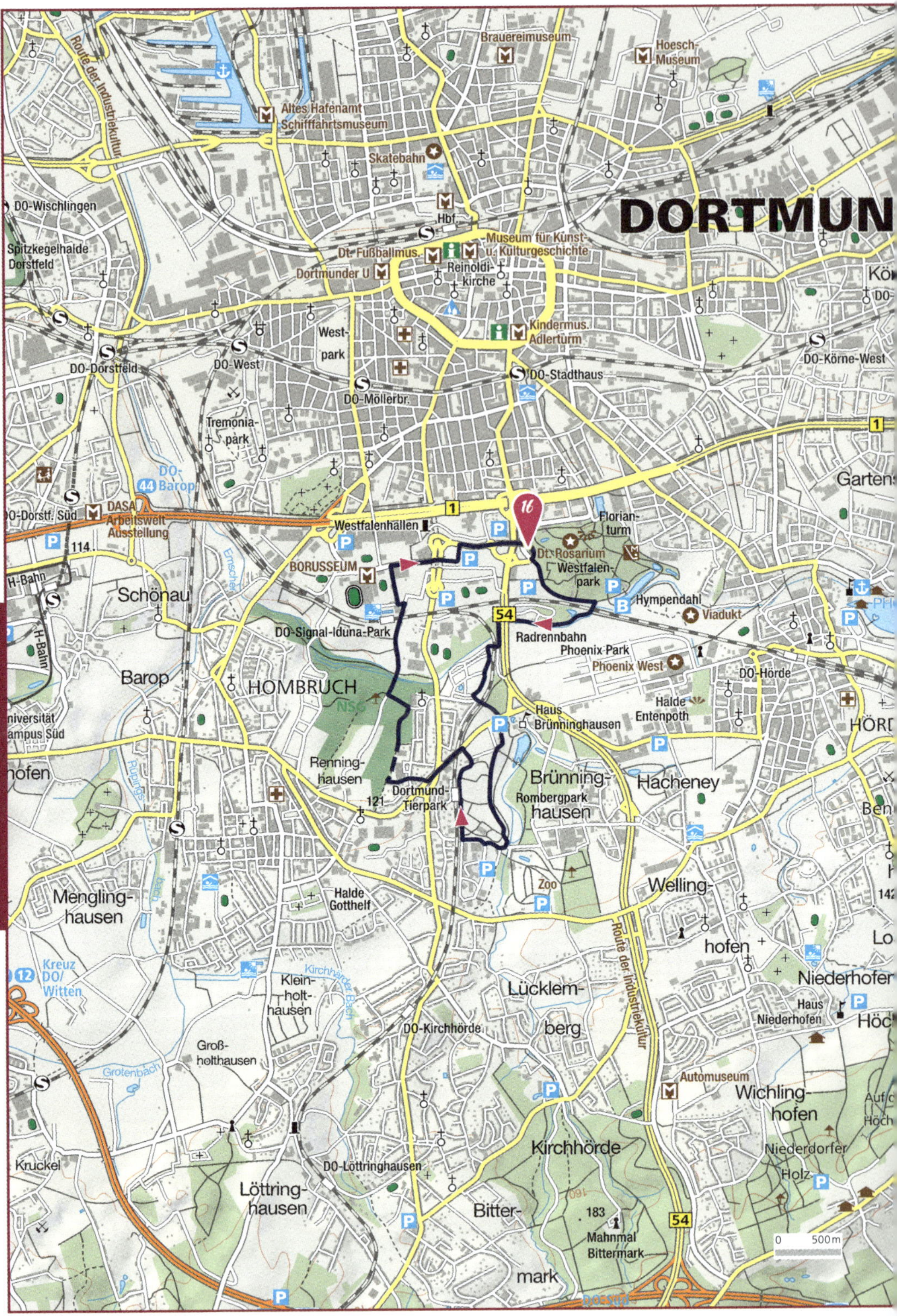

DORTMUN
Brauereimuseum
Hoesch-Museum
Altes Hafenamt Schifffahrtsmuseum
Route der Industriekultur
Skatebahn
Hbf.
DO-Wischlingen
Spitzkegelhalde Dorstfeld
Dt. Fußballmus.
Museum für Kunst- u. Kulturgeschichte
Dortmunder U
Reinoldi-kirche
Kindermus. Adlerturm
West-park
DO-Dorstfeld
DO-West
DO-Möllerbr.
DO-Stadthaus
DO-Körne-West
Tremonia-park
DO-Barop
DO-Dorstf. Süd
DASA Arbeitswelt Ausstellung
Westfalenhallen
Florian-turm
Dt. Rosarium
Westfalen-park
BORUSSEUM
Schönau
Hympendahl
Viadukt
DO-Signal-Iduna-Park
Radrennbahn
Phoenix Park
Phoenix West
Barop
HOMBRUCH
NSG
DO-Hörde
Haus Brünninghausen
Halde Entenpoth
Universität Campus Süd
Renning-hausen
Dortmund-Tierpark
Brünning-hausen
Rombergpark
Hacheney
Zoo
Mengling-hausen
Halde Gotthelf
Welling-hofen
Kreuz DO/Witten
Klein-holt-hausen
Kirchhörder Bach
Lücklem-berg
Niederhofen
Haus Niederhofen
DO-Kirchhörde
Groß-holthausen
Grotenbach
Automuseum
Wichling-hofen
Kirchhörde
Niederdorfer Holz
Kruckel
DO-Löttringhausen
Löttring-hausen
Bitter-mark
183
Mahnmal Bittermark
0 500 m

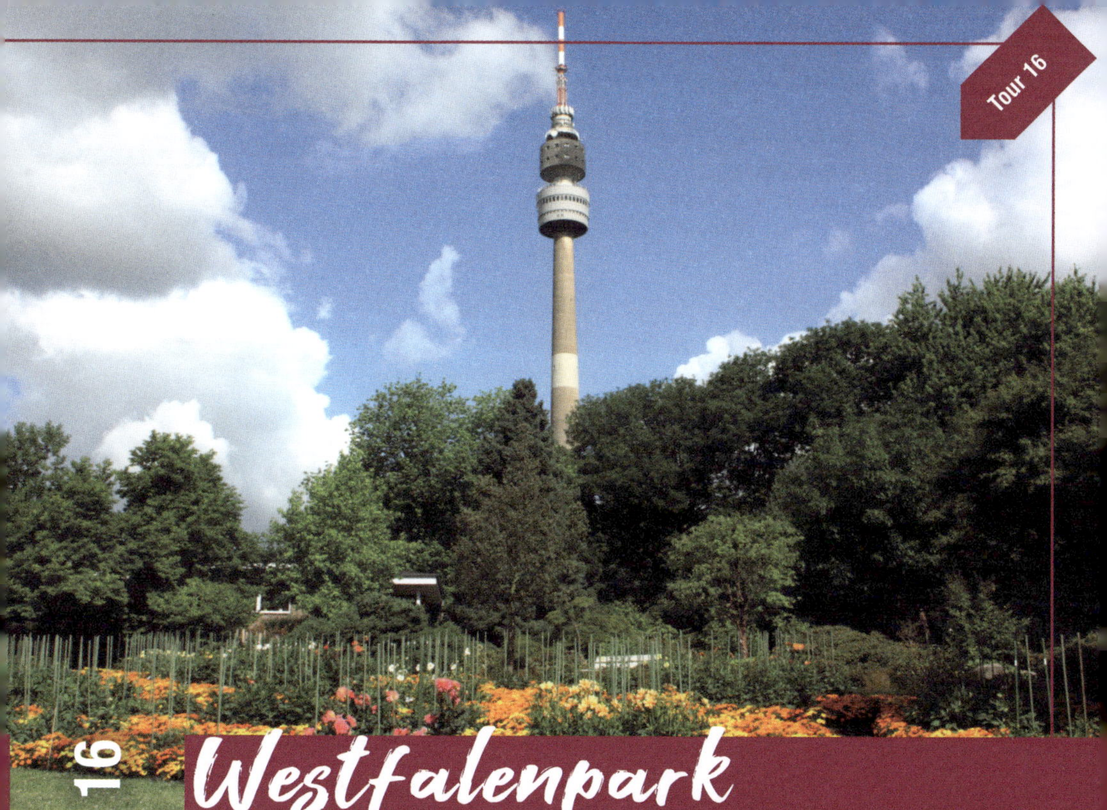

Genusstour 16

Westfalenpark

Parkwanderung in der Metropole Westfalens

DAUER	2h 30min
LÄNGE	10 km
AUFSTIEG	120 hm
SCHWIERIGKEIT	LEICHT
MIT ÖFFIS ERREICHBAR	ja

Das erwartet dich ...

Wir haben eine bequeme Park-, Kleingarten- und Promenadenwanderung vor uns. Zahlreiche Attraktionen und Sehenswürdigkeiten laden zum Verweilen ein und die Tour kann durch viele Abzweigungen verlängert werden. Auch die zahlreichen Bars und Restaurants am Weg bieten viele Möglichkeiten zur geselligen Einkehr.

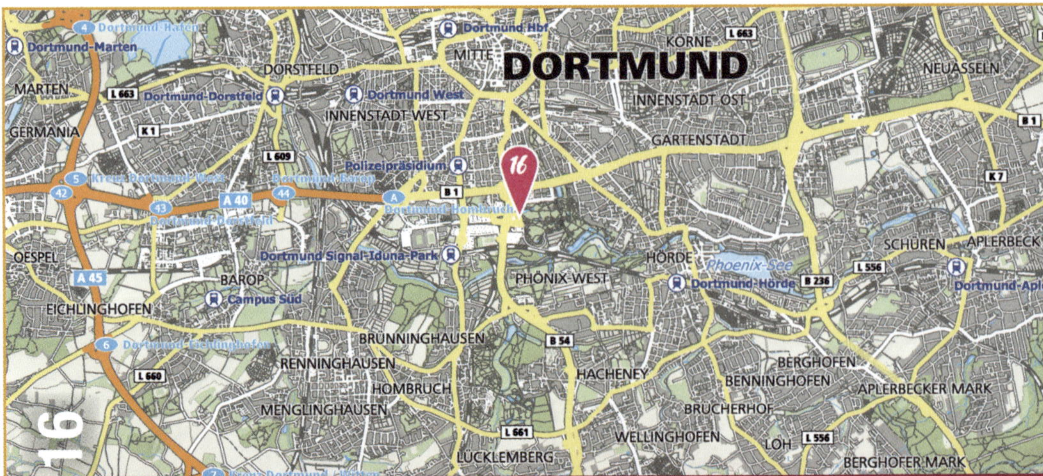

Genusstour 16

Start & Ziel & Anreise

Start- und Zielpunkt ist der Eingang Blütengärten im Westen des Westfalenparks an der Straße An der Buschmühle. Mit dem Auto erreichen wir den Ausgangspunkt über die B45 oder B1, wir nehmen die Ausfahrt Richtung Stadtkrone. Direkt am Eingang befinden sich auch die Großparkplätze F1 und F2. Für die Anreise mit den Öffis nehmen wir die U45 oder U49 und steigen am U-Bahnhof Westfalenpark aus.

Tourenbeschreibung

Mit dem Westfalenpark und dem Botanischen Garten Rombergpark verbindet diese Tour zwei der schönsten Anlagen im östlichen Ruhrgebiet. An den Rombergpark schließt der Dortmunder Tierpark an, während der Rückweg durch die Bolmke führt.

Der Eingang Blütengärten befindet sich an der Straße An der Buschmühle auf der Westseite des Westfalenparks. Ziel der beliebig variierbaren Runde durch den Westfalenpark ist der Eingang Buschmühle im Süden des Westfalenparks. Vom Eingang geht es der Straße An der Buschmühle entlang bis zur Eisenbahnunterführung am gleichnamigen Parkplatz. Nachdem wir unter der Eisenbahnlinie hindurch sind folgt der autofreie Steinklippenweg der Emscher in eine parkartige Umgebung und führt am Vogelschutzgehölz entlang. Nach Unterqueren der Bundesstraße 54 geht es links über die Emscher, dann gleich rechts in den Wald hinein und hinter der Eisenbahnunterführung links durch das Gelände einer Kleingartenanlage. An der Stufenanlage im Süden der Anlage zweigt links ein Weg ab, der unter der Eisenbahnbrücke hindurch und über die Brücke zum Eingang des Rombergparks führt.

Am Südende des von der Schondelle durchflossenen Parks befindet sich der Tierpark. In Verlängerung des Tierparkausgangs führt ein Fußweg aufwärts nach Westen (Rechteck-Markierung) und kurz parallel zur Mergelteichstraße, bis die Rechteck-Markierung vor der Eisenbahnlinie rechts auf einem Parkweg wechselt, der am Bahn-Haltepunkt Dortmund-Tierpark vorbei dem Westrand des Rombergparks folgt. Am Ende folgt die Rechteck-Markierung der Straße Am Rombergpark links hinauf, zweigt hinter der Ampelkreuzung rechts in die ruhige Straße Klüsenerskamp ab und taucht hinter der Gesamtschule Brünninghausen rechts in die Buchenwälder der Bolmke ein, an der Herz-Jesu-Kirche links und gleich wieder rechts hinab zur Emscher.

Nach Überqueren des Flusses führt uns die Rechteck-Markierung geradeaus auf dem Bolmker Weg zum Bahnhof Stadion, wir überqueren den Bahnkörper und kommen zum Bahnhof Westfalenhallen. Nachdem wir die Bahnlinie passiert haben, geht es durch den Park ostwärts und zurück zum Ausgangspunkt, dem Eingang Blütengärten am Westfalenpark.

Autoren Tipp

Der Westfalenpark ist ein Landschafts-, Erholungs-, Event-, Kunst- und Freizeitpark, in dem jedes Wochenende kostenlose Themenführungen stattfinden. Angelegt wurde er anlässlich der Bundesgartenschau 1959. Der ausgeschilderte Rosenweg präsentiert mehr als 3000 verschiedene Arten und führt über 38 Stationen zu allen Sehenswürdigkeiten – von der Sternwarte über die Seebühne bis zum Geologischen Garten. Ein Wahrzeichen Dortmunds ist der 220 m hohe Fernsehturm mit seinem Panoramarestaurant.

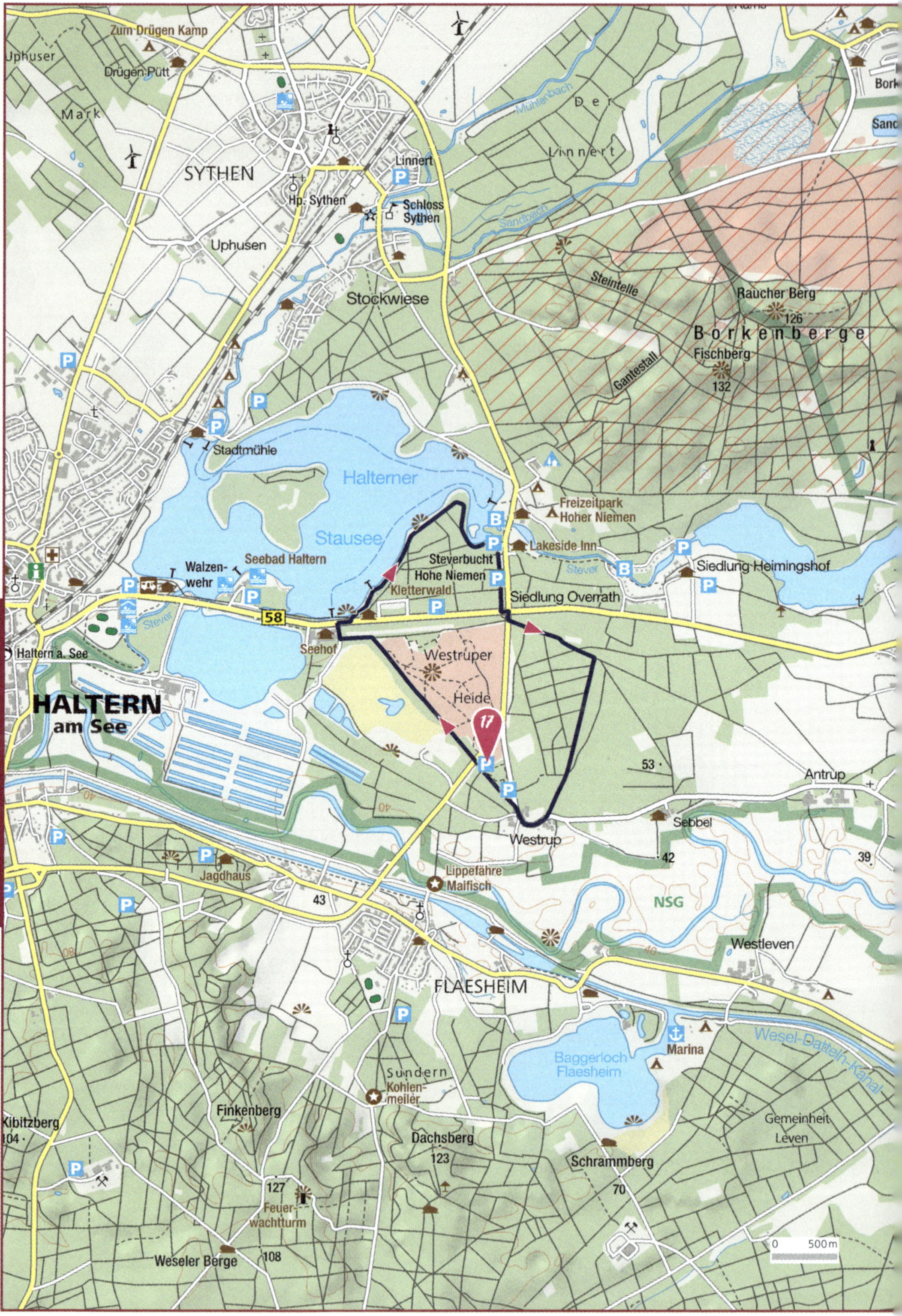

Zum Drügen Kamp
Uphuser
Drügen Pütt
Mark
SYTHEN
Linnert
Hp. Sythen
Schloss Sythen
Mühlenbach
Der Linnert
Sandbach
Uphusen
Stockwiese
Steintelle
Raucher Berg
126
Borkenberge
Fischberg
132
Gantestall
Stadtmühle
Halterner Stausee
Freizeitpark Hohe Niemen
Lakeside Inn
Steverbucht
Hohe Niemen
Kletterwald
Seebad Haltern
Walzen-wehr
Siedlung Heimingshof
Siedlung Overrath
Stever
58
Seehof
Haltern a. See
HALTERN am See
Westruper Heide
17
53
Antrup
Westrup
Sebbel
42
39
NSG
Jagdhaus
Lippefähre Maifisch
43
Westleven
FLAESHEIM
Baggerloch Flaesheim
Marina
Wesel-Datteln-Kanal
Sundern
Kohlen-meiler
Finkenberg
Kibitzberg
104
Dachsberg
123
Gemeinheit Leven
Schrammberg
70
127
Feuer-wachtturm
Weseler Berge
108
0 500 m

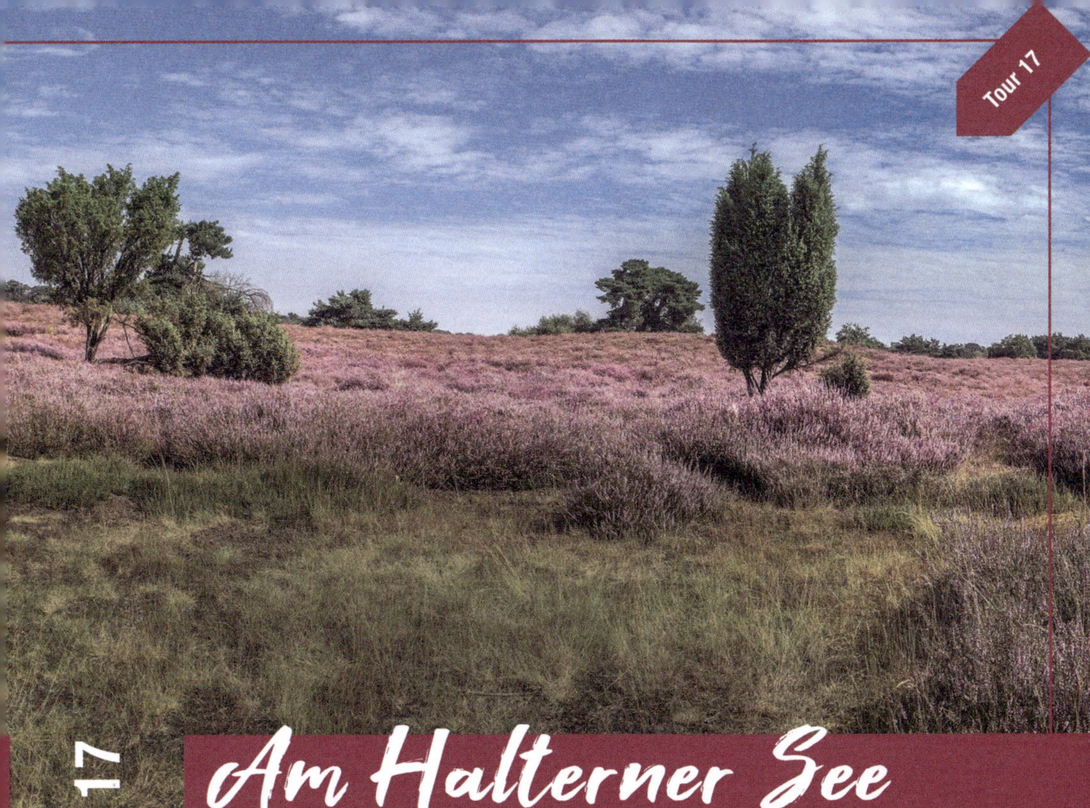

Am Halterner See

Westruper Bilderbuchheide und Halterner Wassersportsee

DAUER	2h
LÄNGE	8 km
AUFSTIEG	5 hm
SCHWIERIGKEIT	LEICHT
MIT ÖFFIS ERREICHBAR	ja

Das erwartet dich ...

Die Tour ist eine abwechslungsreiche und zugleich sehr entspannte Wald-, Feld- und Wiesenwanderung auf fahrradtauglichen Wegen. Mit der Westruper Heide und dem Halterner Stausee werden gleich zwei landschaftliche Kleinode des Münsterlandes erkundet.

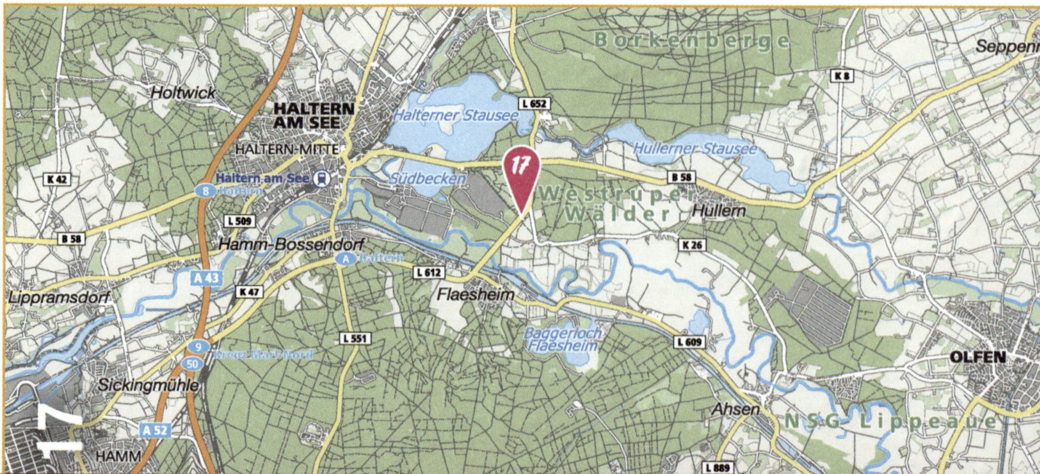

Start & Ziel & Anreise

Start- und Zielpunkt ist der Parkplatz Westruper Heide an der Landstraße von Flaesheim zum Halterner Stausee. Mit dem Auto kommen wir von der A43, nehmen die Ausfahrt Haltern und folgen der B58 bis Haltern; an der Ampelkreuzung im Wald hinter Haltern biegen wir rechts Richtung Flaesheim ab und nach circa 1 Kilometer erreichen wir den Parkplatz. Wenn wir mit den Öffis unterwegs sind, erreichen wir mit den Bussen 272 und 272E den Ausgangspunkt, der nächste Bahnhof befindet sich in Haltern.

Tourenbeschreibung

Diese landschaftlich ausgezeichnete Heide- und Waldwanderung führt durch die Westruper Heide zum Halterner Stausee und berührt zuletzt die Wacholderdüne mit ihren mehr als 300 bis zu fünf Meter hohen Wacholdern.

An der Einfahrt zum Wanderparkplatz Westruper Heide queren die Rundweg-Markierungen A1/3/5 die Landstraße Flaesheimer Damm und führen geradeaus in die Westruper Heide. Der markierte Weg leitet uns am Rand dieses eindrucksvollen Heidegebiets mit Wacholdern und alten Einzelkiefern entlang, mehrfach zweigen Wege in die Heide ab, in der Sitzbänke zur Rast einladen. Gehen wir durch den Kieferngürtel links, sieht man ein großes Sandabbaugelände.

Schließlich erreichen wir das Hotel Seehof mit Biergarten am Halterner See. Nach Queren der Bundesstraße führen die Markierungen A4 und x uns kurz längs der B 58 aussichtsreich nach rechts. Gleich darauf zweigen die Markierungen A4 und x bei einem Biergarten halb links in die Wälder am Ufer des Halterner Sees ab. Der Blick schweift auf die Overrather Insel mitten im See, links zeigt sich der Strand, dahinter spitzt der Kirchturm von Haltern aus den Wäldern.

An der Verzweigung, wo sich die x-Markierung waldeinwärts wendet, laden Sitzbänke zu gemütlicher Rast ein, der Rundwanderweg A4 folgt der aussichtsreichen Uferpromemade weiter geradeaus. Am Naturschutzgebiet Seebucht Hoher Niemen – hier springt in der Nähe der Mündung der Stever eine von Birken bewachsene Landzunge weit in den See vor – schwingt der A4-Weg rechts zum Parkplatz beim US-Restaurant „Lakeside Inn" an der Landstraße Stockwieser Damm (Motorrad- und Wanderparkplatz). Vom Parkplatz beim „Lakeside Inn" folgen wir der Markierung x10 im Wald südwärts zur Ampelkreuzung an der B 58. Kurz nach Queren der Bundesstraße zweigen die A-Markierungen links in den Forst hinein ab. Während A1/2 anschließend nach rechts führt (Abkürzung), folgen wir der A3 zur im Wald versteckten Wacholderdüne Sebbelheide. Hier wachsen auf einem Dünenkomplex, der sich etwa zehn Meter über die Umgebung erhebt, die hohen Wacholder.

Autoren Tipp

Die Westruper Heide mit ihren über 300 bis zu fünf Meter hohen Wacholdern ist eines der größten und beeindruckendsten Heidegebiete Westfalens. Sie bedeckt rund 66 Hektar des dünenartig aufgewehten, welligen Sandgebiets zwischen Lippe und Stever. Von August bis Anfang September verwandeln sich die Heideflächen, in denen zum Teil uralte Kiefern als Einzelbäume leben, in ein violettes Blütenmeer. Schafe helfen dabei, die Heideflächen vor Verwaldung zu schützen.

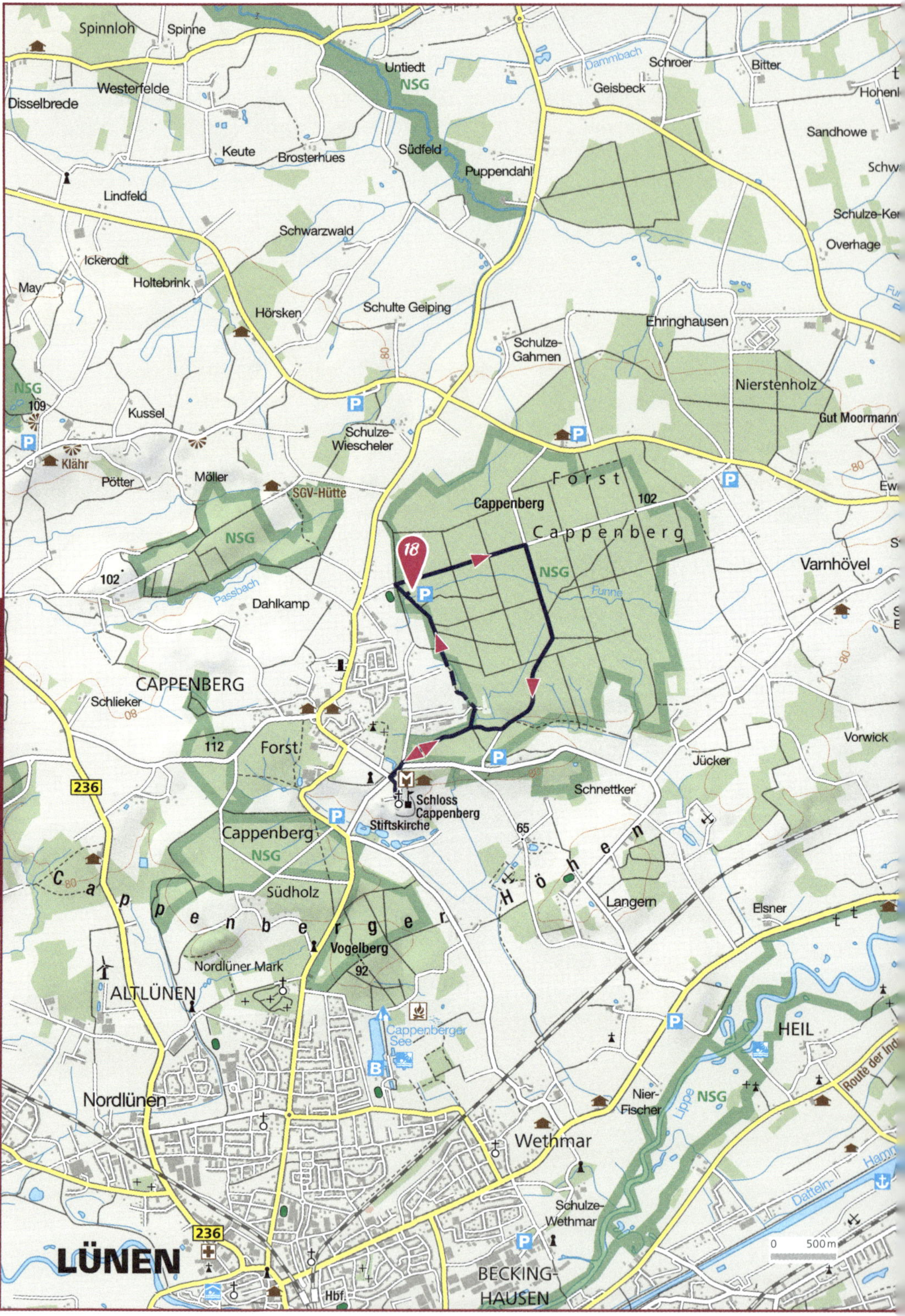
Spinnloh
Spinne
Untiedt
NSG
Dammbach
Schroer
Bitter
Hohenl
Westerfelde
Geisbeck
Disselbrede
Sandhowe
Keute
Brosterhues
Südfeld
Puppendahl
Schw
Lindfeld
Schulze-Ker
Schwarzwald
Overhage
Ickerodt
Holtebrink
May
Hörsken
Schulte Geiping
Ehringhausen
Schulze-
Gahmen
NSG
109
Nierstenholz
Kussel
Gut Moormann
Schulze-
Wiescheler
Klähr
Pötter
Möller
SGV-Hütte
Forst
Cappenberg
102
Cappenberg
NSG
18
NSG
102
Passbach
Dahlkamp
Funne
Varnhövel
CAPPENBERG
Schlieker
112
Forst
Vorwick
Jücker
236
Schloss
Cappenberg
Stiftskirche
Schnettker
65
Cappenberg
NSG
Höhen
Südholz
Cappenberger
Langern
Elsner
Vogelberg
Nordlüner Mark
92
ALTLÜNEN
Cappenberger
See
HEIL
Nier-
Fischer
Lippe
NSG
Route der Ind
Nordlünen
Wethmar
Hamm
Datteln-
Schulze-
Wethmar
236
LÜNEN
BECKING-
HAUSEN
Hbf
0
500 m

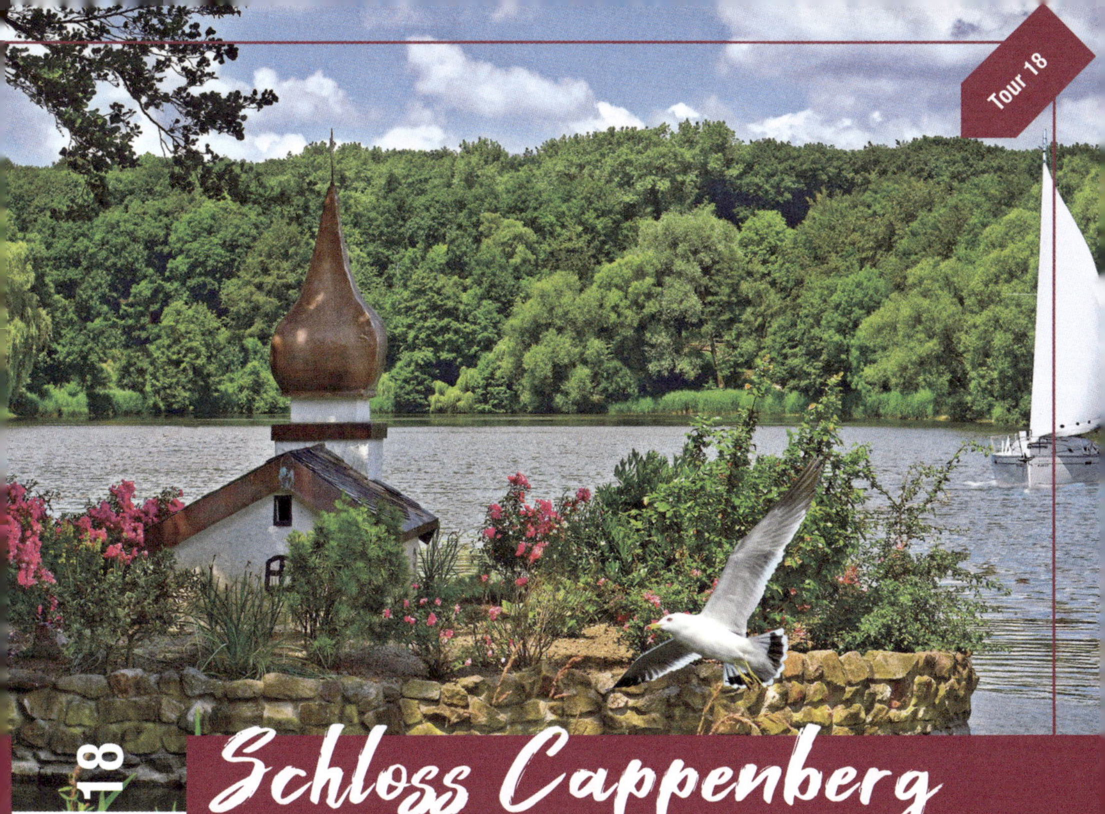

Tour 18

Genusstour 18

Schloss Cappenberg

Durchs Kohuesholz zum Schlössertraum

DAUER	1h 30min
LÄNGE	6 km
AUFSTIEG	90 hm
SCHWIERIGKEIT	LEICHT
MIT ÖFFIS ERREICHBAR	nein

Das erwartet dich ...

Diese Tour durch das Kohuesholz ist eine kurze und einfache Wald- und Feldwanderung auf großteils fahrradtauglichen Wegen. Eine überraschend idyllische Landschaft wartet hier in Sichtweite der großen Ruhrmetropolen. Hinzu kommt noch ein hochklassiger kultureller Input durch das Cappenberger Schloss.

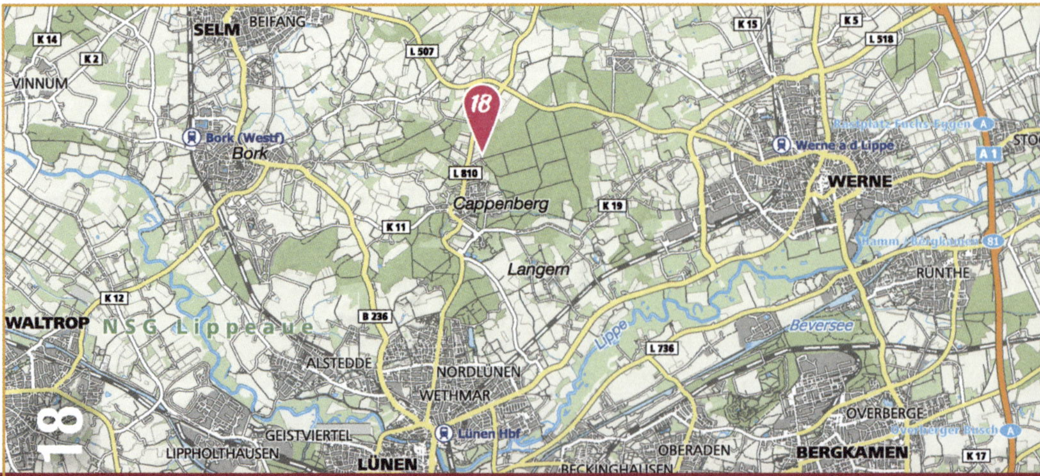

Genusstour 18

Start & Ziel & Anreise

Start- und Zielpunkt ist der Wanderparkplatz Kohuesholz an der Sportanlage Grün-Schwarz Cappenberg am Nordrand von Selm-Cappenberg. Der Wanderparkplatz ist an der Durchgangsstraße Richtung Südkirchen ausgeschildert.

Tourenbeschreibung

Durch den als Landschaftsschutzgebiet ausgewiesenen Forst Cappenberg führt diese Tour zu einem der bedeutendsten Schlösser am Nordrand des Ruhrgebiets.

Von der Einfahrt zum Wanderparkplatz Kohuesholz führen die Markierungen A2 und A3 auf dem Waldweg Steinbahn in Verlängerung der Zufahrt Am Kohuesholz in den Wald hinein. Schnurgerade führt der Weg uns durch einen Buchen-Eichenmischwald, viele Bäume sind efeuumrankt, das Kohuesholz ist bekannt für seinen reichen Vogelbestand. Seine Entstehung verdankt der Wald dem Treiben des Bauern Kohues, der nichts von der Nächstenliebe hielt und sich nur ums liebe Geld kümmerte. Eines nachts fiel sehr viel Schnee, und der Hof des Bauern Kohues verschwand; die Cappenberger Mönche pflanzten auf dem verwaisten Hofgelände Bäume, und der vogelreiche Wald Kohuesholz entstand.

An der ersten Wegekreuzung mit Sitzbänken leitet die Markierung A2 (zusätzlich x) uns sachte rechts hinab, links wächst zum Teil hallenartiger, alter Wald. Nach dem Überqueren des unbegradigt dahinfließenden Gerlingbachs spazieren wir leicht aufwärts zwischen alten Eichen und Buchen. Bei einem alten Wall winkelt der Weg halb rechts ab, nimmt sodann im nächsten Bachtal den Weitwanderweg x1 auf. Wir gehen an einer Sitzbank halb rechts weiter auf einen schmalen Weg, passieren dann die Rückwegabzweigung (A2/4) und erreichen wenig später bei der Bushaltestelle Varnhöveler Straße das Schloss Cappenberg. Das Schloss ging aus einem der bedeutendsten Klöster Westfalens hervor und ist heute unter anderem für überregional beachtete Wechselausstellungen bekannt. Sein Wildpark ist ein Englischer Landschaftspark mit altem Baumbestand und zahlreichen Fischteichen.

Vom Schloss geht es zurück zur Abzweigung A2/4 und am Waldsaum links hinab. Beim Schützenheim folgen wir dem Weg grob geradeaus in etwa am unteren Rand des Buchenwaldes und treffen bald auf einem Pfad des teilweise schluchtartig eingetieften Gerlingbachs. Zuletzt mündet der Pfad auf einen Weg. Hier gehen wir kurz links zum Waldsaum und spazieren auf einer schönen Promenade zurück zum Ausgangspunkt, dem Wanderparkplatz Kohuesholz.

Der Blick vom Schloss Cappenberg in den Park

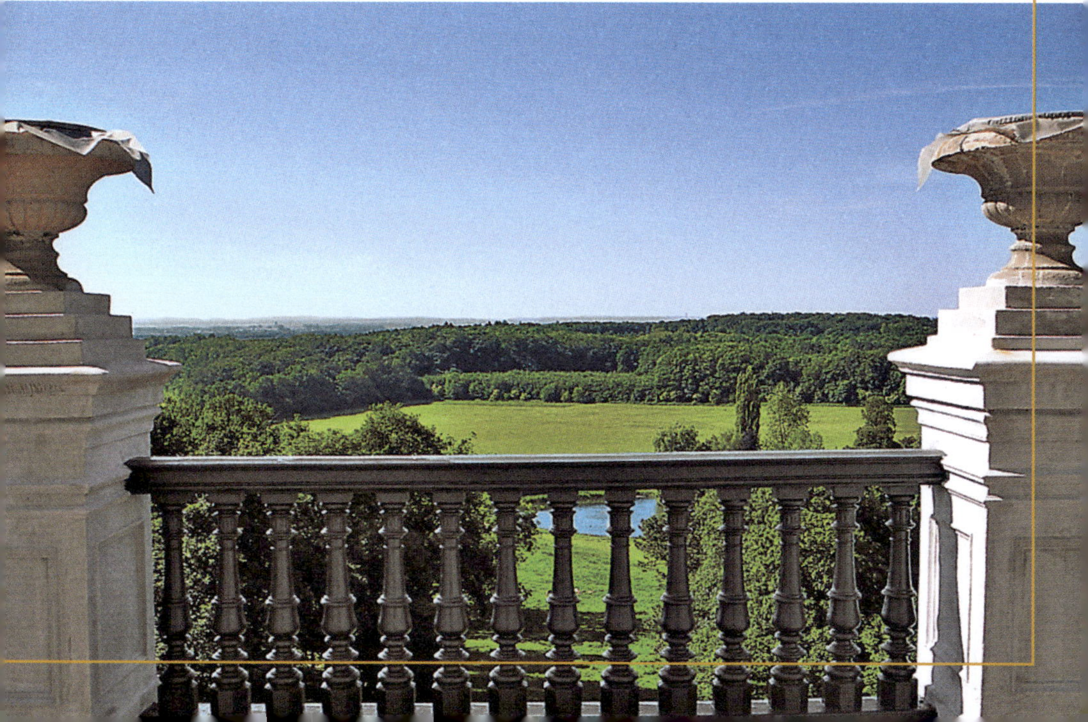

19

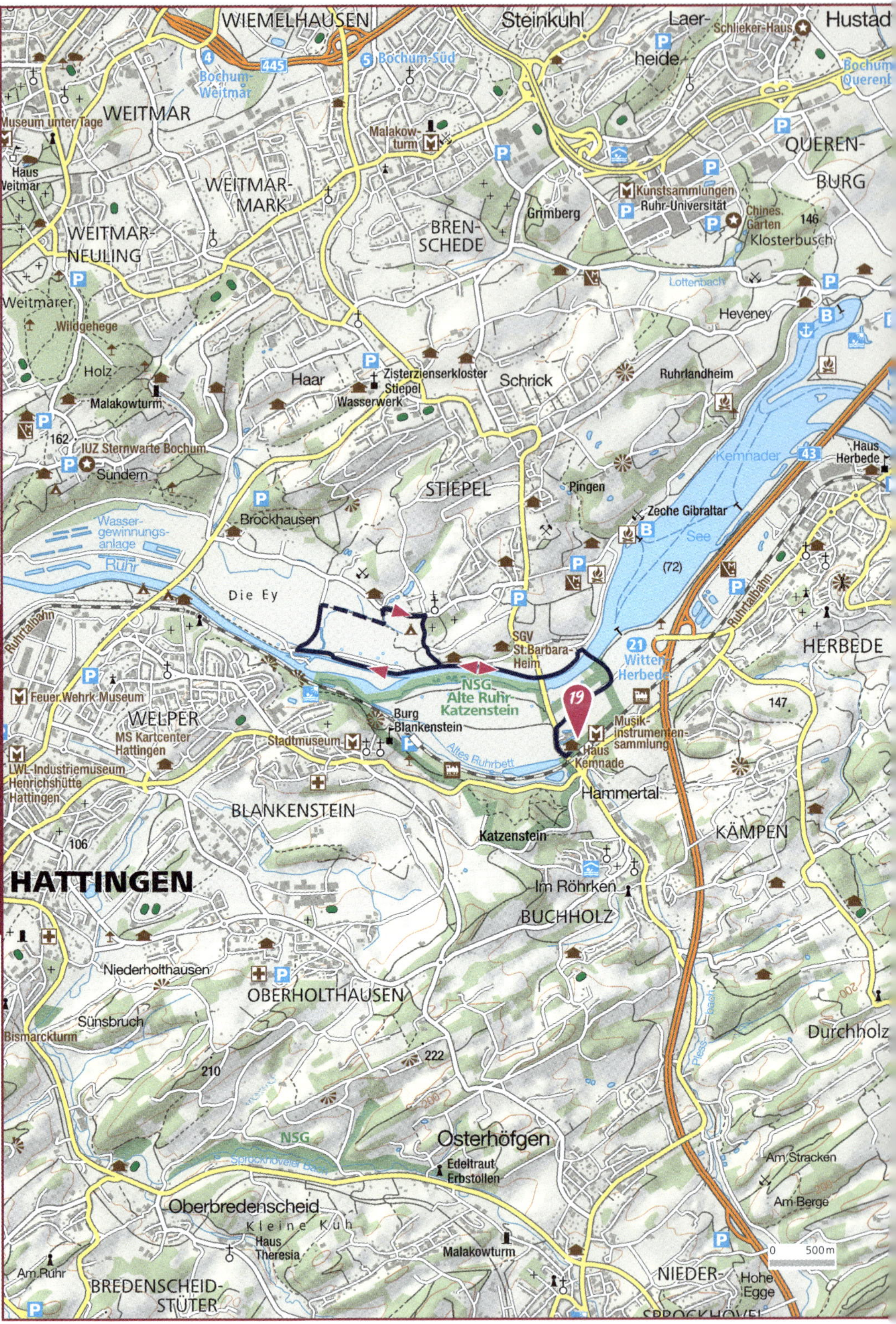

WIEMELHAUSEN
Steinkuhl
Laer-
heide
Schlieker-Haus
Hustad
Bochum-Weitmar
445
Bochum-Süd
Bochum Querenburg
Museum unter Tage
WEITMAR
Haus Weitmar
Malakow-turm
QUEREN-
BURG
WEITMAR-
MARK
Kunstsammlungen
Ruhr-Universität
Chines. Garten
146
Klosterbusch
WEITMAR-
NEULING
BREN-
SCHEDE
Grimberg
Lottenbach
Weitmarer
Wildgehege
Heveney
Holz
Haar
Zisterzienserkloster
Stiepel
Wasserwerk
Schrick
Ruhrlandheim
Malakowturm
162
IUZ Sternwarte Bochum
Sundern
Kemnader
43
Haus
Herbede
STIEPEL
Pingen
Brockhausen
Zeche Gibraltar
Wasser-
gewinnungs-
anlage
Ruhr
See
(72)
Ruhrtalbahn
Die Ey
SGV
St.Barbara-
Heim
21
Witten-
Herbede
HERBEDE
NSG
Alte Ruhr-
Katzenstein
19
Feuer.Wehrk Museum
WELPER
MS Kartcenter
Hattingen
Burg
Blankenstein
Stadtmuseum
Musik-
instrumenten-
sammlung
Haus
Kemnade
147
LWL-Industriemuseum
Henrichshütte
Hattingen
Altes Ruhrbett
Hammertal
BLANKENSTEIN
106
Katzenstein
KÄMPEN
HATTINGEN
Im Röhrken
BUCHHOLZ
Niederholthausen
OBERHOLTHAUSEN
Sünsbruch
Bismarckturm
Durchholz
222
210
NSG
Osterhöfgen
Edeltraut
Erbstollen
Am Stracken
Am Berge
Oberbredenscheid
Kleine Kuh
Haus
Theresia
Malakowturm
Am Ruhr
BREDENSCHEID-
STÜTER
NIEDER-
SPROCKHÖVEL
Hohe
Egge
0 500 m

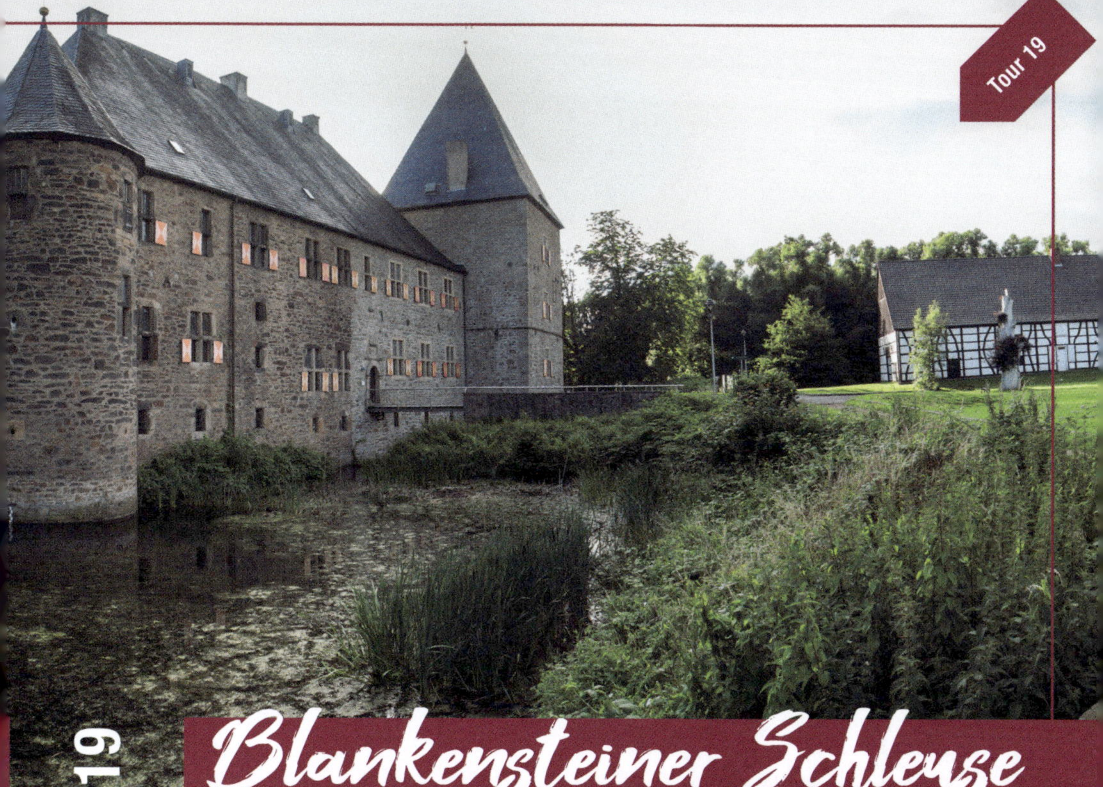

19 Flusstour

Blankensteiner Schleuse

Aussichtsreich durch die Ruhrauen von Stiepel

DAUER	2h 15min
LÄNGE	8,5 km
AUFSTIEG	20 hm
SCHWIERIGKEIT	LEICHT
MIT ÖFFIS ERREICHBAR	ja

Das erwartet dich ...

Diese Tour ist eine idyllische Leinpfadwanderung längs der Ruhr, die uns auf kleinen Wegen und Anliegerstraßen in die Feldflur mit hervorragender Aussicht führt. Als besonders kulturelle Sehenswürdigkeit darf die Stiepeler Wallfahrtskirche mit ihrer langen Geschichte nicht fehlen.

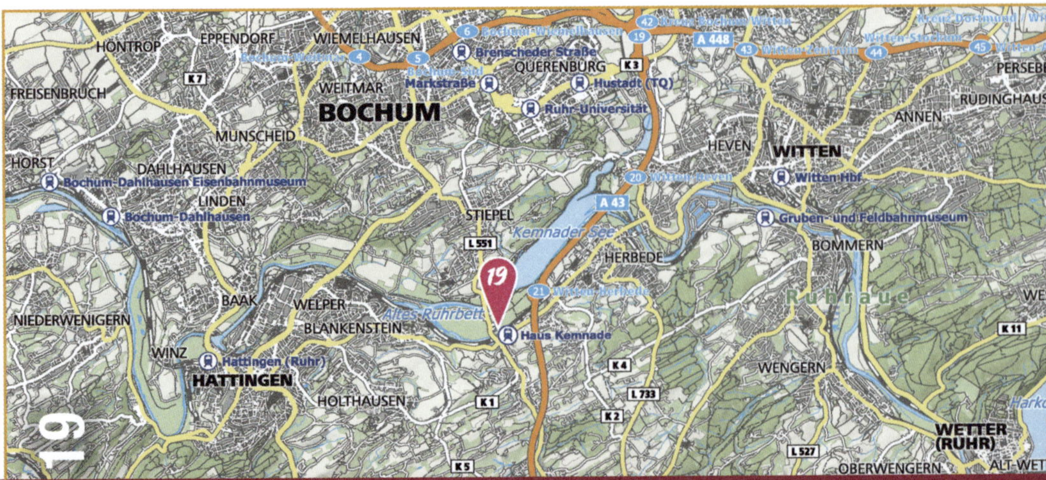

Flusstour 19

Start & Ziel & Anreise

Ausgangs- und Endpunkt ist das Haus Kemnade. Wir reisen mit dem Auto über die A43 an und nehmen die Ausfahrt Witten-Herbede und folgen der Straße weiter Richtung Hattingen. Parkplätze finden wir an der Straße An der Kemnade 10 in Hattingen. Die Anreise mit den Öffis erfolgt über die Haltestelle Haus Kemnade mit dem Bus 350 vom Bochumer Hauptbahnhof.

Tourenbeschreibung

Von der Wasserburg Haus Kemnade leitet diese aussichtsreiche Leinpfad- und Feldflurwanderung durch die Ruhrauen in den alten Wallfahrtsort Stiepel mit seiner sehenswerten Dorfkirche.

Von der Wasserburg Haus Kemnade führt die W-Markierung zum Klappenwehr, das den 125 Hektar großen Kemnader See staut. Nach Überqueren der Ruhr folgt der Leinpfad dem Uferweg flussabwärts, wir gehen unter der Kemnader Brücke hindurch und gelangen an der historischen Kohlenniederlage der ehemaligen Zeche Schiffsruder vorbei zur Blankensteiner Schleuse, einem Überlaufwehr mit Schleuse am Fuß der Burg Blankenstein. Die Schleuse wurde 1777/78 im Auftrag des Preußischen Staates als Holzkonstruktion gebaut, als eine der vielen Schleusen, die 1776–80 zwischen Hagen und Duisburg errichtet wurden, um die Ruhr schiffbar zu machen. Seither ist die Blankensteiner Schleuse mehrfach umgebaut worden; betriebsbereit ist sie nicht mehr, denn mit dem Aufkommen der Eisenbahn wurde ab 1850 das Ende der Kohle befördernden „Ruhraaken" eingeleitet. Über eine Brücke gelangen wir zum Stiepeler Wasserwerk; hier wird seit 1910 Bochums Trinkwasser gewonnen.

Der idyllische Leinpfad verlockt zum Weiterwandern, da wir aber später dann allzu lange Straßen folgen müssten, zweigen wir rechts ab (Kreis-Markierung des Stiepel-Rundwegs), die erste wieder rechts und am Ende links und gleich rechts (Brockhauser Straße). Bevor wir aber in die Straße An der Alten Fähre abbiegen, lohnt es sich kurz an der Stiepeler Dorfkirche vorbeizuschauen. Sie ist vermutlich das älteste Baudenkmal Bochums und gewinnt vor allem wegen ihrer fast 800 Jahre alten Malereien sehr an Bedeutung. Bis zur Reformation war die malerisch über dem Ruhrtal auf einem erhöhten Kirchhof stehende Stiepeler Dorfkirche (1170–1400) an der Gräfin-Imma-Straße die Wallfahrtskirche. Nicht zu verwechseln mit der 1915 neu erbauten Marienwallfahrtskirche des Zisterzienserklosters Am Varenholt welches seit 1920 ein von den Katholiken verehrtes Gnadenbild beherbergt, das am 11. jeden Monats Ziel einer Wallfahrt ist. Diese Kirche befindet sich noch weiter Richtung Ortsmitte. Von der Stiepeler Kirche gehen wir zurück in die Brockhauser Straße und folgen der kleinen Straße An der Alten Fähre am Campingplatz vorbei zurück zum Leinpfad längs der Ruhr. Auf derselben Route wie beim Hinweg geht es zum Ausgangspunkt Haus Kemnade zurück.

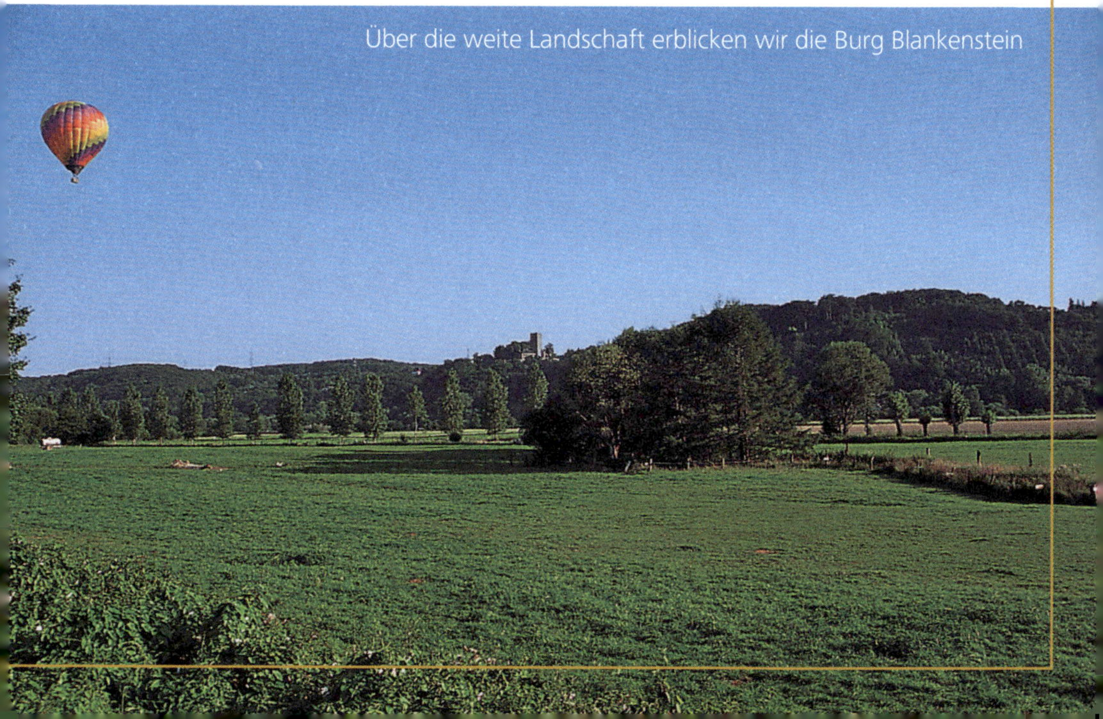

Über die weite Landschaft erblicken wir die Burg Blankenstein

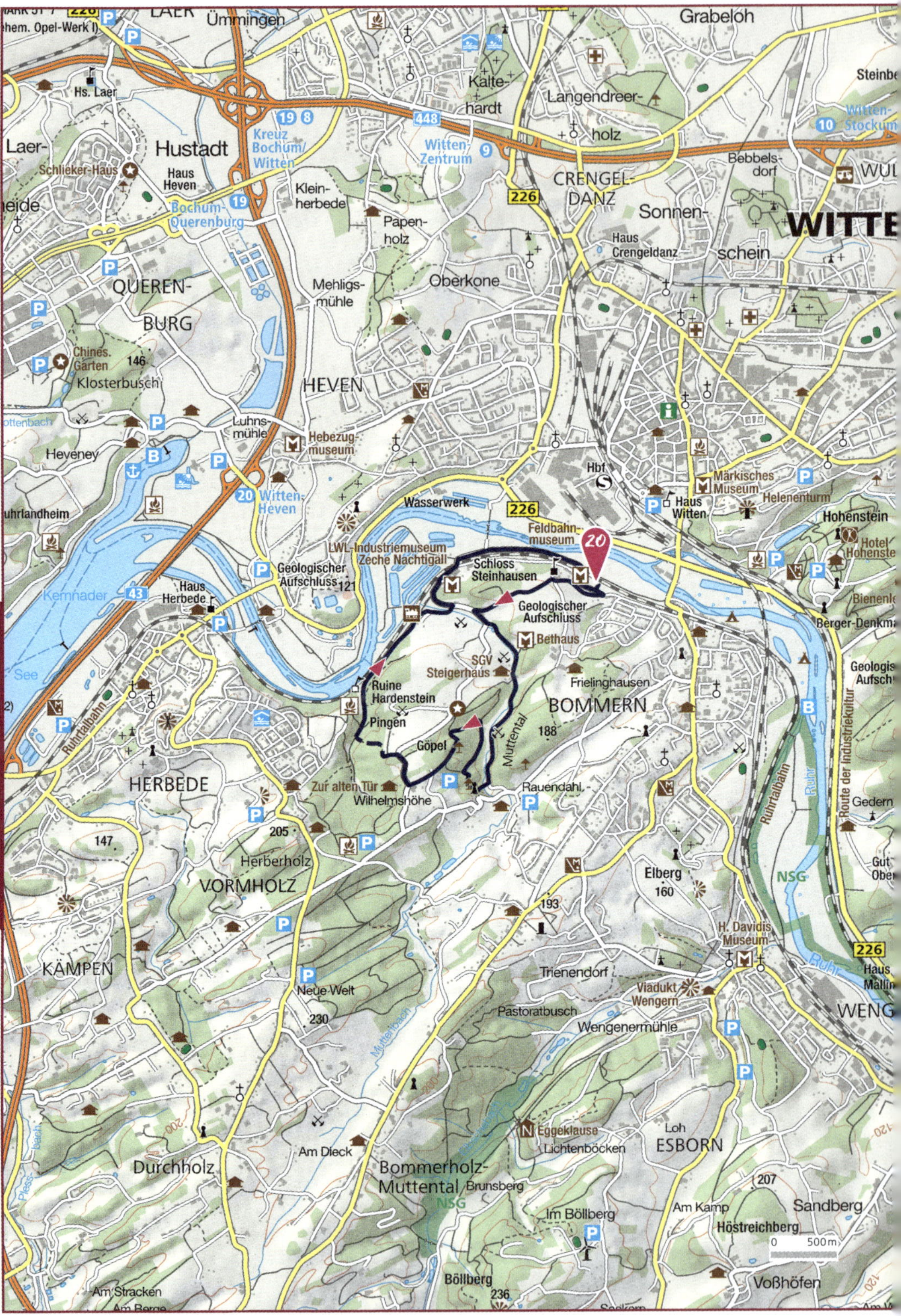

Ümmingen
Grabeloh
Hs. Laer
Kalte-
hardt
Langendreer-
holz
Laer-
Hustadt
Kreuz
Bochum/
Witten
Witten-
Zentrum
Witten-
Stockum
Schlieker-Haus
Haus
Heven
Klein-
herbede
Papen-
holz
CRENGEL-
DANZ
Bebbels-
dorf
Sonnen-
schein
WITTE
Bochum-
Querenburg
Haus
Crengeldanz
QUEREN-
BURG
Mehligs-
mühle
Oberkone
Chines.
Garten
146
Klosterbusch
HEVEN
Luhns-
mühle
Hebezug-
museum
Heveney
Witten-
Heven
Hbf
Märkisches
Museum
Haus
Witten
Helenenturm
Hohenstein
Hotel
Hohenstein
Wasserwerk
Feldbahn-
museum
20
LWL-Industriemuseum
Zeche Nachtigall
Schloss
Steinhausen
Geologischer
Aufschluss
121
Haus
Herbede
Kemnader
See
Geologischer
Aufschluss
Bethaus
SGV
Steigerhaus
Frielinghausen
BOMMERN
Ruine
Hardenstein
Pingen
Göpel
Muttental
188
Rauendahl
Ruhrtalbahn
HERBEDE
Zur alten Tür
Wilhelmshöhe
205
147
Herberholz
VORMHOLZ
Elberg
160
193
NSG
Ruhr
Route der Industriekultur
Gedern
H. Davidis
Museum
KÄMPEN
Neue Welt
230
Trienendorf
Viadukt
Wengern
Pastoratbusch
Wengenermühle
WENG
Eggeklause
Lichtenböcken
Loh
ESBORN
Am Dieck
Durchholz
Bommerholz-
Muttental
Brunsberg
207
Sandberg
Am Kamp
Höstreichberg
Im Böllberg
Böllberg
236
Voßhöfen
Am Stracken
0 500 m

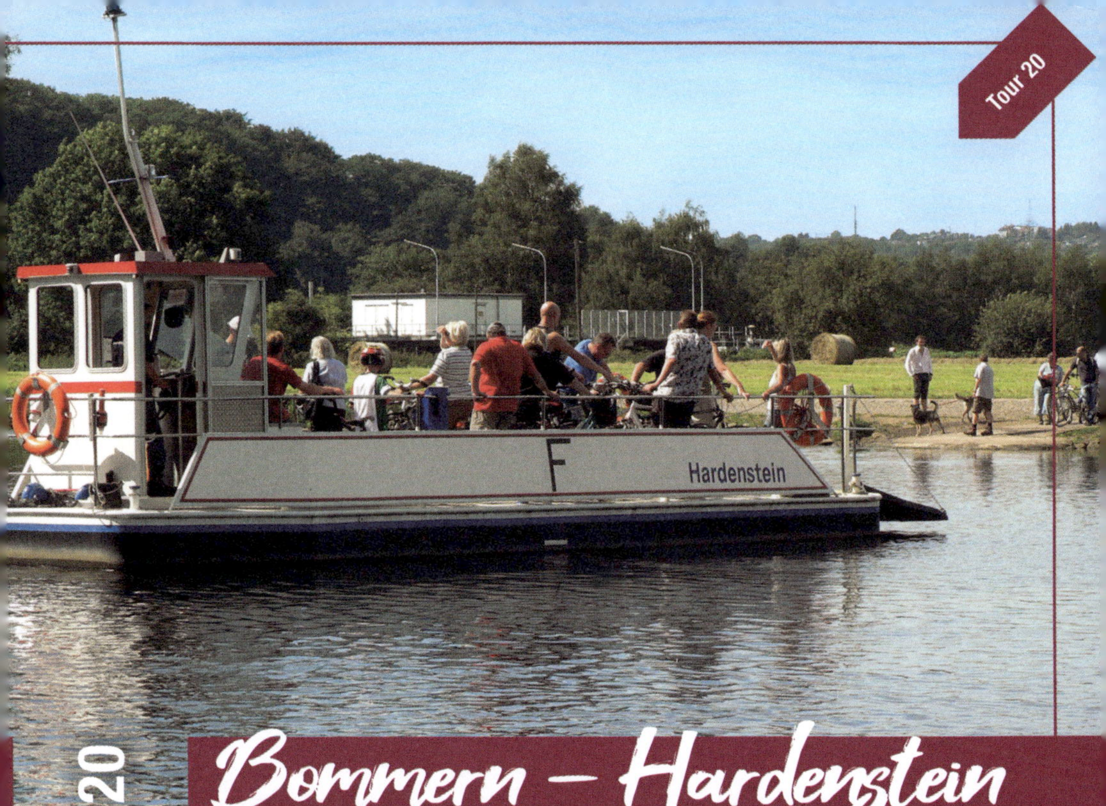

Bommern – Hardenstein

Durch das Muttental in der Wiege des Ruhrbergbaus

DAUER	2h 15min
LÄNGE	8,5 km
AUFSTIEG	75 hm
SCHWIERIGKEIT	LEICHT
MIT ÖFFIS ERREICHBAR	ja

Das erwartet dich ...

Idyllische Wiesen- und Laubwaldwanderung, passagenweise sehr steil. Neben der schönen und abwechslungsreichen Kulturlandschaft bietet diese Wanderung spannende Einblicke in den Bergbau und die Geschichte dieser Herzregion des Ruhrgebiets.

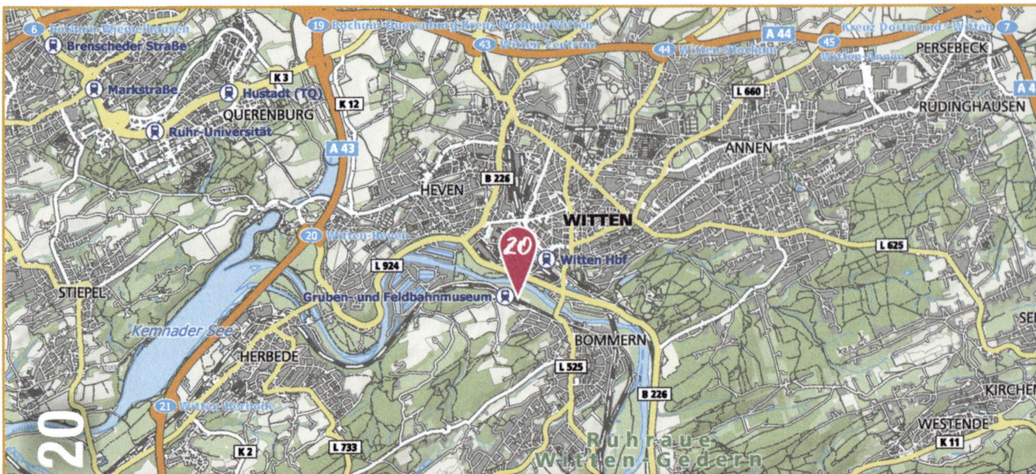

20 Genusstour

Start & Ziel & Anreise

Start- und Zielpunkt ist der Parkplatz Nachtigallstraße, der sich an der Abzweigung der Restaurant-Zufahrt Auf Steinhausen befindet. Mit dem Auto erreichen wir den Parkplatz über die B 226. Mit den Öffis kommen wir zum Ausgangspunkt über Witten-Hbf auf der gegenüberliegenden Ruhr-Seite; ca. 25 Minuten Fußweg. Der Bus 379 erspart uns diesen und bringt uns bis zur Bushaltestelle Witten-Bommern-Bf.

Tourenbeschreibung

Durch das Muttental, in das die Sage die Erfindung des Kohlebergbaus verlegt, geht es landschaftlich abwechslungsreich zur Burgruine Hardenstein.

Am Parkplatz vor dem ehemaligen Zwangsarbeiterlager zweigt von der Nachtigallstraße halb links aufwärts die Zufahrt Auf Steinhausen zum Schloss Steinhausen ab. Wahrzeichen des im 13. Jahrhundert zur Sicherung des Ruhrübergangs gegründeten Schlosses, das im 19. Jahrhundert sein heutiges Aussehen erhielt, ist der Rundturm. Im Herrenhaus befindet sich das Restaurant Schloss Steinhausen, weitere Räume werden als Künstlerateliers genutzt. Im Schlosspark sind steinerne Shona-Skulpturen von Künstlern aus dem südafrikanischen Simbabwe zu bewundern.

Vor dem Hauptzugang zweigt der Ruhrhöhenweg (Markierung xR) links Richtung Muttental ab, führt uns aussichtsreich auf dem für den öffentlichen Verkehr gesperrten Asphaltweg Auf Steinhausen durch die Feldflur ins Muttental und folgt dem Bach auf der Muttentalstraße im Laubwald hinauf zum ehemaligen Bergarbeiter-Bethaus, heute Außenstelle des Deutschen Bergbaumuseums Bochum. Informationstafeln des bergbaugeschichtlichen Wanderwegs berichten am Weg über den historischen Bergbau. Das Steigerhaus, ein eingeschossiges Fachwerkhaus, wurde im ausgehenden 18. Jahrhundert mit verputztem Sandsteinsockel errichtet. Seit 1979 wird es von der Abteilung Witten des Sauerländischen Gebirgsvereines als Wanderheim genutzt und an Öffnungstagen mit Biergarten betrieben. An der Haspelanlage endet der Asphaltbelag; mit Handhaspeln wurde die Kohle in Körben oder Kübeln aus einem senkrechten Schacht herausgezogen; zwei Mann zogen dabei bis zu 120 kg. Von der Kohleverladestelle der Gewerkschaft Jupiter – die Wagen wurden aus dem dahinter liegenden Mundloch vom Stollen Jupiter auf einen Kreiselkipper geschoben bzw. mit einer Haspel gezogen – leitet der Ruhrhöhenweg in sachtem Anstieg aufwärts im idyllischen Wald- und Wiesental.

Wo der Wanderweg oberhalb des Stollens Fortuna den Wald verlässt – kurz vor der inzwischen geschlossenen Gaststätte Haus Rauendahl – zweigt links der Bergbaurundwanderweg A3 ab. Wir überqueren den Muttenbach, wenden uns an einem kleinen Parkplatz rechts hinab im Stadtforst Muttental. Der Weg leitet uns an der ehemals von Pferden betriebenen Förderanlage Göpelschacht Moses sowie am Feuerwehrturm vorbei zur Berghauser Straße beim Gasthof Zur Alten Tür und folgt der Straße kurz rechts hinab. In der Rechtskurve verlässt der Wanderweg die Straße links, wendet sich an der Zeche Orion rechts und leitet hinab zur Burgruine Hardenstein an der Ruhr.

Von hier führt uns die Markierung A3 auf dem Hardensteiner Weg, einem schönen Waldweg, längs der Museumsbahntrasse ostwärts weiter zum Anleger der Fahrradfähre Hardenstein. Wir erreichen auf der Straße Auf der Marta wieder das Muttental, dort gehen wir links auf der Muttentalstraße Richtung Museum Zeche Nachtigall. Schon vor dem Museum quert der A3-Weg die Museumsbahnlinie und führt auf der Ruhrauenseite des Bahnkörpers weiter; hier überspannt die autofreie Nachtigallbrücke die Ruhr. Nach einem weiteren Stück zwischen Bahnlinie und Ruhrauen wechselt der A3-Rundweg wieder über die Gleise und wir erreichen wieder den Ausgangspunkt, den Parkplatz beim Schloss Steinhausen.

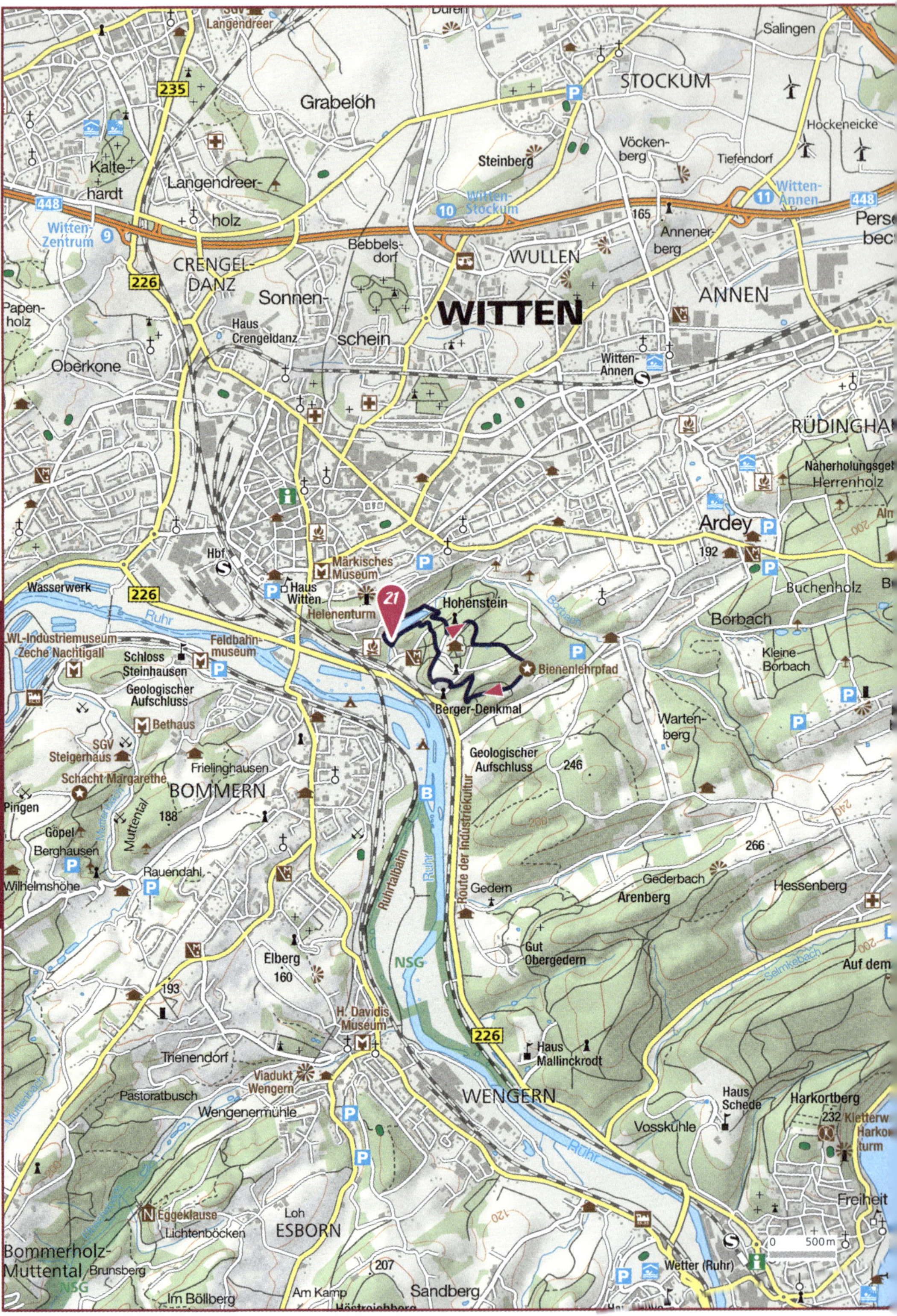
Langendreer
Düren
Salingen
STOCKUM
235
Grabeloh
Hockeneicke
Kalte-
hardt
Langendreer-
holz
Steinberg
Vöcken-
berg
Tiefendorf
448
Witten-
Zentrum
9
10
Witten-
Stockum
11
Witten-
Annen
165
Annener-
berg
Bebbels-
dorf
WULLEN
CRENGEL-
DANZ
226
Sonnen-
schein
WITTEN
ANNEN
Papen-
holz
Haus
Crengeldanz
Oberkone
Witten-
Annen
RÜDINGHA
Naherholungsgeb
Herrenholz
Ardey
192
Hbf
Märkisches
Museum
Haus
Witten
Helenenturm
21
Hohenstein
Wasserwerk
Ruhr
Borbach
Buchenholz
LWL-Industriemuseum
Zeche Nachtigall
Schloss
Steinhausen
Feldbahn-
museum
Bienenlehrpfad
Kleine
Borbach
Geologischer
Aufschluss
Berger-Denkmal
Bethaus
Warten-
berg
SGV
Steigerhaus
Geologischer
Aufschluss
246
Frielinghausen
Schacht Margarethe
BOMMERN
Pingen
Muttental
188
Göpel
Berghausen
Route der Industriekultur
Ruhrtalbahn
266
Rauendahl
Wilhelmshöhe
Gedern
Gederbach
Arenberg
Hessenberg
Gut
Obergedern
Elsbachtal
NSG
Auf dem
Elberg
160
193
H. Davidis
Museum
226
Trienendorf
Haus
Mallinckrodt
Viadukt
Wengern
Pastoratbusch
WENGERN
Haus
Schede
Harkortberg
232
Wengenermühle
Vosskühle
Freiheit
Eggeklause
Loh
Lichtenböcken
ESBORN
Bommerholz-
Muttental
Brunsberg
NSG
207
0
500 m
Wetter (Ruhr)
Im Böllberg
Am Kamp
Sandberg

21

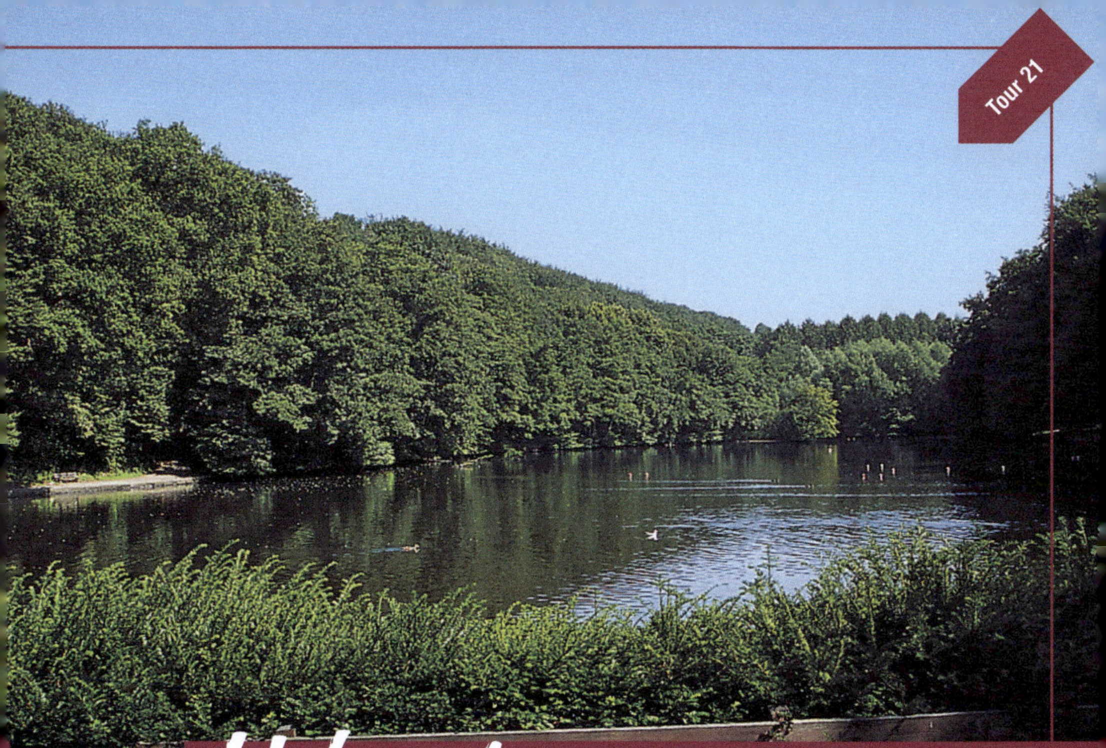

Tour 21

Panoramatour 21

Hohenstein

Wälder, Wildgehege und ein prächtiger Blick auf das Ruhrtal

DAUER	1 h
LÄNGE	4 km
AUFSTIEG	60 hm
SCHWIERIGKEIT	LEICHT
MIT ÖFFIS ERREICHBAR	nein

Das erwartet dich ...

Diese kurze Tour ist ein schöner Spaziergang durch Laubwälder und parkartige Landschaft mit kurzen Auf- und Abstiegen. Über die reine Wanderung hinaus lässt sich hier ein abwechslungsreiches, besonders für Kinder und Familien interessantes Programm gestalten.

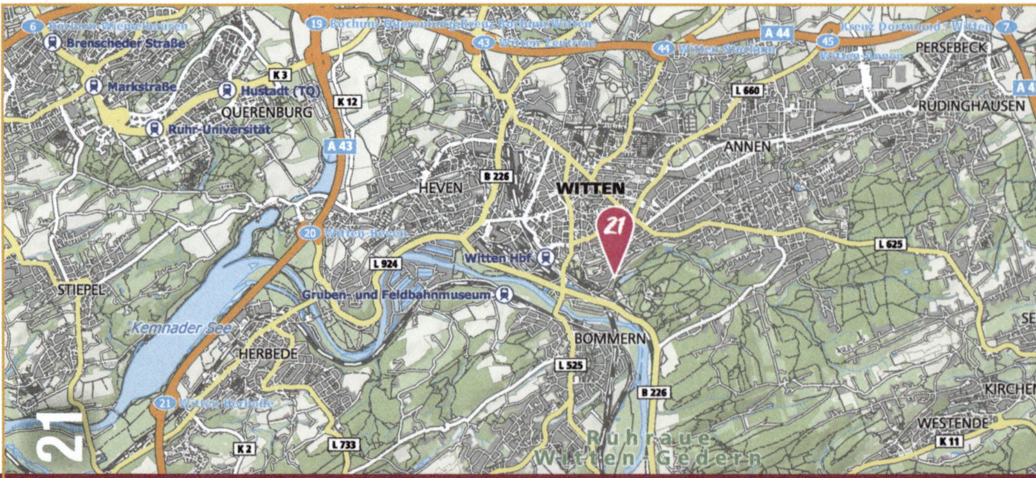

Start & Ziel & Anreise

Ausgangs- und Endpunkt ist der Wanderparkplatz Hammerteich in Witten. Mit dem Auto von der A44 kommend nehmen wir die Ausfahrt Witten-Zentrum und folgen der B226, Hohenstein ist ab hier ausgeschildert. Die Anreise mit den Öffis erfolgt vom Hauptbahnhof Witten mit dem Anrufsammeltaxi zur Haltestelle Hammerteich. Alternativ fährt der Bus 379 bis zur Haltestelle Wetterstraße-Witten, von dort ist es noch ca. 1 km Fußweg bis zum Hammerteich.

Tourenbeschreibung

Der Hohenstein ist der am weitesten nach Westen vorspringende Ardey-Ausläufer und ein viel besuchtes Naherholungsgebiet mit zahlreichen Wanderwegen und hervorragendem Blick auf das Ruhrtal.

Vom Wanderparkplatz Hammerteich im Naherholungsgebiet Unteres Borbachtal führt ein Fußweg am Borbach entlang hinauf zum Hammerteich zwischen den laubwaldbestandenen Hängen des Tales. Im Zuflussbereich dieses Teiches, um den ein Rundweg führt, wechselt die Markierung x20 des Volme-Höhen-Wegs über den Bach hinüber, und leitet unter hohen alten Buchen rechts hinauf in den Hang und gleich links, oben vor dem Wildgehege wiederum links, nun auf einem breiten Forstweg, den die Tafeln eines Naturlehrpfades begleiten. Der Weg führt uns zum Freigehege, vor dem Bänke zur Rast einladen.

Bei Haus Hohenstein zweigt die x-Markierung links zwischen den Gehegen ab, am Dönhoffbrunnen vorbei vereinigt sich nach Überschreiten eines Bergrückens mit dem Ruhrhöhenweg (xR). Die x-Markierungen führen uns geradeaus aufwärts auf einem Asphaltweg im Wald und erreichen nach Überschreiten einer weiteren Höhe die Verzweigung an einem Imbiss. Von hier leitet die U-Markierung rechts am Imbiss vorbei durch die Wiesen, dann auf schönen Waldwegen zum Berger-Denkmal, einem Aussichtspunkt über dem Ruhrtal. Ruhraufwärts schweift der Blick über eine Ruhrinsel hinweg bis zu den Höhen bei Wetter und Herdecke, auf der Höhe halb rechts jenseits der Ruhr tritt markant der Wasserturm von Bommern hervor, rechts unten überspannt das Eisenbahnviadukt der Strecke Witten – Wengern – Vorhalle das Ruhrtal.

Unter alten Buchen und Eichen folgen wir der U-Markierung abwärts und sobald der Ruhrhöhenweg kreuzt, spazieren wir die x-Markierungen links hinab und zurück zum Ausgangspunkt am Hammerteich.

Autoren Tipp

Der weitläufige Hügel des Hohensteins ist der westlichste Ausläufer des Ardeygebirges. Auf seinen Höhen erstreckt sich ein viel besuchtes Naherholungsgebiet mit Hotel, Restaurant, Biergarten, Wildgehegen, Streichelzoo und Lehrbienenstand. Auch das 1904 eingeweihte Berger-Denkmal, das einem Wittener Industriellen und Reichstagsabgeordneten der Kaiserzeit gewidmet ist, befindet sich hier. Von dessen 21 Meter hohen Aussichtsturm schweift der Blick weit über das Ruhrtal.

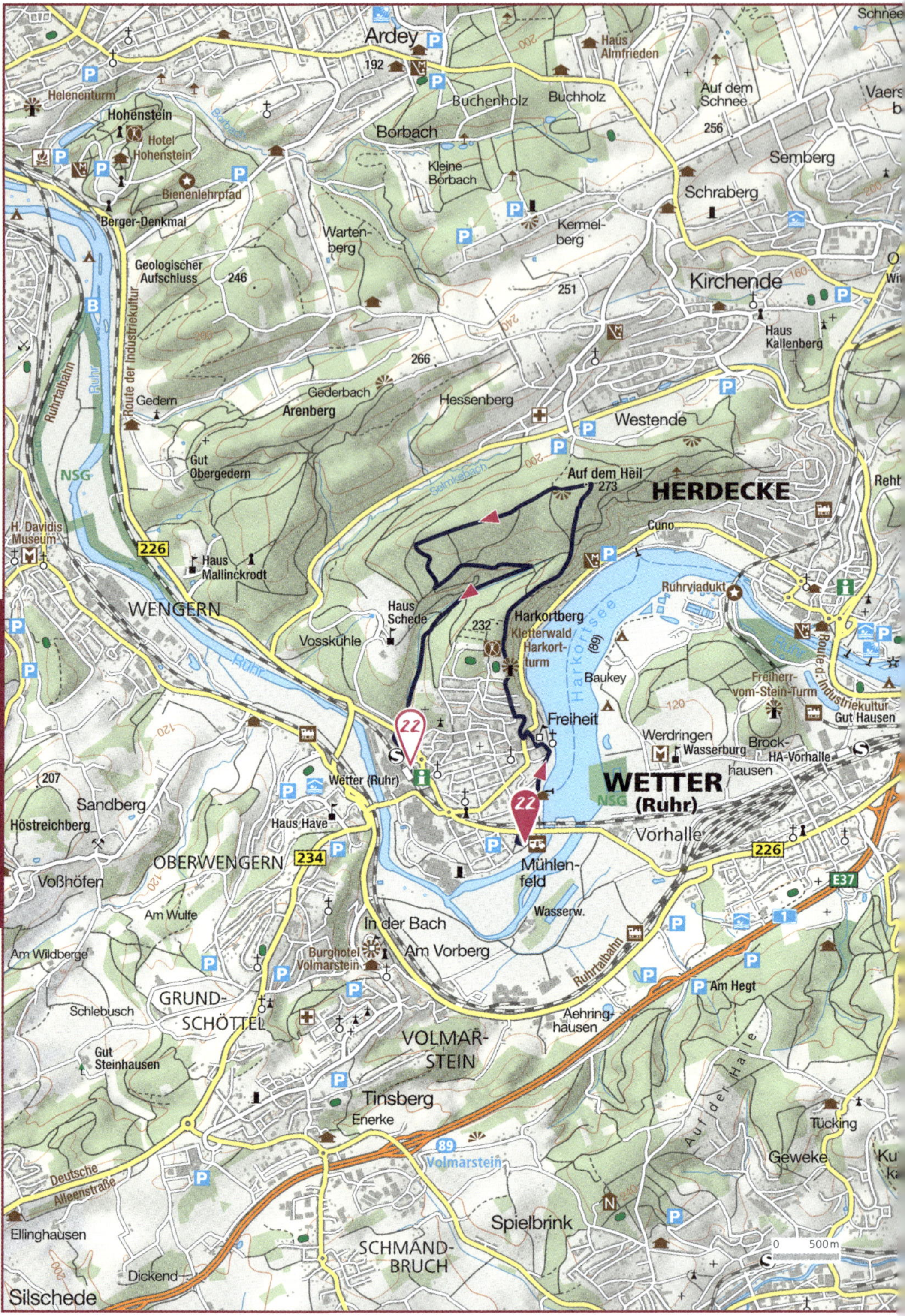
Ardey
192
Haus Almfrieden
Schnee
Auf dem Schnee
Vaers
Helenenturm
Hohenstein
Hotel Hohenstein
Buchenholz
Buchholz
Borbach
Kleine Borbach
256
Semberg
Schraberg
Bienenlehrpfad
Berger-Denkmal
Warten-berg
Kermel-berg
Geologischer Aufschluss
246
251
Kirchende
Haus Kallenberg
Ruhr
Ruhrtalbahn
Route der Industriekultur
266
Gederbach
Arenberg
Hessenberg
Gedern
Westende
Gut Obergedern
NSG
Selmkebach
Auf dem Heil
273
HERDECKE
Rehh
H. Davidis Museum
226
Haus Mallinckrodt
Cuno
Ruhrviadukt
WENGERN
Haus Schede
Harkortberg
232
Kletterwald
Harkort-turm
Vosskühle
Harkortsee
(89)
Baukey
Freiherr-vom-Stein-Turm
Route d. Industriekultur
Gut Hausen
22
Freiheit
Werdringen
Wasserburg
Brock-hausen
HA-Vorhalle
207
Sandberg
Wetter (Ruhr)
WETTER
(Ruhr)
Höstreichberg
Haus Have
Vorhalle
OBERWENGERN
234
Mühlen-feld
E37
Voßhöfen
Am Wulfe
Wasserw.
In der Bach
Am Wildberge
Burghotel Volmarstein
Am Vorberg
Ruhrtalbahn
Am Hegt
GRUND-SCHÖTTEL
Schlebusch
Aehring-hausen
Gut Steinhausen
VOLMAR-STEIN
Auf der Halle
Tinsberg
Enerke
Tücking
89
Volmarstein
Geweke
Deutsche Alleenstraße
Spielbrink
Ellinghausen
SCHMAND-BRUCH
0
500 m
Dickend
Silschede

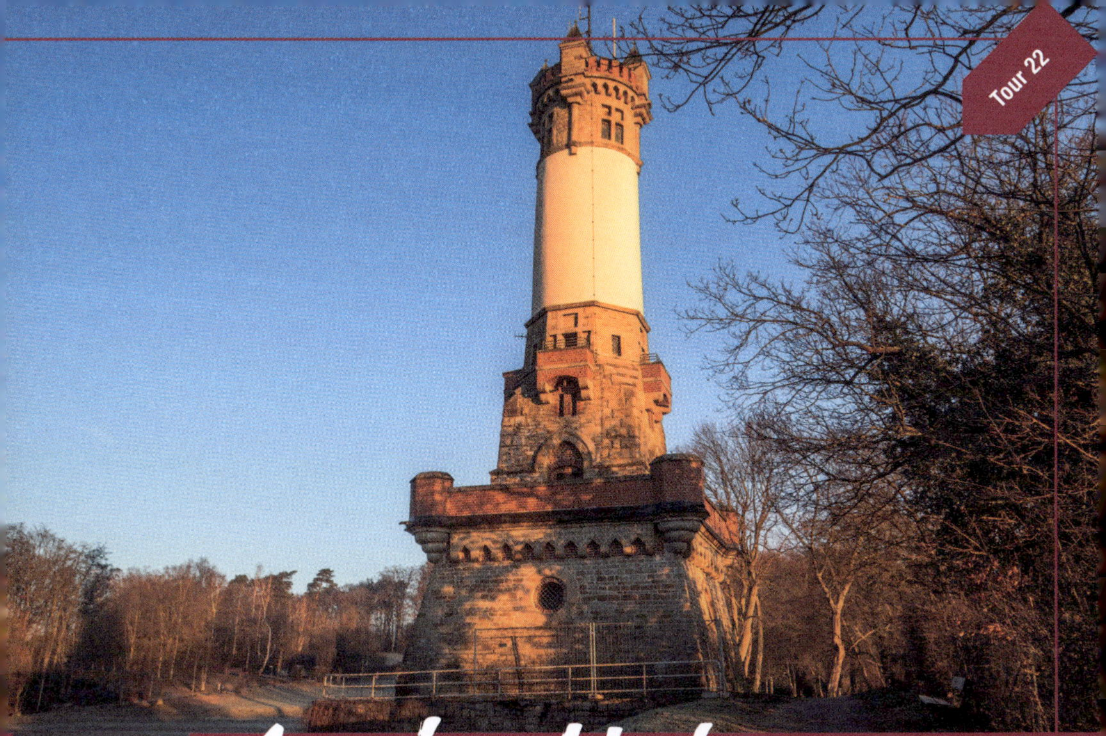

Tour 22

Panoramatour 22

Auf dem Heil

Vom Harkortsee auf das Dach des Ardeygebirges

DAUER	2h
LÄNGE	8 km
AUFSTIEG	203 hm
SCHWIERIGKEIT	LEICHT
MIT ÖFFIS ERREICHBAR	ja

Das erwartet dich ...

Die Tour ist eine abwechslungsreiche, zum Teil steile Aussichts- und Waldwanderung mit spannender Wegführung. Die alte Flusslandschaft und die ehemalige Industrieregion erwarten uns und vermitteln uns eine Vielfalt an Natur- und Kultureindrücken.

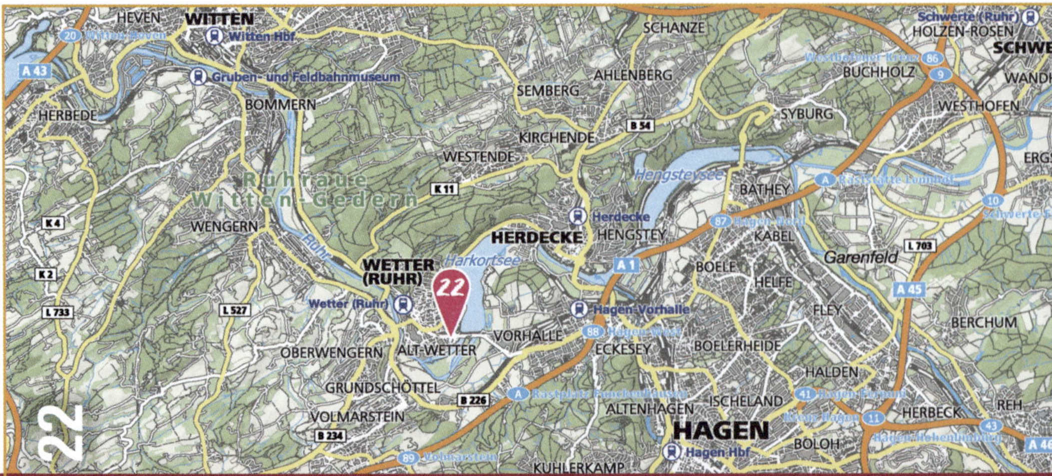

Start & Ziel & Anreise

Ausgangspunkt ist der Parkplatz Ringplatz an der Ringstraße, den wir über die A 1 Ausfahrt Hagen-West und die B 226 Richtung Wetter erreichen. Mit den Öffis erreichen wir den Startpunkt mit dem Bus, Haltestelle Wetter Ringstr./Harkortsee. Die Linien 553 und 555 verkehren hier. Unser Zielpunkt ist der (S-)Bahnhof Wetter (Ruhr), von dem wir zurück zum Startpunkt gelangen oder direkt die S5 bzw. die Regionalbahn nach Hause nehmen können.

Tourenbeschreibung

Vom Harkortsee führt diese abwechslungsreiche Aussichts- und Waldwanderung durch die historische Altstadt von Wetter zur Burgfreiheit und über die von prächtigen Buchen geschmückten höchsten Höhen des Ardey.

An der Ringstraße (Parkplatz Ringplatz) queren wir die Bundesstraße (Friedrichstraße) an der Fußgängerampel und wandern geradeaus, wobei die Volme-Höhen-Weg-Markierung x die Route weist. Hinter der Fußgängerbrücke gehen wir geradeaus, am Freibad Harkortsee entlang und die erste rechts (Gustav-Vorsteher-Straße), an einem Biergarten vorbei, hinab zum Harkortsee und links auf die aussichtsreichen Uferpromenade. Jenseits des Sees befindet sich der Kaisberg, rechts davon sehen wir das Wasserschloss Werdringen. Schon nach wenigen Minuten zweigt die Markierung x links auf Stufen hinauf zur Burgfreiheit ab, der Keimzelle Wetters mit alten Treppengiebelhäusern, der Kirche und dem als Aussichtsturm fungierenden Bergfried der Burg. Weiterhin dem x folgend biegen wir an der Kirche links in die Burgstraße, hinter der Ampelkreuzung gehen wir rechts (Kaiserstraße) halb links hinauf und schließlich hinter der scharfen Linkskurve rechts auf einem steilen Stufenweg.

Nach dem steilen Aufstieg laden am Harkortturm Bänke und Tische auf einer Wiese zur Rast (Sportgaststätte) ein. An der Verzweigung hinter dem Rastplatz mündet von links der Höhlenweg (x4) ein, wir gehen geradeaus zum Waldsaum hinauf, wo der Volme-Höhen-Weg (x20) links abzweigt, während wir dem Höhlenweg geradeaus in den Buchenwald und längs der Abbruchkante hoch über dem Ruhrtal folgen. Von der letzten Aussichtsstelle mit Sitzbänken führt der Höhlenweg – im Gleichlauf mit dem Westfalenwanderweg – in zum Teil hallenartigem Buchenhochwald hinab zu einer Wegekreuzung mit Schutzhütte und hier kurz rechts weiter mit dem Westfalenwander- und dem Ruhrhöhenweg. Schon nach wenigen Metern trennen sich die Wege. Der Ruhrhöhenweg folgt weiter der Abbruchkante, während der Höhlenweg links auf ein Weglein wechselt und auf den Kamm zum „Auf dem Heil" hinaufführt. Oben an der Verzweigung wendet sich der Höhlenweg nach rechts, während wir links weitergehen (A1). Wir kreuzen x20 und folgen dem schönen Waldweg A1 geradeaus über die höchste Stelle des Ardey. Im Gipfelbereich wächst ein sehr alter Buchenhochwald.

In sachtem Abstieg geht es weiter, der Buchenhochwald geht bald in einen alten Buchen- und Stechpalmenwald über und erreicht eine Wegekreuzung mit Sitzbank. Hier zweigen wir links mit A4 in einen der eindrucksvollsten Buchen- und Stechpalmenwäldern des Ardey ab. Unten am Ende dieses eindrucksvollen Waldstücks wechselt die Markierung A4 links auf einen Forstweg, der sich nach und nach in den oberen Teil des Schnodderbachtales hinabsenkt und es an einer Wegekreuzung mit Sitzbänken erreicht. Hier folgen wir den x-Markierungen wenige Meter abwärts und erreichen erneut eine Verzweigung. Der Ruhrhöhenweg (xR) wechselt auf ein Laubwaldweglein im Hang des naturschönen Schnodderbachtales und folgt ihm hinab nach Wetter. Unten folgen wir der Bundesstraße in wenigen Minuten links zum Bahnhof.

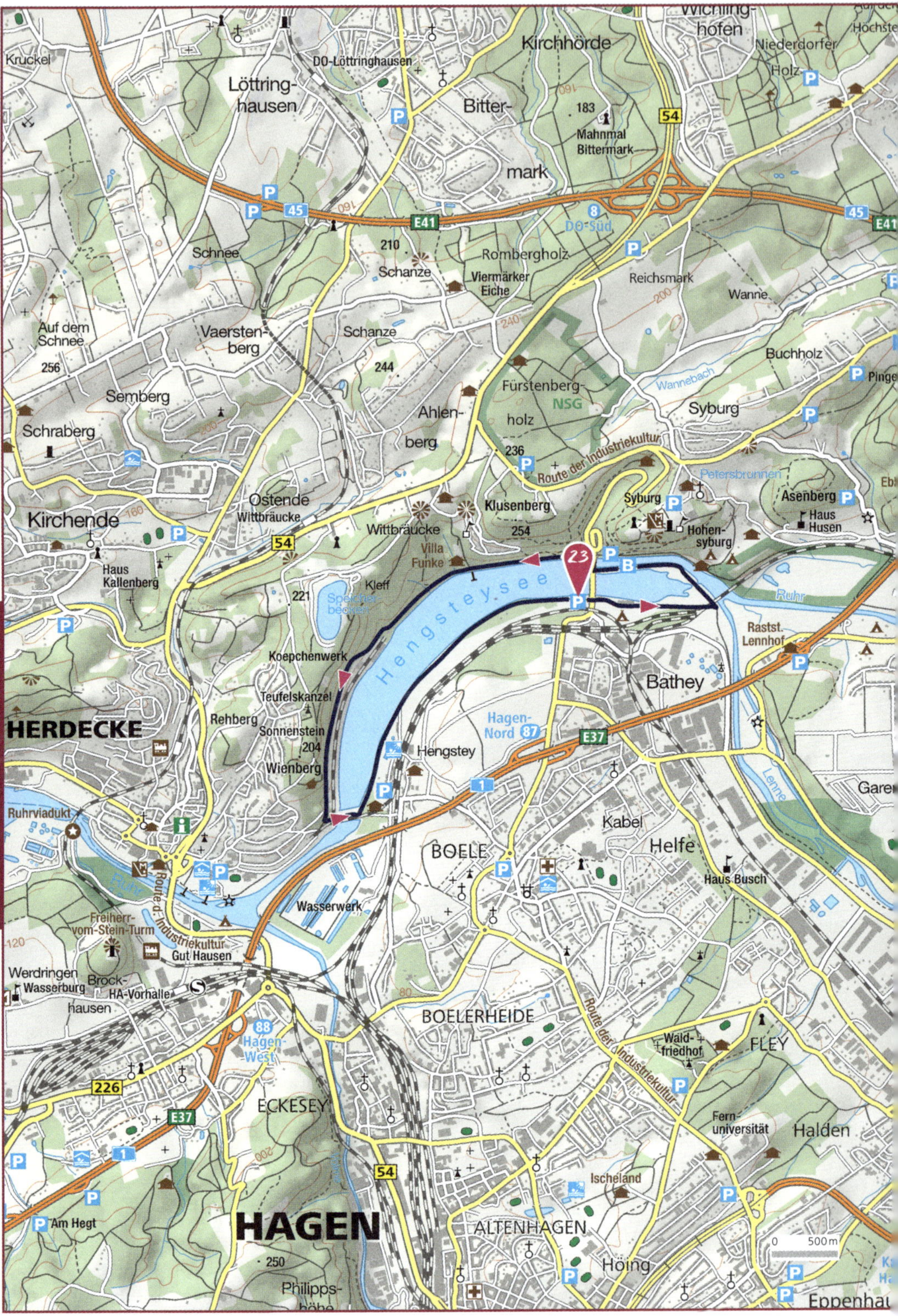
Kruckel
Löttring-
hausen
DO-Löttringhausen
Kirchhörde
Bitter-
mark
183
Mahnmal
Bittermark
54
45
E41
8
DO-Süd
Schnee
210
Schanze
Viermärker
Eiche
Rombergholz
Reichsmark
Wanne
Auf dem
Schnee
256
Vaersten-
berg
Schanze
244
Buchholz
Semberg
Schraberg
Ahlen-
berg
Fürstenberg-
NSG
holz
Wannebach
Syburg
236
Route der Industriekultur
Petersbrunnen
Asenberg
Haus
Husen
Kirchende
Ostende
Wittbräucke
Wittbräucke
Klusenberg
254
Syburg
Hohen-
syburg
Villa
Funke
Haus
Kallenberg
23
Kleff
221
Speicher-
becken
Hengsteysee
Ruhr
Raststt.
Lennhof
Koepchenwerk
Bathey
Teufelskanzel
Rehberg
Sonnenstein
204
HERDECKE
Hagen-
Nord
87
E37
Hengstey
Wienberg
Ruhrviadukt
Kabel
Helfe
Lenne
BOELE
Haus Busch
Ruhr
Route der Industriekultur
Wasserwerk
Freiherr-
vom-Stein-Turm
Gut Hausen
120
Werdringen
Wasserburg
Brock-
hausen
HA-Vorhalle
BOELERHEIDE
88
Hagen-
West
Wald-
friedhof
FLEY
226
ECKESEY
Fern-
universität
Halden
E37
Ischeland
54
Am Hegt
HAGEN
ALTENHAGEN
Höing
250
Philipps-
0
500 m
Eppenhau

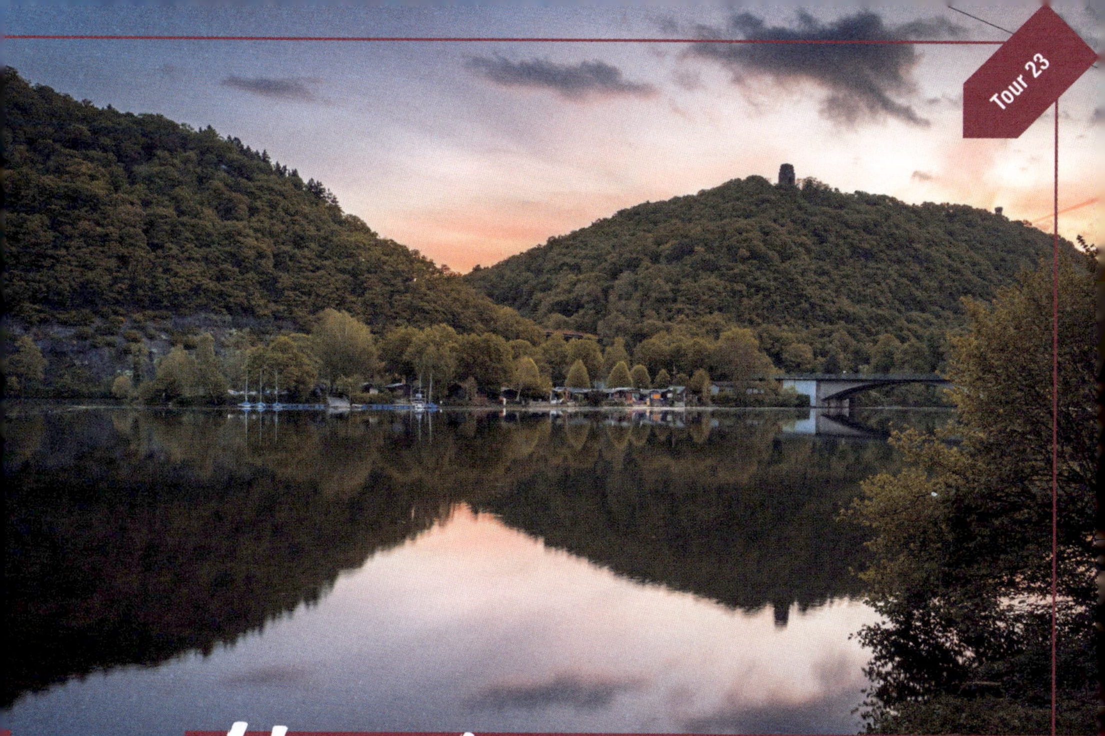

23

Seetour

Hengsteysee

Rund um den ältesten Ruhrstausee

DAUER	2h
LÄNGE	8 km
AUFSTIEG	10 hm
SCHWIERIGKEIT	LEICHT
MIT ÖFFIS ERREICHBAR	nein

Das erwartet dich ...

Die entspannte Seeumrundung führt an den schönen und auch fahrradfähigen Promenaden des Hengsteysee entlang. Abwechslungsreiche Wald- und Wieseneindrücke mitten in der alten Industriemetropole laden zum Verweilen ein. Für das gewisse historische Etwas sorgt die eindrucksvolle Burg Hohensyburg.

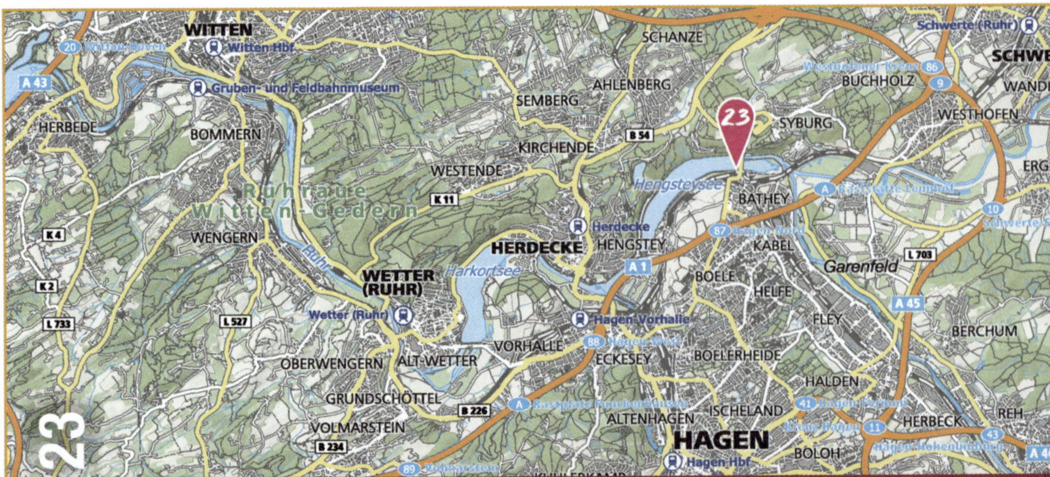

Seetour 23

Start & Ziel & Anreise

Start- und Zielpunkt ist der Wanderparkplatz Hengsteysee am Nordufer des Sees. Wir reisen über die A 1 an, nehmen die Ausfahrt Hagen-Nord und folgen der Beschilderung Richtung Hohensyburg.

Tourenbeschreibung

Zu Füßen des Ardeygebirges und mit exzellenten Aufblicken zur Hohensyburg leitet diese Wanderung auf fahrradfähigen Wegen rund um den Hengsteysee, den ältesten Stausee in der Ruhr. Wer die Wanderung abkürzen will, kann in den Sommermonaten mit dem Ausflugsschiff vom Westende des Sees bzw. vom Freibad Hengstey aus zur Insel Hohensyburg zurückfahren.

Vom Motorradparkplatz kommen wir zur Dortmunder Straße, queren sie und gehen geradeaus auf der Ahornallee neben einer für den öffentlichen Verkehr gesperrten Stichstraße. Der Blick fällt über den Hengsteysee hinweg auf den felsendurchsetzten Ardey-Steilhang, gekrönt vom Kaiser-Wilhelm-Denkmal, dem Vincketurm, den Ruinen der Hohensyburg und der Spielbank. Hinter dem Bootshaus endet der Asphaltbelag, der Weg führt durch Gehölz, an der ersten Verzweigung (vor der Eisenbahnbrücke) zweigen wir links ab (Rhein-Ruhr-Weg, Markierung x) und gelangen zur Liegewiese an der Lennemündung. Weiter geht es auf der Promenade zwischen See und Ruhr. Kurz hinter dem Bootsverleih und der Schiffsanlegestelle Insel Hohensyburg gehen wir zur Brücke hinauf, überqueren die Ruhr und wechseln an den Parkplätzen – wir befinden uns nun auf Dortmunder Stadtgebiet, die Grenze zwischen Hagen und Dortmund verläuft in Ufernähe – links auf den mit x4 markierten Höhlenweg, der als Asphaltpromenade im Wald oberhalb des Seeufers verläuft. Immer wieder laden Sitzbänke zur Rast, saisonal besteht in der Villa Funke (Seeschlösschen), bei der sich eine weitere Schiffsanlegestelle befindet, Einkehrmöglichkeit.

Auf dem Gebiet der Stadt Herdecke führt die bequeme Uferpromenade weiter zum Koepchenwerk (hier müssen Fahrradfahrer kurz absteigen), einem 1927–30 errichteten Pumpspeicherkraftwerk (zu besichtigen im Rahmen von Führungen), das 1980 stillgelegt und 1989 durch die benachbarte neue Anlage ersetzt wurde. Schließlich erreicht der Weg beim Biergarten Schiffswinkel den Schiffsanleger Westende. Hier überqueren wir die Ruhr auf der Eisenbahnbrücke neben dem Walzenwehr, wenden uns nach links und folgen der zum Teil getrennt für Wanderer und Fahrradfahrer geführten Uferpromenade teils im Wald, teils aussichtsreich am Freibad Hengstey vorbei zurück zum Ausgangspunkt.

Autoren Tipp

Der Hengsteysee ist ein Wassersportsee in der Ruhr mit Freibad, Bootshäusern sowie Wander- und Radwegen. Der 1927–29 errichtete Damm staut die Ruhr auf 4,2 Kilometer Länge. Während das Gelände auf der Südseite flach ist, steigen die Berge am gegenüberliegenden Ufer steil auf 160 Meter über den Normalspiegel des Sees an. Die Schifffahrt auf dem Hengsteysee ist derzeit wegen Reparaturarbeiten ausgesetzt, Informationen zur möglichen Wiederaufnahme unter www.personenschifffahrt-hengsteysee.de.

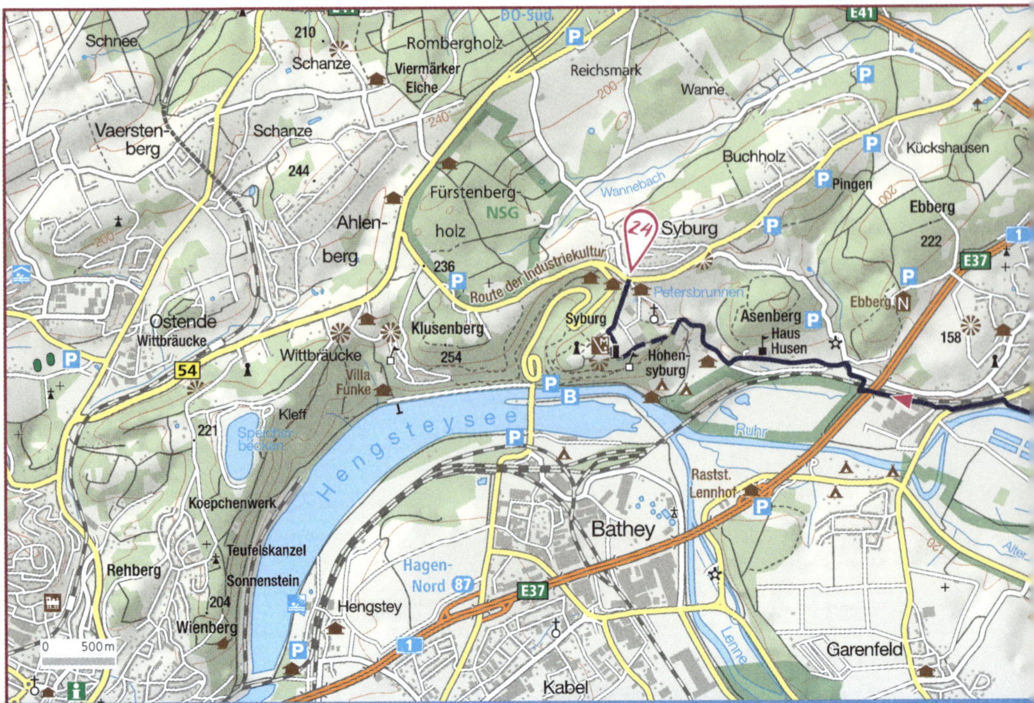
Schnee
210
Schanze
Rombergholz
Viermärker Eiche
DO-Süd
E41
Reichsmark
Wanne
Vaersten-berg
Schanze
244
Fürstenberg-holz
NSG
Buchholz
Wannebach
Kückshausen
Pingen
Ebberg
222
Ahlen-berg
Syburg
236
Route der Industriekultur
Petersbrunnen
E37
Ostende
Wittbräucke
Klusenberg
254
Syburg
Asenberg
Haus Husen
Ebberg
158
54
Wittbräucke
Villa Funke
Hohen-syburg
Kleff
221
Speicher-becken
Hengsteysee
Ruhr
Raststt. Lennhof
Koepchenwerk
Bathey
Teufelskanzel
Rehberg
Sonnenstein
Hagen-Nord
87
E37
204
Hengstey
Wienberg
0
500 m
1
Kabel
Garenfeld
Lenne
Alter

24

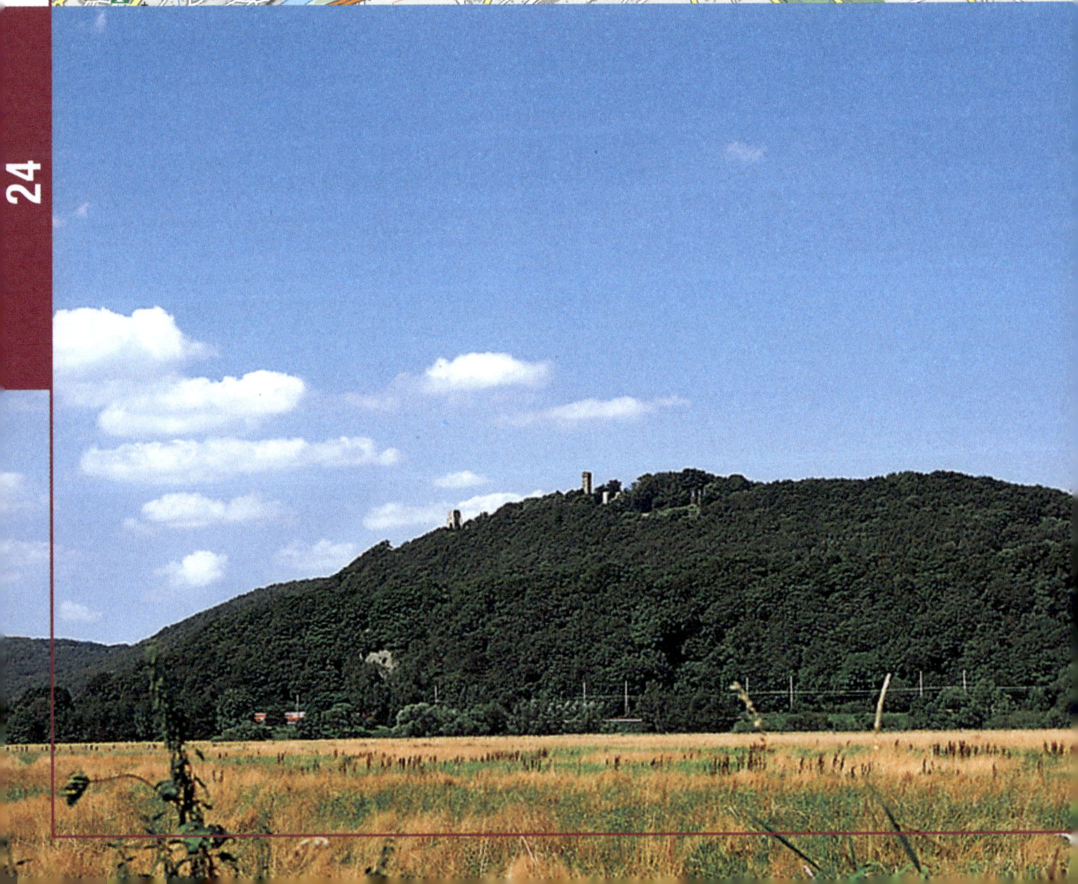

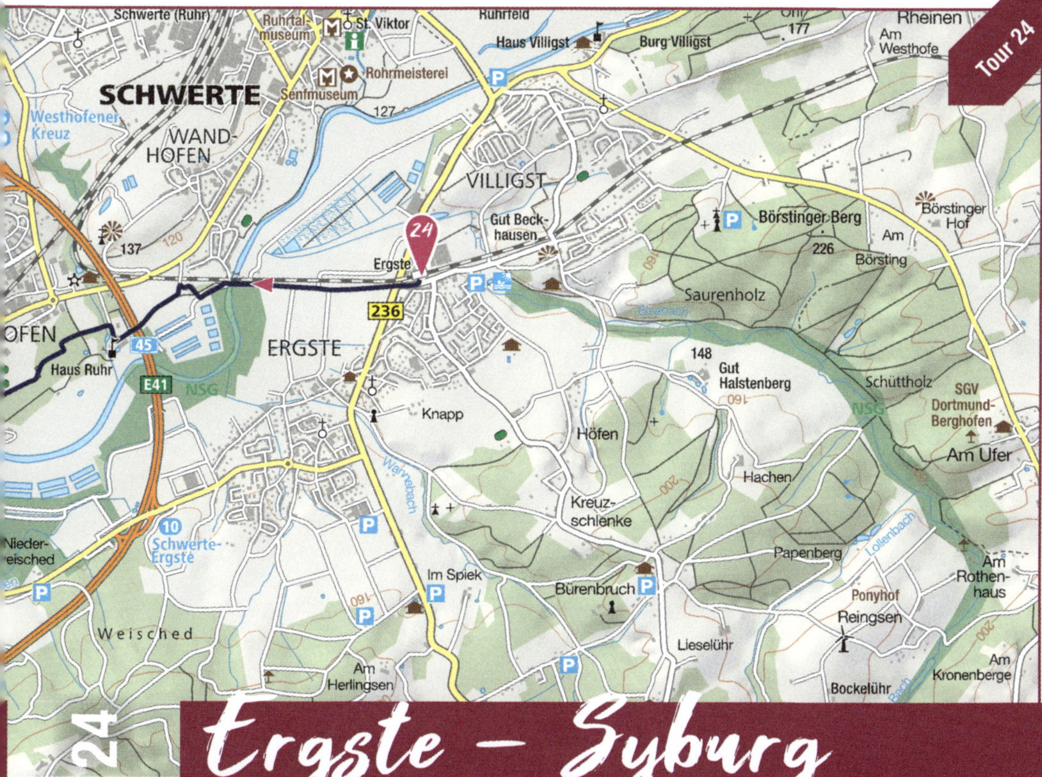

Ergste – Syburg

Vom Ruhrtal ins Ardeygebirge

DAUER	2h 30min
LÄNGE	9,5 km
AUFSTIEG	125 hm
SCHWIERIGKEIT	LEICHT
MIT ÖFFIS ERREICHBAR	ja

Das erwartet dich ...

Die Tour verspricht eine kurzweilige Natur- und Kulturwanderung auf bequemen Feld-, Forst- und Asphaltwegen. Reichlich Sehenswürdigkeiten und Einkehrmöglichkeiten sorgen für ein abwechslungsreiches Erlebnis, das sich je nach Lust und Laune deutlich ausdehnen lässt.

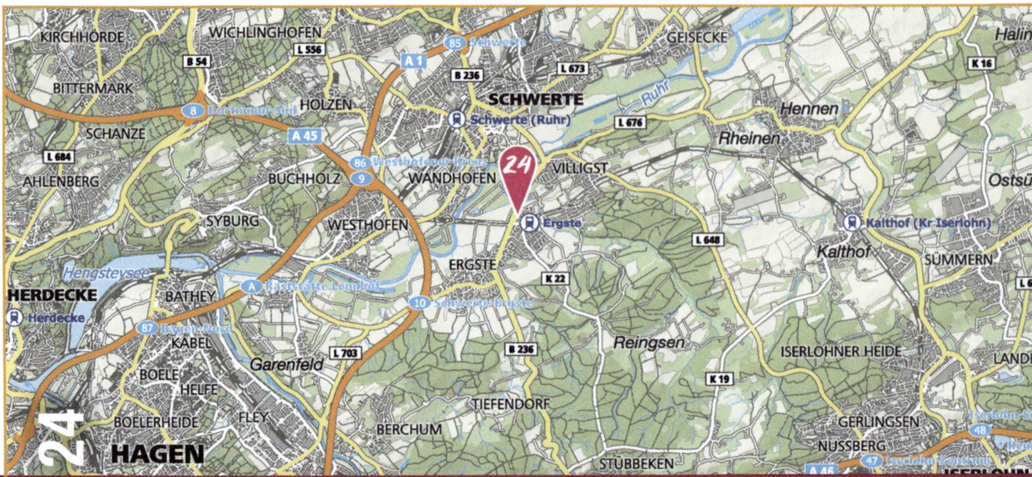

Start & Ziel & Anreise

Startpunkt ist der Bahnhof in Ergste (118 m), der über die A1 Ausfahrt Schwerte und die B236 erreichbar ist. Die Anreise mit Öffis erfolgt mit der Regionalbahn (z.B. RB53) zum Bahnhof Ergste. Endpunkt ist die Bushaltestelle Syburg, von der wir zum Ausgangspunkt zurückfahren können oder wieder zurück nach Hause.

Tourenbeschreibung

Die Hohensyburg in wechselnden Perspektiven ist der Hauptblickfang dieser Tal- und Höhenwanderung. Vom Ruhrtal wandern wir auf dem Ruhrhöhenweg zu den Ruinen der Höhenburg im Ardeygebirge.

Der Bahnhof Ergste liegt wenige Meter neben dem Elsebad, dem Freibad nahe der Mündung der Else in die Ruhr. Vom Bahnhof folgt der Ruhrhöhenweg dem Bürenbrucher Weg parallel zu den Gleisen der Ardeybahn westwärts in Fahrtrichtung Dortmund. Wir queren die Bundesstraße 236 (Letmather Straße), bis wir am Ende der Straße autofrei geradeaus durch die Ruhrauen neben der Ruhrflutbrücke auf einen Steg stoßen. Die Ruhrflutbrücke wurde 1910 als Teil der preußisch-hessischen Staatseisenbahnlinie von Schwerte nach Iserlohn errichtet und ist heute ein prägendes Element der Landschaft im Schwerter Ruhrtal. Nach Überqueren der Ruhr auf dem Steg neben der Eisenbahnbrücke Wandhofen winkelt der Ruhrhöhenweg schräg links ab in einen Buchenwald. Wir queren die Bundesautobahn A45 Sauerlandlinie und erreichen den Parkplatz der ehemaligen Wasserburg Haus Ruhr bei der Fischerhütte des Sportanglervereins Schwerte.

Haus Ruhr, 1742 von Conrad Schlaun umgebaut, beherbergt die Ruhr-Akademie für Grafikdesign und Kunst. Der Englische Landschaftsgarten wurde im 19. Jahrhundert angelegt. Im Schlosshof steht die älteste Rosskastanie Nordrhein-Westfalens. Der über 200 Jahre alte Baum hat einen Umfang von 6,1 m und erreicht eine Höhe von 20 m. Bei der Fischerhütte überquert der Ruhrhöhenweg den in Syburg auf dem Ardey entspringenden Wannebach, der die Gemarkungsgrenze zwischen den Schwerter Ortsteilen Wandhofen (östlich) und Westhofen bildet, und leitet westwärts durch die Wälder; viele Bäume sind von Efeu umwoben.

Nach Verlassen des Waldes beim Sportplatz Westhofen wechselt der Wanderweg auf den Treidelpfad neben der Ruhr und folgt ihr flussabwärts. In der Linksbiegung des Flusses zweigt der Wanderweg rechts ab, wir folgen der Bahnlinie, erreichen nach Queren der Bundesautobahn A1 die Ruhraue Syburg. Wenig später geht es noch einmal unter der Bahnlinie hindurch und gleich darauf halten wir uns links, um in die Syburger Dorfstraße abzubiegen. Diese ruhige schmale Straße führt an einem Grillplatz und dem mittlerweile geschlossenen The Lord´s Restaurant vorbei aufwärts zum Freilichttheater Naturbühne Hohensyburg. Oberhalb der nächsten Häuser geht es links ab in den Wald und unter alten Buchen steil hinauf zur Spielbank Hohensyburg und zu den Ruinen der Hohensyburg. Die beste Aussicht bietet sich ein Stück weiter westlich beim Kaiser-Wilhelm-Denkmal. Von der Hohensyburg folgt der Ruhrhöhenweg der von Einkehrmöglichkeiten gesäumten Hohensyburgstraße hinab zur Bushaltestelle Syburg.

Autoren Tipp

Die Hohensyburg ist eine der bedeutendsten Burgen Westfalens und befindet sich auf einem wandartig abfallenden Sporn des Ardeygebirges. Sie wurde nach ihrer Eroberung durch Karl den Großen 775 zur Hohensyburg, bis sie 1278 zerstört wurde. Ihre Lage bietet ein überragendes Panorama des Sauerlandes und des Bergischen Lands. Auf ihrem Gelände befinden sich unter anderem das Kaiser-Wilhelm-Reiterdenkmal, der Vincke-Aussichtsturm und die Spielbank.

25

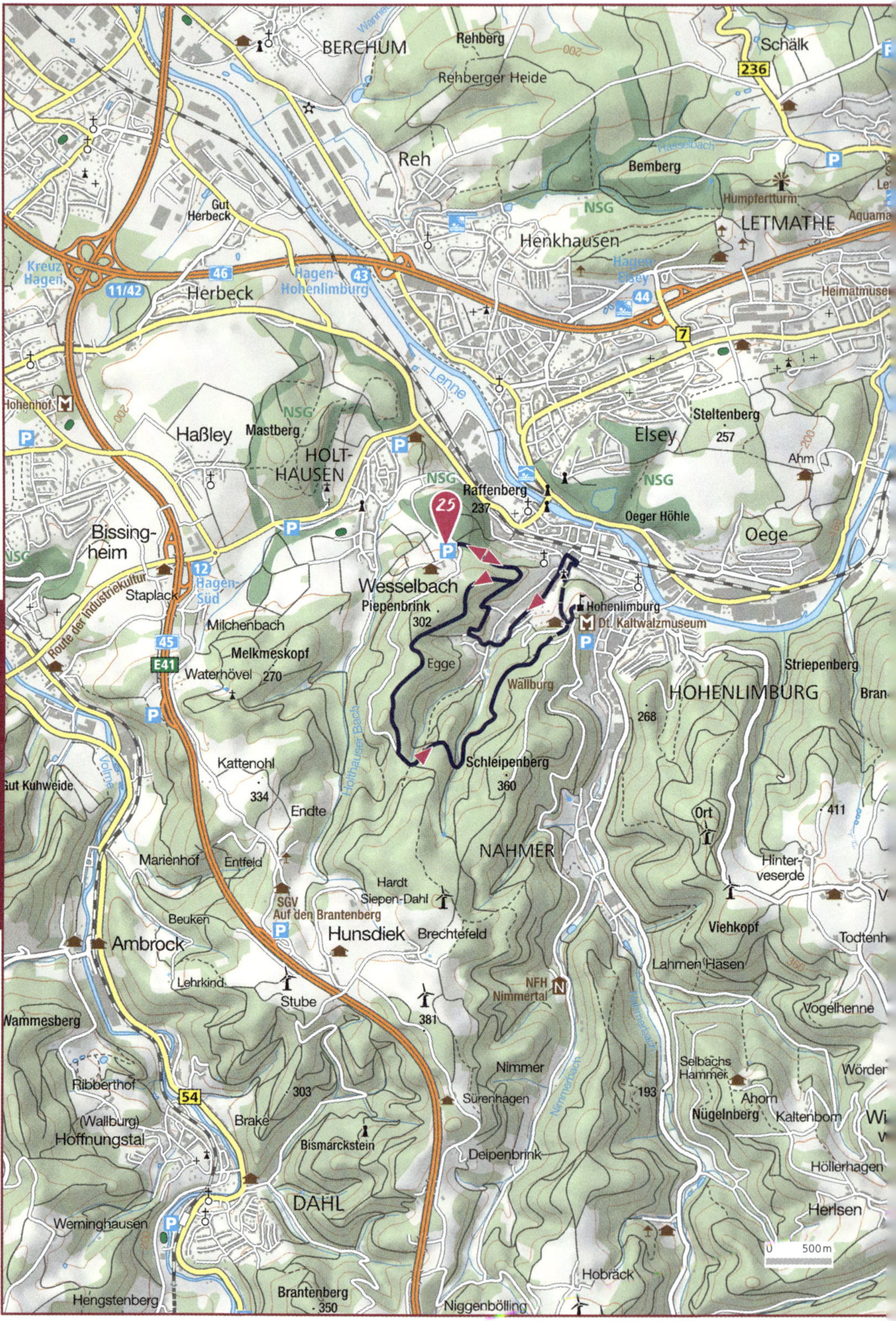

BERCHUM
Rehberg
Rehberger Heide
Schälk
236
Reh
Bemberg
Hasselbach
Humpfertturm
LETMATHE
Aquama
NSG
Henkhausen
Gut Herbeck
Kreuz Hagen
46
43
Hagen-Hohenlimburg
11/42
Herbeck
Hagen-Elsey
44
Heimatmuse
7
Lenne
Hohenhof
Haßley
Mastberg
HOLT-HAUSEN
Steltenberg
257
Elsey
Ahm
Raffenberg
237
Oeger Höhle
Oege
25
Bissing-heim
12
Hagen-Süd
Staplack
Route der Industriekultur
Wesselbach
Piepenbrink
302
Hohenlimburg
Dt. Kaltwalzmuseum
Milchenbach
45
E41
Melkmeskopf
Waterhövel
270
Egge
Wallburg
Striepenberg
HOHENLIMBURG
268
Volme
Kattenohl
334
Schleipenberg
360
Holthauser Bach
Gut Kuhweide
Endte
Ort
411
NAHMER
Marienhof
Entfeld
Hinter-veserde
Hardt
Siepen-Dahl
SGV
Auf den Brantenberg
Beuken
Viehkopf
Ambrock
Hunsdiek
Brechtefeld
Todtenh
Lahmen Hasen
Lehrkind
Stube
NFH
Nimmertal
Vogelhenne
381
Wammesberg
Ribberthof
Nimmer
Selbachs Hammer
Wörder
303
54
Sürenhagen
193
Ahorn
(Wallburg)
Brake
Nügelnberg
Kaltenborn
Hoffnungstal
Bismarckstein
Deipenbrink
Nimmerbach
Höllerhagen
DAHL
Herlsen
Weninghausen
0
500 m
Hobräck
Hengstenberg
Brantenberg
350
Niggenbölling

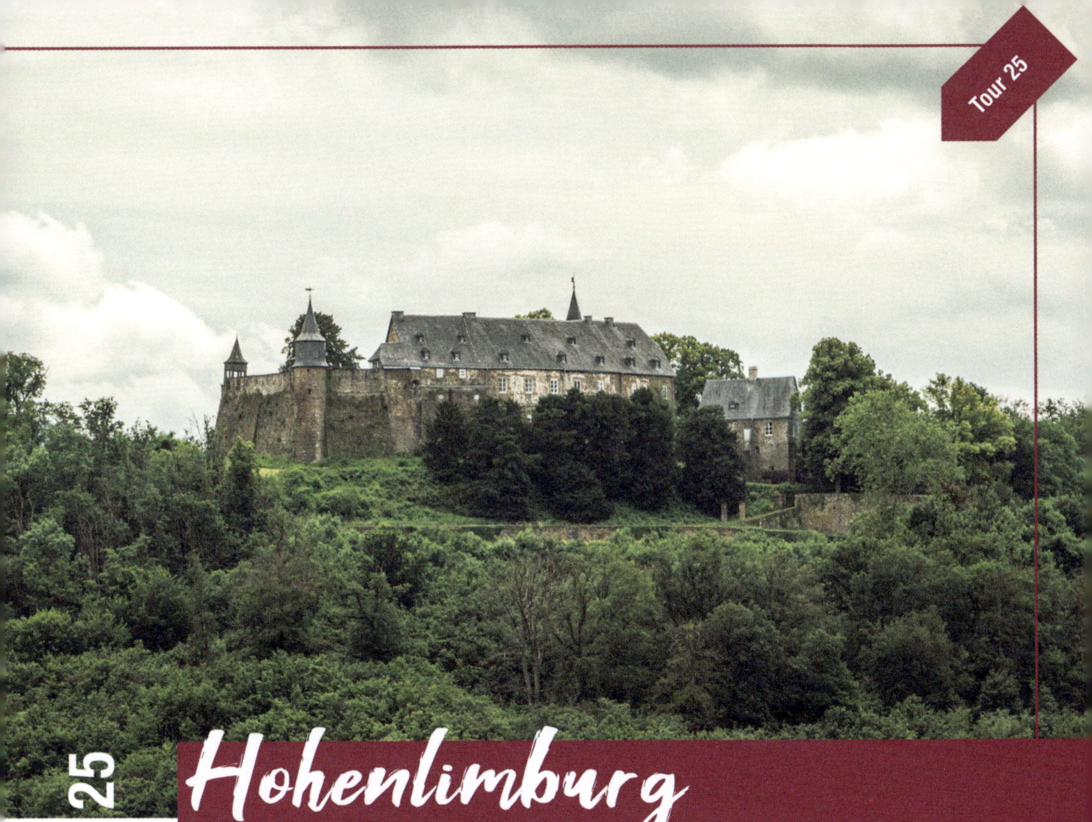

Tour 25

Genusstour 25

Hohenlimburg

Zu einer der schönsten Mittelalterburgen Westfalens

DAUER	2h
LÄNGE	8 km
AUFSTIEG	140 hm
SCHWIERIGKEIT	LEICHT
MIT ÖFFIS ERREICHBAR	nein

Das erwartet dich ...

Kurze und dennoch abwechslungsreiche Waldwanderung. Die schöne Fluss- und Hügellandschaft des bergischen Landes mit ihrer hohen Dichte an Burgen und historischen Sehenswürdigkeiten macht den besonderen Reiz dieser Tour aus.

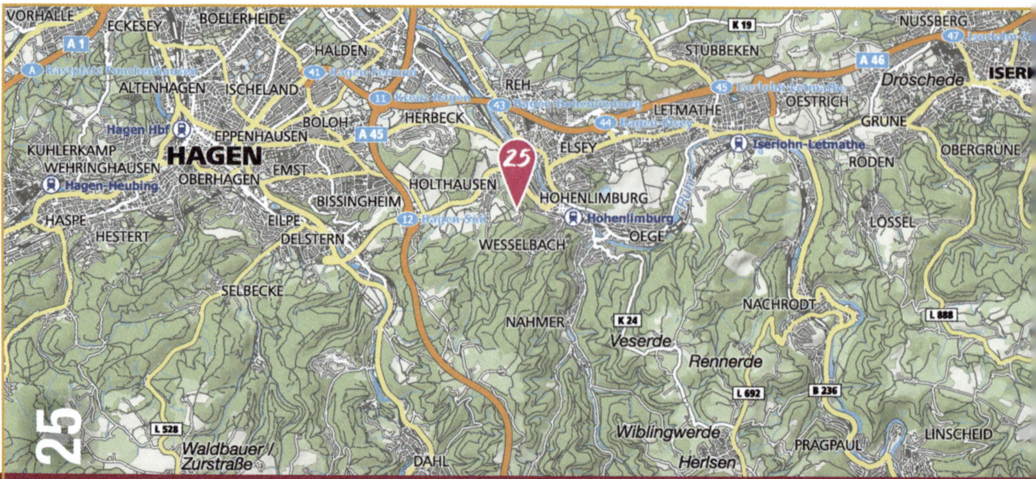

Start & Ziel & Anreise

Start- und Zielpunkt ist der Parkplatz Märchenwald an der Straße Piepenbrink in Hagen zwischen den Ortsteilen Holthausen und Hohenlimburg. Die Anfahrt mit dem Auto erfolgt über die A 45, Ausfahrt Hagen-Süd und weiter Richtung Hohenlimburg. In Holthausen rechts der Beschilderung Märchenwald folgen. Auch an der B 7 ist der Märchenwald ausgeschildert.

Tourenbeschreibung

Durch das Landschaftsschutzgebiet Egge führt diese Waldwanderung zum Schloss Hohenlimburg, der einzigen noch weitgehend in der ursprünglichen Baugestalt erhaltenen mittelalterlichen Höhenburg in Westfalen.

Vom Parkplatz am Märchenwald ehemaliges Gasthaus, jetzt KiTa folgen wir den x-Markierungen auf einem Hangweg im Wald über dem Lennetal, bis sich die x-Wege in einer Kurve an der Wegespinne trennen. Während der Rhein-Ruhr-Weg (x9) auf dem kürzeren Weg zum Schloss führt, folgen wir der Plackweg-Markierung x1 rechts auf einem schmalen Waldweglein, das in sachtem Anstieg im Hang des Piepenbrinks aufwärtsführt und zwischendurch einen erstklassigen Blick auf die Hohenlimburg und die Höhen des Sauerlandes gewährt. Weiter geht es durch die Wälder des Landschaftsschutzgebiets Egge, nach der Mündung auf einen breiten Forstweg links weiter.

Nach dem kleinen Zwischenabstieg durch das Wesselbachtal leitet der Forstweg (Röhrenweg) weiter zum Schloss Hohenlimburg. Um 1230 gründete Graf Dietrich von Isenburg die „Hohe Limburg" als Stützpunkt gegen die Grafschaft Mark, in den 1740er Jahren wurde sie zu einem barocken Residenzschloss der Grafen bzw. Fürsten von Bentheim-Tecklenburg erweitert. Trotz der Umbauten ist die mittelalterliche Kernanlage noch gut erkennbar.

Lohnend ist der Besuch des Museums mit dem berüchtigten Exponat der Schwarzen Hand von Hohenlimburg. Die vor etwa 170 Jahren abgetrennte menschliche Hand soll laut der seit Generationen den Schulkindern erzählten Überlieferung die Hand eines Edelknaben sein, der immer wieder seine Mutter geschlagen hatte, bis ihm der Vater zur Strafe die Hand abhacken ließ.

Vom Schloss folgen wir der Markierung (x9) des Rhein-Ruhr-Wegs hinab nach Hagen-Wesselbach und durch die gegenüberliegende Talseite wieder hinauf bis zur Vereinigung von Rhein-Ruhr- und Plackweg.

Die mittelalterlichen Bauteile vom Schloss Hohenlimburg

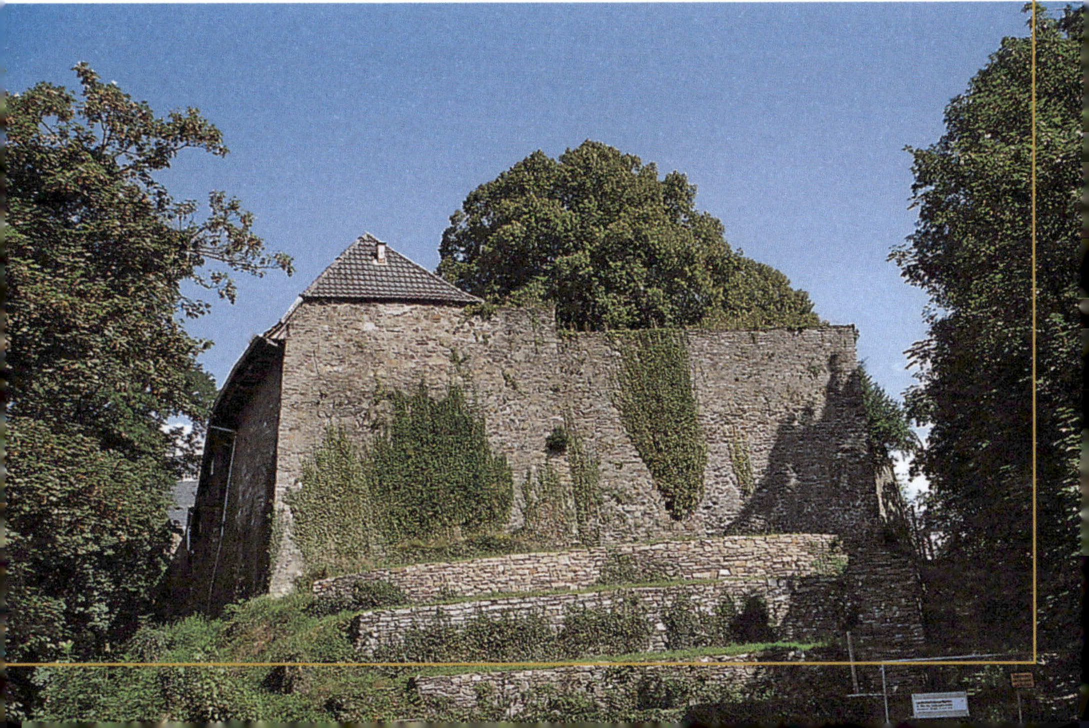

26

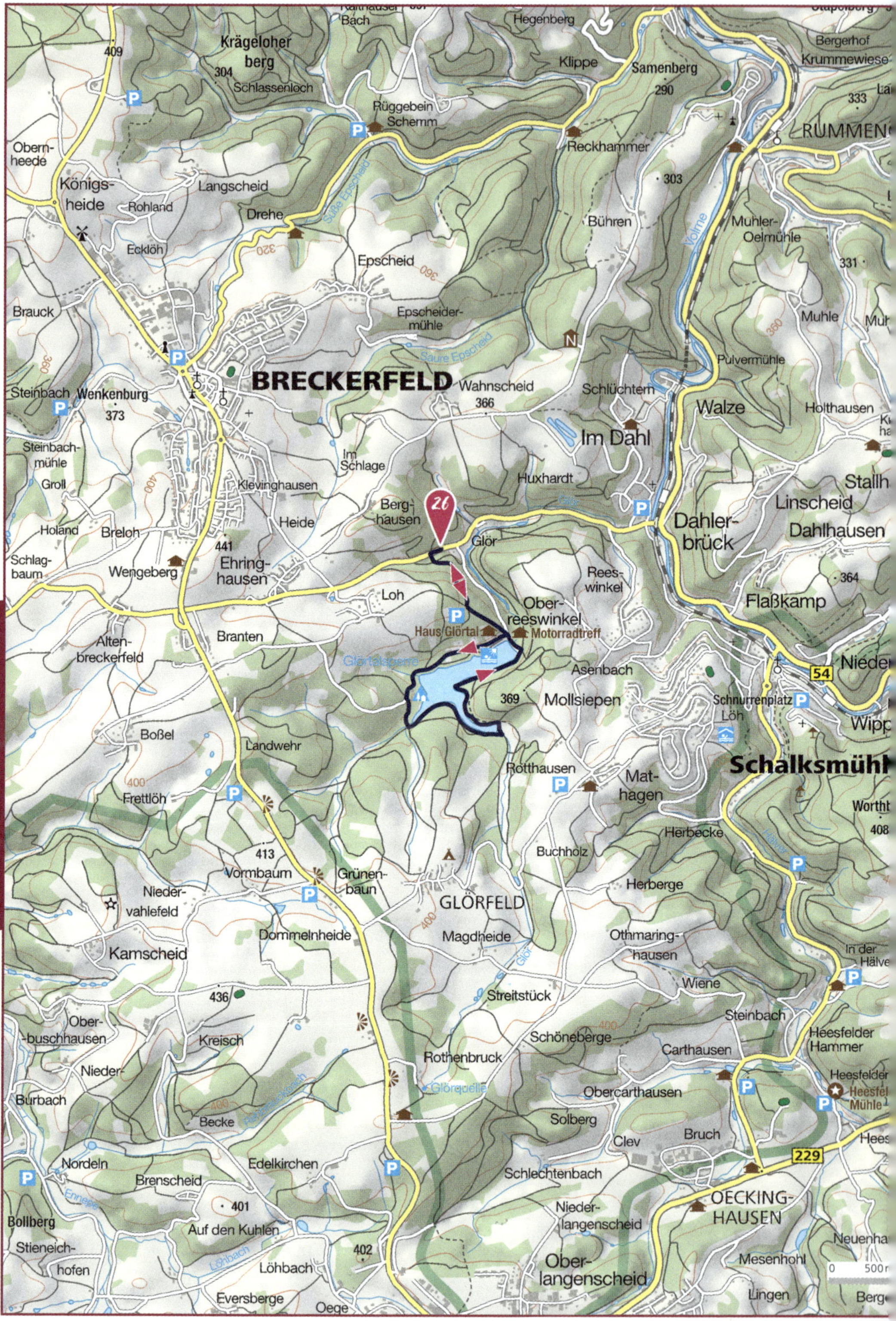

BRECKERFELD
Schalksmühl
GLÖRFELD
OECKING-HAUSEN
Krägeloher berg
Schlassenloch
Hegenberg
Klippe
Samenberg
290
Bergerhof
Krummewiese
333
RUMMEN
Rüggebein
Schemm
Reckhammer
409
304
Obern-heede
Königs-heide
Rohland
Langscheid
Drehe
Ecklöh
Epscheid
Bühren
303
Muhler-Oelmühle
331
Brauck
Epscheider-mühle
Saure Epscheid
Muhle
Pulvermühle
Steinbach
Wenkenburg
373
Wahnscheid
366
Schlüchtern
Walze
Holthausen
Steinbach-mühle
Im Schlage
Im Dahl
Groll
Klevinghausen
Huxhardt
Stallh
Linscheid
Holand
Breloh
Heide
Berg-hausen
Glör
Dahler-brück
Dahlhausen
Schlag-baum
Wengeberg
441
Ehring-hausen
Rees-winkel
364
Loh
Flaßkamp
Ober-reeswinkel
Haus Glörtal
Motorradtreff
Branten
Alten-breckerfeld
Glörtalsperre
Asenbach
54
Nieder
Schnurrenplatz
Löh
Wipp
369
Mollsiepen
Boßel
Landwehr
Rotthausen
Mat-hagen
Frettlöh
Worth
408
Herbecke
Buchholz
413
Vormbaum
Grünen-baum
Herberge
Nieder-vahlefeld
Kamscheid
Dommelnheide
Magdheide
Othmaring-hausen
In der Hälve
436
Wiene
Streitstück
Steinbach
Ober-buschhausen
Kreisch
Schöneberge
Heesfelder Hammer
Carthausen
Nieder-
Rothenbruck
Heesfelder Mühle
Burbach
Glörquelle
Obercarthausen
Becke
Solberg
Bruch
Clev
229
Nordeln
Brenscheid
Edelkirchen
Schlechtenbach
Nieder-langenscheid
401
Bollberg
Auf den Kuhlen
Stieneich-hofen
Löhbach
402
Ober-langenscheid
Mesenhohl
Eversberge
Oege
Lingen
Neuenha
Berge
0 500 m

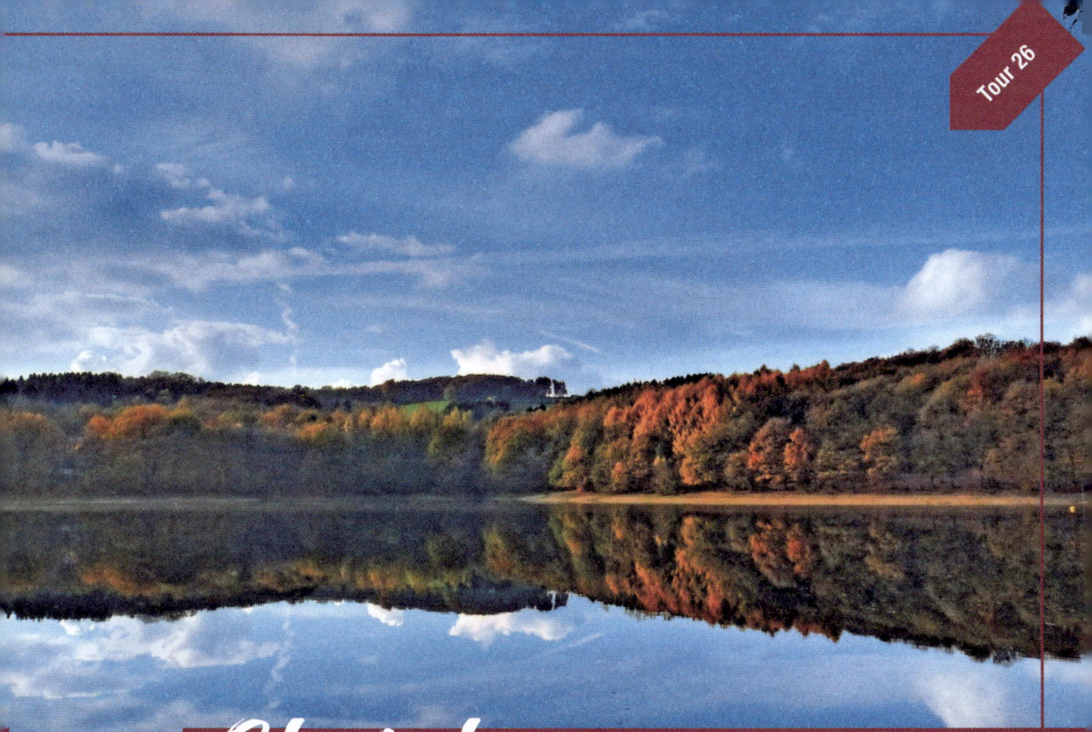

26 Seetour

Glörtalsperre

Badevergnügen inmitten der Wälder

DAUER	1h 30min
LÄNGE	5,5 km
AUFSTIEG	10 hm
SCHWIERIGKEIT	LEICHT
MIT ÖFFIS ERREICHBAR	ja

Das erwartet dich ...

Entspannte und familienfreundliche Waldwanderung auf bequemen Wegen. Für Abwechslung sorgen neben den Bade- und Einkehrmöglichkeiten die immer neuen Perspektiven auf den See und die umgebenden Wälder. Die Tour lässt sich auch gut mit dem Fahrrad machen.

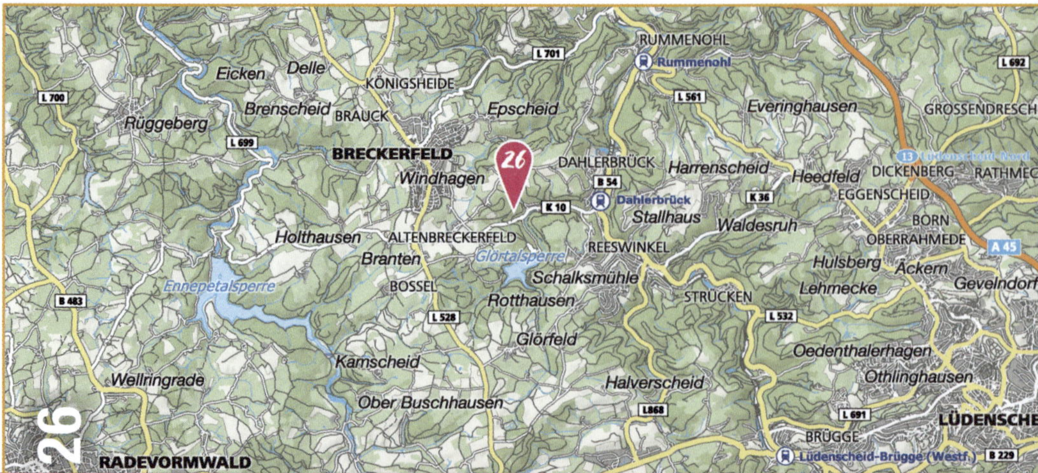

Start & Ziel & Anreise

Start und Ziel ist der Glörtalsperre-Parkplatz an der Dahlerbrücker Straße. Wir erreichen unseren Startpunkt über die B54 oder L528. Mit den Öffis nehmen wir den Bus 86 und steigen an der Bushaltestelle Glör-Parkplatz aus.

Tourenbeschreibung

Die Glörtalsperre und ihr Naturbadestrand liegen in den Wäldern am Übergang von Ruhrgebiet und Sauerland, das Badewasser hat eine hervorragende Qualität, da der waldreiche Einzugsbereich kaum landwirtschaftlich genutzt wird und der mittlere jährliche Wasserdurchfluss fast das 3-fache des Stauinhalts von 2,1 Millionen Kubikmeter beträgt. Im Frühjahr gleiten Paddelboote durch die Buchten, im Sommer werden die Glör und ihre Ufer zum Baden, Paddeln und Picknicken benutzt, im Herbst lockt der Uferweg zu einem stillen Rundgang.

Der ausgeschilderte Waldweg zur Glörtalsperre beginnt im oberen Bereich des Parkplatzes Glörtalsperre. Nach dem Queren der Dahlerbrücker Straße führt eine bei Nässe und Schneelage gefährlich rutschige Holztreppe in den Wald hinauf, oben zeigen die Richtungsschilder rechts unter Fichten auf einem Weg, der gleich darauf in einen breiten Waldweg mündet. Dieser leitet links weiter im Hang hoch über dem Glörtal Richtung Talsperre, gesäumt von Himbeer- und Blaubeersträuchern.

An der ersten Wegekreuzung geht es links hinab zum gebührenpflichtigen Großparkplatz am Ende der Mautstraßen-Zufahrt, zur Gaststätte Haus Glörtal mit Terrassenbetrieb und zum Motorradtreff an der 32 Meter hohen Staumauer. Die 167 Meter lange Mauer wurde in der Kaiserzeit 1904–06 errichtet und greift architektonisch Motive des Festungsbaus auf; anlässlich ihres 100-jährigen Bestehens wurde sie grundlegend restauriert. Ihre Hauptaufgabe ist die Zurückhaltung von Hochwasser und die gleichmäßige Belieferung der Wassertriebswerke an der Volme.

Beim überregional bekannten Motorradtreff am Nordende der Staumauer beginnt der mit der Zeichenkombination A1 markierte Wanderweg rund um den Stausee. Passagenweise wird das Ufer von hohen Buchen geschmückt, auch an Tagen mit sommerlichem Badebetrieb finden sich Plätze zum Rasten. 1975 bis 1984 wurde die Glörtalsperre mit Fördermitteln des Regionalverbands Ruhr ausgebaut; dabei wurden ein Badeufer angelegt – hier befindet sich die einzige offizielle Badestelle – und ein Sanitärgebäude mit DLRG-Station errichtet. Im Westuferbereich führt der Rundweg an der 1929 gegründeten Jugendherberge Glörsee vorbei, umgeht dann die Südwest- und die Südostbucht und leitet zurück zur Staumauer. Auf demselben Weg wie zu Beginn der Wanderung geht es zurück zum Parkplatz (Bushaltestelle) Glörtalsperre an der Dahlerbrücker Straße.

Autoren Tipp

Die gute Wasserqualität und die schöne Umgebung der Glörtalsperre laden zum Entspannen oder Sporteln am und im Wasser ein. Die waldreiche Natur lässt sich auf vielen Wanderwegen erkunden. Eine schöne Naturbadestelle ist ebenso vorhanden wie gute Einkehrmöglichkeiten. Und wer einen ganzen Tag ohne An- und Abreisestress genießen will, findet in der Jugendherberge oder der Ferienwohnung gute Übernachtungsmöglichkeiten.

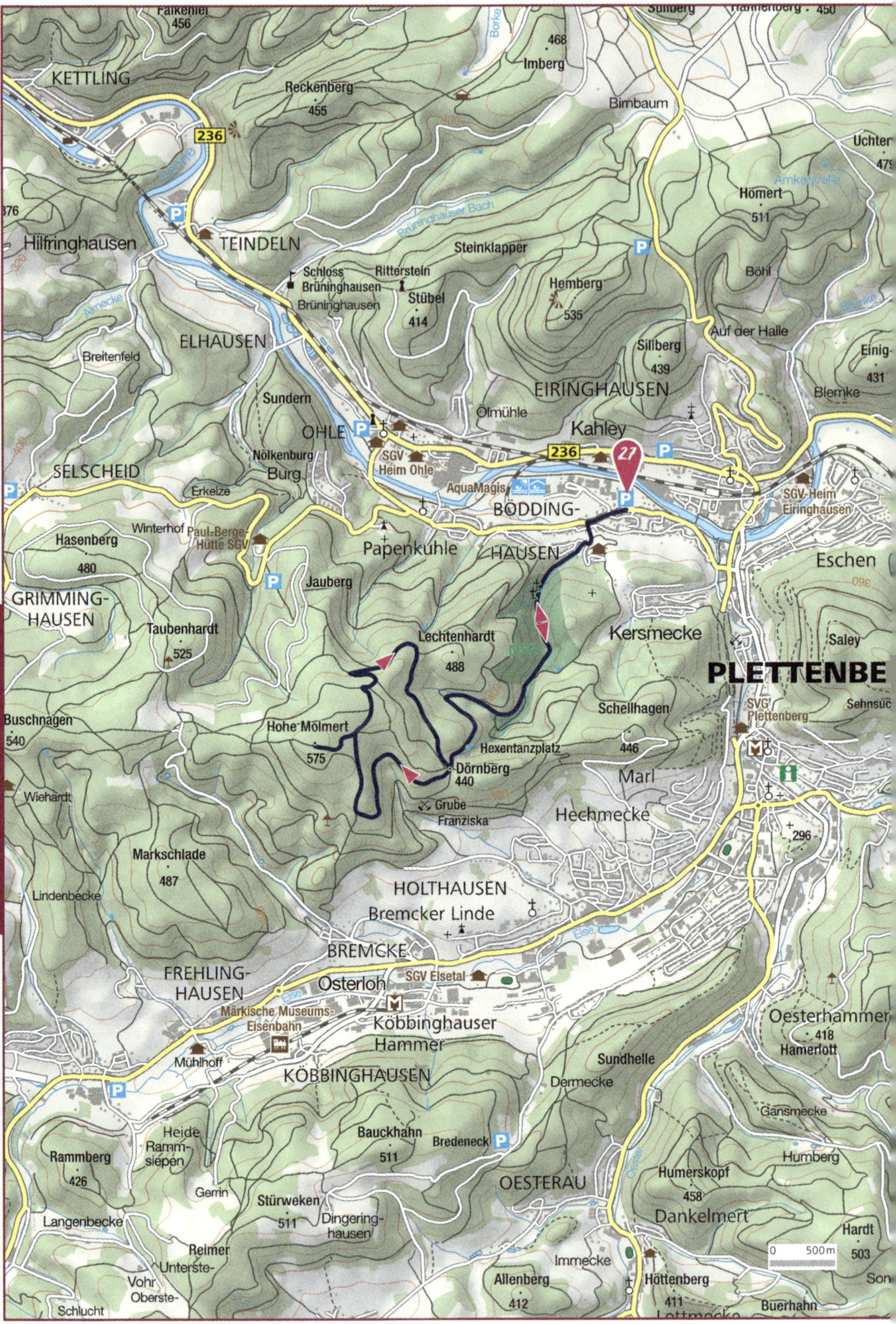
Falkenfel
456
KETTLING
Reckenberg
455
236
Lenne
Borke
468
Imberg
Birnbaum
Sunberg
Hannenberg · 450
Uchter
479
Amkequelle
Homert
511
Böhl
376
Hilfringhausen
TEINDELN
Brüninghauser Bach
Steinklapper
Schloss Brüninghausen
Ritterstein
Brüninghausen
Stübel
414
Hemberg
535
Almecke
Auf der Halle
Blemke
ELHAUSEN
Breitenfeld
Sillberg
439
Einig
431
Blemke
Sundern
EIRINGHAUSEN
OHLE
Ölmühle
Kahley
27
SELSCHEID
Nölkenburg
Burg
SGV Heim Ohle
AquaMagis
SGV-Heim Eiringhausen
Erkelze
BÖDDING-
HAUSEN
Winterhof
Paul-Berge-Hütte SGV
Hasenberg
480
Papenkuhle
Eschen
Jauberg
GRIMMING-
HAUSEN
Taubenhardt
525
Lechtenhardt
488
Kersmecke
Saley
PLETTENBE
Buschnagen
540
Schellhagen
SVG Plettenberg
Sehnsuc
Hohe Molmert
575
Hexentanzplatz
446
Dörnberg
440
Marl
Wiehardt
Grube Franziska
Hechmecke
296
Markschlade
487
Lindenbecke
HOLTHAUSEN
Bremcker Linde
Else
BREMCKE
FREHLING-
HAUSEN
Osterloh
SGV Elsetal
Märkische Museums-Eisenbahn
Köbbinghauser Hammer
Oesterhammer
418
Hamerlott
Mühlhoff
KÖBBINGHAUSEN
Sundhelle
Dermecke
Gansmecke
Heide
Rammsiepen
Bauckhahn
511
Bredeneck
Rammberg
426
Humberg
Humerskopf
458
OESTERAU
Oester
Gerrin
Stürweken
511
Dingeringhausen
Dankelmert
Langenbecke
Reimer
Untersté-
Vohr
Oberste-
Hardt
503
Immecke
0
500 m
Allenberg
412
Höttenberg
411
Lettmecke
Buerhahn
Schlucht

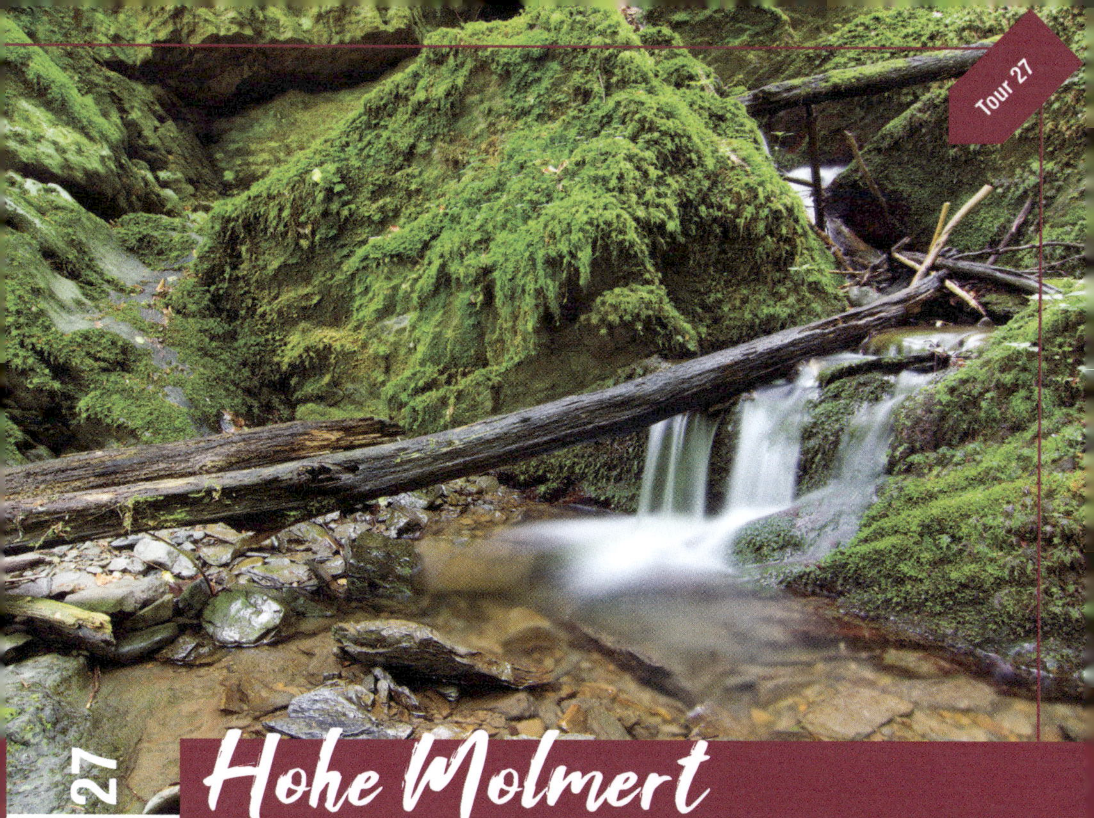

Hohe Molmert

Kurztour durch das romantische Bommecketal

DAUER	3h
LÄNGE	11 km
AUFSTIEG	365 hm
SCHWIERIGKEIT	MITTEL
MIT ÖFFIS ERREICHBAR	ja

Das erwartet dich ...

Leichte Wald- und Bergwanderung durch das malerische Bommecketal zum Hausberg von Plettenberg. Nach viel Abwechslung durch verschlungene Wege in engen Tälern und kleine Wasserfälle rundet der weite Blick vom Gipfel die Tour schön ab.

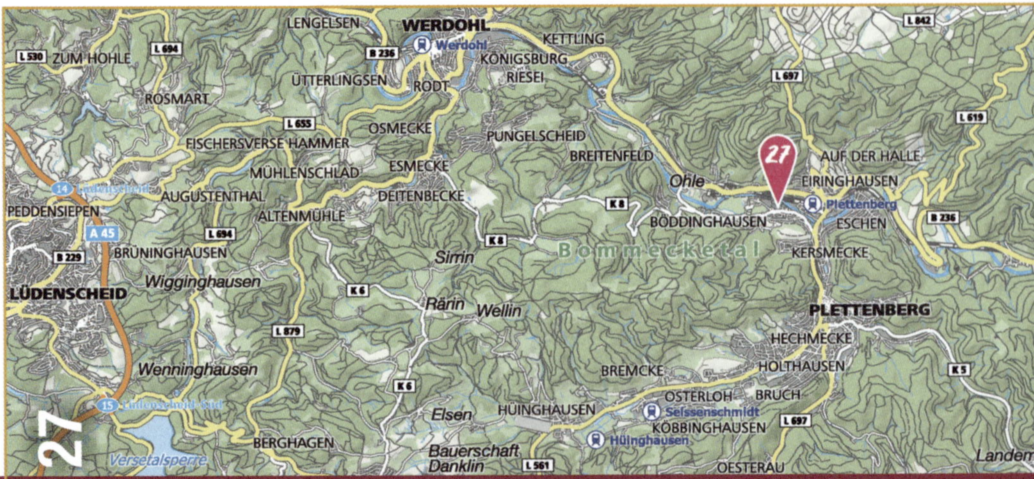

Genusstour 27

Start & Ziel & Anreise

Start und Ziel ist der Parkplatz am Lennestadion in Böddinghausen. Über die B 236 erreichen wir den Parkplatz. Alternativ können wir die Buslinien 75 und 90 nehmen und steigen an der Haltestelle Böddinghausen-Schulzentrum aus. Ansonsten können wir auch mit dem Zug über den Bahnhof Plettenberg anreisen, der 10 Minuten vom Parkplatz entfernt ist.

Tourenbeschreibung

Ausgehend vom Parkplatz Lennestadion folgen wir zunächst dem Böddinghauser Weg wenige Hundert Meter nach Westen, verlassen ihn dann nach links in die Straße In der Bommecke. Nach einer Brückenunterquerung rechtshaltend erreichen wir bald die letzten Häuser. Ganz unvermittelt nimmt uns das Bommecketal auf. Dieses Kleinod einer Bachlandschaft präsentiert sich als Kerbtal mit üppiger Flora, nah an den Weg heranragenden Schieferfelsen, Stromschnellen und kleinen Wasserfällen. Zwei Abzweigungen mit der Markierung U links liegenlassend gewinnen wir schnell an Höhe und – an einem Querweg linkshaltend – auch zunehmend an Panorama.

Bald erreichen wir eine Wegspinne unterhalb des Dörnbergs. Für den weiteren Aufstieg wählen wir den zweiten Weg nach rechts (Schranke), um von diesem sehr bald wieder nach rechts abzuzweigen. Ein Pfad schlängelt sich einen Hang hinauf, den im Januar 2007 der Orkan Kyrill „freigeräumt" hat. Wir durchqueren einen kleinen Waldgürtel, der uns zur passenden Jahreszeit mit Heidelbeeren versorgt. Wir lassen für Nachfolgende genügend zurück, halten uns an einer weiteren Wegquerung rechts und sind – fast – oben. Wir nehmen den zweiten Abzweig links, streben der höchsten Erhebung zu und erreichen diese auf einem kurzen Steig.

Die Hohe Molmert krönt kein Gipfelkreuz und kein Steinmann. Am allerhöchsten Punkt findet sich ein unscheinbarer trigonometrischer Punkt und ein von Weitem sichtbarer Baumstamm mit knollenförmiger Verdickung am oberen Ende. Nach ausgiebiger Rast folgen wir kurz dem Aufstiegsweg, gehen an beschriebener Abzweigung aber geradeaus. Hier wählen wir, uns stets an der Markierung Doppelstrich orientierend, für den Abstieg einen anregenden Waldpfad, der uns – tendenziell rechtshaltend und an einigen kleinen Abzweigen vorbei – zurück zur Wegspinne bringt.

Spätestens an diesem Punkt ist klar: Der Aufstieg hat uns so gut gefallen, dass wir das Bommecketal auch in umgekehrter Richtung genießen wollen. So erreichen wir auf der beschriebenen Route wieder das Tal, die Siedlung und unseren Ausgangspunkt.

Dem Flusslauf entlang zur Hohen Molmert

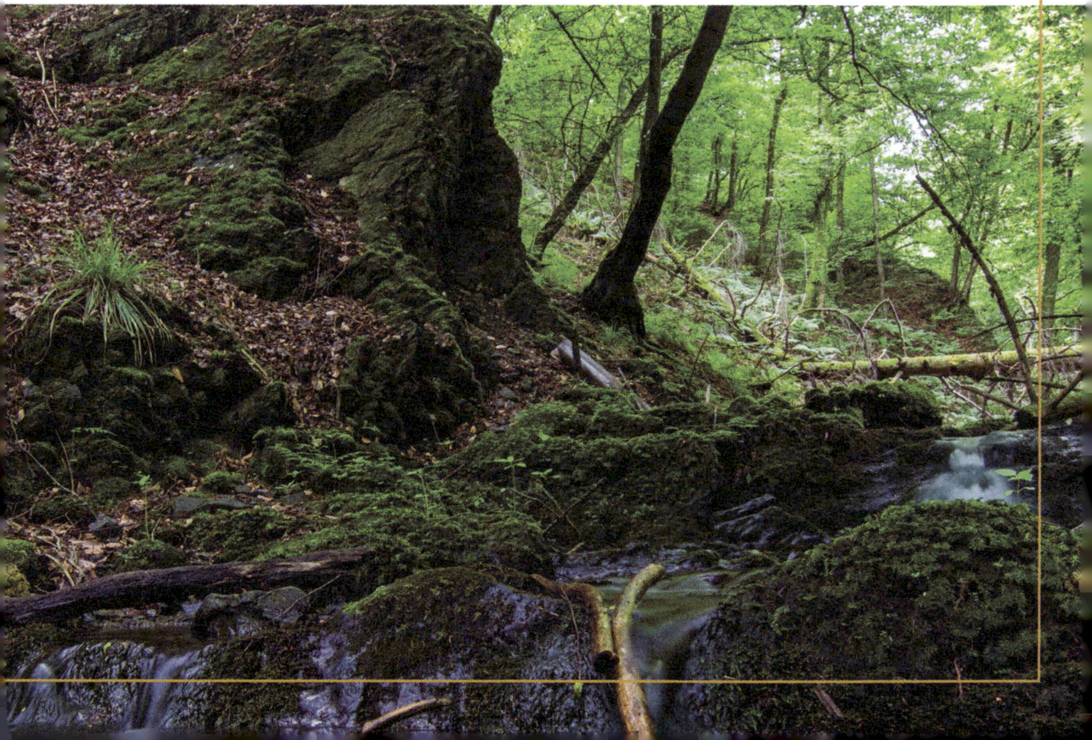

28

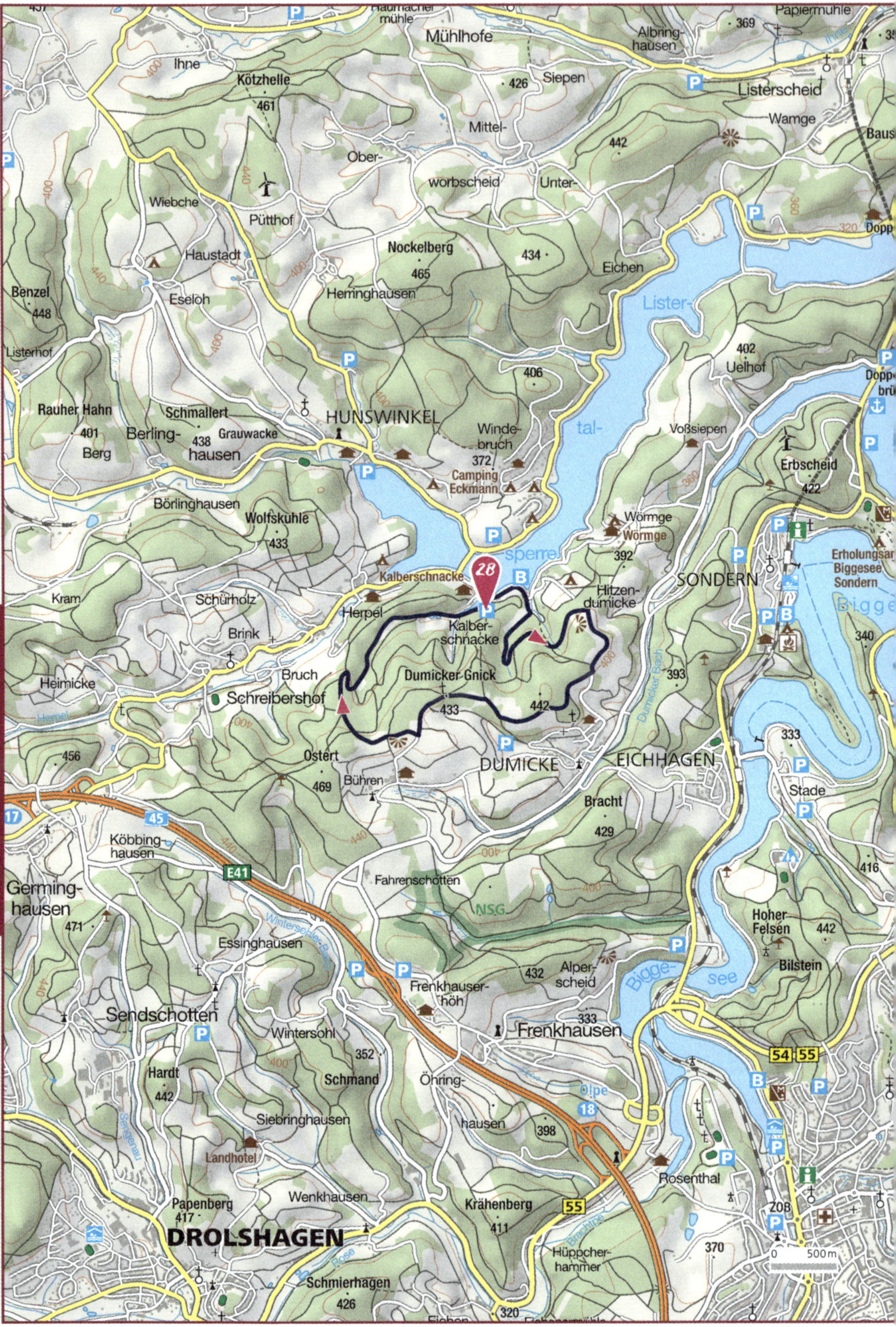

Mühlhofe
Albring-hausen
Papiermühle
369
Ihne
Kötzhelle
461
426
Siepen
Listerscheid
Wamge
Mittel-
Ober-
worbscheid
Unter-
442
Wiebche
Pütthof
Haustadt
Nockelberg
465
434
Eichen
Benzel
448
Eseloh
Hemminghausen
Lister-
Listerhof
402
Uelhof
406
Rauher Hahn
401
Berg
Schmallert
438
Grauwacke
Berling-hausen
HUNSWINKEL
Winde-bruch
372
tal-
Voßsiepen
Erbscheid
422
Camping Eckmann
Börlinghausen
Wolfskuhle
433
Wörmge
392
sperre
28
Kalberschnacke
Hitzen-dumicke
SONDERN
Erholungsanlage Biggesee Sondern
Kram
Schürholz
Herpel
Kalber-schnacke
Brink
Bigge
340
Heimicke
Bruch
Dumicker Gnick
393
Schreibershof
433
442
Dumicker Bach
456
Ostert
469
Bühren
DUMICKE
EICHHAGEN
333
Stade
Bracht
429
45
Köbbing-hausen
E41
Fahrenschotten
416
Germing-hausen
471
NSG
Hoher Felsen
442
Bilstein
Essinghausen
Wintersohler Bach
Alper-scheid
432
Frenkhauser-höh
Bigge-
see
Sendschotten
333
Frenkhausen
Wintersohl
352
54 55
Hardt
442
Schmand
Öhring-
hausen
398
Olpe
18
Siebringhausen
Landhotel
Rosenthal
Papenberg
417
Wenkhausen
Krähenberg
411
55
ZOB
DROLSHAGEN
Rose
Hüppcher-hammer
370
Schmierhagen
426
320
0
500 m

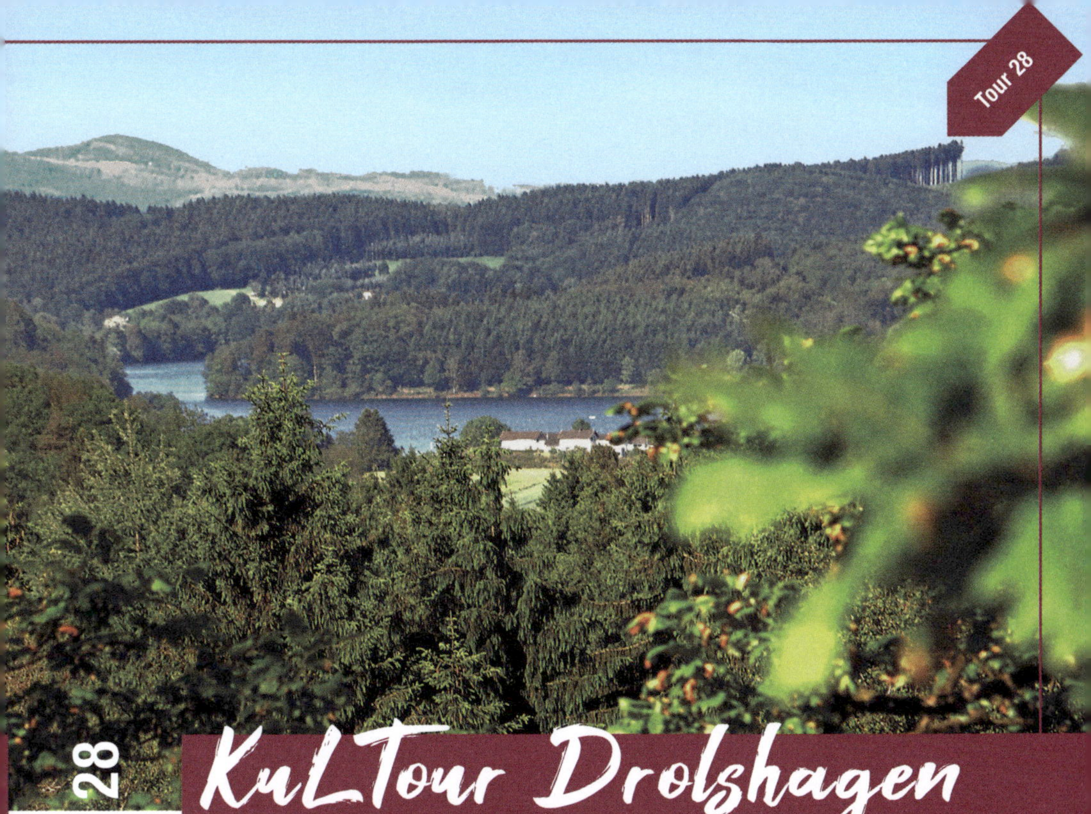

28 Kunsttour

KuLTour Drolshagen

Naturkunst an der Listertalsperre

DAUER	2h
LÄNGE	7,3 km
AUFSTIEG	200 hm
SCHWIERIGKEIT	LEICHT
MIT ÖFFIS ERREICHBAR	ja

Das erwartet dich ...

Stets gut zu begehende Kurzwanderung mit viel Abwechslung am Wegesrand. Die schöne Wald- und Wiesenlandschaft mit den verwinkelten Stauseen ist an sich schon sehenswert, erhält durch die vielen Kunstinstallationen aber nochmals mehr Würze.

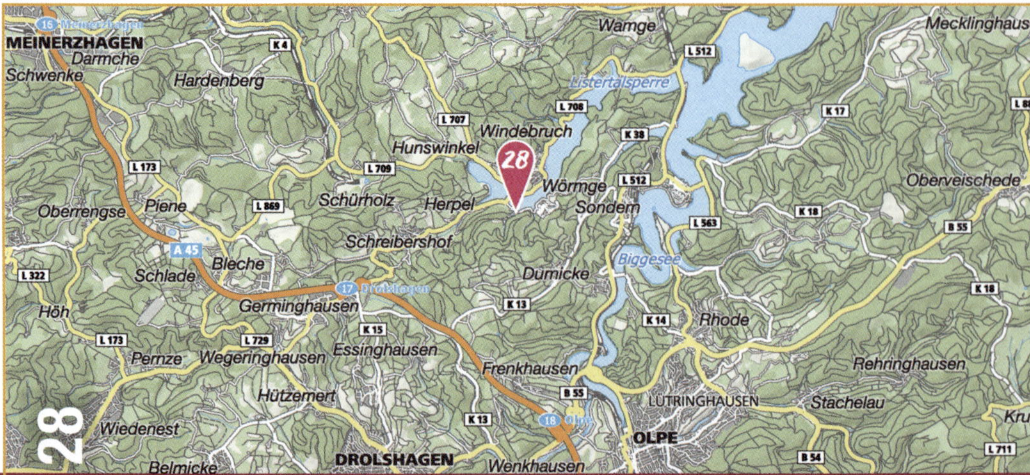

Kunsttour 28

Start & Ziel & Anreise

Start- und Zielpunkt ist der Parkplatz des Naturparks Ebbegebirge bei Gut Kalberschnacke. Mit dem Auto nehmen wir die A45 bis zur Ausfahrt Drolshagen (17) und folgen danach der L708 und den Schildern nach Biggesee. Anreise mit Öffis: Per Bus können wir via Olpe oder Drolshagen anreisen, direkt vor Ort ist die Bushaltestelle Kalberschnacke, die nächstgelegene Bahnstation ist Sondern.

Tourenbeschreibung

Das Gut Kalberschnacke mit nahem Café-Restaurant und Campingplatz befindet sich in unmittelbarer Nähe der Listertalsperre. Auf deren Ufer halten wir zu und starten zu einem Rundwanderweg der besonderen Art, bei dem originelle Kunstobjekte behutsam der Natur einverleibt wurden. Wir dürfen gespannt sein.

Vorbei an einer Badestelle und am Minigolf folgen wir der Uferstraße für etwa 300 Meter in südöstliche Richtung und gehen dann rechts einen Waldweg hinauf – markiert mit einem großen D. Und schon begegnen wir einem ersten Kunstwerk, das wie ein neu zusammengesetzter und mit allerlei Naturmaterial ergänzter Baumstamm daherkommt. Es handelt sich um einen sogenannten „Weggefährten", der uns von nun an begleiten und Orientierung geben wird. Hier also nach rechts. Auf einem Waldweg ansteigend und uns nach dem Schilderhinweis richtend werden wir in kurzer Folge überrascht von formen- und ideenreichen Installationen am Wegesrand: Mehr als faustgroße Kiesel umringen Baumstämme; Schlängellinien sind auf Steine und Stämme gemalt; rote Geweihe ragen wie Kleiderhaken aus einem abgestorbenen Stamm, dem „Gehörnten".

Weitere Kunstbeschreibungen soll es hier nicht mehr geben. Vielmehr sind wir herausgefordert, selbst zu erspüren und zu entdecken. Inzwischen haben wir gut an Höhe zugelegt, verlassen den Wald, finden eine ab dem Frühjahr von Milchvieh beweidete Wiese. Am linken Wieseneck mit Sitzbank und schönem Fernblick gehen wir über bewaldete Höhenzüge rechts einen Feldweg hinauf.

Wir überwinden ein verwittertes Teersträßchen und wählen an einem Wegedreizack die Mitte (Rhombus, D und A1). Wieder in schattigen Forst, nach einem kurzen Stück rechts ab und wieder leicht hinauf, lesen wir auf dem nächsten Schild Jung-Würfel. Dessen grob geometrischen Körper passieren wir oberhalb von Dumicke und gelangen an einen Querweg. Auch hier gibt es Naturkunst zu sehen. Wir gehen rechts, in Richtung „Zyklus". An einer Gabelung vor einer Wiese wandern wir links mit der Markierung A2/A3 zu einer Kreuzung mit einem Holzkreuz am Scheitel gegenüber. Links am Kreuz vorbei, in Richtung Bühren mit ausgewiesener Salzgrotte, die zur Behandlung von Atemwegs- oder Hautproblemen besucht werden kann. Bevor es dorthin hinabgeht, halten wir uns an unserem höchsten Wegepunkt mit einem gehörnten „Weggefährten" rechts (Zyklus). Nun geht es zurück und hinab. Gegenüber einem Hochsitz sind Natursteinstelen angeordnet. Hier rechts und talwärts.

An einer Kreuzung geradeaus zur „Baumschule". Ein Infopult beschreibt uns die Natur als wunderbaren Ort der Erkenntnis. An einem Waldeck mit Schonung sehen wir links unten die Häuser von Schreibershof. Hier begeben wir uns nach rechts und setzen mit D und A1 („Galoppierende Strohhaufen") unseren Talmarsch fort. Hier lohnt langsames, suchendes Gehen ganz besonders, denn nun folgen weitere KuLTour-Werke in kurzem Abstand. Die treuen „Weggefährten" lassen uns auf diesem künstlerisch üppigen Finale nicht im Stich. Gleichsam als Zusammenfassung finden wir vor Ende der KuLTour eine Übersichtstafel zum „Kunst und Landschafts-Rundweg". Natürlich lassen sich diese 7,3 km auch in umgekehrter Richtung erleben. Wer weiß, was es auf diesem Wege Neues zu entdecken gäbe?

29

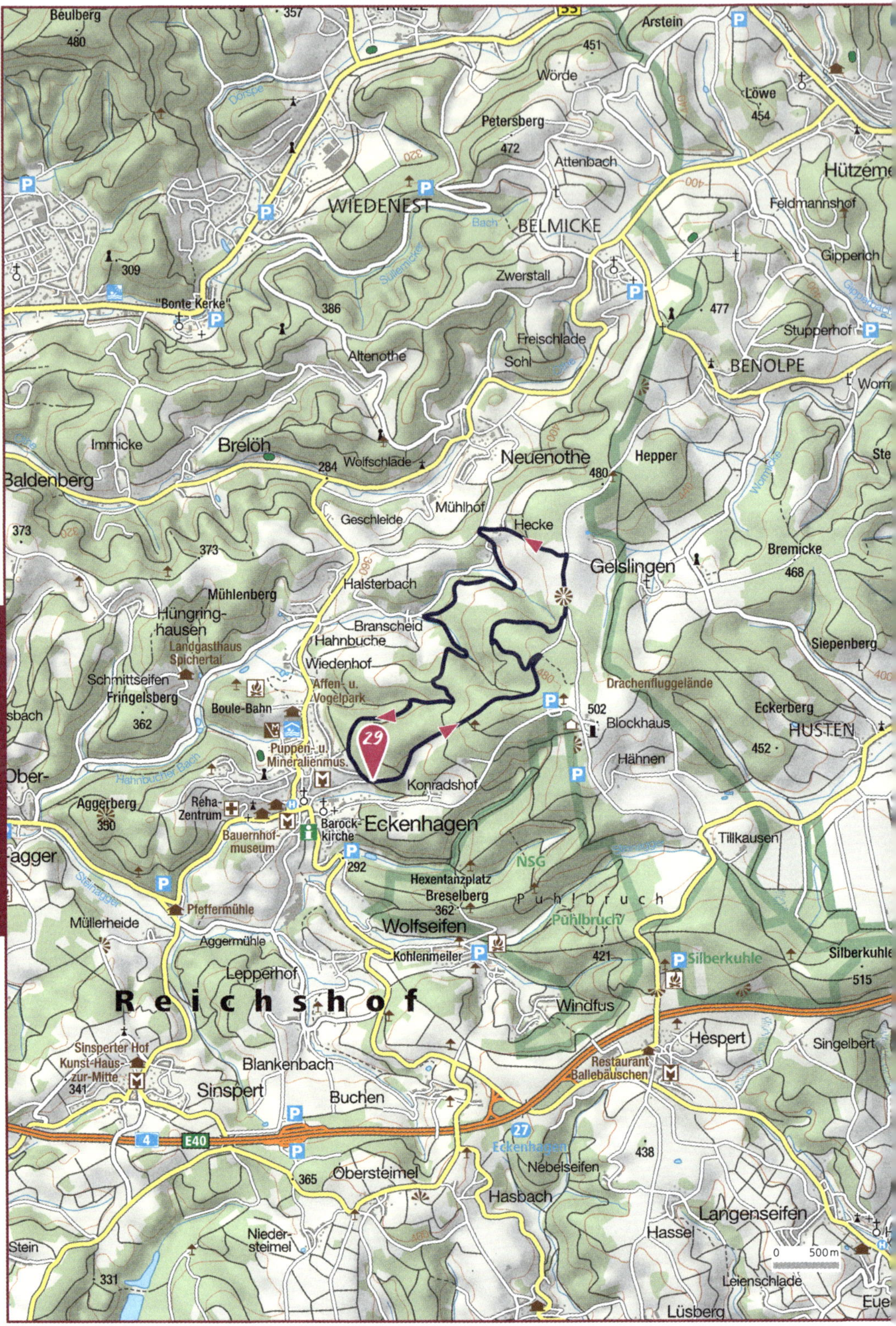

Beulberg
480
357
Arstein
451
Wörde
Löwe
454
Petersberg
472
Attenbach
Hützeme
Feldmannshof
WIEDENEST
BELMICKE
Dörspe
Bach
Süllemicke
Zwerstall
Gipperich
309
"Bonte Kerke"
386
477
Stupperhof
Freischlade
Altenothe
Schl
BENOLPE
Worm
Immicke
Brelöh
Wolfschlade
284
Neuenothe
Hepper
Ste
Baldenberg
480
Mühlhof
Geschleide
Hecke
373
373
Halsterbach
Gelslingen
Bremicke
468
Mühlenberg
Hüngring-
hausen
Branscheid
Hahnbuche
Siepenberg
Landgasthaus
Spichertal
Wiedenhof
Schmittseifen
Fringelsberg
Affen- u.
Vogelpark
Drachenfluggelände
Boule-Bahn
Eckerberg
sbach
362
502
Blockhaus
HUSTEN
29
Puppen- u.
Mineralienmus.
452
Ober-
Hähnen
Hahnbucher Bach
Konradshof
Aggerberg
350
Reha-
Zentrum
Barock-
kirche
Eckenhagen
Tillkausen
Bauernhof-
museum
agger
292
NSG
Hexentanzplatz
Breselberg
362
Puhlbruch
Pfeffermühle
Müllerheide
Wolfseifen
Pühlbruch
Aggermühle
Kohlenmeiler
421
Silberkuhle
Silberkuhle
515
Lepperhof
Reichshof
Windfus
Hespert
Singelbert
Sinsperter Hof
Kunst-Haus-
zur-Mitte
341
Blankenbach
Restaurant
Ballebäuschen
Sinspert
Buchen
4
E40
27
Eckenhagen
438
Nebelseifen
365
Obersteimel
Hasbach
Langenseifen
Stein
Nieder-
steimel
Hassel
331
0 500 m
Leienschlade
Lüsberg
Eue

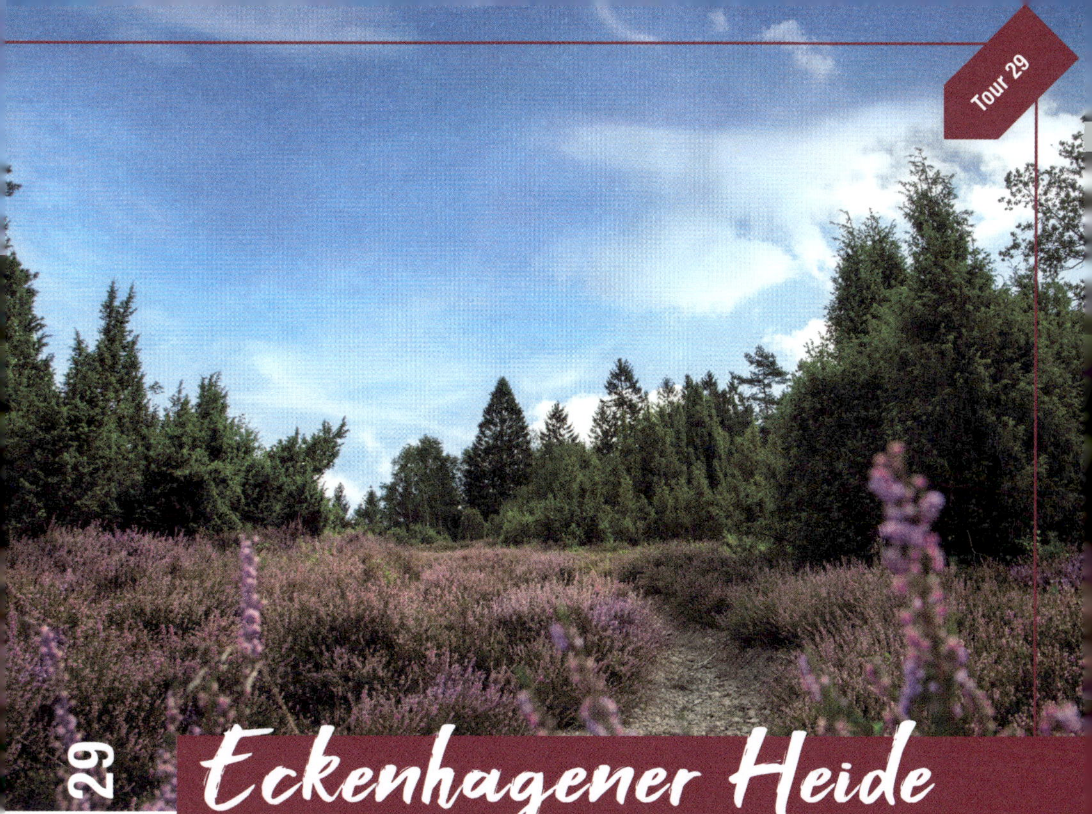

Panoramatour 29

Eckenhagener Heide

Durch die verzauberte Wacholderheide

DAUER	2h 10min
LÄNGE	8,2 km
AUFSTIEG	190 hm
SCHWIERIGKEIT	LEICHT
MIT ÖFFIS ERREICHBAR	nein

Das erwartet dich ...

Die Tour führt uns auf schönen Wegen durch die unter Naturschutz stehende Eckenhagener Heide mit ihrem besonderen, zugleich lieblichen und rauen Charme. Bequeme Wege und gemäßigte Anstiege, die allesamt gut markiert sind. Rastplätze und Aussichtspunkte laden zum Verweilen ein.

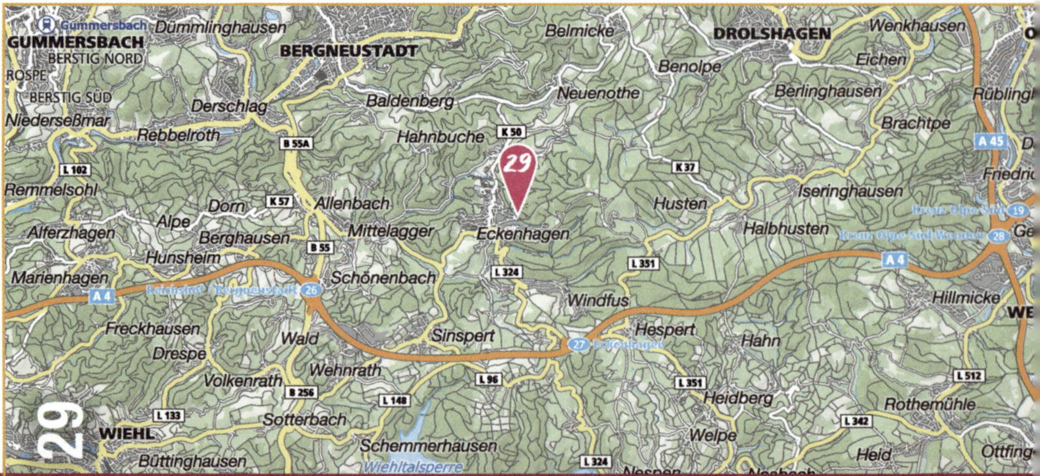

Start & Ziel & Anreise

Start- und Zielpunkt ist in Eckenhagen der Wanderparkplatz am Ende der Landwehrstraße. Wir erreichen den Parkplatz über die A4, Ausfahrt Eckenhagen (27) und folgen der Straße Richtung Eckenhagen. Anschluss an die Öffis: Die nächstgelegene Haltestelle ist Eckenhagen.Reichshof, die mit der Buslinie 303 Richtung Gummersbach-Bahnhof erreicht werden kann.

Tourenbeschreibung

Um Brenn- und Bauholz zu gewinnen wurde seit dem Mittelalter immer mehr Wald abgeholzt. Die so entstandenen Wiesen wurden anschließend intensiv als Weideland genutzt. Auf den kargen Böden entwickelten sich weitläufige Heideflächen. Die Branscheider Wacholderheide zählt heute zu den letzten Wacholderheiden im Oberbergischen Land – Schaf- und Ziegenherden sollen sie davor bewahren, vom Wald wieder überwuchert zu werden.

Vom Wanderparkplatz Eckenhagen folgen wir zunächst der Markierung 12 der Bergischen Streifzüge, dem Wacholderweg. Er führt uns geradeaus auf den Feldweg hinauf. An der ersten Kreuzung halten wir uns geradeaus, auch an der zweiten Kreuzung folgen wir ihm weiter geradeaus bergan über Schotter.

Auch an der nächsten Gabelung geht es weiter geradeaus – wir treffen hier auf den Bergischen Panoramasteig und die Infotafel B des Wacholderweges. Weiter geht es bergauf, bis wir – auf der Höhe angekommen – links abbiegen, leicht hinab Richtung Neuenothe. Ein Holzschild mit der Aufschrift Wacholdergebiet/ Fußweg weist uns hier zusätzlich den Weg, nun weiter auf dem Bergischen Panoramasteig.

An der nächsten Gabelung geht es geradeaus, hier folgen wir nun wieder dem Wacholderweg mit der Nummer 12. Durch lichten Wald geht es auf breitem Weg an Wacholderheiden vorbei, erst leicht hinab, dann wieder hinauf. Bald treten wir aus dem Wald hinaus und kommen an eine Kreuzung. Hier biegen wir links ab und sind nun auf der „Straße der Arbeit". Wir treffen auf einen Teerweg, in den wir links einbiegen; es geht nun leicht hinab. An der nächsten Kreuzung, die asphaltiert ist, wenden wir uns wiederum nach links hinab nach Hecke, das wir nach wenigen Minuten erreichen.

Am Ende des Örtchens geht es an der Kreuzung scharf nach links, nun weiter auf dem Bergischen Panoramasteig (Schild: Eckenhagen 5,7 km). Kurz nach der Rechtskurve leitet uns die Markierung links einen Schotterweg hinauf. Dieser führt schnell wieder sanft bergab, durch den Wald und am Waldrand entlang. An der nächsten Wegverzweigung biegen wir rechts ab, auf Asphalt geht es hinab. Unten an den Fachwerkhäuschen von Branscheid angekommen, leitet uns die Markierung scharf nach links. Wir werden wieder hinaufgeführt. An der nächsten Weggabelung treffen wir erneut auf den Wacholderweg, dem wir nun nach rechts um die Kurve und weiter bergauf folgen.

Ein Holzschild weist uns die Richtung nach Eckenhagen. An der nächsten Kreuzung folgen wir dem Weg links um die Kurve herum; wieder bei der nächsten Kreuzung mit Infotafel E führt uns die Markierung rechts hinab Richtung Wiedenhof. An der nächsten Gabelung halten wir uns links um die Kurve, nach wenigen Metern geht es dann rechter Hand in einen Wald- und Wiesenweg. Auf ihm erreichen wir in einer guten Viertelstunde den Ortsrand von Eckenhagen. An den Gärten richten wir uns nach links, an der Straße nochmals links. So erreichen wir den Wanderparkplatz.

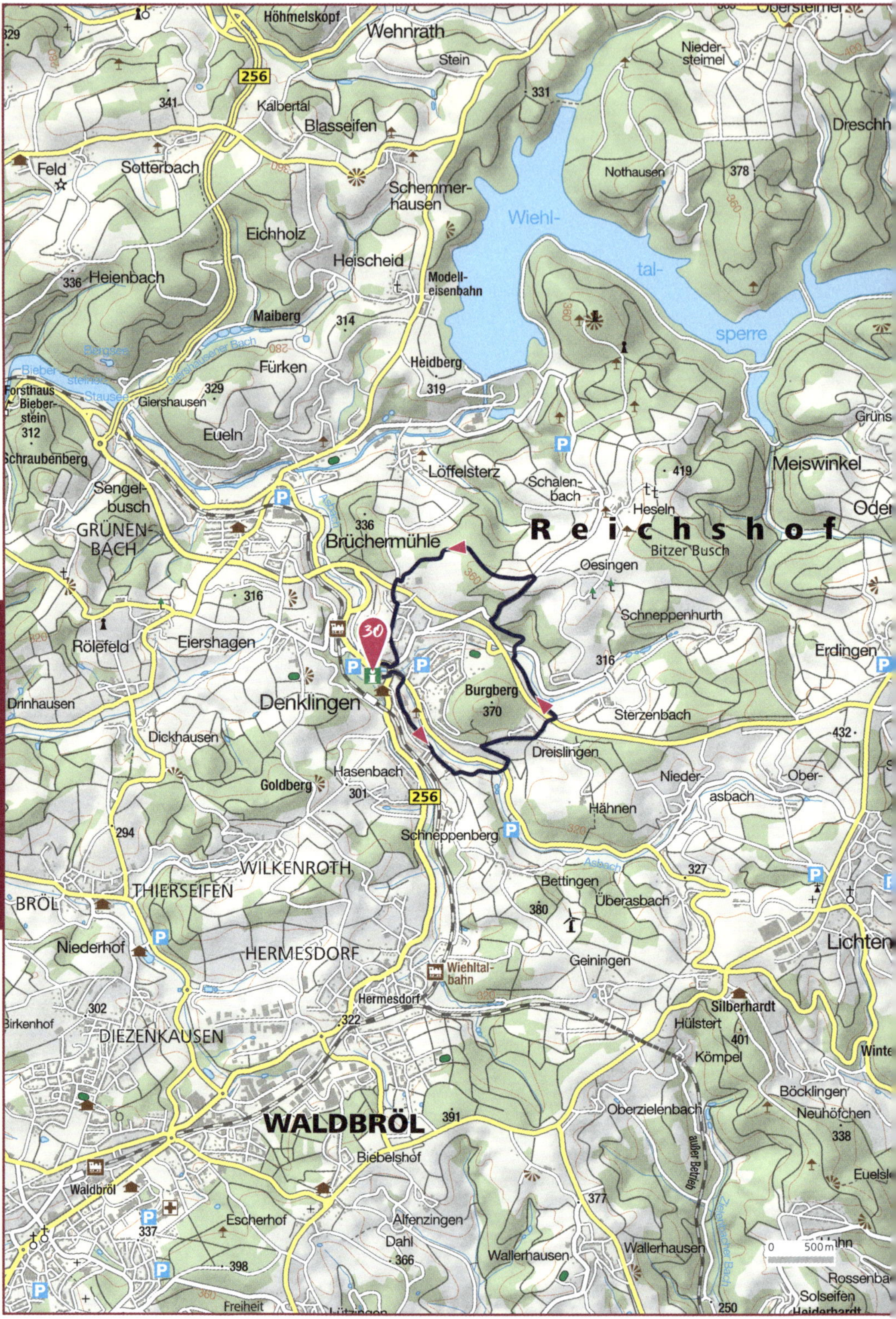

Höhmelskopf
Wehnrath
Stein
Obersteimel
Nieder-steimel
256
Kalbertal
Blasseifen
Dreschh
Feld
Sotterbach
Schemmer-hausen
Nothausen
378
331
341
Wiehl-tal-sperre
Eichholz
Heischeid
Modell-eisenbahn
336
Heienbach
Maiberg
314
Bergsee
Giershausener Bach
Fürken
Heidberg
319
Bieber-steiner Stausee
Forsthaus Bieber-stein
312
329
Giershausen
Eueln
Grüns
Schraubenberg
Löffelsterz
Schalen-bach
419
Meiswinkel
Sengel-busch
GRÜNEN-BACH
Heseln
Oder
336
Brüchermühle
Reichshof
Bitzer Busch
Oesingen
316
Schneppenhurth
Rölefeld
Eiershagen
30
316
Erdingen
Burgberg
370
Drinhausen
Denklingen
Sterzenbach
Dickhausen
Dreislingen
432
Hasenbach
Nieder-asbach
Ober-
Goldberg
301
Hähnen
294
Schneppenberg
Asbach
WILKENROTH
327
THIERSEIFEN
Bettingen
BRÖL
380
Überasbach
Niederhof
HERMESDORF
Lichten
Geiningen
Wiehltal-bahn
302
Hermesdorf
Silberhardt
Birkenhof
322
Hülstert
DIEZENKAUSEN
401
Kömpel
Winte
Böcklingen
Oberzielenbach
Neuhöfchen
WALDBRÖL
391
338
außer Betrieb
Biebelshof
Euels
Waldbröl
377
Escherhof
Alfenzingen
337
Dahl
366
Wallerhausen
Wallerhausen
398
Rossenba
Solseifen
Heiderhardt
Freiheit
Lützingen
250
0
500 m

30

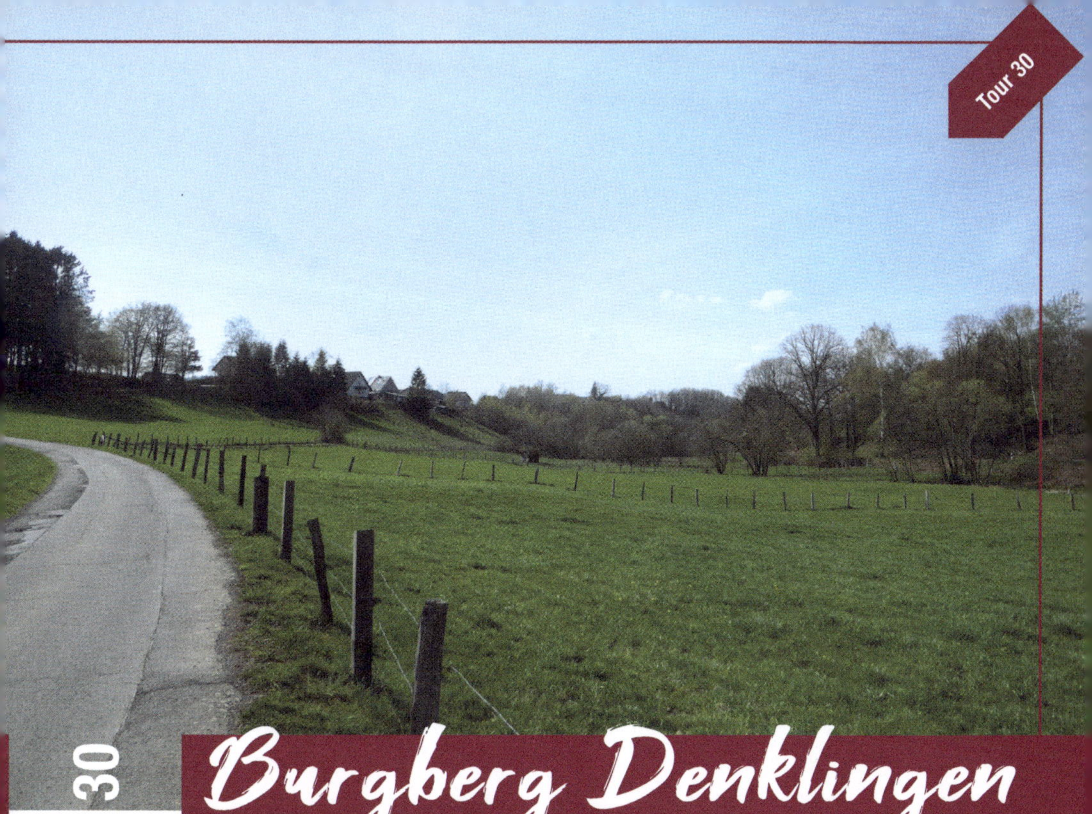

Tour 30

Genusstour 30

Burgberg Denklingen

Auf den Spuren einer Burg mit über 600-jähriger Geschichte

DAUER	2h
LÄNGE	6,2 km
AUFSTIEG	150 hm
SCHWIERIGKEIT	LEICHT
MIT ÖFFIS ERREICHBAR	ja

Das erwartet dich ...

Die Tour ist eine kurze und leichte Wanderung auf gut begehbaren Wegen, auf der keine schwierigen An- oder Abstiege auf uns warten. Festes Schuhwerk ist dennoch erforderlich aufgrund der dornigen Sträucher am Ende der Wanderung. Zur Orientierungshilfe: Auf dieser Tour ist es sinnvoll, an Kreuzungen auch mal auf die andere Seite eines Baumes oder Laternenmastes zu sehen, da die Wegzeichen nicht immer in beide Richtungen angebracht sind.

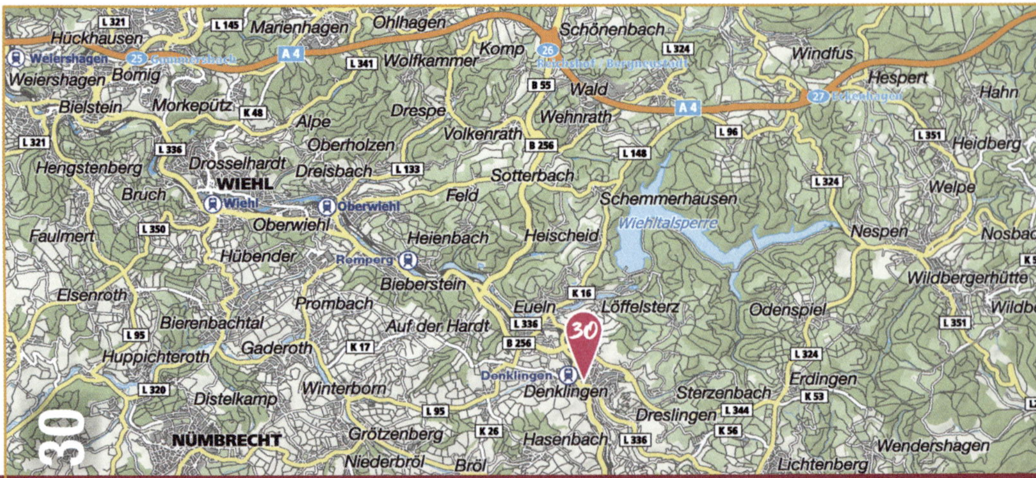

Start & Ziel & Anreise

Start und Ziel ist der Parkplatz beim Rathaus Denklingen. Mit dem Auto ist die Anreise über die B 256 möglich. Anbindung an die Öffis: Die nächstgelegene Bushaltestelle ist Reichshof, von dort fährt die Buslinie 303 nach Gummersbach-Bahnhof.

Tourenbeschreibung

Diese kleine, stille Runde ist vom Charakter eher ein ausgedehnter Nachmittags- oder Feierabendspaziergang als eine Wanderung.

Wir parken beim Rathaus in Denklingen. Zunächst geht es am Rathaus vorbei Richtung Burg. Wir halten uns links, zwischen der Kapelle und dem Weiher hindurch, dann links durch den Torbogen auf den Markierungen A4 und A6. Gleich darauf überqueren wir die Hauptstraße in die Morsbacher Straße hinein und folgen der Markierung A6. Nach wenigen Metern führt uns rechts eine Treppe hinauf – von oben hat man einen schönen Blick über Denklingen. Beim Kriegerdenkmal halten wir uns links auf dem mit A6 markierten Weg. Es geht geradeaus auf dem Denkmalweg weiter. An der T-Kreuzung biegen wir links ab in die Straße Auf der Hardt. An den Häuschen vorbei bis zum Ende der Siedlung, am letzten Haus wenden wir uns nach links auf ein Sträßlein hinab, weiter auf A1. Unten queren wir die Straße und gehen in die Dreslinger Straße hinauf, dann gleich links am denkmalgeschützten Bruchsteinbau (ein Gebäude aus lockerem Gesteinsmaterial aus dem Jahre 1713, der früher als Gefängnis genutzt wurde) vorbei immer weiter hinauf.

Am Marterl biegen wir rechts ab auf den Hähner Weg, es geht hinauf zusammen mit dem Jakobsweg. Kurz vor Ende der Siedlung geht es links auf die Straße Auf der Linde (mit A3). Unter der Unterführung durch und dann gleich links auf den Feldweg. Der Weg wird immer schmäler und immer durchsetzter mit dornigem Strauchgewächs. Er endet schließlich in einer Wiese, über die wir weglos spazieren. Leicht rechts haltend, gelangen wir an eine Straße, die wir überqueren. Gegenüber laufen wir auf den Vorplatz einer Hundepension, doch nach wenigen Schritten führt uns der Weg nach rechts auf einem Wiesenweg in den Wald hinauf. Alsbald biegen wir links ab, weiter bergauf. Nun halten wir uns leicht rechts. Achtung! Aufgrund von Kahlschlag fehlen die Markierungen! Wir gehen rund 15 bis 20 Meter schräg rechts weiter und treffen auf einen breiten Weg. Diesem folgen wir weiter geradeaus, A3 folgend. Wir gelangen an eine wenig befahrene Straße, der wir nach rechts hinauf folgen.

Am Holzkreuz biegen wir links auf A4 ab und folgen nun stetig dem Weg. Dieser wendet sich nach gut einem Kilometer nach links, an einer Tannenschule vorbei. Weiter geht es, an einem Milchviehbetrieb vorbei und nach links über die Straßenbrücke nach Denklingen. A2 und A4 führen uns nun geradewegs hinab (Waldweg und Mühlenhardt). An der Katholischen Kirche vorbei, an der Hauptstraße rechts und zurück zum Rathaus von Denklingen.

Autoren Tipp

Das heute sichtbare, beinah venezianisch anmutende Burggebäude der Burg Denklingen ist im Laufe des 16. bis 18. Jahrhunderts entstanden und war als Wasserburg angelegt. Heute nutzt der Heimat- und Verschönerungsverein Denklingen die Räumlichkeiten der Burg als Stätte der Kommunikation. An den Pfingstfeiertagen findet auf dem Burghof ein großer Töpfermarkt statt. Auch standesamtliche Trauungen werden heute auf der Burg Denklingen durchgeführt.

31

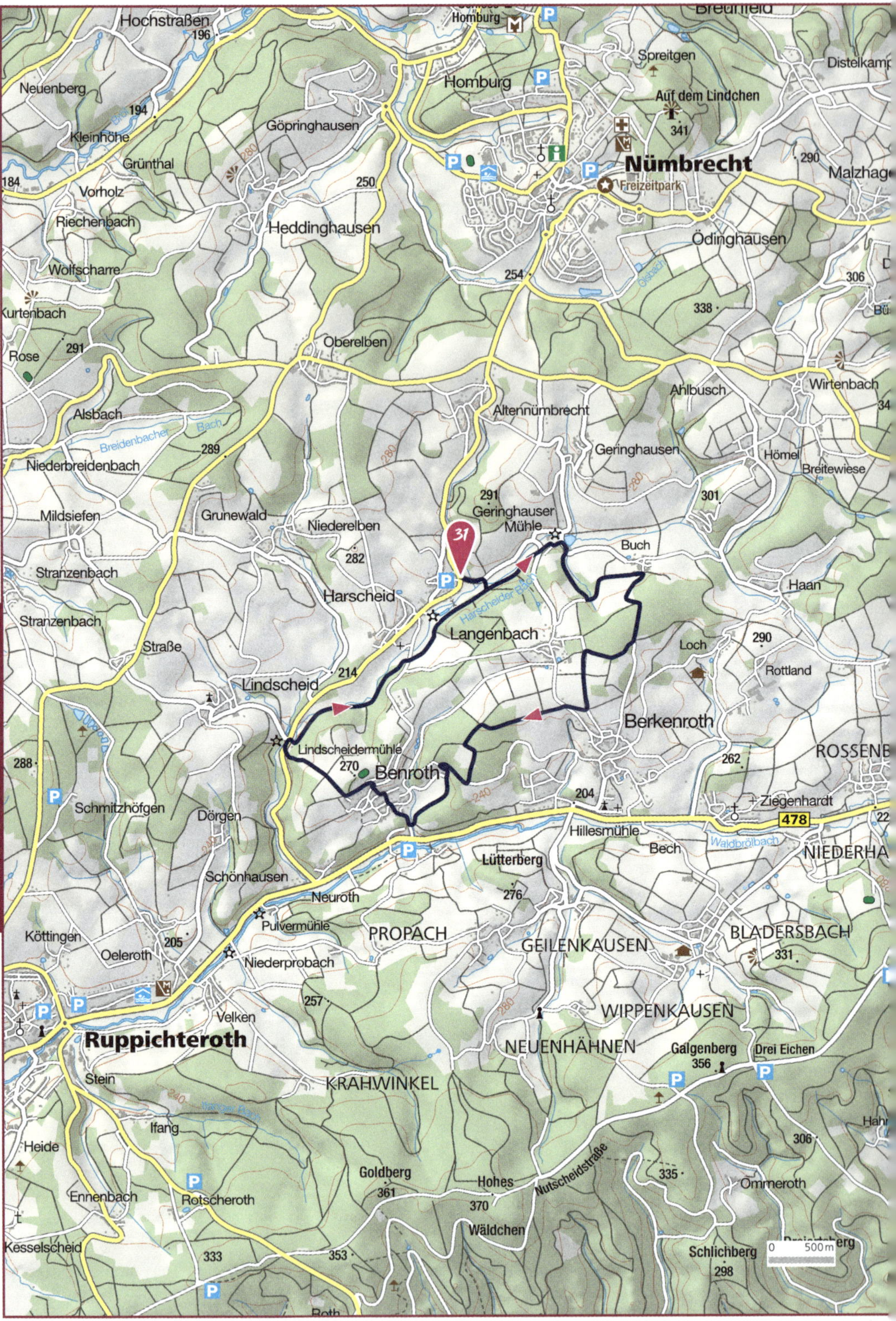

Hochstraßen
196
Homburg
Breunfeld
Spreitgen
Distelkamp
Neuenberg
194
Kleinhöhe
Homburg
Göpringhausen
Auf dem Lindchen
341
Grünthal
Nümbrecht
290
Malzhagen
184
Vorholz
250
Freizeitpark
Riechenbach
Heddinghausen
Ödinghausen
Wolfscharre
254
306
Kurtenbach
338
Rose
291
Oberelben
Alsbach
Ahlbusch
Wirtenbach
Altennümbrecht
Breidenbacher Bach
289
Niederbreidenbach
Geringhausen
Hömel
Breitewiese
291
Geringhauser Mühle
301
Mildsiefen
Grunewald
Niederelben
31
Buch
282
Stranzenbach
Harscheid
Haan
Harscheider Bach
Stranzenbach
Langenbach
290
Straße
Loch
Rottland
214
Lindscheid
Berkenroth
288
Lindscheidermühle
ROSSENBACH
270
Benroth
262
204
Ziegenhardt
Schmitzhöfgen
Dörgen
478
Hillesmühle
Waldbröhlbach
Bech
NIEDERHAUSEN
Lütterberg
Schönhausen
276
Neuroth
Pulvermühle
PROPACH
Köttingen
205
GEILENKAUSEN
BLADERSBACH
Oeleroth
331
Niederprobach
257
Velken
WIPPENKAUSEN
Ruppichteroth
NEUENHÄHNEN
Galgenberg
Drei Eichen
356
Stein
KRAHWINKEL
Ifang
306
Heide
Goldberg
335
361
Ommeroth
Hohes
Ennenbach
Rotscheroth
Nutscheidstraße
370
Wäldchen
Kesselscheid
353
Schlichberg
333
298
Roth
0
500 m

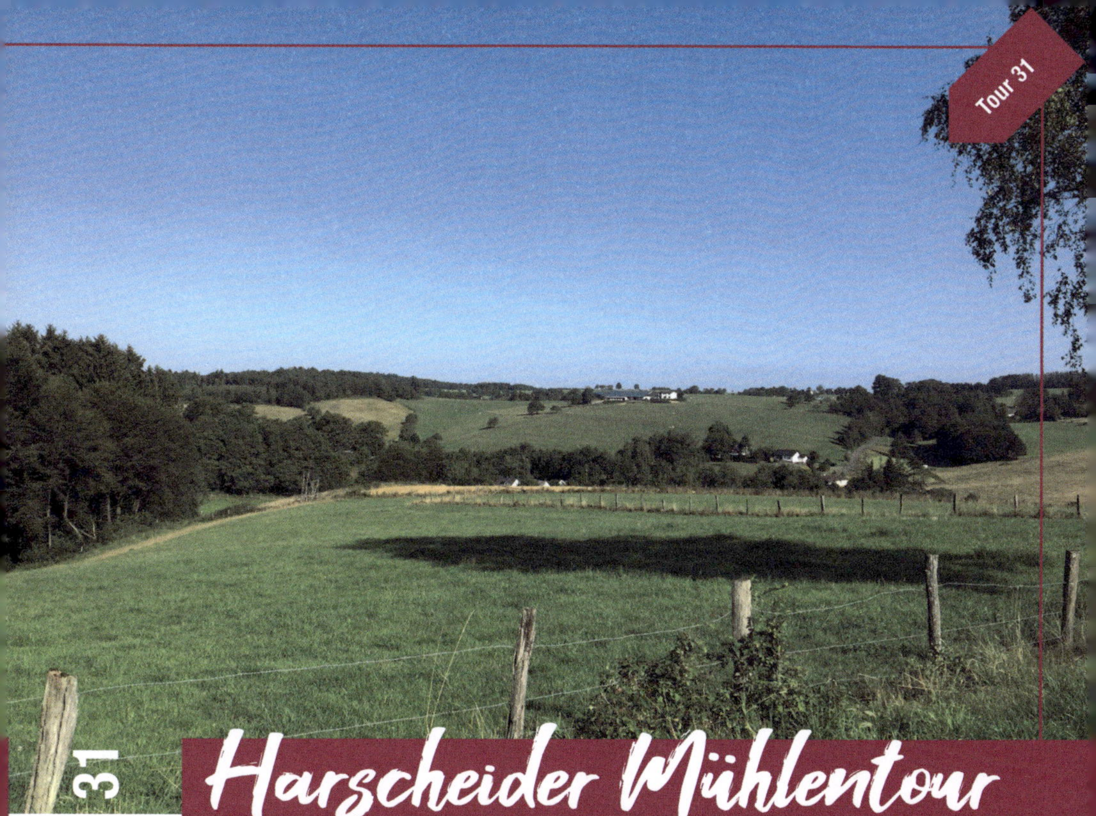

Harscheider Mühlentour

Durchs Harscheider Bachtal zu den ehemaligen Mühlen

DAUER	2h 30min
LÄNGE	9,6 km
AUFSTIEG	200 hm
SCHWIERIGKEIT	LEICHT
MIT ÖFFIS ERREICHBAR	nein

Das erwartet dich ...

Recht abgelegene und idyllische Wald- und Wiesenwanderung mit viel Abwechslung durch aussichtsreiches Gelände und kleine Sehenswürdigkeiten am Wegrand. Gemäßigte Steigungen, breite Wege und durchgehend gute Markierungen runden das entspannte Wandererlebnis ab.

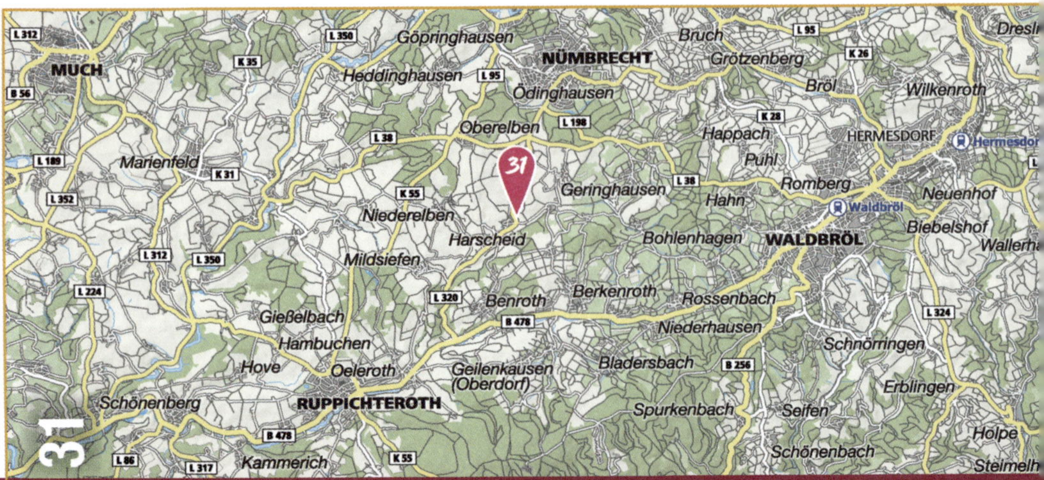

Start & Ziel & Anreise

Ausgangs- und Endpunkt ist in Harscheid der Parkplatz beim Sängerheim. Wenn wir über die A4 kommen nehmen wir die Ausfahrt Gummersbach (25) und folgen der Straße Richtung Nümbrecht. Alternativ können wir auch die B478 nehmen bis zur L320 Richtung Nümbrecht. Die Anreise mit öffentlichen Verkehrsmitteln ist nur eingeschränkt möglich, da in Harscheid kein direkter Busanschluss besteht.

Tourenbeschreibung

Die Mühlen bei dieser Wanderung sind meist nur noch im Namen zu finden. Auf stillen, wenig begangenen Wegen wandern wir durch das Harscheider Bachtal und über die Höhen bei Benroth. Nicht selten läuft einem hier ein Hase oder auch schon mal das eine oder andere Reh direkt über den Wanderweg.

Wir parken in Harscheid beim Sängerheim. Direkt gegenüber vom Parkplatz folgen wir nun an der Straße entlang A1, A2 und A3. Nach ungefähr 100 Metern biegen wir rechts ab in einen Waldweg. Gleich darauf wieder links, weiter auf A1 und A3. Wir folgen dem Weg geradeaus bis zur Unterführung, hier noch hindurch und wir sind in Geringhauser Mühle. Am Sträßlein geht es geradeaus weiter auf A1 Richtung Buch. An der nächsten Gabelung halten wir uns rechts auf dem Sträßlein aufwärts. Oben an der T-Kreuzung biegen wir links ab und folgen dem Sträßlein bis zum Ortsrand von Buch.

Hier nun rechts, weiter auf A1. An der Kreuzung beim Waldaustritt begegnet uns der Bergische Panoramasteig, dem wir nun zusammen mit A1 nach rechts hinauf auf einen Schotterweg Richtung Benroth folgen. An der nächsten Kreuzung nach links, an Felder und Wiesen vorbei. Kurz vor dem nächsten kleinen Ort biegen wir noch einmal nach rechts hinab zur Straße ab. Diese überqueren wir geradeaus. Bald geht es auf einem Wiesenweg in den Wald hinein. Bei der T-Kreuzung halten wir uns links auf einen festeren Waldweg. An der nächsten Gabelung links, bei der folgenden T-Kreuzung wieder links. Nach ungefähr 100 Metern führt uns der Bergische Panoramasteig nach rechts, bei der nächsten Möglichkeit wieder rechts.

An den ersten Häusern von Benroth halten wir uns links hinab, in der Rechtskurve nochmals links. Der Schotterweg führt zu einer Straße. Hier verlässt uns der Bergische Panoramasteig nach links, wir folgen nun X28 weiter nach rechts, hinauf nach Benroth. Nach ca. 200 Metern führt uns das X nach rechts auf einem schmäleren Sträßchen bergauf. Oben angelangt wenden wir uns kurz nach rechts, dann gleich wieder links auf die Straße Am Südhang Richtung Lindscheid. Kurze Zeit später führt uns das X nach rechts weiterhin Richtung Lindscheid, anschließend geht es auf dem schmalen asphaltierten Sträßlein steil bergab.

Am Ortsschild Lindscheider Mühle biegen wir nun rechts ab, weiter auf A2, und folgen einem Waldweg stetig geradeaus, bis wir auf unseren Hinweg stoßen. Auf diesem geht es in 5 Minuten zurück zum Auto am Parkplatz des Sängerheims in Harscheid.

Autoren Tipp

Den Bergischen Panoramasteig streifen wir auf dieser Tour nur kurz. Wer aber etwas Zeit hat, sollte unbedingt einmal einen längeren Abschnitt dieses Fernwanderwegs im Oberbergischen Land unter die Sohlen nehmen. Der 244 km lange Rundkurs ist so angelegt, dass er möglichst anhaltend schöne Blicke und Panoramen bietet. Außerdem lassen sich die Tagesetappen problemlos einzeln herausgreifen. Mehr Informationen dazu unter www.Bergisches-Wanderland.de.

32

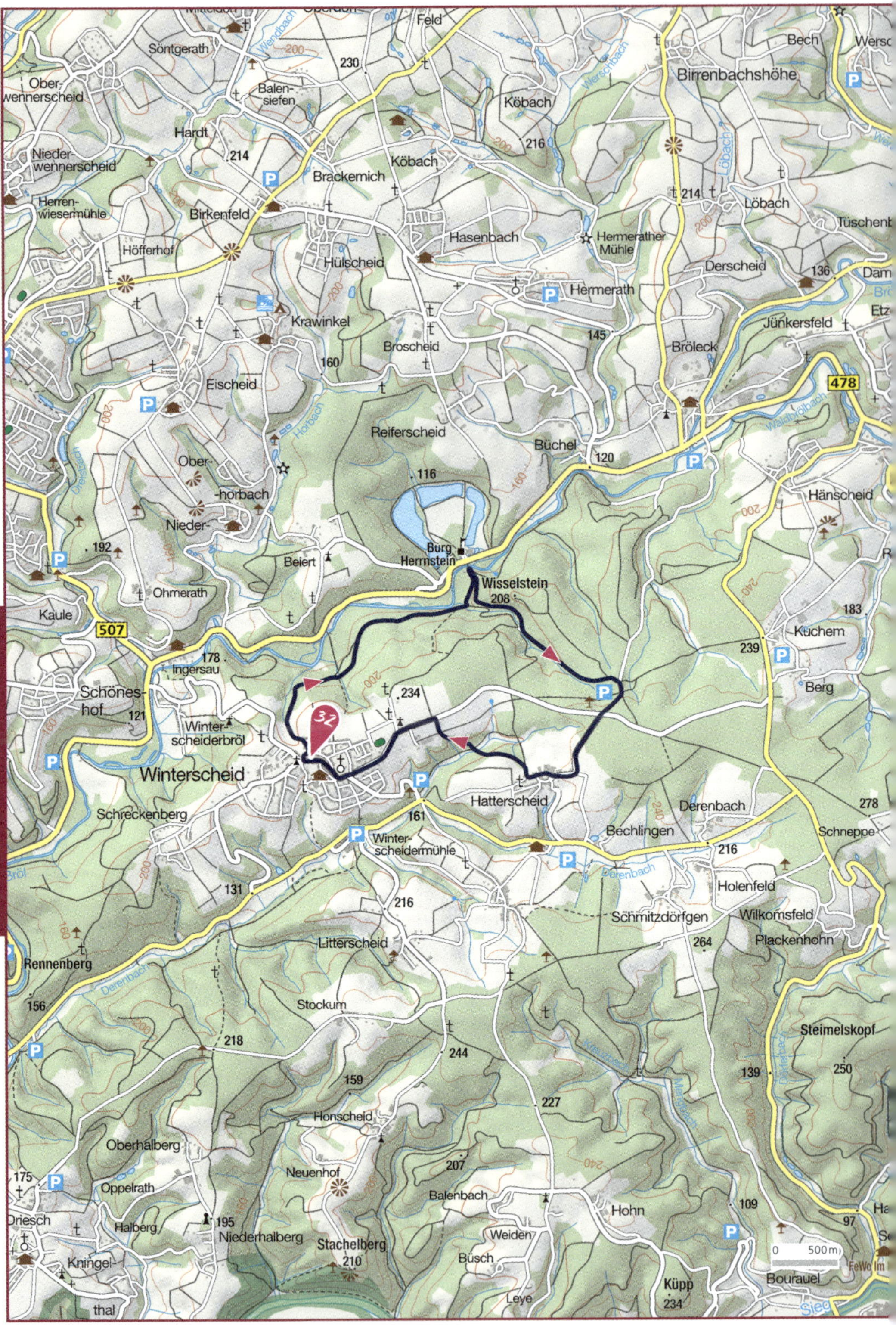

Söntgerath
Balen-
siefen
Feld
Bech
Birrenbachshöhe
Ober-
wennerscheid
Hardt
Nieder-
wennerscheid
Herren-
wiesermühle
Köbach
Brackemich
Birkenfeld
Höfferhof
Hülscheid
Hasenbach
Hermerather
Mühle
Löbach
Tüschenb
Derscheid
Hermerath
Jünkersfeld
Krawinkel
Broscheid
Bröleck
Eischeid
Reiferscheid
Büchel
Ober-
-horbach
Nieder-
Hänscheid
Burg
Herrnstein
Beiert
Wisselstein
Ohmerath
Kaule
Kuchem
Ingersau
Berg
Schönes-
hof
Winter-
scheiderbröl
Winterscheid
Hatterscheid
Derenbach
Schreckenberg
Winter-
scheidermühle
Bechlingen
Schneppe
Holenfeld
Schmitzdörfgen
Wilkomsfeld
Plackenhohn
Litterscheid
Rennenberg
Stockum
Steimelskopf
Honscheid
Oberhalberg
Neuenhof
Oppelrath
Balenbach
Hohn
Driesch
Halberg
Niederhalberg
Weiden
Stachelberg
Kningel-
thal
Büsch
Küpp
Bourauel
Leye
507
478
0 500 m

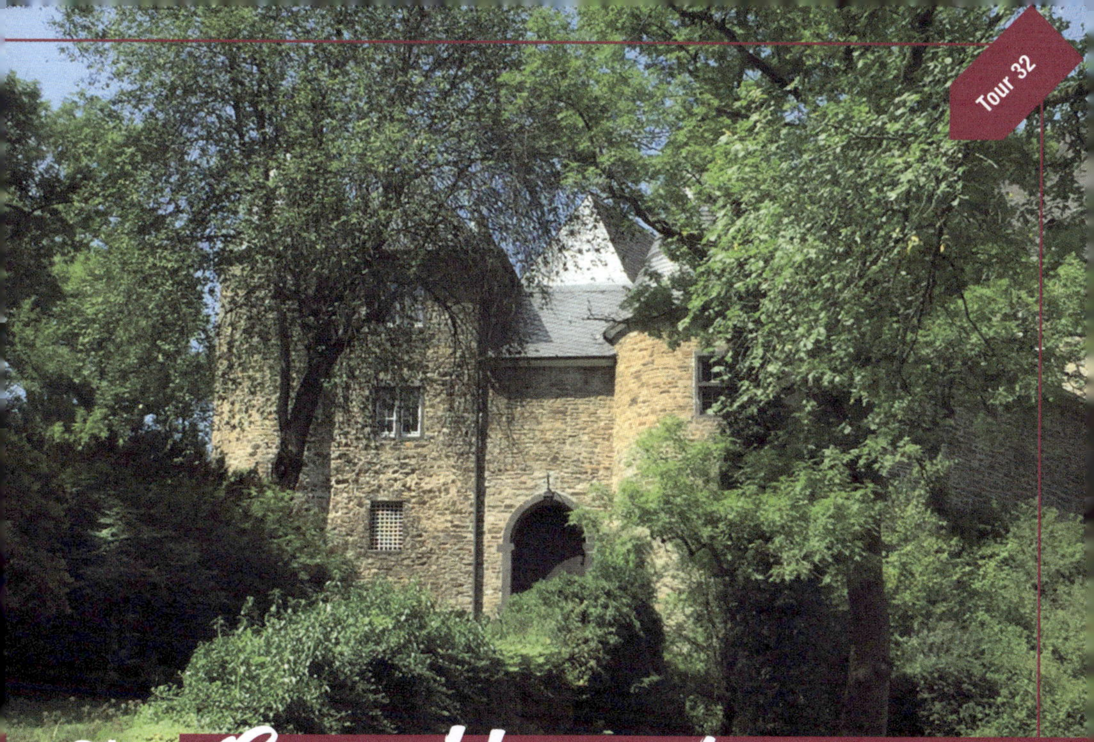

Genusstour 32

Burg Herrnstein

Durch lichte Wälder zu einem prächtigen Schlosspark

DAUER	2h 10min
LÄNGE	7,9 km
AUFSTIEG	160 hm
SCHWIERIGKEIT	LEICHT
MIT ÖFFIS ERREICHBAR	ja

Das erwartet dich ...

Kurze, angenehme Tour auf breiten Waldwegen. Landschaftliche und kulturelle Eindrücke wechseln sich ab. Es sind einige Höhenmeter zu absolvieren, doch diese teilen sich auf diverse kurze An- und Abstiege auf.

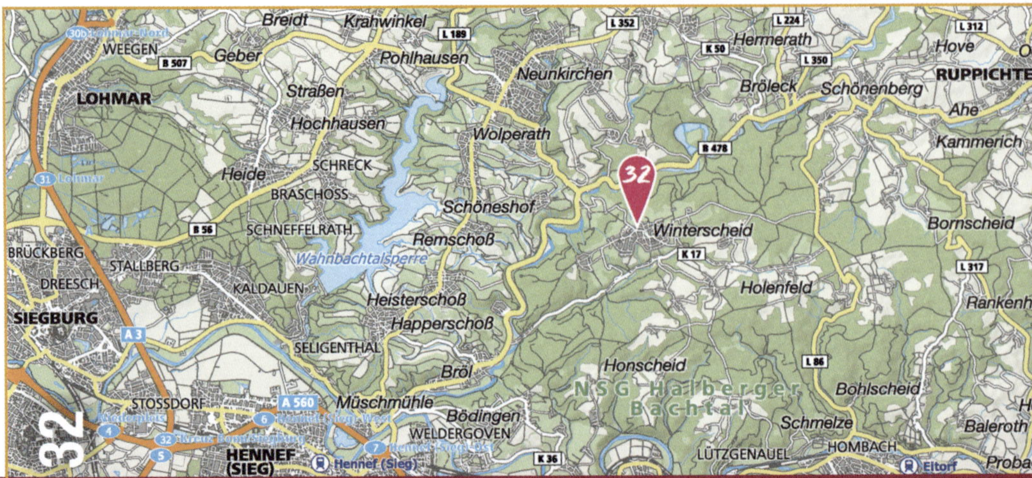

Genusstour 32

Start & Ziel & Anreise

Ausgangs- und Endpunkt ist in Winterscheid am Parkplatz in der Hauptstraße nahe des Dorfweihers. Erreichbar ist Winterscheid über die B478 oder B507. Die nächstgelegene Bushaltestelle ist Ruppichteroth-Winterscheid/Kirche mit Anschluss nach Hennef-Bahnhof mit der Linie 531.

Tourenbeschreibung

Burg Herrnstein ist eine Rheinische Höhenburg, deren Ursprünge wahrscheinlich in das 13. und 14. Jahrhundert zurückreichen. Sie diente ursprünglich als Stammsitz der Herren von Stein. Heute nutzt ein privater Forstbetrieb die Burganlage; die Parkanlagen können nach Anmeldung besichtigt werden.

Wir parken in Winterscheid an der Hauptstraße unweit des Dorfweihers und folgen ihr ein kurzes Stück bis zur Kapelle. Hier biegen wir rechts in die Ringstraße ein, dann gleich links in die Straße Beierter Weg. Nach wenigen Metern wenden wir uns wieder links hinab auf einen Schotterweg, A6 folgend. Wir wandern nun lange durch den Wald, queren nach gut 30 Minuten die B478 und erreichen Burg Herrnstein.

Wieder zurück auf der südlichen Seite der Bundesstraße geht es bergauf in den Wald: Dafür biegen wir links und gleich rechts ab, A2 folgend. Nun ca. 1,5 km bergauf, bis wir an einer sehr lichten Stelle des Waldes an eine Gabelung gelangen. Wir halten uns rechts, weiter auf A2/A4 und A6. Die folgenden beiden Gabelungen halten wir uns weiterhin rechts und vollziehen eine Rechtskurve. Der Waldweg führt uns an eine Vorfahrtsstraße. Über diese geradeaus und weiter auf asphaltierter Straße Richtung Hatterscheid.

In einer Rechtskurve geht es in den Ort hinein und auf der Straße Am Hofgarten hindurch. Kurz vor dem Ortsende leiten uns A7 und A5 nach rechts auf einen Schotterweg hinab. Nach wenigen Metern folgen wir nur noch A7 nach links in den Wald hinein. Wir wandern nun auf einem schmalen, schönen Waldweg bergab. Auf einer Lichtung kreuzen wir einen breiten Wald- und Wiesenweg. Diesen überqueren wir, auf schmalem Pfad geht es nun steil hinauf. Achtung! Das Wegschild A7 am Baum ist leicht zu übersehen. Der dornige Pfad wird immer schmäler und endet an einem großen Viehbetrieb. Wir halten uns am Zaun entlang zur geteerten Einfahrt und folgen ihr bis hinauf zur Vorfahrtsstraße. In diese biegen wir links ein und folgen ihr nach Winterscheid und zum Parkplatz beim Dorfweiher zurück.

Auf schönen Wegen geht es durch den Wald

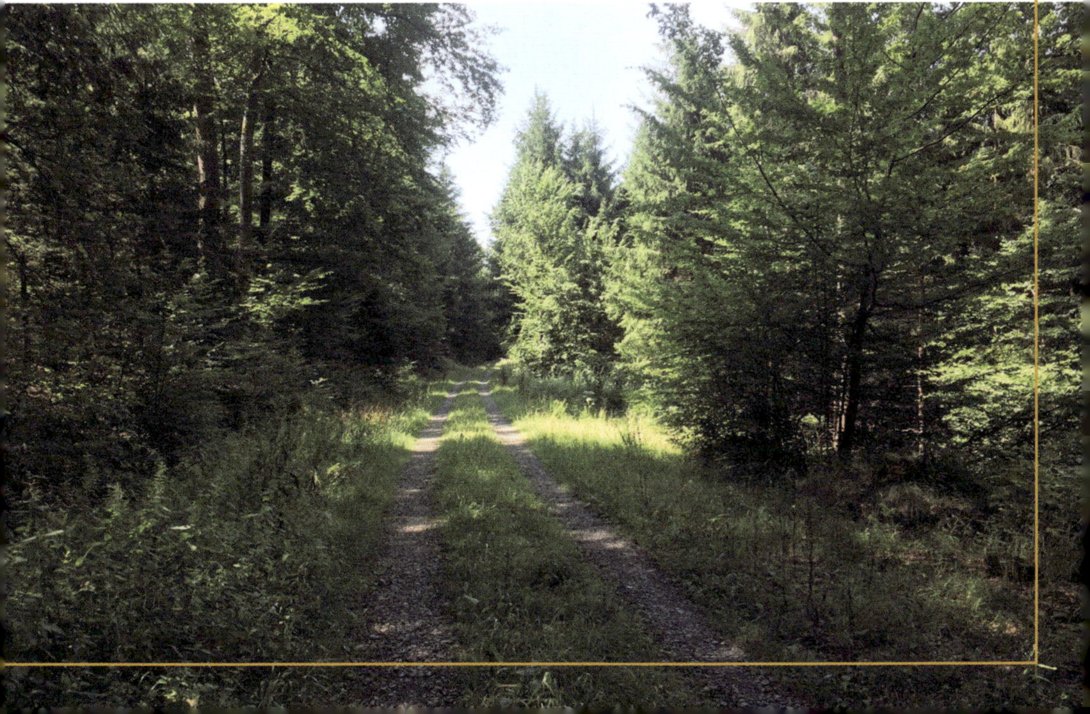

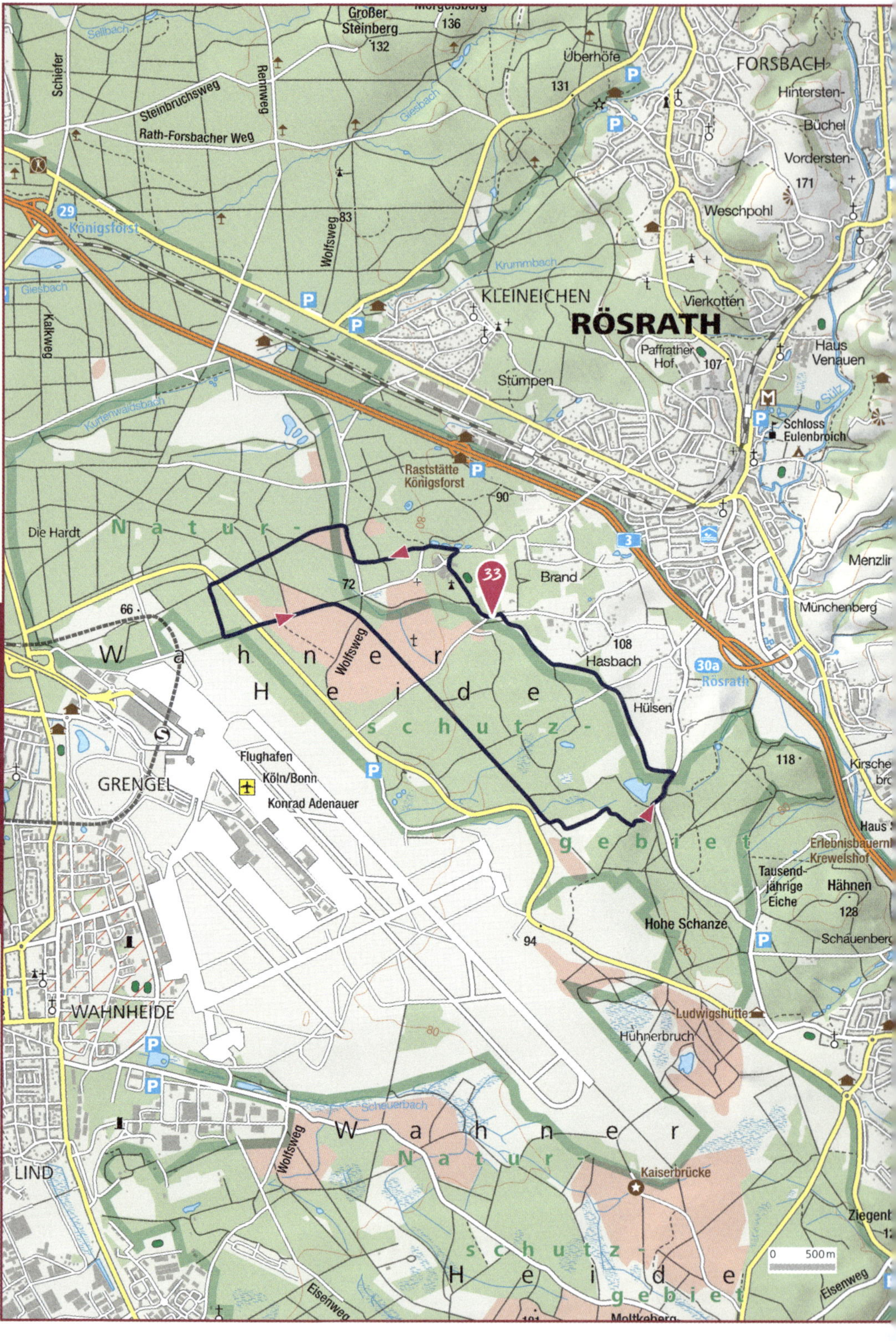
Großer Steinberg
132
136
Überhöfe
131
FORSBACH
Hintersten-
Büchel
Vordersten-
171
Weschpohl
Sellbach
Schiefer
Steinbruchsweg
Rennweg
Rath-Forsbacher Weg
Giesbach
29
Königsforst
Wolfsweg
83
Kalkweg
Krummbach
KLEINEICHEN
RÖSRATH
Vierkotten
Paffrather Hof
107
Haus Venauen
Stümpen
Sülz
Schloss Eulenbroich
Kurtenwaldsbach
Raststätte Königsforst
90
Die Hardt
Natur-
72
Brand
33
3
Menzlir
Münchenberg
66
Wahner
Heide
schutz-
gebiet
108
Hasbach
30a
Rösrath
Hülsen
Flughafen
Köln/Bonn
Konrad Adenauer
GRENGEL
118
Kirsche
Haus
Erlebnisbauernhof Krewelshof
Tausend-jährige Eiche
Hähnen
128
Hohe Schanze
Schauenberg
94
WAHNHEIDE
Ludwigshütte
Hühnerbruch
80
Scheuerbach
Wahner
Natur-
Wolfsweg
LIND
Kaiserbrücke
Ziegen
schutz-
Heide
gebiet
Eisenweg
0 500 m
Moltkeberg
101

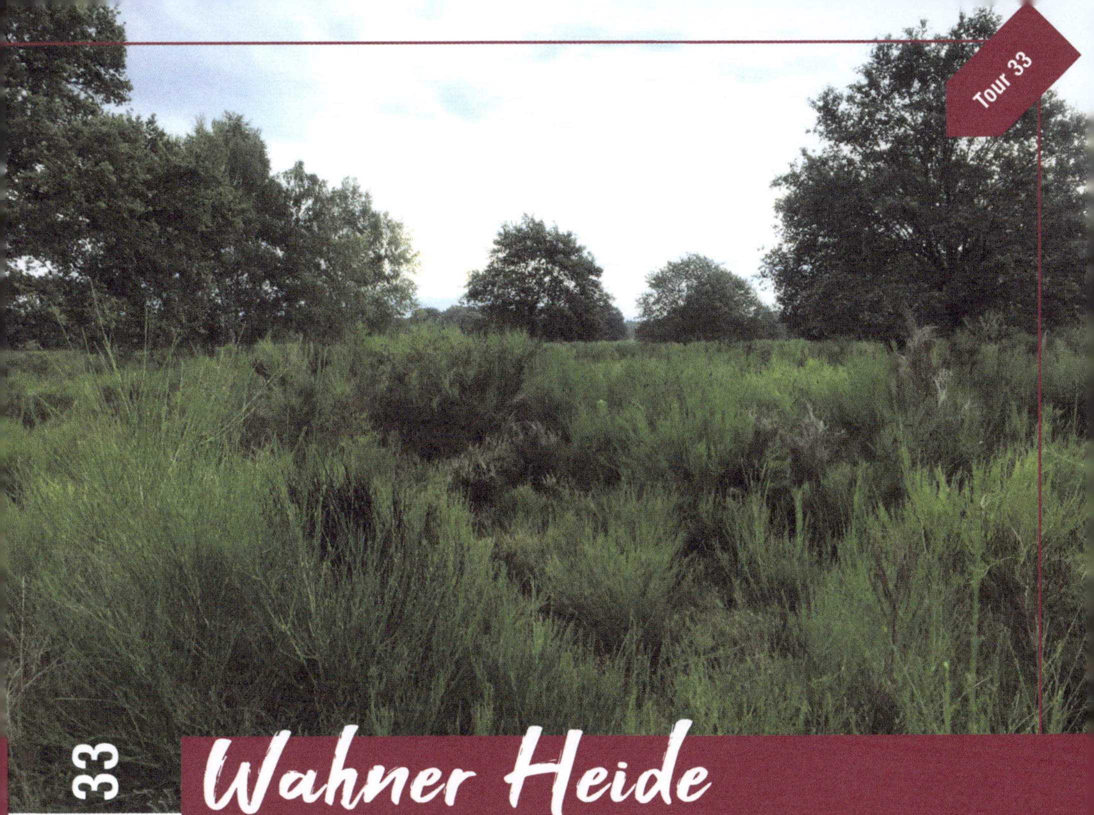

33 Heidetour

Wahner Heide

Durch das Naturschutzgebiet des ehemaligen militärischen Übungsplatzes

DAUER	2h 40min
LÄNGE	10,4 km
AUFSTIEG	80 hm
SCHWIERIGKEIT	LEICHT
MIT ÖFFIS ERREICHBAR	nein

Das erwartet dich …

Die Tour bietet uns interessante Landschaftseindrücke am Übergang zwischen Stadt und Land. Einfache Wanderung auf fast ausschließlich breiten und bequemen Wegen. Nur ein Stück auf einem Pfad, keine nennenswerten Steigungen.

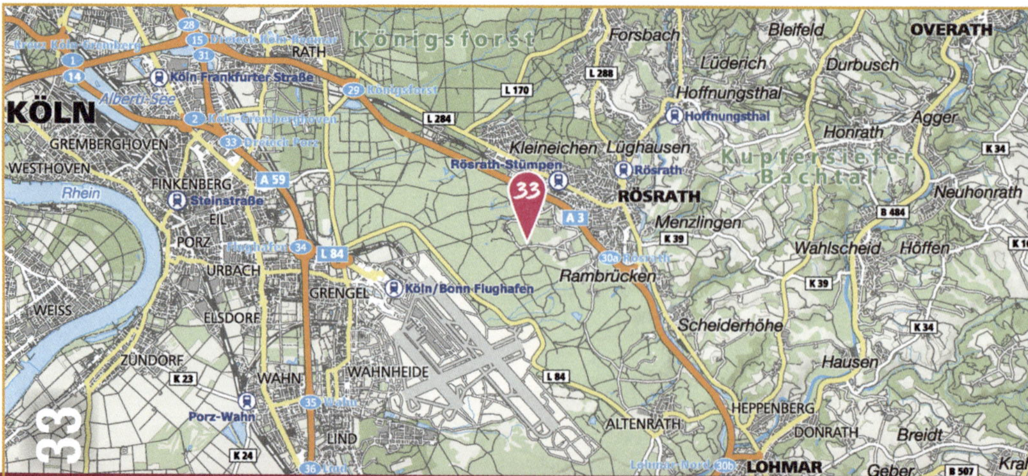

33 Heidetour

Start & Ziel & Anreise

Start- und Zielpunkt ist der Wanderparkplatz Busenberg im Brandweg in Rösrath. Auf der A3 nehmen wir die Ausfahrt Rösrat (30a), wir folgen der Brander Straße und nach dem letzten Haus befindet sich der Parkplatz in der Linkskurve. Der nächste Bahnhof (Rösrath-Stümpen) ist zwei Kilometer entfernt.

Tourenbeschreibung

Das Naturschutzgebiet Wahner Heide ist die Heimat vieler geschützter und seltener Tier- und Pflanzenarten. Sie ist aber auch eine vom Menschen traditionell genutzte Kulturlandschaft, in der die Heidewirtschaft das Überleben dieser Arten garantiert. Von 1952 bis 2004 wurde die Heide von belgischen Streitkräften zu Übungszwecken genutzt. Heute sieht dort man viele Ziegenherden grasen.

Wir starten am Parkplatz Busenberg. An der Straße wenden wir uns nach links, am Sportplatz und Kinderdorf vorbei. Bei der Ehrenanlage Kalmusweiher biegen wir nach links auf einen Feld- und Waldweg ab. Wir passieren zu unserer Rechten kleine Weiher, nach einem kurzen Stück an der Gabelung geradeaus weiter, auf schmälerem Weg. Er führt uns aus dem Wald hinaus zur Heide. Nun geht es an Waldrand und Heide entlang; bei der T-Kreuzung biegen wir rechts ein, nach etwa 5 Minuten an der nächsten Kreuzung beim Pappelweg (Holzschild am

Baum) nach links. Nun immer geradeaus zwischen Heide und Wald bis zur Alten Kölner Straße, die wir überqueren.

An der folgenden Kreuzung geht es nach links, in einer Kurve werden wir nun an den Rand des Flughafengeländes geführt. Immer geradeaus nun am Flughafengelände vorbei. Wir folgen dem Weg weiter, der uns wieder über die Alte Kölner Straße zurückleitet. Nun geht es auf breitem Weg durch die Heidelandschaft. An der nächsten Kreuzung biegen wir rechts ein und wandern zwischen Wald und Heide. Nun immer geradeaus über die nächsten beiden Kreuzungen hinüber. Nach der zweiten Kreuzung geht es auf einem Pfad weiter. Nach gut 15 Minuten halten wir uns links, wir streifen wieder das Flughafengelände; der Weg führt bald an der Befeuerung für die Landebahn vorbei.

Unser Weg mündet in eine Teerstraße, in die wir links einbiegen. Doch schon kurz darauf geht es wieder nach links Richtung Köln/Geisterbusch. An der nächsten T-Kreuzung halten wir uns links, nach ein paar Schritten jedoch wieder rechts. Wir folgen nun dem Weg bis zum Parkplatz Busenberg.

Auch Wasserbüffel sind in der Wahner Heide heimisch

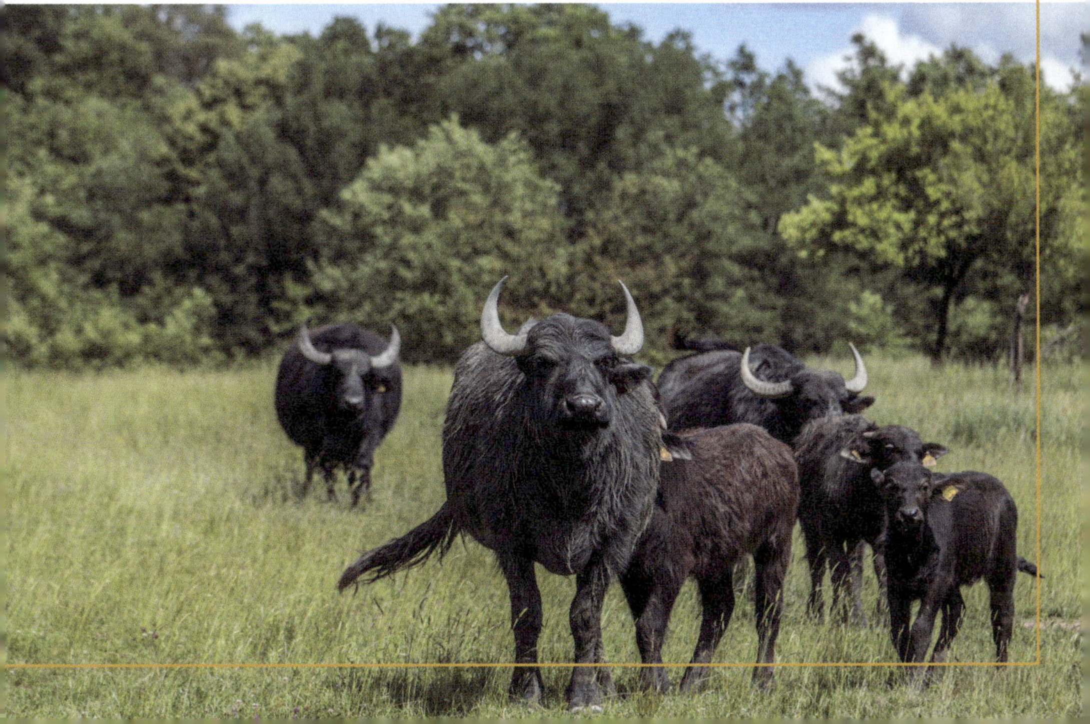

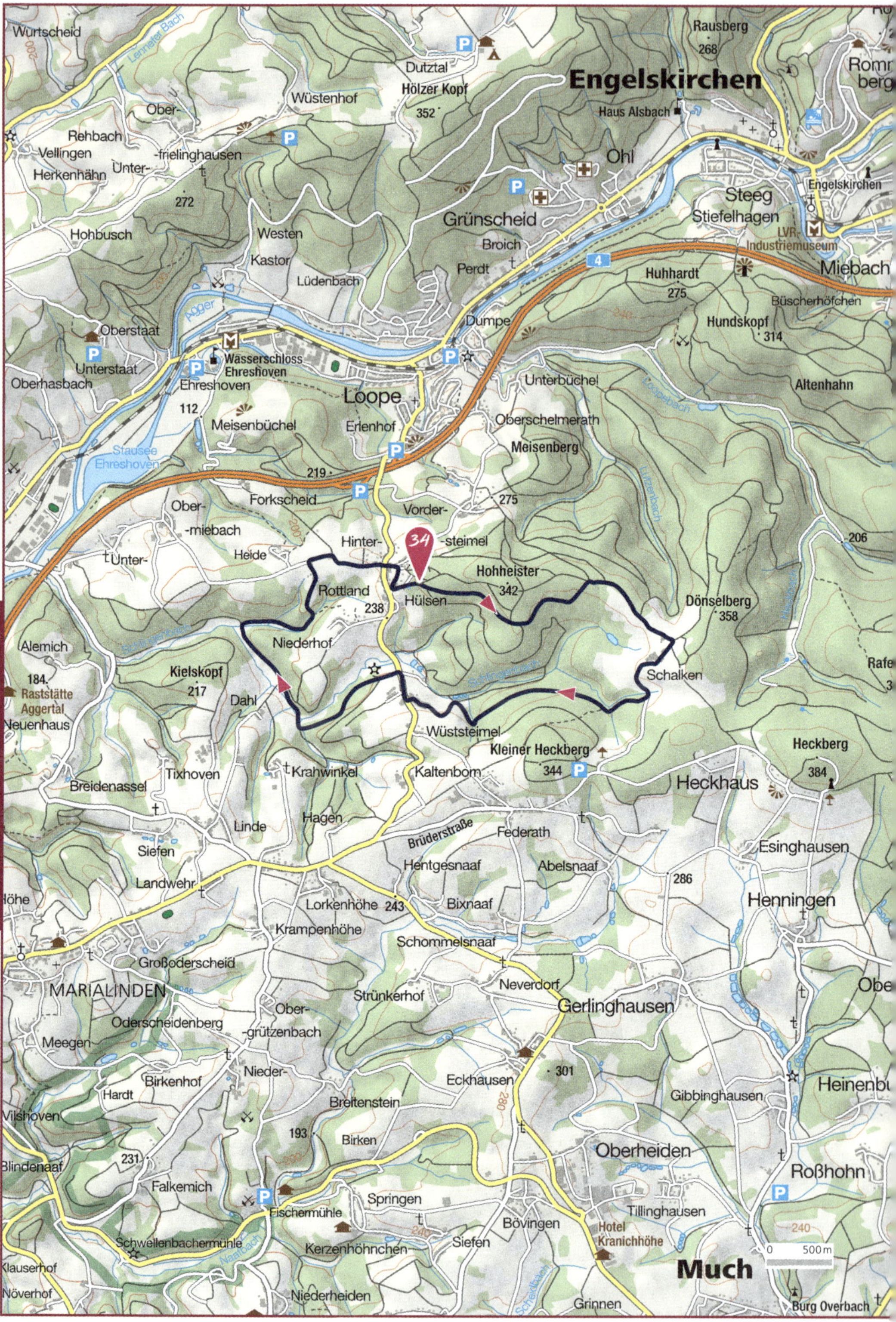
Engelskirchen
Wurtscheid
Lenneter Bach
Dutztal
Hölzer Kopf
352
Rausberg
268
Haus Alsbach
Wüstenhof
Ober-
-frielinghausen
Unter-
Rehbach
Vellingen
Herkenhähn
272
Ohl
Grünscheid
Broich
Perdt
Steeg
Stiefelhagen
LVR-
Industriemuseum
Engelskirchen
Miebach
Hohbusch
Westen
Kastor
Lüdenbach
Agger
4
Huhhardt
275
Büscherhöfchen
Hundskopf
314
Dumpe
Oberstaat
Unterstaat
Oberhasbach
Wasserschloss
Ehreshoven
Ehreshoven
112
Meisenbüchel
Loope
Erlenhof
Unterbüchel
Oberschelmerath
Meisenberg
Loopebach
Altenhahn
Stausee
Ehreshoven
219
Forkscheid
Ober-
-miebach
Vorder-
275
Lützenbach
Hinter-
-steimel
34
Unter-
Heide
Rottland
238
Hülsen
Hohheister
342
Dönselberg
358
206
Alemich
Niederhof
Schalken
184
Raststätte
Aggertal
Kielskopf
217
Dahl
Neuenhaus
Wüststeimel
Kleiner Heckberg
344
Heckberg
384
Heckhaus
Breidenassel
Tixhoven
Krahwinkel
Kaltenborn
Linde
Hagen
Siefen
Brüderstraße
Federath
Hentgesnaaf
Abelsnaaf
Esinghausen
Landwehr
286
Henningen
Lorkenhöhe
243
Bixnaaf
Krampenhöhe
Schommelsnaaf
Großoderscheid
MARIALINDEN
Neverdorf
Gerlinghausen
Strünkerhof
Ober-
-grützenbach
Oderscheidenberg
Meegen
Nieder-
Birkenhof
Hardt
Eckhausen
301
Gibbinghausen
Heinenbu
Vilshoven
Breitenstein
193
Birken
Oberheiden
231
Blindenaaf
Roßhohn
Falkemich
Fischermühle
Springen
Tillinghausen
Bövingen
Hotel
Kranichhöhe
Schwellenbachermühle
Kerzenhöhnchen
Siefen
240
Klauserhof
Naafbach
Much
0
500 m
Növerhof
Niederheiden
Grinnen
Burg Overbach

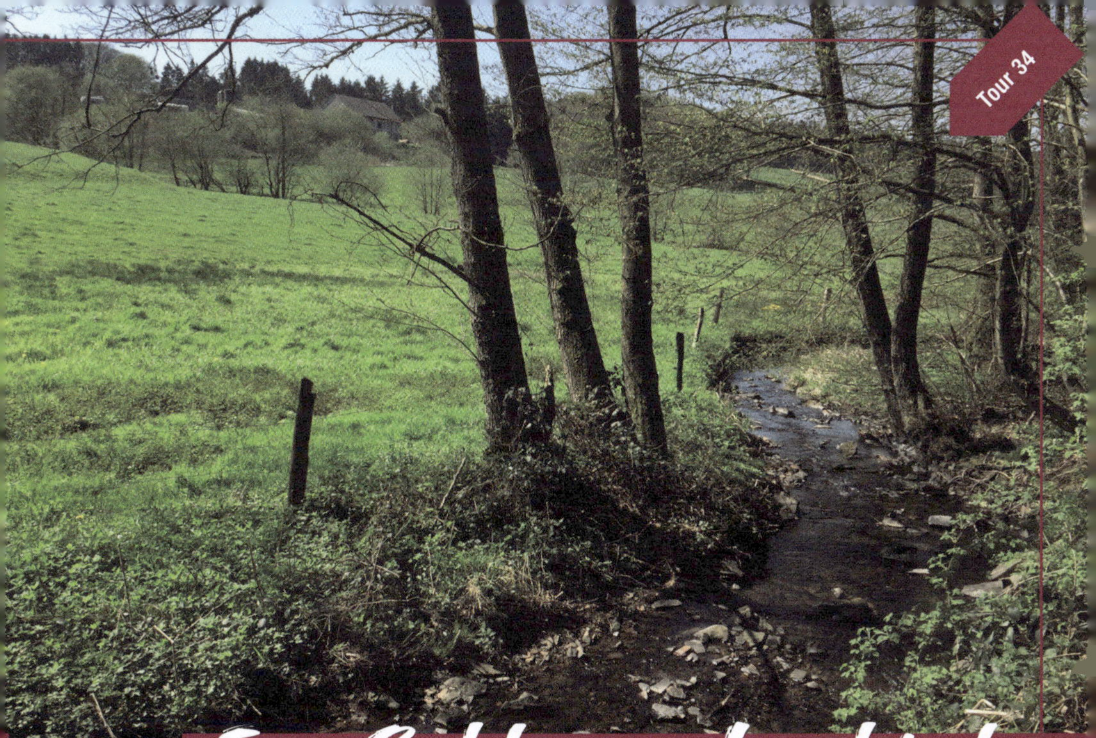

Tour 34

34 Genusstour

Ins Schlingenbachtal

Durch lichte Wälder ins Naturschutzgebiet Schlingenbachtal

DAUER	2h 40min
LÄNGE	9,7 km
AUFSTIEG	180 hm
SCHWIERIGKEIT	LEICHT
MIT ÖFFIS ERREICHBAR	nein

Das erwartet dich ...

Vielfältige Landschafts- und Waldimpressionen erwarten uns hier auf einer abwechslungsreichen Runde. Sanfte An- und Abstiege, die nur zum Ende hin etwas steiler werden. Bequeme, breite Wald- und Teerwege erleichtern uns die Tour zusätzlich.

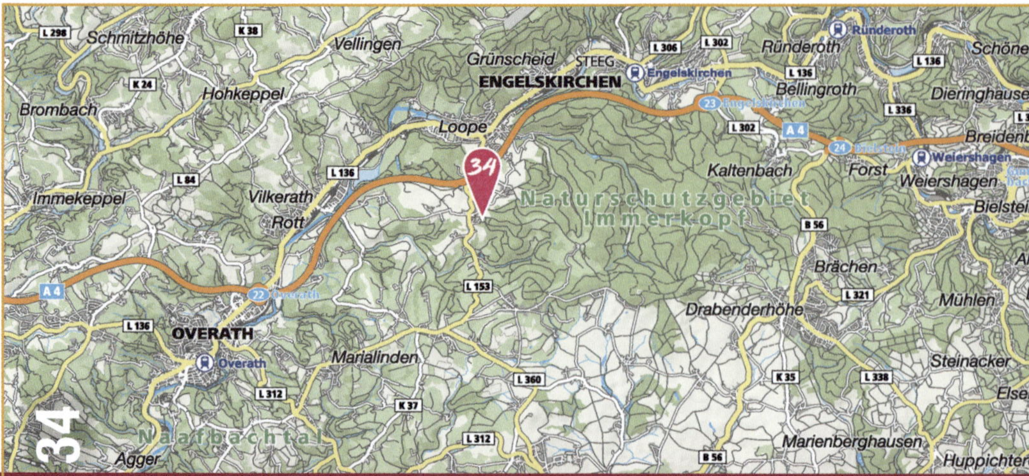

Start & Ziel & Anreise

Ausgangs- und Endpunkt ist der Wanderparkplatz im Wald bei Hülsen. Von der A4 und Loope kommend folgen wir der L153 links nach Hülsen hinauf, in der gleichnamigen Straße befindet sich nach ca. 250 Metern der Parkplatz auf der linken Seite. Anschluss an den Öffis ist nur indirekt über Loope möglich, dort Bushaltestelle Engelskirchen, Loope/Kirche (Linie 310 Overath-Gummersbach).

Tourenbeschreibung

Das Naturschutzgebiet Schlingenbachtal umfasst beinahe den gesamten Lauf des Schlingenbaches bis kurz vor seiner Mündung in die Agger. Das Tal ist sehr waldreich mit überwiegend Fichtenforsten und Buchenwäldern, das östliche Ende wird von Feuchtigkeit liebendem Erlenauwald dominiert.

Wir starten am Wanderparkplatz in Hülsen. Der Weg führt uns zunächst auf A6 und A7 in den Wald hinein bergauf. Gleich an der ersten Gabelung halten wir uns links. Weiter aufwärts geht es nach wenigen Hundert Metern an der Gabelung schräg links hinab, weiter auf unseren Zeichen. Der Weg wird allmählich zum Schotterweg. Wir folgen ihm aus dem Wald hinaus und kommen an einer Tannenbaumschule vorbei. An der T-Kreuzung beim Bankerl geht es nach rechts.

Wir folgen dem Schotterweg nun geradeaus auf dem Hauptweg allmählich aus dem Wald hinaus und an Wiesen vorbei bis Schalken. Hier nun auf asphaltiertem Sträßlein an den Höfen des Örtchens vorbei. Wir folgen nun nur noch A6. In der Rechtskurve wenige Minuten hinter Schalken führt uns ein Waldweg nach rechts leicht hinab. Achtung! Hier keine Markierung! Wir folgen dem Weg durch den Wald nun stetig abwärts (zwischendurch schimmert mal ein verwittertes A3-Zeichen an einem Baum). Er führt uns nun immer wieder durch lichtere Waldstellen. Wir folgen dem Weg bis zu einer deutlichen Gabelung; hier rechts hinab, dem Weg folgen bis nach Schlingenthal.

Der Weg führt in ein Sträßchen, auf diesem wandern wir bergab bis zur Vorfahrtsstraße. Hier nach rechts A6 folgend. Die Straße nun hinab und nach einem kurzen Stück beim Schild „Rehe kreuzen" nach links auf einen Waldweg, weiter auf A6. Wir wandern jetzt durch das schöne, saftiggrüne Schlingenbachtal, zu unserer rechten plätschert der Schlingenbach. Nach knapp 15 Minuten erreichen wir eine T-Kreuzung. Hier halten wir uns nach rechts, weiter auf A6. Wir kommen an einem Haus vorbei, hier verlässt uns A6 mit einem Rechtsknick, wir folgen weiter dem Weg am Waldrand entlang. Auf A9 geht es nun weiter geradeaus. Nach ca. 10 Minuten gelangen wir an eine Gabelung mit einem Bankerl. Hier wenden wir uns nach rechts hinauf, weiter auf A9. Nach etwa 15 Minuten immer bergauf führt der Weg schließlich aus dem Wald hinaus; an einer Wiese vorbei kommen wir nach Rottland.

Hier nun weiter auf asphaltiertem Sträßlein durch den Ort hindurch bis zur nächsten Straße. Dort rechts um die Kurve, weiter auf dem Weg Richtung Loope. An der Vorfahrtsstraße Hülsen geht es geradeaus weiter, die Straße überqueren und steil hinauf. Oben biegen wir rechts ab, weiterhin auf einem Sträßlein. Bei der nächsten Möglichkeit links auf A7 und A8 und in wenigen Minuten nach Hülsen und zum Wanderparkplatz zurück.

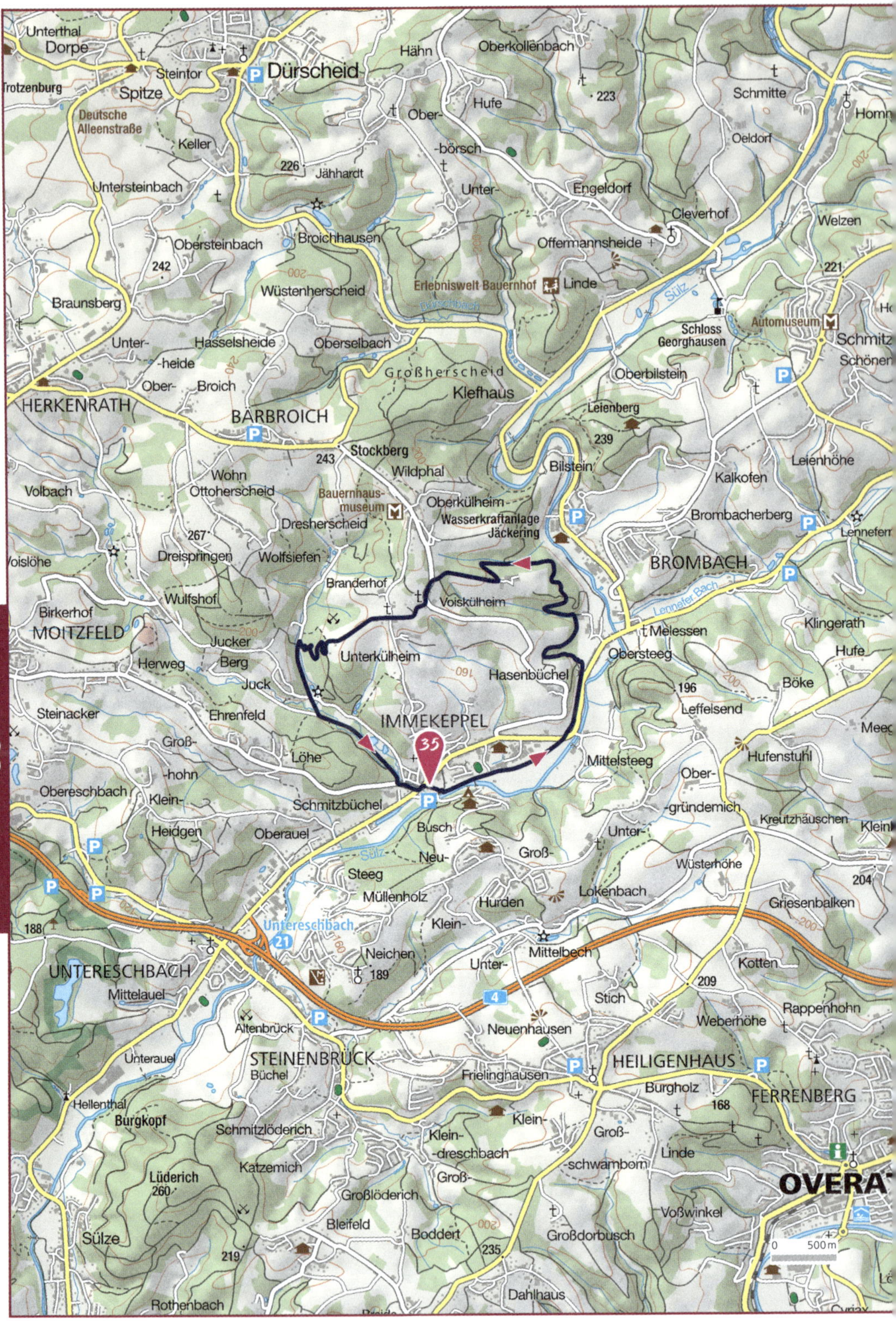
Unterthal
Dorpe
Steintor
Dürscheid
Trotzenburg
Spitze
Deutsche Alleenstraße
Keller
Hähn
Oberkollenbach
223
Hufe
Ober-
-börsch
Unter-
Schmitte
Oeldorf
226
Jähhardt
Untersteinbach
Engeldorf
Cleverhof
Welzen
Offermannsheide
Obersteinbach
242
Broichhausen
Erlebniswelt Bauernhof
Linde
221
Wüstenherscheid
Braunsberg
Sülz
Schloss Georghausen
Automuseum
Schmitz
Schönen
Unter-
-heide
Hasselsheide
Oberselbach
Großherscheid
Oberbilstein
Ober-
Broich
Klefhaus
Leienberg
HERKENRATH
BÄRBROICH
239
Stockberg
243
Wildphal
Bilstein
Leienhöhe
Wohn
Ottoherscheid
Volbach
Bauernhaus-museum
Oberkülheim
Kalkofen
Wasserkraftanlage Jäckering
Brombacherberg
Dresherscheid
267
Lennefer
Voislöhe
Dreispringen
Wolfsiefen
BROMBACH
Branderhof
Voiskülheim
Lennefer Bach
Wulfshof
Klingerath
Birkerhof
Melessen
MOITZFELD
Jucker
Unterkülheim
Obersteeg
Hufe
Herweg
Berg
Hasenbüchel
Juck
196
Böke
Steinacker
Ehrenfeld
Leffelsend
IMMEKEPPEL
Meeg
Groß-
35
Löhe
Mittelsteeg
Hufenstuhl
-hohn
Ober-
Obereschbach
Klein-
Schmitzbüchel
-gründemich
Kreutzhäuschen
Heidgen
Oberauel
Busch
Unter-
Neu-
Groß-
Wüsterhöhe
Steeg
204
Müllenholz
Lokenbach
Hurden
Griesenbalken
188
Untereschbach
21
Klein-
Mittelbech
Neichen
189
Unter-
Kotten
UNTERESCHBACH
209
Mittelauel
Stich
4
Rappenhohn
Weberhöhe
Altenbrück
Neuenhausen
Unterauel
STEINENBRÜCK
HEILIGENHAUS
Büchel
Frielinghausen
Burgholz
FERRENBERG
Hellenthal
168
Burgkopf
Klein-
Schmitzlöderich
Klein-
Groß-
-dreschbach
Linde
Katzemich
-schwamborn
Groß-
Lüderich
260
OVERAT
Großlöderich
Voßwinkel
Sülze
Bleifeld
Boddert
Großdorbusch
219
235
0
500 m
Dahlhaus
Rothenbach

35

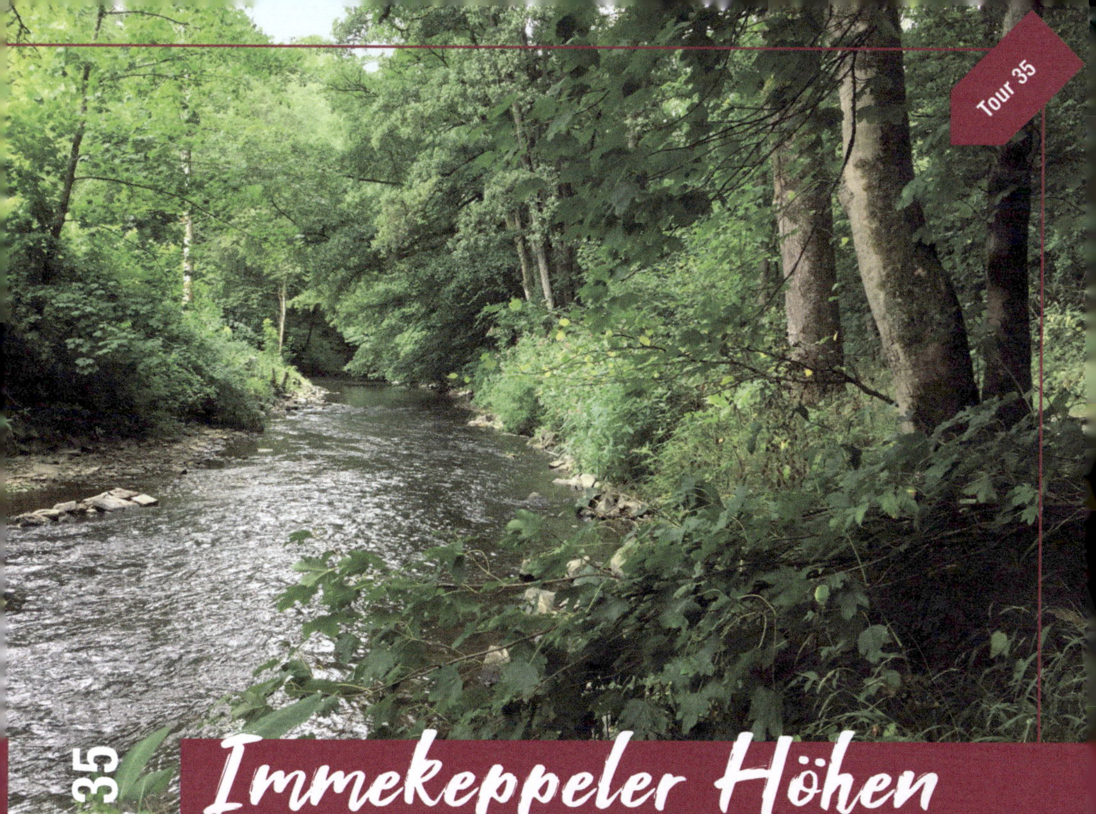

Immekeppeler Höhen

Durch stille Bachtäler und über weite Höhen

DAUER	2h 20min
LÄNGE	8,1 km
AUFSTIEG	150 hm
SCHWIERIGKEIT	LEICHT
MIT ÖFFIS ERREICHBAR	ja

Das erwartet dich ...

Kurze und dennoch aussichtsreiche Tour durch einen besonders schönen Winkel des Bergischen Landes. Breite Waldwege, schmale Pfade und kleine Teerstraßen wechseln sich ab. Wir müssen einige Steigungen überwinden, die aber entweder kurz oder gemäßigt sind.

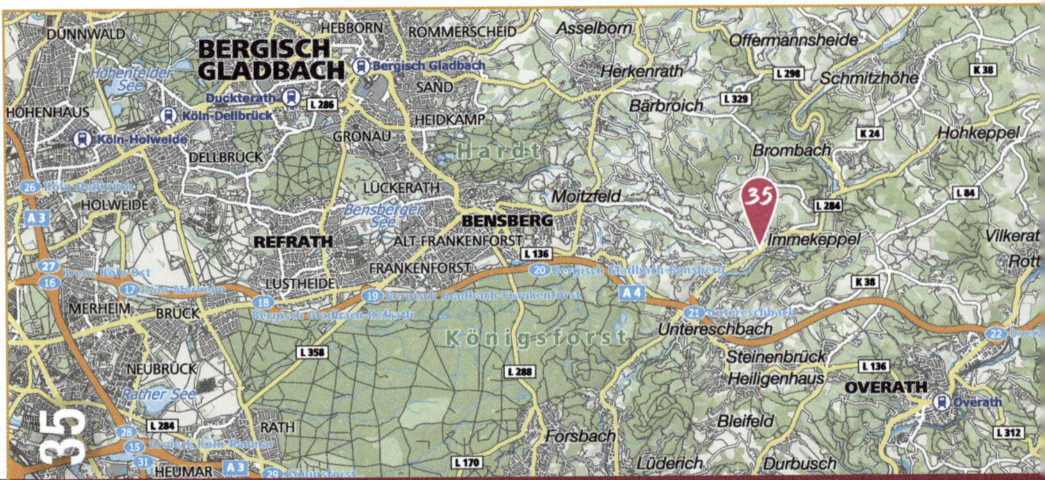

Start & Ziel & Anreise

Start- und Zielpunkt ist der Parkplatz an der Lindlarer Straße neben der Freiwilligen Feuerwehr in Immekeppel. Mit dem Auto nehmen wir die Ausfahrt Untereschbach (21) von der A4 und folgen der Straße Richtung Immekeppel. Anschluss an die Öffis: Die Bushaltestelle Overath-Immekeppel/Kirche ist die nächste zu unserem Ausgangspunkt und mit der Linie 421 und 422 zu erreichen.

Tourenbeschreibung

Wir beginnen und enden an einem Bach, zwischendurch geht es hinauf auf die aussichtsreichen Höhen von Oberkühlheim. Unterwegs führt uns der Weg immer wieder durch einsame Wälder.

Wir starten am Parkplatz in Immekeppel neben der Freiwilligen Feuerwehr. Am Spielplatz vorbei halten wir uns links auf A5 und A6. Nach nur wenigen Schritten erreichen wir die Sülz. Wir folgen ihr nach links, auf A4 und A5 nun immer entlang des Bachs bis zum Ende des Campingplatzes. Es geht geradeaus weiter auf unserer Markierung, über einen Schotterweg an einer Wiese entlang. Bald erreichen wir die L 284, die wir leicht nach links queren.

Auf schmalem Schotterweg geht es nun bergauf. Nach etwa 600 Metern führt uns ein Waldpfad nach links hinauf und weiter auf A4, 5 und 7. Oben halten wir uns rechts, nun immer weiter hinauf durch den Wald, bis wir an einen breiten Wald- und Feldweg gelangen. Hier biegen wir nach rechts ab und folgen ihm. Er mündet schließlich in einen Forstweg von Obersteeg, in den wir links einbiegen. Wir folgen ihm hinauf bis zu einer Gabelung, hier rechts weiter um die 180-Grad-Kurve und zu einer weiteren Gablung: Dort geht es geradeaus weiter, bergauf auf erdigem Weg, nun auf O. Am Teersträßlein schließlich geht es rechts hinauf, bis wir eine Straße erreichen.

Hier halten wir uns links, nun wieder abwärts, nach Voiskühlheim, weiter auf O und X. Ab jetzt geht es immer hinab bis nach Unterkühlheim. Am Ortsrand halten wir uns rechts, das Sträßlein hinab. Dann geht es rechts auf einen sehr schmalen Waldweg durch den Laubwald, in langen Serpentinen bergab. Unten biegen wir links in den Weg ein und folgen ihm noch ein Stück bis zur Straße: geradeaus hinüber auf einen Pfad, der uns über zwei kleine Brücken über den Volbach zu einem breiten Waldweg führt.

Diesem folgen wir nach links bis zur Löher Straße. Hier links, kurz darauf an der L 284 wieder links und zurück zum Parkplatz Immekeppel neben der Freiwilligen Feuerwehr.

Der Blick auf Immekeppel

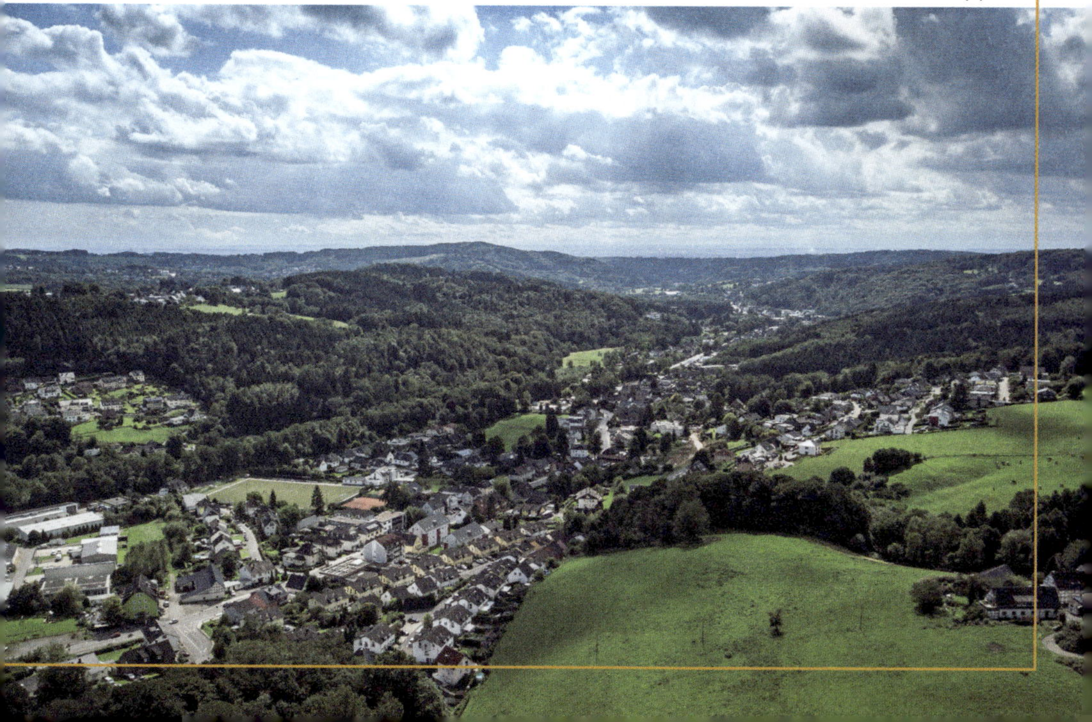

36

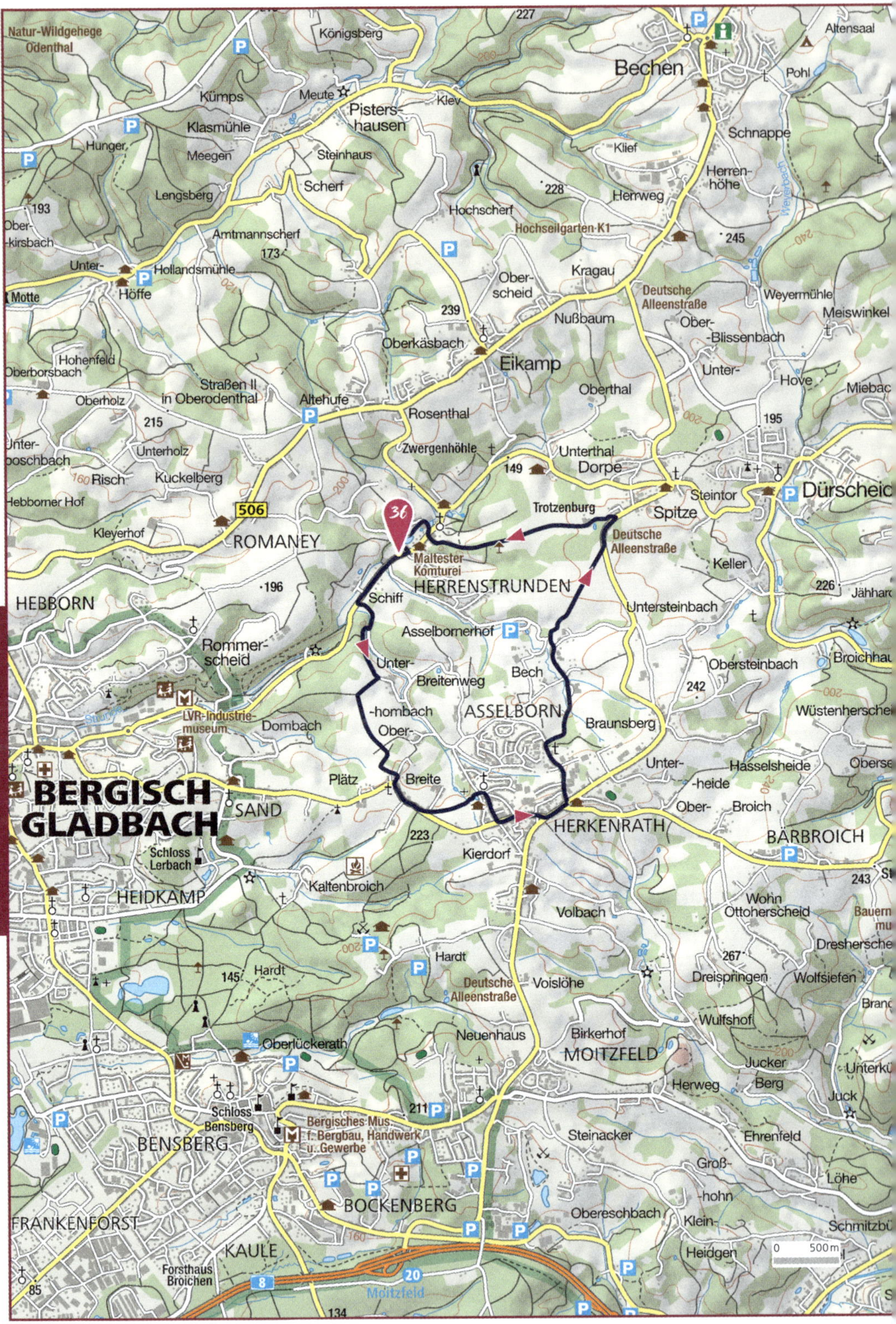
Natur-Wildgehege Odenthal
Königsberg
227
Bechen
Altensaal
Pohl
Kümps
Meute
Pisters-hausen
Klev
Klasmühle
Hunger
Meegen
Steinhaus
Schnappe
Klief
Herren-höhe
Weyerbach
Lengsberg
Scherf
228
Herweg
193
Ober-kirsbach
Hochscherf
Hochseilgarten-K1
Amtmannscherf
173
245
Unter-
Hollandsmühle
Höffe
Motte
Ober-scheid
Kragau
Deutsche Alleenstraße
Weyermühle
Meiswinkel
239
Nußbaum
Ober-
-Blissenbach
Oberkäsbach
Eikamp
Hohenfeld
Oberborsbach
Unter-
Hove
Miebac
Straßen II in Oberodenthal
Oberholz
Altehufe
Oberthal
Rosenthal
215
195
Unter-boschbach
Unterholz
Zwergenhöhle
Unterthal
Dorpe
149
Risch
Kuckelberg
Dürscheid
Steintor
Hebborner Hof
506
Trotzenburg
Spitze
Kleyerhof
ROMANEY
36
Deutsche Alleenstraße
Maltester Komturei
Keller
HERRENSTRUNDEN
196
HEBBORN
Schiff
Untersteinbach
226
Jährhar
Asselbornerhof
Rommer-scheid
Unter-
Bech
Obersteinbach
Broichhau
Breitenweg
242
LVR-Industrie-museum
-hombach
ASSELBORN
Wüstenherschei
Dombach
Ober-
Braunsberg
Unter-
Hasselsheide
Oberse
-heide
BERGISCH GLADBACH
Plätz
Breite
SAND
Ober-
Broich
HERKENRATH
BÄRBROICH
223
Kierdorf
Schloss Lerbach
243
HEIDKAMP
Kaltenbroich
Wohn Ottoherscheid
Volbach
Hardt
267
Dreshersche
Hardt
145
Deutsche Alleenstraße
Voislöhe
Dreispringen
Wolfsiefen
Wulfshof
Oberlückerath
Neuenhaus
Birkerhof
MOITZFELD
Jucker Berg
Herweg
Juck
211
Schloss Bensberg
Bergisches Mus. f. Bergbau, Handwerk u. Gewerbe
Steinacker
Ehrenfeld
BENSBERG
Groß-
-hohn
Löhe
BOCKENBERG
Obereschbach
Klein-
FRANKENFORST
Schmitzbü
KAULE
Heidgen
Forsthaus Broichen
0
500 m
85
8
20
Moitzfeld
134

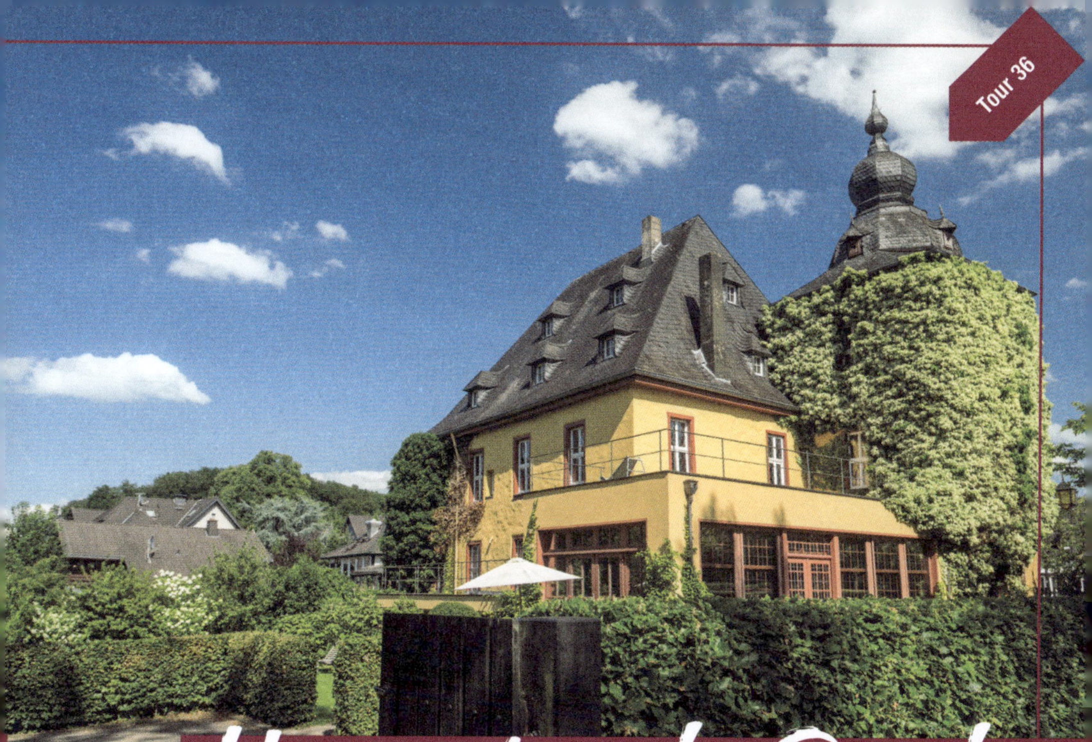

Tour 36

Panoramatour 36

Herrenstrunder Runde

Über aussichtsreiche Höhen

DAUER	2h 20min
LÄNGE	8,3 km
AUFSTIEG	150 hm
SCHWIERIGKEIT	LEICHT
MIT ÖFFIS ERREICHBAR	ja

Das erwartet dich ...

Abwechslungsreiche Tour durch Feld, Wald und Wiesen in der schönen rheinischen Hügellandschaft. Überwiegend geht es auf bequemen Waldwegen voran. Das bedeutet uns erwarten nur wenige Teerstraßenabschnitte und die Steigungen sind zum Glück auch nicht zu extrem.

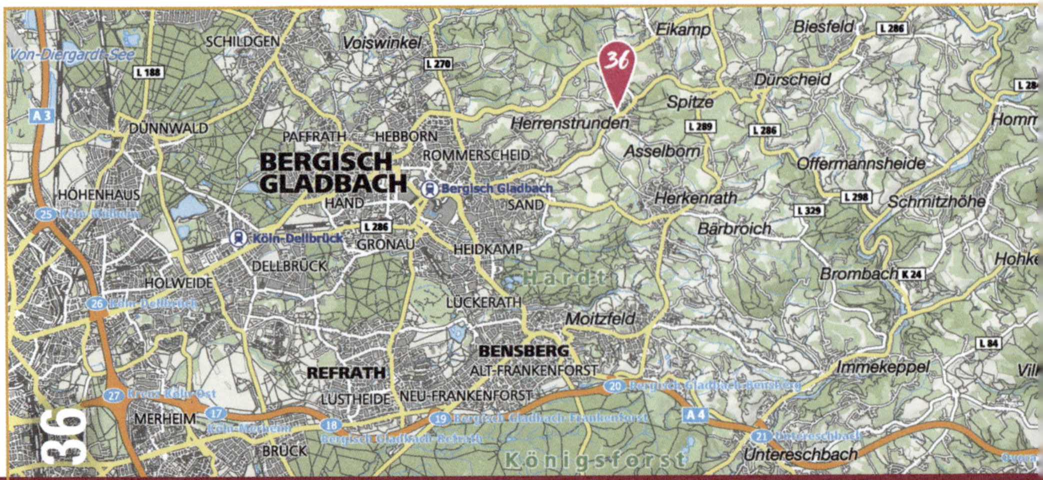

Start & Ziel & Anreise

Ausgangs- und Endpunkt ist der Wanderparkplatz an der L 286 bei Burg Zweiffel in Herrenstrunden. Wir erreichen den Parkplatz über die A4 Ausfahrt Bergisch Gladbach-Bensberg (20) und folgen der L 289 bis zum Asselborner Weg. Mit den Öffis nehmen wir den Bus 426 von Bergisch Gladbach und steigen an der Bushaltestelle Bergisch Gladbach/Herrenstrunden aus.

Tourenbeschreibung

In Herrenstrunden entspringt die Strunde; ihr Wasser machte das Strundental ab dem 13. Jahrhundert zum Gewerbegebiet, denn der Bach ermöglichte den Betrieb von rund 40 Mühlen auf einer Strecke von nur 20 Kilometern.

Wir parken am Wanderparkplatz Burg Zweiffel und halten uns an der Hauptstraße (Kürtener Straße) rechts. Nach wenigen Minuten führt uns der Bergische Weg, dem wir folgen, nach links über die Straße in den Hombacher Weg, eine kleine, verkehrsberuhigte Straße. In der folgenden Rechtskurve führt uns ein Pfad nach rechts in den Wald. Bergauf geht es nun und an der nächsten Gabelung halten wir uns links. Durch schönen Laubwald führend endet unser Weg in einem Teerweg. Hier geht es rechts bergauf. An der Kreuzung mit den Feldwegen biegen wir links ein. Der Weg wird allmählich zu einem Pfad, der uns nach Breite bringt. An der Hauptstraße biegen wir links ein.

Bald verlässt uns der Bergische Weg nach rechts, wir folgen nun dem X auf einem Wiesen- und Schotterweg bis wir nach Herkenrath gelangen. Das Zentrum für industriellen Bergbau im 19. Jahrhundert hat eine lange Bergbaugeschichte und es wird vermutet, das bereits die Römer in der Umgebung bereits Bergbau bertieben haben.

In Herkenrath schließlich halten wir uns rechts mit der Hauptstraße hinauf, weiter dem X folgend. An der Kreuzung biegen wir links auf die Straße Kierdorf ab. Hinauf geht es zur nächsten großen Kreuzung. Hier biegen wir nach links in die Straße „Straßen" ein, nach wenigen Hundert Metern dann wieder links in den Asselborner Weg. Achtung! Hier ist unser Weg unmarkiert. Wir folgen der Straße hinab, in ihrer Linkskurve biegen wir rechts auf eine asphaltierte, wenig befahrene Straße ab Richtung Herrenstrunden. Nun folgen wir dem N. Wir erreichen Bech, an der Kreuzung halten wir uns links, weiter auf N und A3.

Anschließend führt die Straße nach Asselborn. An den Häusern vorbei, beim Schotterweg geht es rechts leicht bergauf. Ein Feldweg führt uns jetzt bis zur Landesstraße 289. Hier biegen wir links nach Trotzenburg ab. Kurz vor dem Ortsschild Spitze biegen wir wieder links in den Trotzenburger Weg ein und erreichen einen schmalen Teerweg. Wir folgen A4 immer geradeaus und gelangen zurück nach Herrenstrunden. Wir queren die Straße und gehen gegenüber in den Malteser Weg, folgen ihm zum Bach (die Strunde), queren diesen und halten uns anschließend links. Der Bergische Weg führt uns zurück zum Wanderparkplatz Burg Zweiffel.

Autoren Tipp

Es lohnt sich den Ausgangs- und Endpunkt Herrenstrunden vor oder nach der Wanderung etwas genauer unter die Lupe zu nehmen. Neben der Burg Zweiffel gibt es noch weitere historische Architektur zu sehen und auch die schöne Anlage des Ortskerns macht viel her. Mit der schön am Wasser gelegenen Malteser Komturei gibt es zudem eine hervorragende Einkehrmöglichkeit im Ort.

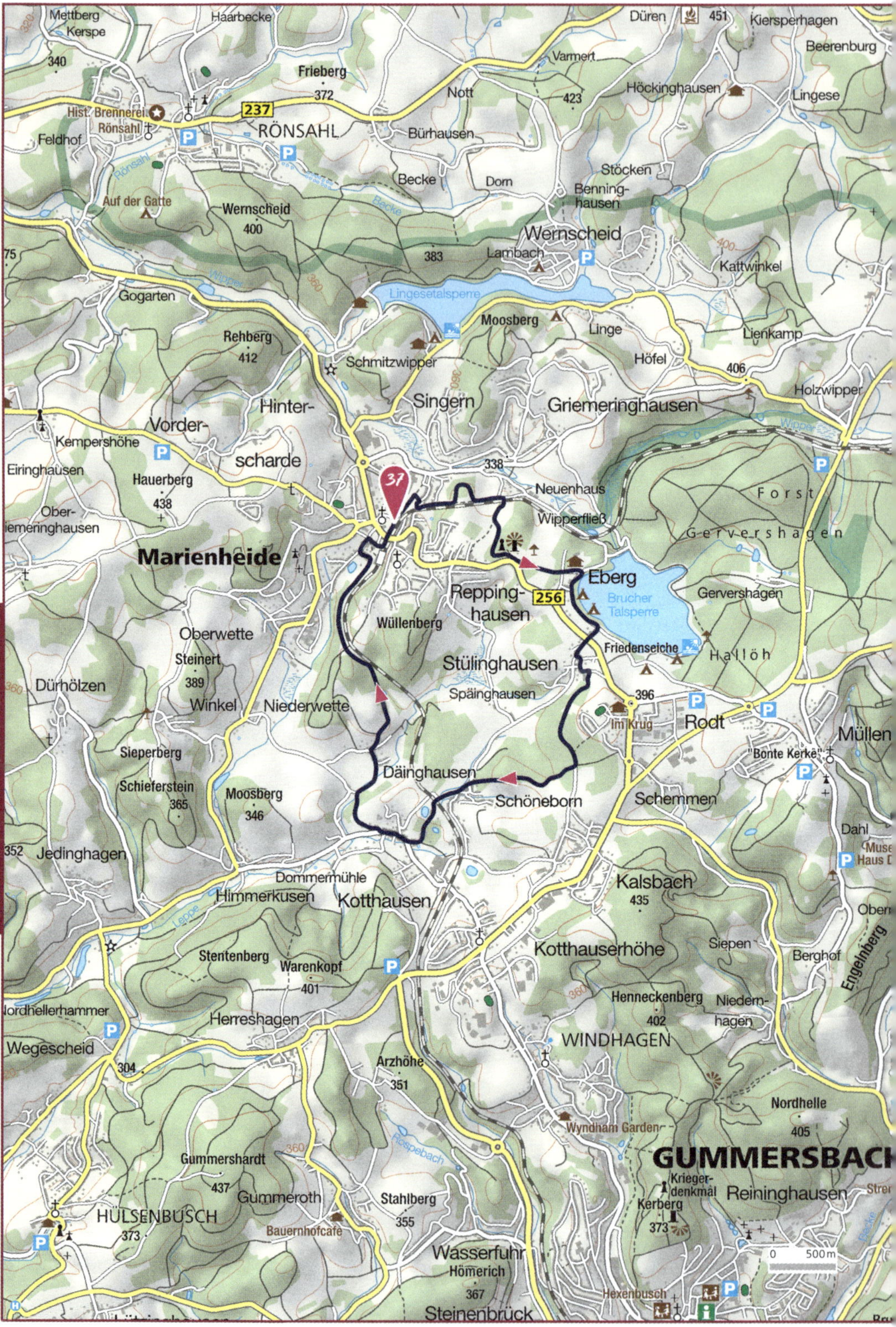
Mettberg
Kerspe
Haarbecke
Düren
451
Kiersperhagen
Beerenburg
340
Frieberg
372
Varmert
Nott
423
Höckinghausen
Lingese
Hist. Brennerei
Rönsahl
237
RÖNSAHL
Bürhausen
Feldhof
Stöcken
Becke
Dorn
Benning-
hausen
Auf der Gatte
Wernscheid
400
Wernscheid
383
Lambach
Kattwinkel
Gogarten
Lingesetalsperre
Moosberg
Linge
Rehberg
412
Lienkamp
Höfel
Schmitzwipper
406
Holzwipper
Hinter-
Singern
Griemeringhausen
Vorder-
Kempershöhe
scharde
338
Eiringhausen
Hauerberg
438
37
Neuenhaus
Forst
Ober-
iemeringhausen
Wipperfließ
Gervershagen
Marienheide
Eberg
Repping-
hausen
256
Brucher
Talsperre
Gervershagen
Wüllenberg
Oberwette
Friedenseiche
Hallöh
Steinert
389
Stülinghausen
Dürhölzen
Winkel
Niederwette
Späinghausen
396
Im Krug
Rodt
Müllen
Sieperberg
"Bonte Kerke"
Schieferstein
365
Moosberg
346
Däinghausen
Schöneborn
Schemmen
Dahl
352
Jedinghagen
Kalsbach
435
Dommermühle
Himmerkusen
Kotthausen
Stentenberg
Warenkopf
401
Kotthauserhöhe
Siepen
Berghof
Engelnberg
Nordhellerhammer
Henneckenberg
402
Niedern-
hagen
Herreshagen
Wegescheid
WINDHAGEN
304
Arzhöhe
351
Nordhelle
405
Wyndham Garden
Gummershardt
GUMMERSBACH
437
Gummeroth
Krieger-
denkmal
Reininghausen
Stahlberg
355
Kerberg
373
HÜLSENBUSCH
373
Bauernhofcafe
Wasserfuhr
Hömerich
367
Hexenbusch
Steinenbrück
0
500 m

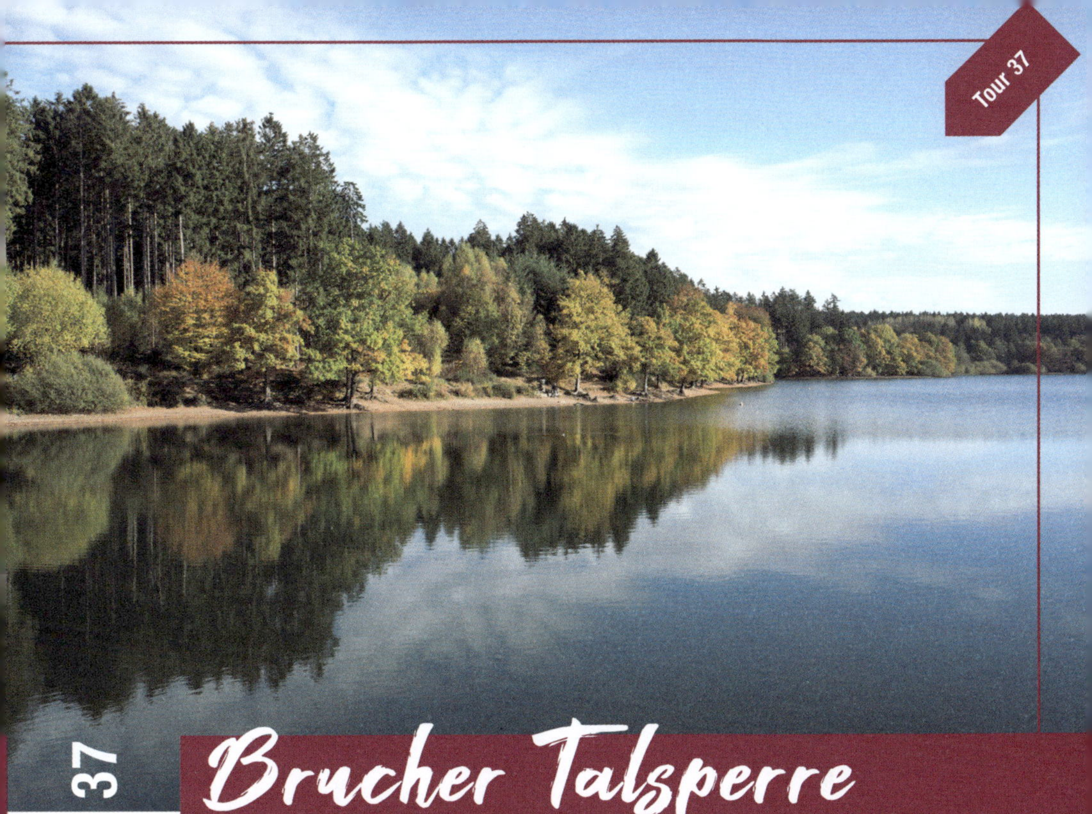

37

Seetour

Brucher Talsperre

Wanderspaß und Badevergnügen

DAUER	2h 40min
LÄNGE	10 km
AUFSTIEG	180 hm
SCHWIERIGKEIT	LEICHT
MIT ÖFFIS ERREICHBAR	nein

Das erwartet dich ...

Diese Tour ist eine anregende Rundwanderung mit abwechslungsreichen Landschaftseindrücken und bietet ganz nebenbei Erfrischung durch die Bademöglichkeit an der Brucher Talsperre. Oftmals geht es auf und ab, kurzzeitig auch steil, doch größtenteils auf sehr bequemen Wegen.

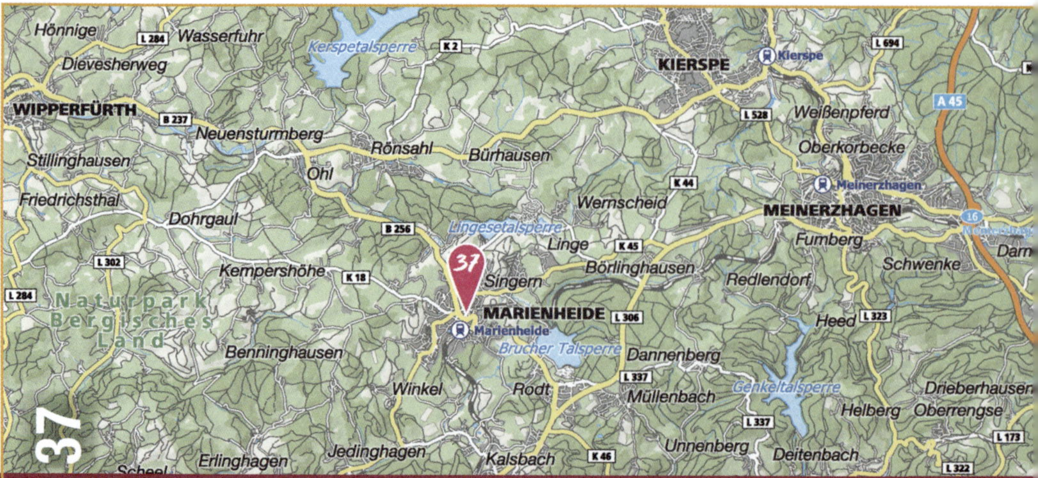

Start & Ziel & Anreise

Ausgangs- und Endpunkt ist der P&R-Parkplatz an der Straße Zum Wasserturm in Marienheide. Von Köln aus fahren wir auf der A4, nehmen die Ausfahrt Engelskirchen (23) und fahren weiter auf der L302 Richtung Marienheide. Anreise mit Öffis: Der Regionalzug (RB25) hält direkt beim Bahnhof Marienheide, der fünf Minuten fußläufig vom Parkplatz entfernt ist.

Tourenbeschreibung

Die Brucher Talsperre dient der Hochwasserregulierung und der Niedrigwasseraufhöhung. Der Brucher Stausee hat sich zu einem beliebten Naherholungsgebiet entwickelt, auf dem man Schwimmen, Surfen und Boot fahren kann.

Wir starten am P&R-Parkplatz Marienheide an der Straße Zum Wasserturm. Von seinem nördlichen Ende führt der Bergische Fuhrmannsweg (Nr. 9 der Bergischen Streifzüge) leicht schräg rechts auf die Gleise zu, auf schmalem Schotterweg an Obstbäumen vorbei. Beim Pflasterweg geht es nun rechts bergauf. An der Straße nach links und vor dem Gleisübergang links hinab auf einem Teerweg. Unten führt er uns gleich wieder rechtshaltend auf schmalem Pfad hinauf in den Wald. Wir folgen kurz der Markierung, die uns jedoch bald wieder hinaus, erst bergab, dann wieder bergauf bis zu einer kleinen Straße führt. Hier kreuzen wir gleich rechter Hand am Bahnübergang die Gleise. Ein Pfad führt nun am Waldrand und

Koppeln entlang. Wir folgen diesem nun immer aufwärts, nach gut fünf Minuten erreichen wir eine der Infotafeln des Bergischen Fuhrmannsweges Nr. 9. Der Weg wird breiter; wir folgen ihm, am Tennisplatz links, dann gleich auf dem Teerweg links hinauf und geradeaus hinab zur Brucher Talsperre.

Hier wenden wir uns auf der anderen Straßenseite auf einen Fußweg nach rechts, am Wasser entlang. Kurz hinter der Infotafel D folgen wir nun A7 rechts die Straße hinauf. Sie führt uns über die B256 in die Schöneborner Straße hinab. Wir folgen nun der Straße, bis sie uns nach wenigen Minuten wieder in einer Linkskurve hinaufführt. An den Hallen von Arns Reisen vorbei und gleich rechts in den Feldweg abbiegen, weiter auf A7. Der Wald- und Feldweg führt nach gut 15 Minuten an eine große Kreuzung, die wir rechts hinabgehen. Auf schmalem Pfad kommen wir nach Schöneborn. Bei den ersten Häusern rechts auf einen Wiesenweg und dann gleich wieder rechts zur Straße. Hier wenden wir uns nach links weiter bergab. Wiederum nach wenigen Metern biegen wir rechtshaltend auf die Straße Im Kämpchen ab. Wir folgen der kleinen Straße unter der Gleisbrücke hindurch und weiter nach Kotthausen.

Rechts um die Kurve bis zur Vorfahrtsstraße, in die wir rechts einbiegen. Wir folgen der Alten Landstraße rechts bergauf; sie mündet in einen Feldweg durch ein Laubwäldchen. Weiter bergab, bis wir an eine Teerstraße gelangen, der wir rechts nach Däinghausen folgen. Immer geradeaus auf der Straße geht es nun stetig bergauf. Der Weg mündet in einen Feldweg und führt an Koppeln vorbei bergauf. Teilweise keine Markierung! Der Weg ist bald wieder teils asphaltiert, zu unserer Rechten begleiten uns nun die Gleise. An der Gleisbrücke wenden wir uns nach links und wählen den rechten der beiden Wege. Nach rund 150 Metern biegen wir rechts auf einen schmalen Pfad ab, der uns nun hinabführt. Achtung! Diese Abzweigung ist leicht zu übersehen, die Markierungen sind hinter Laubwerk versteckt!

Nun hinab bis zu einem Weiher und rechts dem Weg durch den Park folgend halten wir uns wieder rechts am Spielplatz vorbei bis zur Straße. Dieser folgen wir und biegen am Ende rechts in die Landwehrstraße ein. An der nächsten Kreuzung biegen wir wieder rechts ab. In wenigen Minuten erreichen wir den Busbahnhof und schlendern zum Parkplatz zurück.

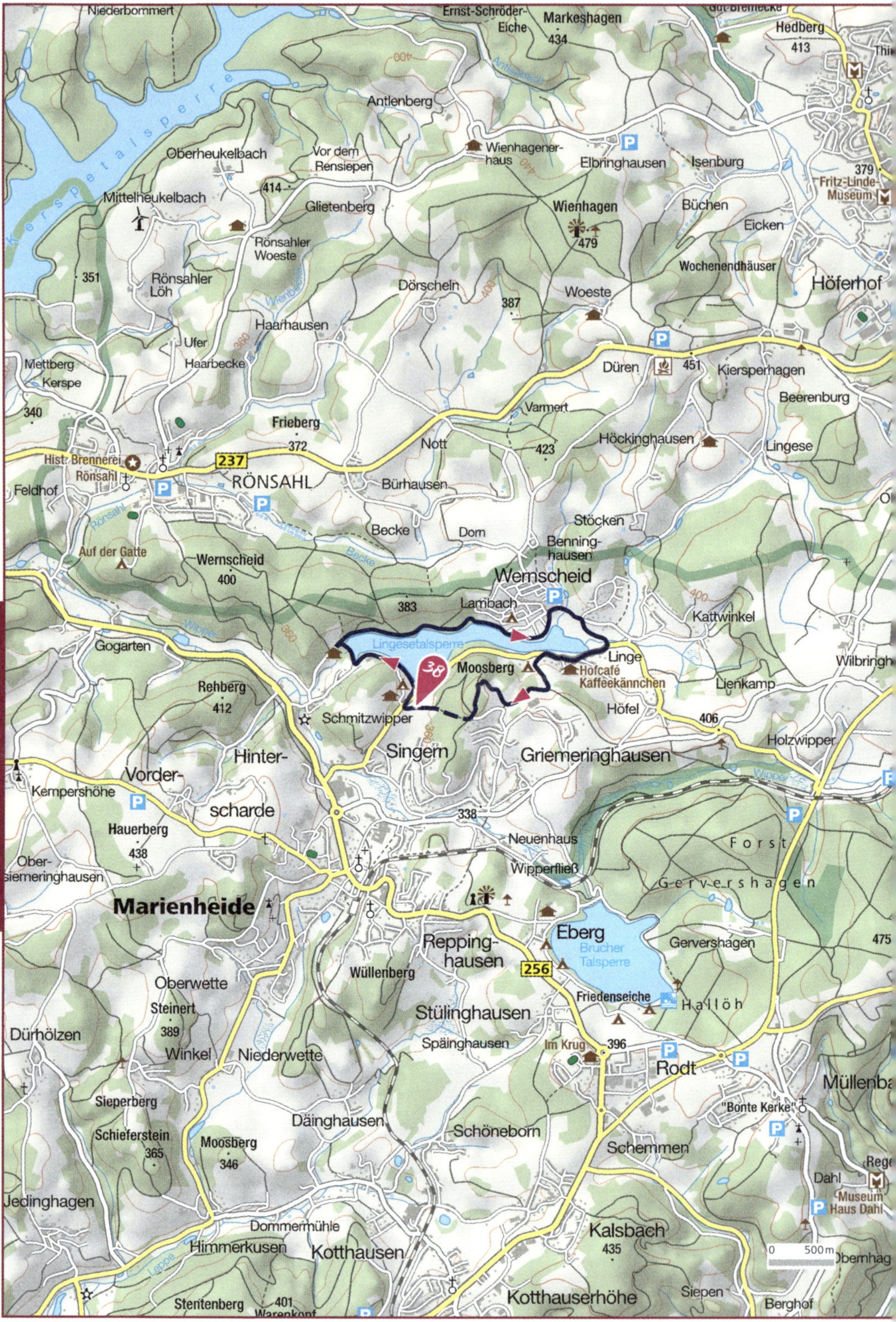

Niederbommert
Ernst-Schröder-Eiche
Markeshagen
434
Hedberg
413
Kerspetalsperre
Antlenberg
Vor dem Rensiepen
Wienhagener-haus
Elbringhausen
Isenburg
379
Fritz-Linde-Museum
Oberheukelbach
414
Glietenberg
Mittelheukelbach
Wienhagen
479
Büchen
Eicken
Rönsahler Woeste
351
Rönsahler Löh
Dörscheln
387
Woeste
Wochenendhäuser
Höferhof
Haarhausen
Ufer
Haarbecke
Mettberg
Kerspe
Düren
451
Kiersperhagen
Beerenburg
340
Frieberg
372
Varmert
Nott
423
Höckinghausen
Lingese
Hist. Brennerei
Rönsahl
237
RÖNSAHL
Bürhausen
Feldhof
Becke
Dorn
Stöcken
Benning-hausen
Auf der Gatte
Wernscheid
400
Wernscheid
383
Lambach
Kattwinkel
Gogarten
Lingesetalsperre
Linge
38
Moosberg
Hofcafé Kaffeekännchen
Wilbringhausen
Rehberg
412
Lienkamp
Schmitzwipper
Höfel
406
Holzwipper
Hinter-
Singern
Griemeringhausen
Vorder-
Kempershöhe
scharde
Hauerberg
438
338
Neuenhaus
Ober-siemeringhausen
Wipperfließ
Forst Gervershagen
Marienheide
Repping-hausen
Eberg
Brucher Talsperre
Gervershagen
475
Wüllenberg
256
Oberwette
Steinert
389
Friedenseiche
Hallöh
Stülinghausen
Dürhölzen
Winkel
Niederwette
Spainghausen
Im Krug
396
Rodt
Müllenbach
Sieperberg
"Bonte Kerke"
Schieferstein
365
Däinghausen
Schöneborn
Moosberg
346
Schemmen
Dahl
Museum Haus Dahl
Jedinghagen
Dommermühle
Kalsbach
435
Himmerkusen
Kotthausen
0 500 m
Obernhagen
Stentenberg
401
Warenkopf
Kotthauserhöhe
Siepen
Berghof

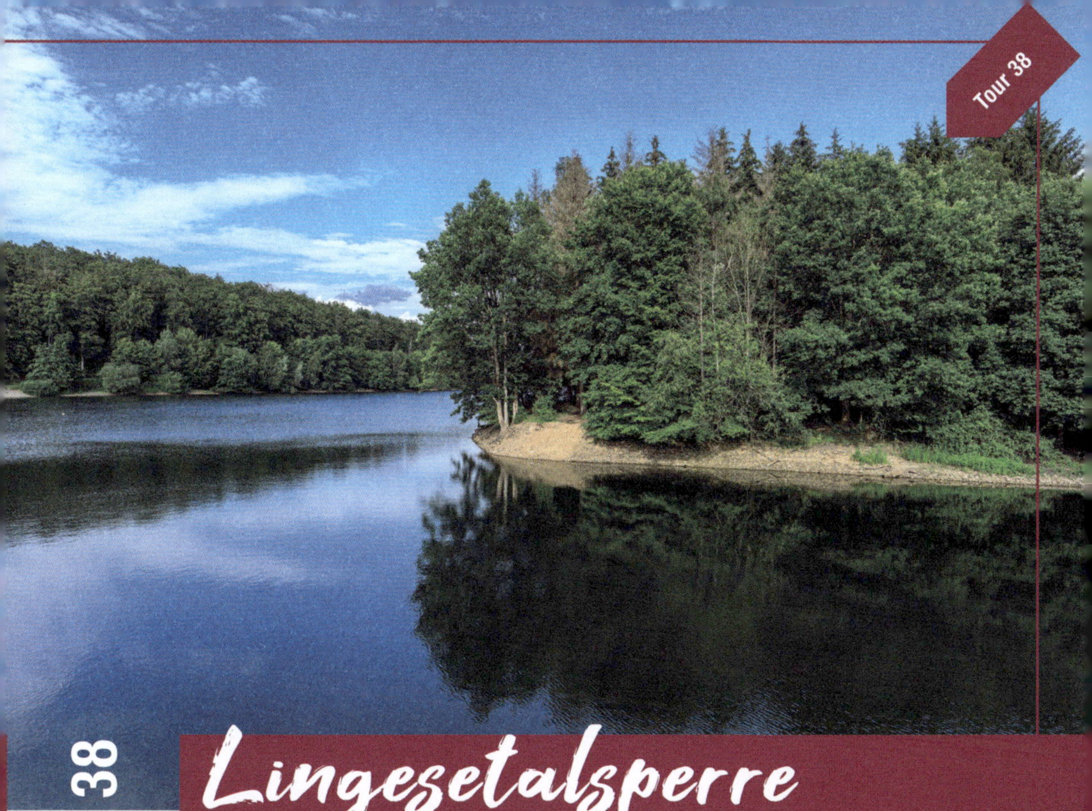

Tour 38

38 Seetour

Lingesetalsperre

Ein kleiner See für heiße Tage

DAUER	1h 40min
LÄNGE	6 km
AUFSTIEG	80 hm
SCHWIERIGKEIT	LEICHT
MIT ÖFFIS ERREICHBAR	nein

Das erwartet dich ...

Es erwartet uns eine kurze Wanderung auf durchgehend bequemen Schotter- und Asphaltwegen. Die wenigen Steigungen sind von geringer Steilheit. Idyllische Wald- und Wiesenlandschaften rund um den Stausee lassen Urlaubsatmosphäre aufkommen.

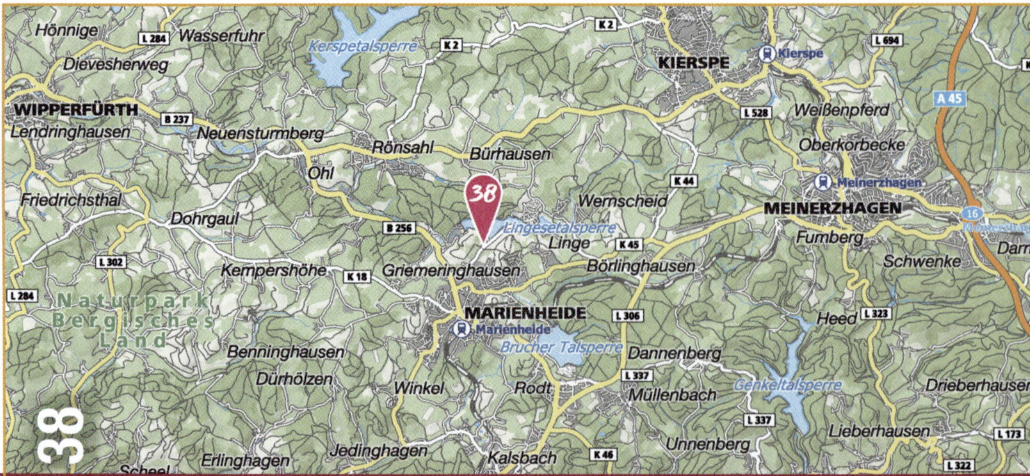

Start & Ziel & Anreise

Start- und Zielpunkt ist der Parkplatz Lingesetalsperre bei Marienheide. Von Köln aus fahren wir auf der A4, nehmen die Ausfahrt Engelskirchen (23) und fahren weiter auf der L302 Richtung Marienheide. Die Anreise mit den Öffis ist eher beschwerlich und nicht zu empfehlen. Falls doch: Der Regionalzug (RB25) hält beim Bahnhof Marienheide, der zwei Kilometer vom Parkplatz entfernt ist.

Tourenbeschreibung

Die Tour ist ideal für heiße Tage, denn sie führt überwiegend durch schattigen Wald. Für Abkühlung zwischendurch lädt die Lingesetalsperre (Lingeser See) an vielen Stellen zum Baden ein.

Wir beginnen unsere Wanderung am Parkplatz Lingesetalsperre und folgen der Wegmarkierung A6. Beim Campingplatz Lingese wechseln wir auf die andere Straßenseite, von dort geht es auf schmalem Asphaltweg hinunter zum Stausee. Bevor es jedoch ganz zur Wasserkante geht, führt uns die Markierung nach links auf einen Schotterweg. Nach gut 10 Minuten erreichen wir die Staumauer, auf der wir ans andere Ufer wechseln.

Auf der anderen Seite biegen wir nach links ab, doch schon nach wenigen Metern wenden wir uns wieder nach rechts den Teerweg hinauf, A6 folgend. Wir bleiben auf diesem Weg, der uns zunächst oberhalb des Sees in den Wald führt. Wir wandern durch einen schönen Laubwald. Nach 15 Minuten erreichen wir linker Hand einen Campingplatz, an dem wir vorbeigehen. Am westlichen Ende des Sees führt A6 auf eine schmale Teerstraße, in die wir rechts einbiegen. Nach einigen Minuten führt uns unsere Markierung auf einem noch schmäleren Teerweg nach rechts leicht bergab. Wir bleiben auf diesem Weg, bis wir eine Straße erreichen. Hier biegen wir rechts ein und gehen auf dem Schotterweg neben der Fahrstraße entlang; vorbei an den hübschen Häuschen von Linge.

Am Ortsausgang führt uns A6 einen Teerweg links hinauf. Wieder an einem Campingplatz vorbei geht es nun immer bergauf, der Weg geht in einen Feldweg über und bald wieder in einen geteerten Weg. An der Kreuzung im Wald wenden wir uns nach rechts, auf Schotter geht es bergab. Am Wanderschild des Bergischen Wanderlandes folgen wir dem Weg weiter geradeaus, an idyllischen Lichtungen vorbei in den Wald. Kurz nach Betreten des Waldes führt uns der Bergische Panoramasteig links hinauf, zunächst durch einen Laubwald. Beim Hinaufgehen halten wir uns nochmals links; wir folgen dem schönen schmalen Waldweg, bis wir den Ortsrand von Griemeringhausen erreichen. Hier gleich rechts auf den Pfad in den Wald hinab. Wir stoßen auf einen Schotterweg, dem wir geradeaus weiter abwärts folgen. Steil führt er uns schließlich auf einem asphaltiertem Weg zurück zum Parkplatz Lingesetalsperre.

Autoren Tipp

Die gute Wasserqualität und die tolle Naturumgebung sind starke Argumente für eine Verlängerung der Tour an der Lingesetalsperre. Die schönen Badeplätze und die großen Waldgebiete der Umgebung sorgen für ein naturnahes Ambiente und Erlebnis. Dafür gibt es aber auch nur wenig touristische Infrastruktur für Tagesgäste – das Hofcafé Kaffeekännchen als einzige Einkehrmöglichkeit befindet sich etwas entfernt von den Badestellen im Örtchen Linge.

39

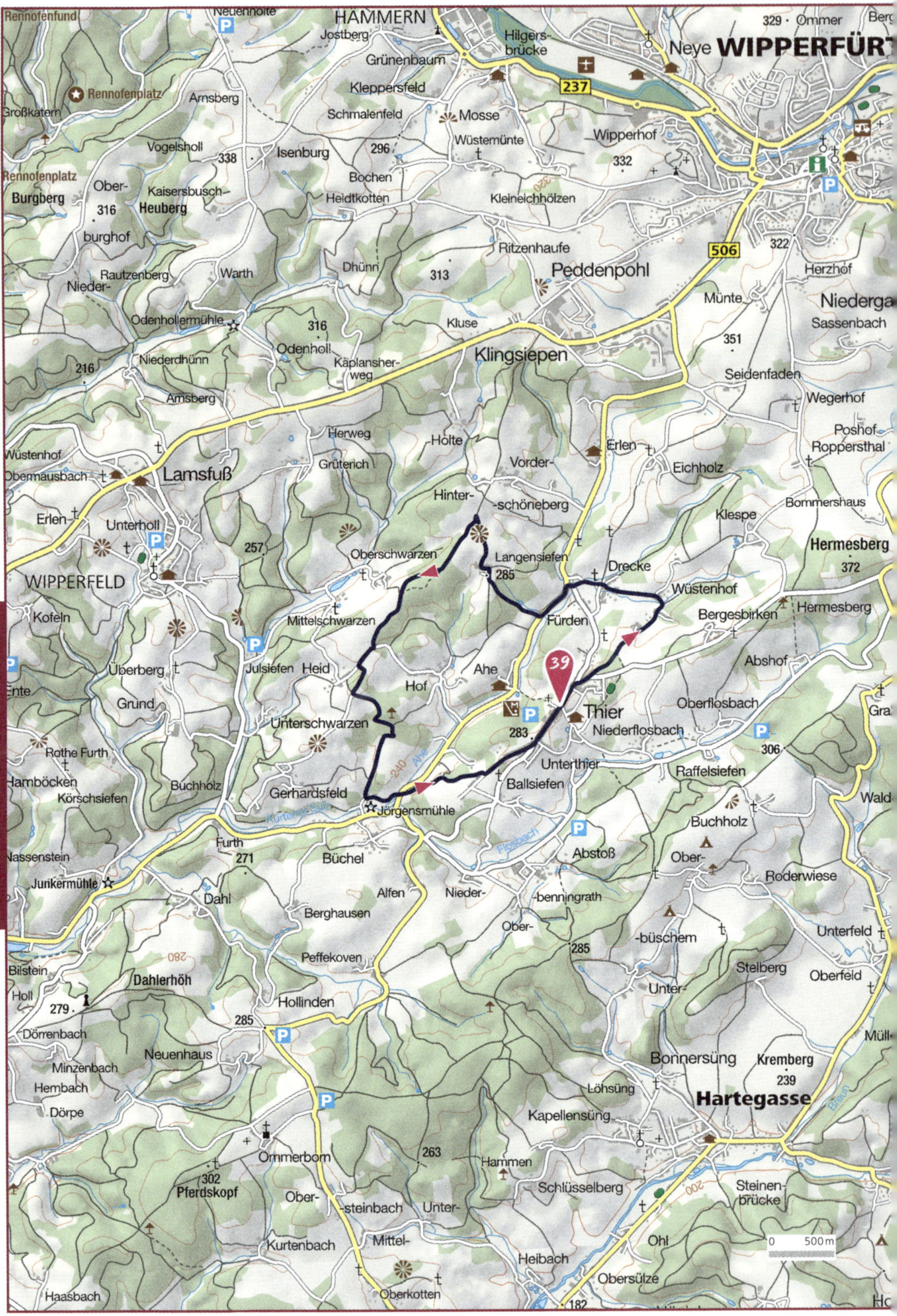

HAMMERN
WIPPERFÜRT
Neye
Hilgersbrücke
237
Jostberg
Grünenbaum
Kleppersfeld
Schmalenfeld
Mosse
Wüstemünte
Wipperhof
332
329 · Ommer
Rennofenfund
Rennofenplatz
Großkatern
Arnsberg
Vogelsholl
338
Isenburg
296
Bochen
Heidtkotten
Kleineichhölzen
Burgberg
Ober-
316
Kaisersbusch
Heuberg
burghof
Ritzenhaufe
Peddenpohl
506
322
Herzhof
Rautzenberg
Warth
Dhünn
313
Nieder-
Münte
Niederga
Sassenbach
Odenhollermühle
316
Odenholl
Kluse
Klingsiepen
351
Niederdhünn
216
Käplansherweg
Seidenfaden
Amsberg
Wegerhof
Herweg
Holte
Erlen
Eichholz
Poshof
Roppersthal
Wüstenhof
Obermausbach
Lamsfuß
Grüterich
Vorder-
Hinter-
-schöneberg
Erlen
Klespe
Bommershaus
Unterholl
257
Oberschwarzen
Langensiefen
285
Hermesberg
372
WIPPERFELD
Drecke
Wüstenhof
Kofeln
Mittelschwarzen
Fürden
Bergesbirken
Hermesberg
Julsiefen
Heid
Ahe
39
Abshof
Überberg
Hof
Grund
Thier
Oberflosbach
Niederflosbach
283
Unterschwarzen
306
Rothe Furth
Unterthier
Raffelsiefen
Hamböcken
Ballsiefen
Körschsiefen
Buchholz
Gerhardsfeld
Jörgensmühle
Wald
Buchholz
Furth
271
Büchel
Abstoß
Ober-
Nassenstein
Jurikermühle
Dahl
Roderwiese
Alfen
Nieder-
-benningrath
Berghausen
Ober-
-büschem
Unterfeld
285
Peffekoven
Stelberg
Oberfeld
Bilstein
Dahlerhöh
Holl
Unter-
279
Hollinden
Dörrenbach
285
Neuenhaus
Bonnersüng
Kremberg
239
Minzenbach
Hembach
Löhsüng
Hartegasse
Dörpe
Kapellensüng
263
Hammen
Ommerborn
302
Pferdskopf
Schlüsselberg
Steinenbrücke
Ober-
-steinbach
Unter-
Ohl
Kurtenbach
Mittel-
Heibach
Obersülze
Haasbach
Oberkotten
182
0 500 m

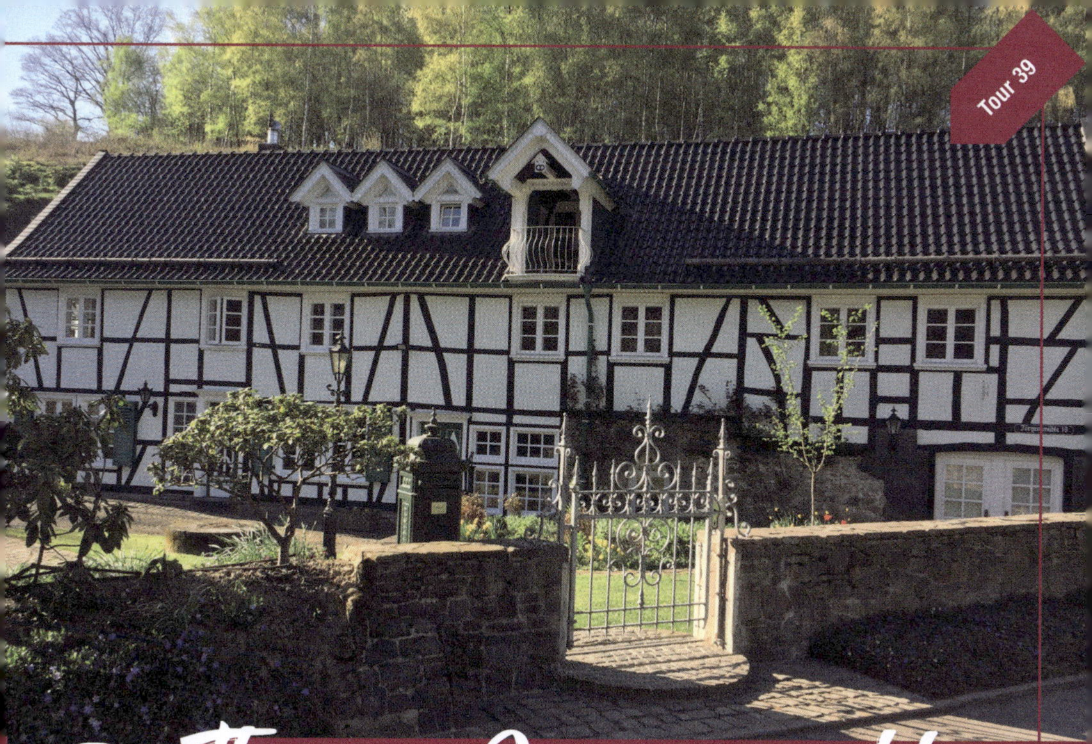

Panoramatour 39

Thier – Jörgensmühle

Aussichtsreiche Wanderung auf stillen Sträßchen

DAUER	2h 40min
LÄNGE	8,2 km
AUFSTIEG	150 hm
SCHWIERIGKEIT	LEICHT
MIT ÖFFIS ERREICHBAR	ja

Das erwartet dich ...

Ländliche Wald- und Wiesenidylle mit kleinen historischen Sehenswürdigkeiten sind die abwechslungsreiche Kulisse dieser entspannten Wanderung. Schmale Teerwege und breite Feldwege wechseln sich in stetigem, aber eher gemütlichen Auf und Ab.

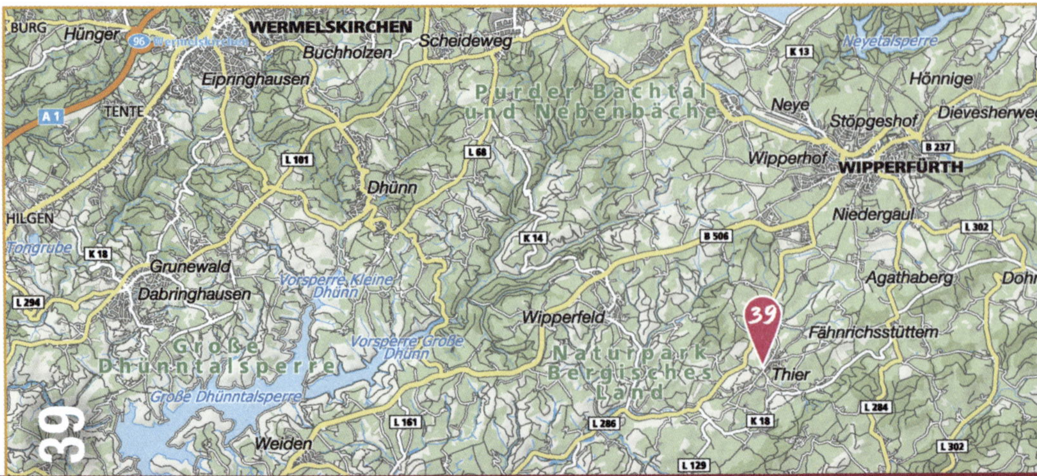

Panoramatour 39

Start & Ziel & Anreise

Ausgangs- und Endpunkt ist der Parkplatz neben der Pfarrkirche St. Anna in Thier. Wir erreichen entweder über die B 506 oder die A4 und die L248, die uns direkt nach Thier führt. Anreise mit Öffis: Von Thier besteht eine Busverbindung nach Bergisch Gladbach (Linie 426, Haltestelle befindet sich direkt beim Parkplatz).

Tourenbeschreibung

Diese Wanderung führt uns durch kleine Orte, Weiler und Gehöfte rund um Thier. Den Mittelpunkt der kleinen Ortschaft bildet die Katholische Pfarrkirche St. Anna, die zwischen 1895 und 1897 im neugotischen Stil erbaut wurde. Der Hochaltar besteht aus Holz, die Muttergottes mit dem Leichnam Jesu stammt aus dem Jahr 1450, der Kronleuchter aus dem Jahr 1460.

Wir parken auf dem Wanderparkplatz gegenüber der Kirche in Thier und folgen nun dem Dreieck nach links. Schon nach wenigen Metern zweigen wir rechts in die Höhenstraße ein, um kurz darauf wieder links in die Straße Dreckerbusch einzubiegen. Wir folgen ab hier A2 bald auf einem Teerweg hinab. In Wüstenhof halten wir uns geradeaus, der Weg ist nun gepflastert. Wir folgen ihm um eine Linkskurve bergan aus dem Ort heraus. Am Ortsende folgen wir dem T, das uns an den Pferdekoppeln vom Pferdehof vorbei zur Hauptstraße hinabführt. Hier links, nach ungefähr 250 Metern führt ein Teersträßlein nach rechts bergauf.

Weiter geht es auf dem Weg A3 und T nach Langensiefen. Die kleine Straße bringt uns bis zum Ende des Ortes, dann geht es rechts steil auf einen Feldweg hinauf. Er führt uns an einem Aussichtsbankerl vorbei über die Höhen zu einer T-Kreuzung; hier links abbiegen, weiter auf einem steinigen Feldweg. Der Weg führt durch den Wald, an der Kreuzung kurz nach Austritt des Waldes geht es weiter geradeaus. Bald gelangen wir an eine kleine Teerstraße, die wir nach rechts hinaufgehen, weiter den Markierungen A3 und T folgend.

Am Steinmarterl vorbei biegen wir nach wenigen Minuten links ab, nun bergauf. Der Weg wird schnell schottrig und führt bald an Wiesen vorbei sanft bergab. An der folgenden Kreuzung mit einem Bankerl biegen wir links ab, weiter abwärts. Um die Rechtskurve herum folgen wir nun dem Hauptweg in den Wald, bald um eine Linkskurve weiter hinab. Bei der nächsten Gabelung halten wir uns rechts zum Waldrand. Hier können wir wieder an einem Aussichtsbankerl rasten.

Wir wenden uns nach rechts und gehen weiter auf dem Schotterweg. Er führt uns hinab nach Jörgensmühle. Am Ortsrand wenden wir uns links – ein paar Meter nach rechts befindet sich die hübsch hergerichtete Jörgensmühle, die aber als Mühle nicht mehr zu erkennen ist. Links folgen wir nun A3 und A5. Wir überqueren die Hauptstraße, beim Schild Jörgensmühle 5 sofort schräg hinauf auf einen Schotterweg. Er führt uns nach 10 Minuten an einen Teerweg, hier gehen wir links auf A5, A3 und T. Wir folgen dem Weg nun am Ortsrand entlang, bis wir auf die Vorfahrtsstraße treffen. Hier halten wir uns links und wandern zurück zum Wanderparkplatz Thier.

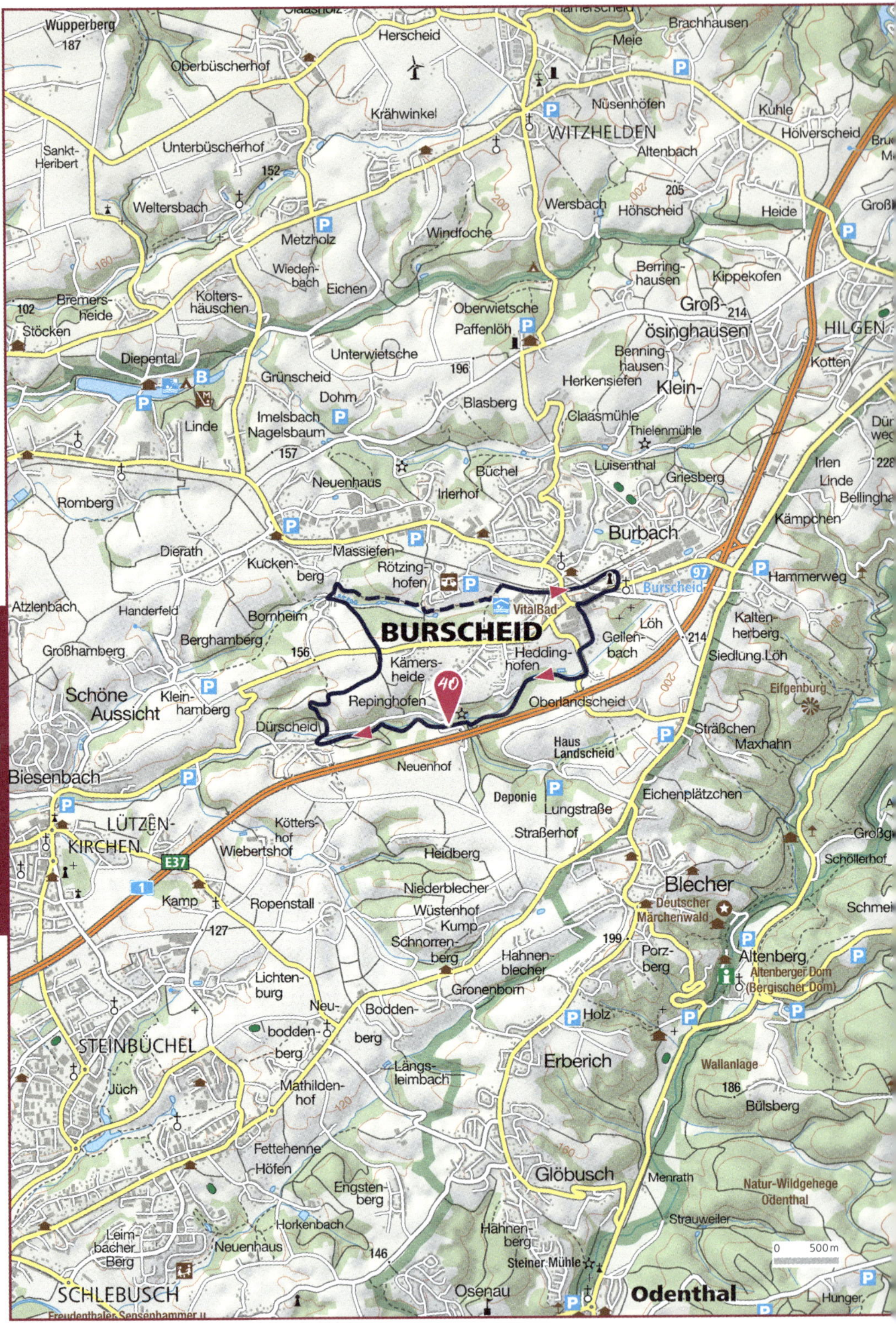

Wupperberg
187
Herscheid
Oberbüscherhof
Brachhausen
Meie
Krähwinkel
Nüsenhöfen
Kuhle
WITZHELDEN
Hölverscheid
Sankt-Heribert
Unterbüscherhof
Altenbach
152
Weltersbach
Wersbach
205
Höhscheid
Heide
Metzholz
Windfoche
Wieden-bach
Eichen
Berring-hausen
Kippekofen
Bremers-heide
Kolters-häuschen
Groß-ösinghausen
214
102
Stöcken
Oberwietsche
Paffenlöh
HILGEN
Diepental
Unterwietsche
Benning-hausen
Kotten
Grünscheid
196
Herkensiefen
Klein-
Dohm
Blasberg
Linde
Imelsbach
Nagelsbaum
Claasmühle
Thielenmühle
157
Irlen
Linde
Bellingha
Büchel
Luisenthal
Griesberg
Neuenhaus
Romberg
Irlerhof
Kämpchen
Burbach
Dierath
Massiefen
Kucken-berg
Rötzing-hofen
97
Burscheid
Hammerweg
Atzlenbach
Handerfeld
VitalBad
Löh
Kalten-herberg
Bornheim
BURSCHEID
Gellen-bach
214
Siedlung Löh
Großhamberg
Berghamberg
156
Kämers-heide
Hedding-hofen
Eifgenburg
Schöne Aussicht
Klein-hamberg
40
Repinghofen
Oberlandscheid
Dürscheid
Straßchen
Maxhahn
Haus Landscheid
Neuenhof
Biesenbach
Deponie
Eichenplätzchen
LÜTZEN-KIRCHEN
Kötters-hof
Lungstraße
Wiebertshof
Straßerhof
E37
Heidberg
Schöllerhof
1
Kamp
Ropenstall
Niederblecher
Blecher
127
Wüstenhof
Kump
Deutscher Märchenwald
Schnorren-berg
199
Hahnen-blecher
Porz-berg
Altenberg
Lichten-burg
Altenberger Dom (Bergischer Dom)
Gronenborn
Neu-bodden-berg
Bodden-berg
Holz
STEINBÜCHEL
Längs-leimbach
Erberich
Wallanlage
Jüch
Mathilden-hof
186
Bülsberg
Fettehenne
Höfen
Glöbusch
Menrath
Natur-Wildgehege Odenthal
Engsten-berg
Horkenbach
Strauweiler
Leim-bacher Berg
Neuenhaus
Hahnen-berg
146
Steiner Mühle
0
500 m
SCHLEBUSCH
Osenau
Odenthal
Hunger

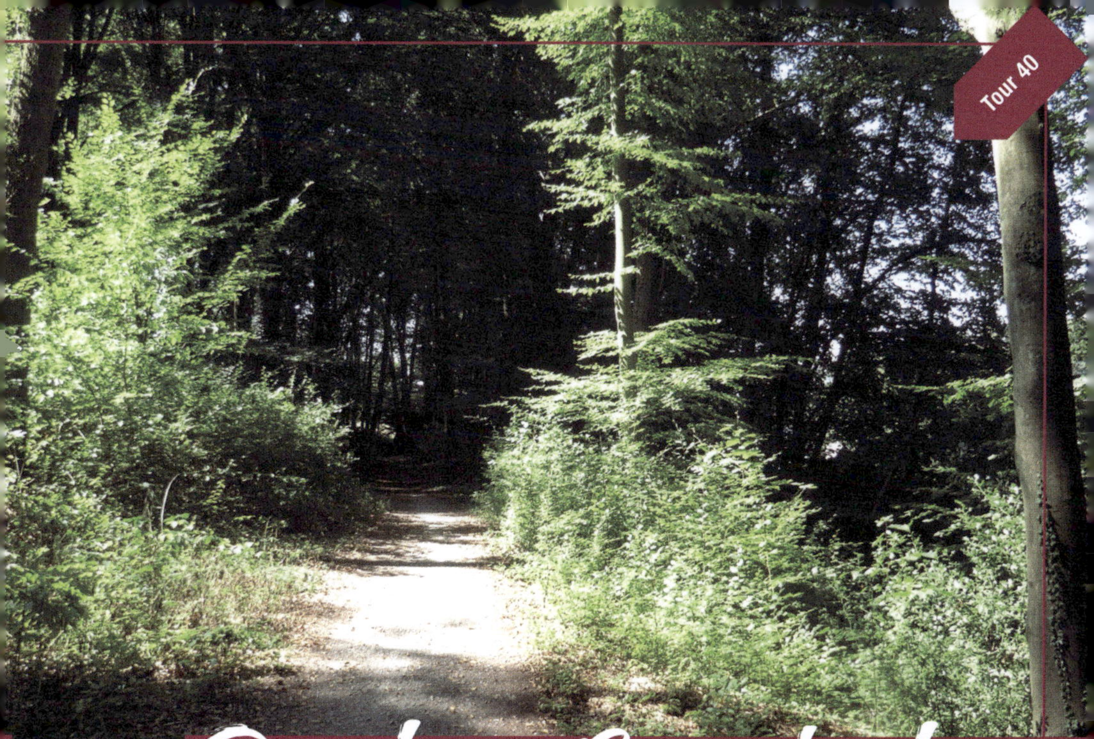

Tour 40

40

Flusstour

Rund um Burscheid

Entspannte Bachwanderung zur Schaumühle Lambertsmühle

DAUER	2h 15min
LÄNGE	7,9 km
AUFSTIEG	140 hm
SCHWIERIGKEIT	LEICHT
MIT ÖFFIS ERREICHBAR	nein

Das erwartet dich ...

Die Tour ist eine waldreiche Wanderung in einer interessanten und verwinkelten Landschaft. Es erwartet uns ein gemächliches Auf und Ab auf guten, breiten, teils aber auch schmalen Wegen. Auf einem Abschnitt kurz nach Dürscheid ist ein wenig Orientierung nötig.

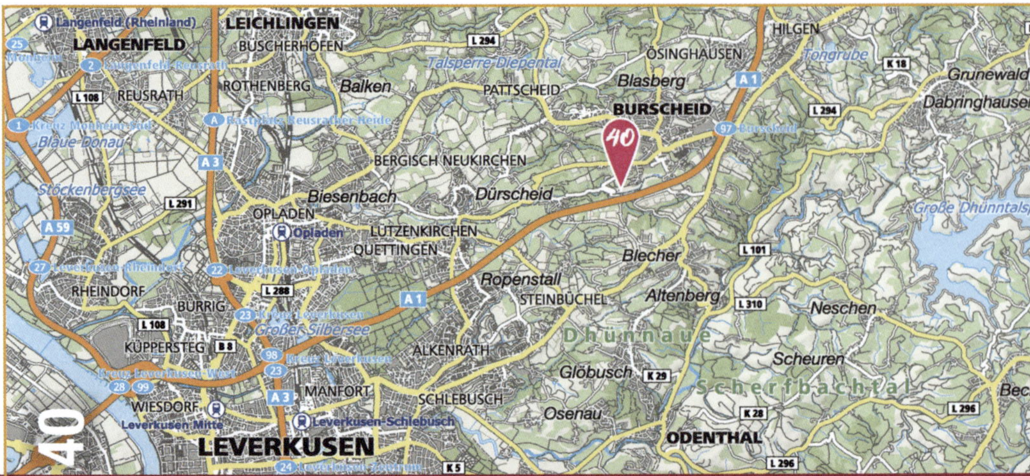

40

Flusstour

Start & Ziel & Anreise

Ausgangs- und Endpunkt ist am Wanderparkplatz Lambertsmühle in Burscheid. Wir fahren über die A1 an, nehmen die Ausfahrt Burscheid (97) und dann die B51 Richtung Burscheid/Altenberg. In Burscheid folgen wir der Höhestraße und biegen dann auf die Bürgermeister-Schmidt-Straße ab und dann gleich wieder links auf die Repinghofer Straße. Die Anreise mit Öffis ist nicht zu empfehlen, sie ist umständlich aber möglich mit dem Bus 229 von Burscheid-Bahnhof, Haltestelle Repinghofener Straße.

Tourenbeschreibung

Durch das waldreiche Wiebachtal geht es zur Lambertsmühle. Die Mühle ist momentan die einzige Wassermühle der Region, die 2002 wieder zu Schauzwecken in Betrieb genommen wurde. Mit der dazugehörigen Scheune und dem Bauerngarten steht sie seit 1983 unter Denkmalschutz.

Wir parken direkt gegenüber der Lambertsmühle und folgen zuerst dem Bergischen Weg Richtung Gerstenmühle auf einem halb geschotterten, halb geteerten Weg. Nach wenigen Metern halten wir uns rechts und gehen in den Wald. Wir folgen dem Weg nun durch den Wald bis zum Ortstrand von Dürscheid. An der Straße geht es nach rechts, die Straße Dürscheider Mühle hinauf. Nach ca. 50 Metern biegen wir links auf einen Pfad am Zaun entlang ab. Nun hinauf durch den Wald, mal ist es ein Pfad, mal ein Weglein. In einer Rechtskurve führt es uns schließlich an den Waldrand. Achtung! Der weitere Weg ist etwas schwer zu finden. Wir wenden uns am Waldrand nach rechts, schräg über die Wiese. Nach ein bis zwei Minuten, an der großen Eiche, die wir schon vom Waldrand aus sehen, links hinauf, immer noch auf der Wiese. Einige Meter hinauf bis zur kleinen Eiche. Hier rechts weiter über die Wiese. Allmählich wird der Weg erkennbarer, geht bald in einen Schotterweg über und endet schließlich an einem Teerweg, den wir nach links einbiegen. Er führt uns direkt an die L58, die wir, ein paar Meter nach rechts, überqueren. Links geht es einen stacheligen Pfad hinab (lange Hosen ratsam) in den Wald.

Wir kommen ins Örtchen Bornheim. An der Straße rechts Richtung Burscheid (2,5 km). Wir folgen dem Sträßlein, nach ca. 150 Metern biegen wir scharf rechts hinauf, nun auf A1/A2, auf einen gepflasterten Weg. Er führt nach wenigen Minuten in den Wald, anschließend gleich rechts hinab, erst auf einem Waldweg, dann auf einem Pfad immer auf und ab. Am Teich weiter geradeaus hinauf, nach rund 200 Metern an der folgenden Gabelung nach links. Es geht weiter auf wurzeligem, schmalem Waldweg. Geradeaus über die Hauptstraße hinüber in einen Gartenweg. Wir folgen ihm bis zum Ende, dort rechts. An der nächsten Kreuzung links in die Montanusstraße. Am Busbahnhof vorbei, die nächste Straße rechts hinauf: Sie führt uns direkt zur Katholischen Kirche St. Laurentius und zum Rathaus.

Wir biegen rechts in die Höhestraße ein und gehen bis zur Feuerwehr. Ab hier folgen wir der 11, links abbiegend. Bald gelangen wir an eine Straße, der wir um die Kurve herum zur Hauptstraße folgen. Hier links abbiegen und in der folgenden Rechtskurve auf einem Weglein rechts bergab Richtung Lambertsmühle. Nun geht es auf schönem, breitem Waldweg in gut 15 Minuten zur Lambertsmühle und zum Wanderparkplatz Lambertsmühle zurück.

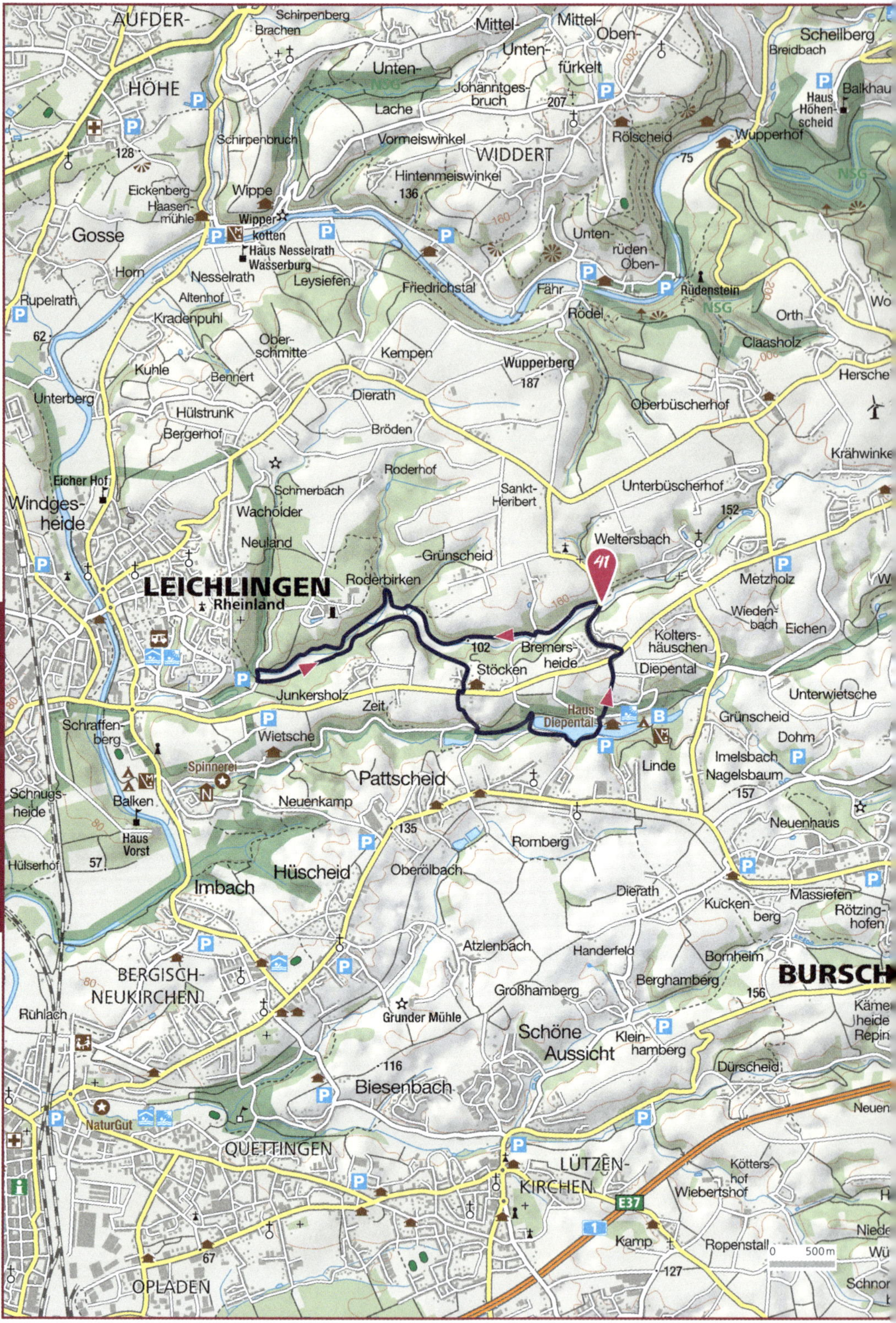
AUFDER-
HÖHE
Schirpenberg
Brachen
Mittel-
Mittel-
Oben-
Unten-
Unten-
NSG
Lache
Johänntges-
bruch
fürkelt
207
Schellberg
Breidbach
Haus
Hohen-
scheid
Balkhau
128
Schirpenbruch
Vormeiswinkel
WIDDERT
Rölscheid
Wupperhof
75
NSG
Eickenberg
Haasen-
mühle
Wippe
Wipper-
kotten
Hintenmeiswinkel
136
Gosse
Haus Nesselrath
Wasserburg
Horn
Nesselrath
Leysiefen
Friedrichstal
Unten-
rüden
Oben-
Fähr
Rüdenstein
NSG
Rupelrath
Altenhof
Kradenpuhl
Rödel
Orth
Wo
62
Ober-
schmitte
Kempen
Wupperberg
187
Claasholz
Kuhle
Bennert
Dierath
Hersche
Unterberg
Hülstrunk
Oberbüscherhof
Bergerhof
Bröden
Krähwinke
Eicher Hof
Roderhof
Schmerbach
Sankt-
Heribert
Unterbüscherhof
Windges-
heide
Wachölder
152
Neuland
Weltersbach
Grünscheid
41
LEICHLINGEN
Rheinland
Roderbirken
Metzholz
160
Wieden-
bach
Eichen
102
Bremers-
heide
Kolters-
häuschen
Stöcken
Diepental
Junkersholz
Zeit
Unterwietsche
Schraffen-
berg
Haus
Diepental
Grünscheid
Wietsche
Dohm
Spinnerei
Linde
Imelsbach
Nagelsbaum
Schnugs-
heide
Pattscheid
Balken
157
Neuenkamp
Haus
Vorst
135
Neuenhaus
Romberg
Hülserhof
57
Hüscheid
Oberölbach
Imbach
Dierath
Kucken-
berg
Massiefen
Rötzing-
hofen
Atzlenbach
Handerfeld
Bornheim
BERGISCH-
NEUKIRCHEN
Großhamberg
Berghamberg
156
BURSCH
Rühlach
Grunder Mühle
Kämer
heide
Repin
Schöne
Aussicht
Klein-
hamberg
Dürscheid
116
Biesenbach
NaturGut
Neuen
QUETTINGEN
LÜTZEN-
KIRCHEN
Kötters-
hof
Wiebertshof
E37
1
Kamp
Ropenstall
0
500 m
67
127
OPLADEN
Schnor

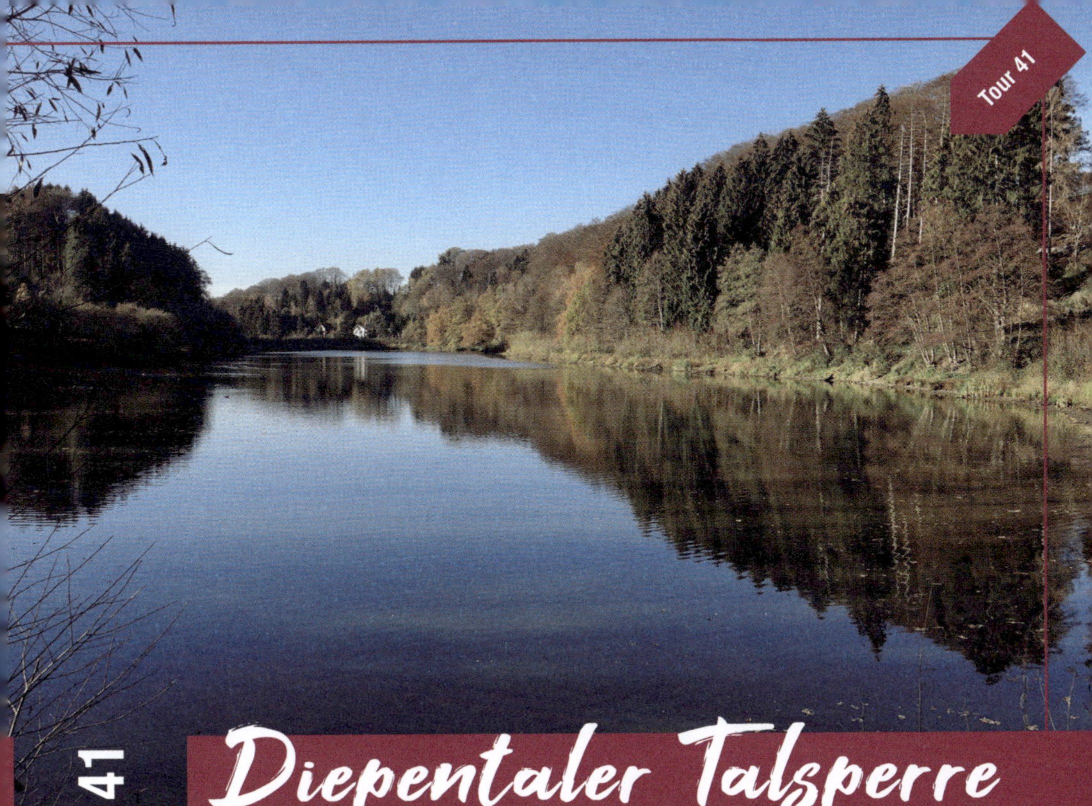

41 Genusstour

Diepentaler Talsperre

Kleine Runde in ein kleines, einsames Bachtal

DAUER	2h 15min
LÄNGE	8,6 km
AUFSTIEG	150 hm
SCHWIERIGKEIT	LEICHT
MIT ÖFFIS ERREICHBAR	nein

Das erwartet dich ...

Diese kurze und dennoch abwechslungsreiche Wanderung führt uns meist auf breiten Wegen und mit wenig Steigung durch die Landschaft. Es geht entspannt und mit nur moderaten Höhenunterschieden durch ein schönes, teilweise renaturiertes Naherholungsgebiet.

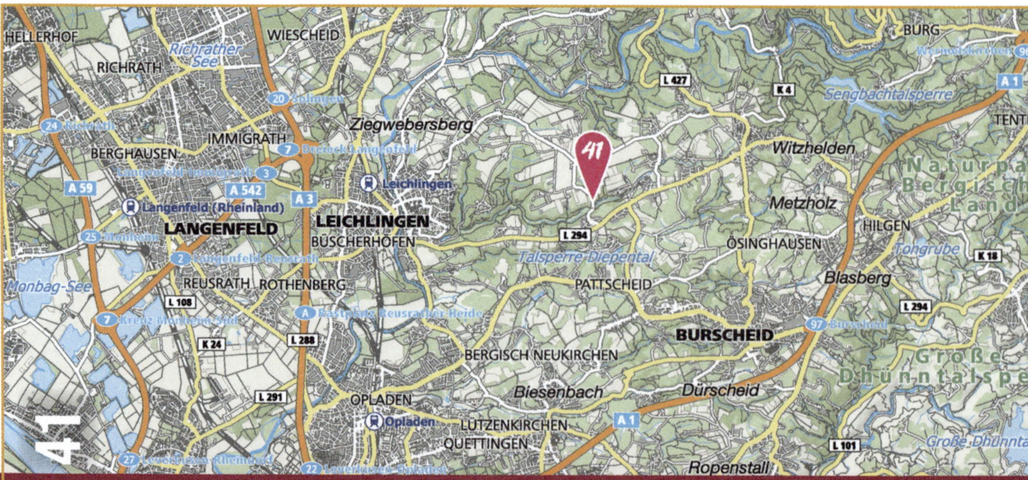

Start & Ziel & Anreise

Ausgangs- und Endpunkt ist der Wanderparkplatz kurz nach Bremersheide in Leichlingen. Wir fahren auf der A3 bis zur Ausfahrt Leverkusen-Opladen (22) und folgen der Bonner Straße, weiters der L288 und dann der L294 bis zum Wanderparkplatz Bremersheide.

Tourenbeschreibung

Diepental gilt als Naherholungsgebiet zwischen Burscheid, Leverkusen und Leichlingen. Früher ein Ausflugsziel zum Boot fahren, wird die Talsperre nun renaturiert und soll ein naturnahes Wanderziel werden. Es warten das Haus Diepental mit Restaurant, Freibad und Kiosk auf euch.

Wir starten am Wanderparkplatz Bremersheide. Auf A4 und dem Querbalken geht es in den Wald am Bach entlang. Erst auf Teer, dann auf einem Schotterweg. Nach gut 30 Minuten gelangen wir an die Lichtung zum Weltersbachtal. Wir folgen dem Weg weiter geradeaus, er wird zu einem Pfad, der am Zaun entlang führt und gehen weiter dem Querbalken entlang. Anschließend stoßen wir auf einen breiten Schotterweg, in den wir links einbiegen und bis zur Straße folgen – wir halten uns an A1, A2 und den Querbalken. An der Straße wenden wir uns nach links, am Parkplatz vorbei und gleich wieder links auf einen Teerweg, nun geht es auf der anderen Seite des Weltersbachtales zurück. Der Weg wird allmählich zu einem Schotterweg. Er steigt weiter an, an der folgenden Kreuzung gehen wir weiter geradeaus, nun auf A3 leicht hinab, an der nächsten Gabelung rechts hinauf.

Der Weg führt uns zu den Häusern von Stöcken. An diesen vorbei geht es hinauf zur Hauptstraße, die wir queren. Nach wenigen Metern biegen wir wieder rechts ein. Wir wandern nun bergab, erst auf einem Feldweg, dann wird der Weg zu einem sehr steilen Pfad. Er führt uns schließlich an eine Straße; hier orientieren wir uns nach links, folgen dem X und dem N.

Wir erreichen den kleinen Staudamm der Diepentaler Talsperre. Wir überqueren ihn, auf der anderen Seite geht es nach links weiter auf einem Teerweg. Wir folgen ihm bis zum Ende, hier wieder nach links, erneut wechseln wir die auf die andere Seite der Diepentaler Talsperre. Ab hier führt uns der Bergische Weg wieder aufwärts. Wir folgen ihm gut 10 Minuten, bis wir an die Hauptstraße gelangen. Hier biegen wir rechts ein, an der nächsten Gabelung gleich wieder links hinab und an der Straße entlang in wenigen Minuten zurück zum Wanderparkplatz Bremersheide.

Autoren Tipp

Die Diepentaler Talsperre ist bemerkenswert harmonisch in die Landschaft eingebettet. Die Natur ist hier ein Kleinod, das man so nah an der Industriestadt nie erwarten würde. Neben Wander- und Fahrradmöglichkeiten gibt es hier das schöne Anwesen Haus Diepental, das mit Freibad und Minigolfplatz aufwartet und in der Zeit seiner Renovierung aber auch hausgemachte Speisen und Getränke anbietet.

Unser Highlight

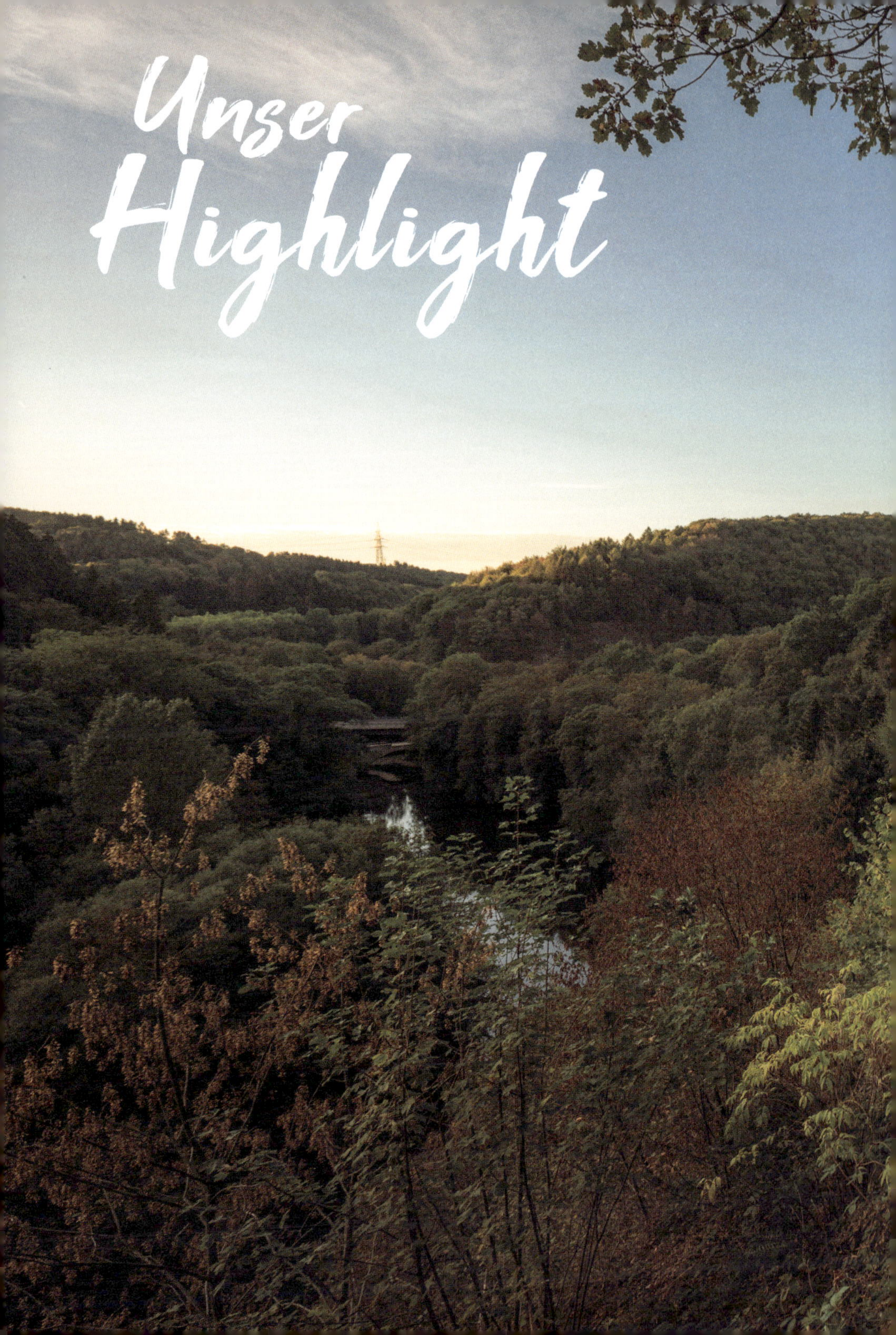

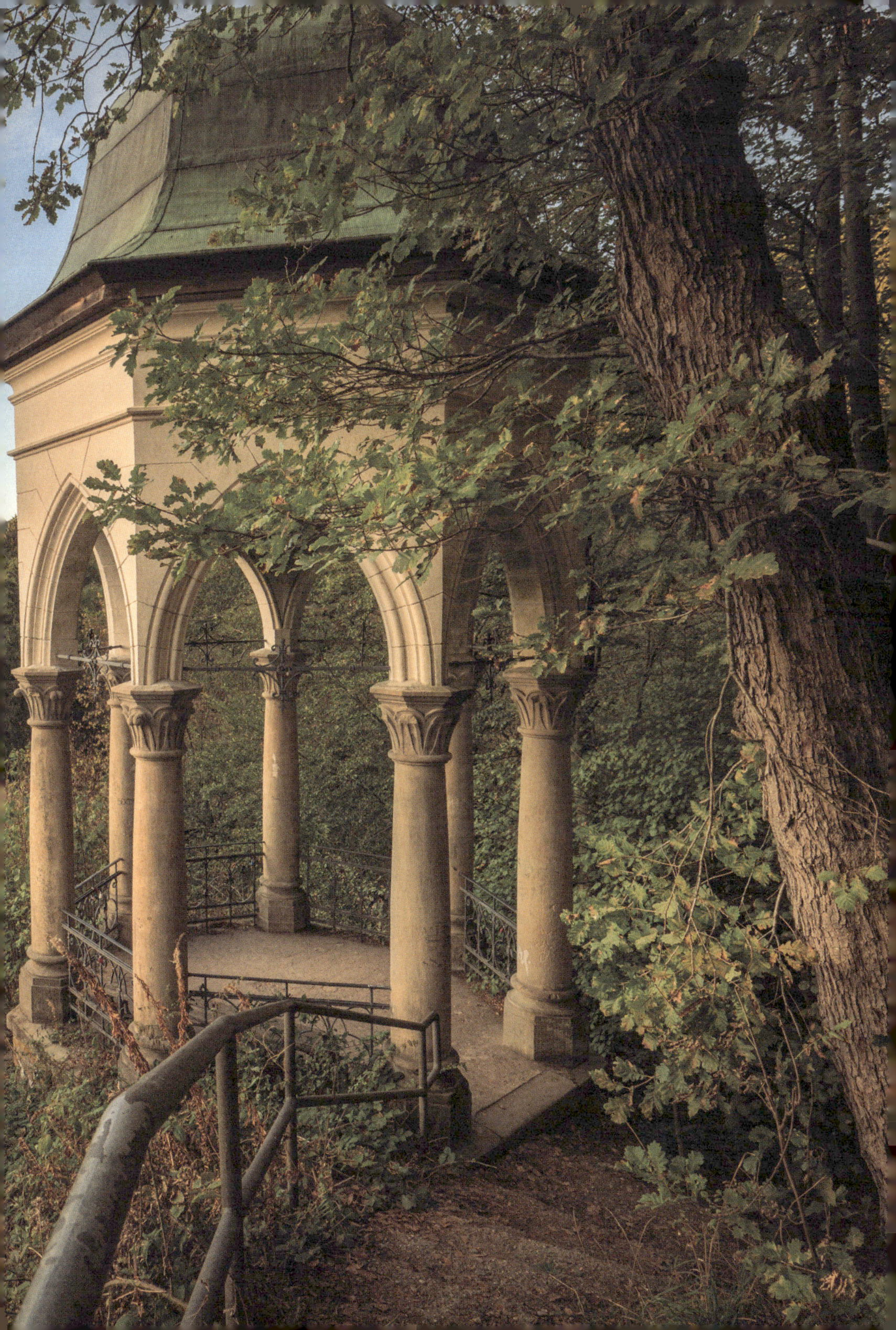

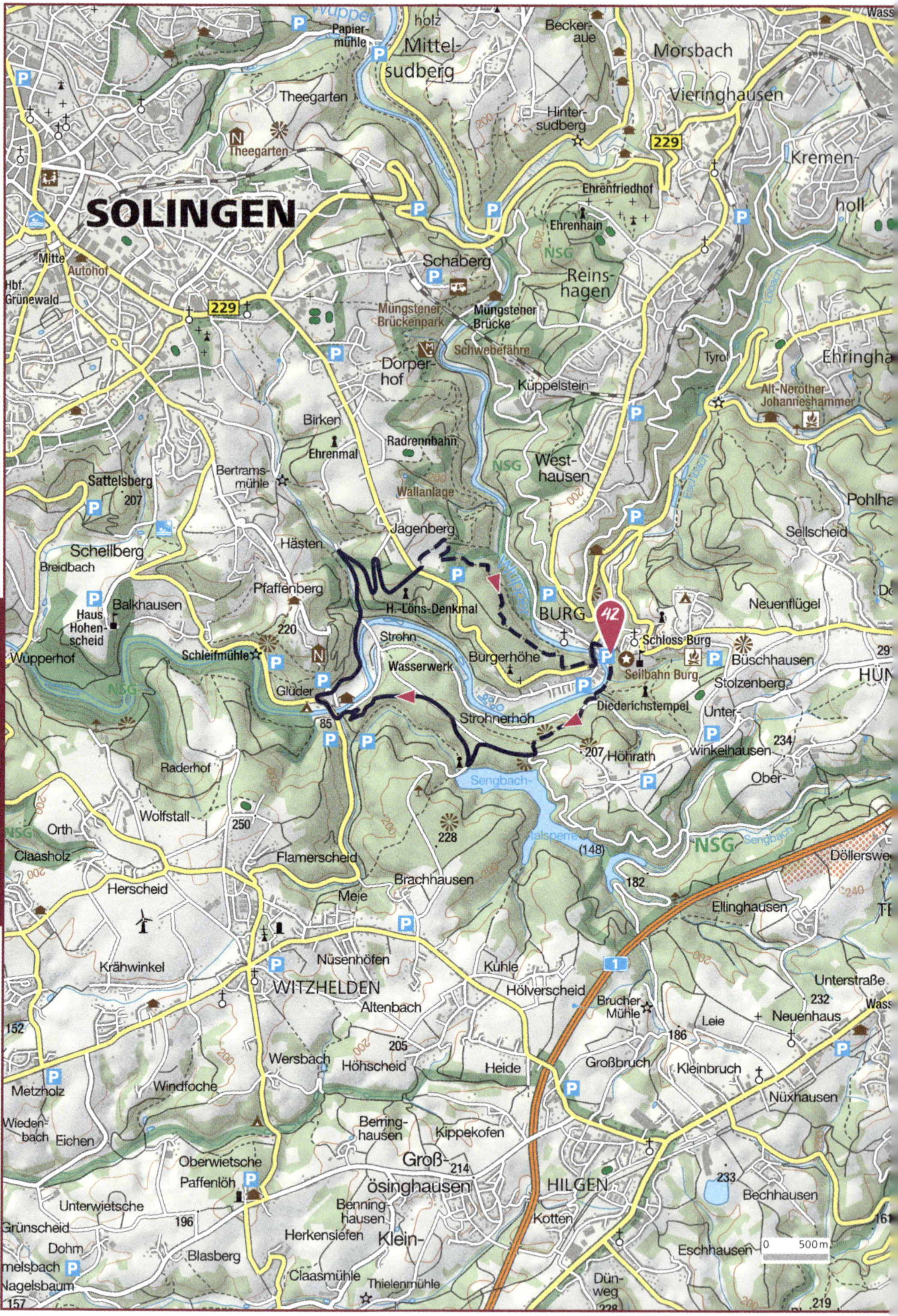

Wupper
Papier-mühle
Mittel-sudberg
Becker-aue
Morsbach
Vieringhausen
Theegarten
Hinter-sudberg
229
Kremen-holl
Ehrenfriedhof
SOLINGEN
Ehrenhain
NSG
Reins-hagen
Mitte
Autohof
Hbf. Grünewald
Schaberg
Müngstener Brückenpark
Müngstener Brücke
Schwebefähre
Dorper-hof
Tyrol
Ehringha
Küppelstein
Alt-Nerother Johanneshammer
Birken
Radrennbahn
Ehrenmal
West-hausen
Sattelsberg
207
Bertrams-mühle
Wallanlage
Pohlha
Schellberg
Breidbach
Hästen
Jagenberg
Sellscheid
Pfaffenberg
H.-Löns-Denkmal
Neuenflügel
Balkhausen
Haus Hohen-scheid
BURG
42
220
Strohn
Schloss Burg
Wupperhof
Schleifmühle
Wasserwerk
Burgerhöhe
Seilbahn Burg
Büschhausen
Stolzenberg
Glüder
Diederichstempel
Unter-
Strohnerhöh
85
Raderhof
207
Höhrath
winkelhausen
234
Ober-
Sengbach-
Wolfstall
Orth
250
Claasholz
228
talsperre
(148)
Sengbach
Döllerswe
Flamerscheid
182
Herscheid
Meie
Brachhausen
Ellinghausen
Krähwinkel
Nüsenhöfen
Kuhle
1
Unterstraße
WITZHELDEN
Hölverscheid
232
Altenbach
Brucher Mühle
Neuenhaus
152
Leie
186
205
Wersbach
Höhscheid
Heide
Großbruch
Kleinbruch
Metzholz
Windfoche
Nüxhausen
Wieden-bach
Eichen
Berring-hausen
Kippekofen
Oberwietsche
Groß-
214
233
Paffenlöh
ösinghausen
HILGEN
Bechhausen
Unterwietsche
Benning-hausen
Kotten
Grünscheid
196
Herkensiefen
Klein-
Dohm
Blasberg
Eschhausen
0
500 m
melsbach
Claasmühle
Nagelsbaum
Thielenmühle
Dün-weg
157
219

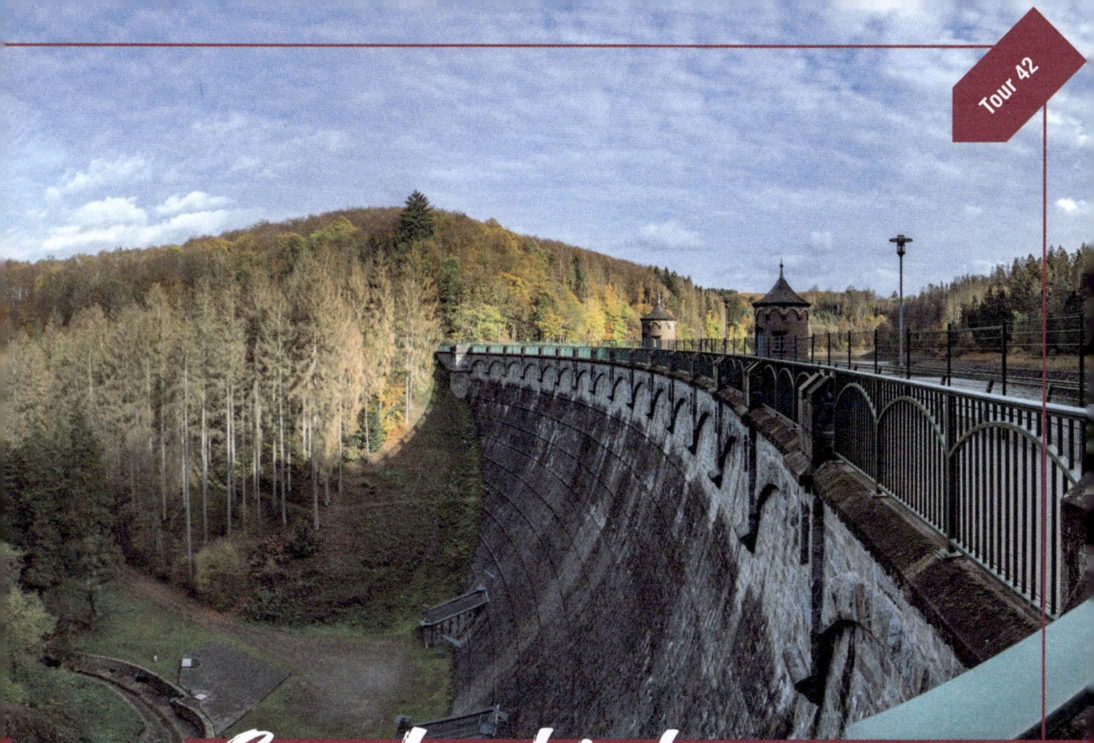

42 Flusstour

Sengbachtalsperre

An den Ufern der Wupper entlang

DAUER	2h 40min
LÄNGE	9,6 km
AUFSTIEG	230 hm
SCHWIERIGKEIT	MITTEL
MIT ÖFFIS ERREICHBAR	nein

Das erwartet dich ...

Die Tour verspricht viele schöne Eindrücke in einer tollen Kulturlandschaft, die aber verdient werden wollen. Gleich zu Beginn geht es sehr steil bergauf. Die Wege sind angenehm zu gehen, jedoch geht es stetig auf und ab und eine gewisse Grundkondition ist erforderlich.

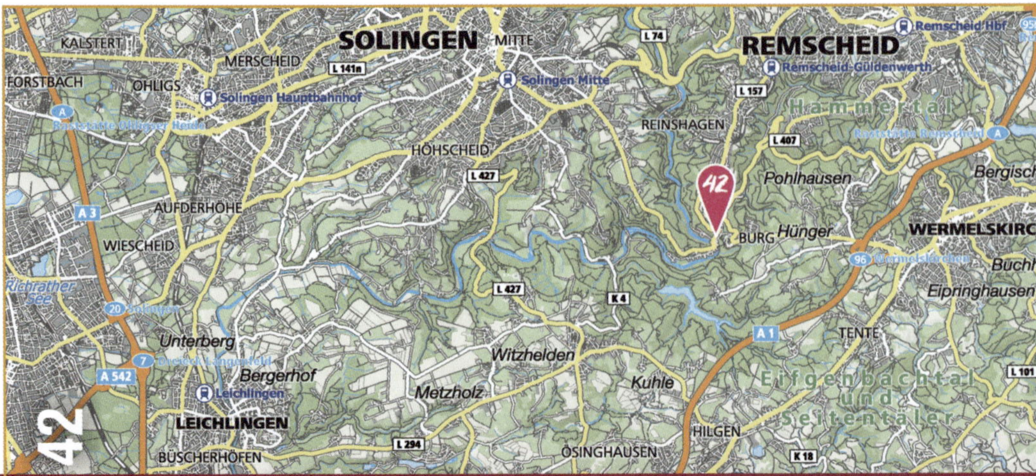

Start & Ziel & Anreise

Wir starten am Parkplatz Burg Brücke nahe der Eschbachstraße in Burg. Über die A1 reisen wir an und nehmen die Ausfahrt Wermelskirchen (96). Anschließend fahren wir Richtung Hünger, weiter nach Burg und biegen vor der Brücke über die Wupper links auf den Parkplatz Burg Brücke ab.

Tourenbeschreibung

Schloss Burg, ehemals Sitz der Grafen von Berg, wurde im 19. Jahrhundert vom Schlossbauverein, einer Gründung von Julius Schumacher, rekonstruiert. Die Burg ist bis heute eines der Wahrzeichen des Bergischen Landes und eine der größten Burgen Westdeutschlands. Heute wird die Burg für diverse kulturelle Zwecke genutzt, unter anderem beherbergt sie das Bergische Museum.

Wir beginnen unsere Wanderung am Wanderparkplatz Burg Brücke. Am Wanderschild wenden wir uns nach links auf den Pflasterweg, hinterm Schieferhaus nach rechts und daran vorbei. Wir folgen dem Bergischen Weg Richtung Sengbachtalsperre, der zu Anfang noch ein wenig auf brüchigem Asphalt verläuft, allmählich aber in einen Schotterweg übergeht. Der Weg führt uns gleich sehr steil bergauf, im Folgenden geht es noch des Öfteren steil auf und ab. Wer noch einen wunderschönen Abstecher machen will, biegt links Richtung Diederichstempel (s. Highlightfoto) ab. Der gleiche Weg führt uns auch wieder zurück.

Wir gelangen an einen Teerweg, in den wir rechts einbiegen und folgen einem Holzschild Richtung Staumauer. Der Weg wird bald zu einem schottrigen Waldweg. An der nächsten Gabelung, nach ein paar Hundert Metern, halten wir uns links, weiterhin Richtung Staumauer; der Weg führt steil bergab. Wir erreichen in wenigen Minuten die Staumauer der Sengbachtalsperre.

Diesmal überqueren wir sie aber nicht, sondern biegen wieder scharf rechts in den Wald ab. Wir folgen weiterhin dem Bergischen Weg, nun wieder aufwärts. An der Gabelung halten wir uns links weiter auf einem etwas breiteren, bequemen Weg hinab. An der Waldschule vorbei, an der nächsten Gabelung wieder links, immer weiter bergab. Im Folgenden steigen wir in zwei Kehren zur Wupper ab. An der asphaltierten Straße halten wir uns links zur Hauptstraße. Wir wenden uns nach rechts und nehmen die Brücke über die Wupper. Am Minigolfplatz biegen wir rechts ein und folgen nun dem N. Auf kleiner Teerstraße geht es weiter; an der zweiten Abzweigung halten wir uns links auf einen Schotterweg, leicht bergauf. Wir folgen dem Weg an der Wupper entlang, bis er uns steil abwärts zur Wupperbrücke führt. Über die kleine Brücke geht es ans andere Ufer, dann gleich links am Wanderschild vorbei. Nun leicht bergauf wandernd entfernen wir uns von der Wupper.

Wir folgen ab hier dem eingekreisten B. Stetig geht es teils steil bergauf, zweimal um eine 180-Grad-Kurve. Es geht immer weiter bergauf, oben dann kurz eben, wir stoßen auf N und A3. An der nächsten Gabelung führt der Weg nach rechts hinab, vorbei am Hermann-Löns-Denkmal und an der nächsten Gabelung nach links zur Straße.

Hier wenden wir uns nach rechts, allerdings nur für wenige Meter, dann biegen wir nach links auf N und einen Feldweg ab, der uns bergabführt. Beim Waldanfang halten wir uns rechts, an der nächsten Gabelung wieder rechts und sind nun erneut auf dem Bergischen Weg. An der folgenden Gabelung halten wir uns links, hinab auf einen etwas schmäleren Weg Richtung Burg. Er führt uns in knapp 30 Minuten wieder bergab nach Burg, an der Solinger Straße nach links und über die Brücke zur Eschbachstraße und rechts zurück zum Parkplatz.

43

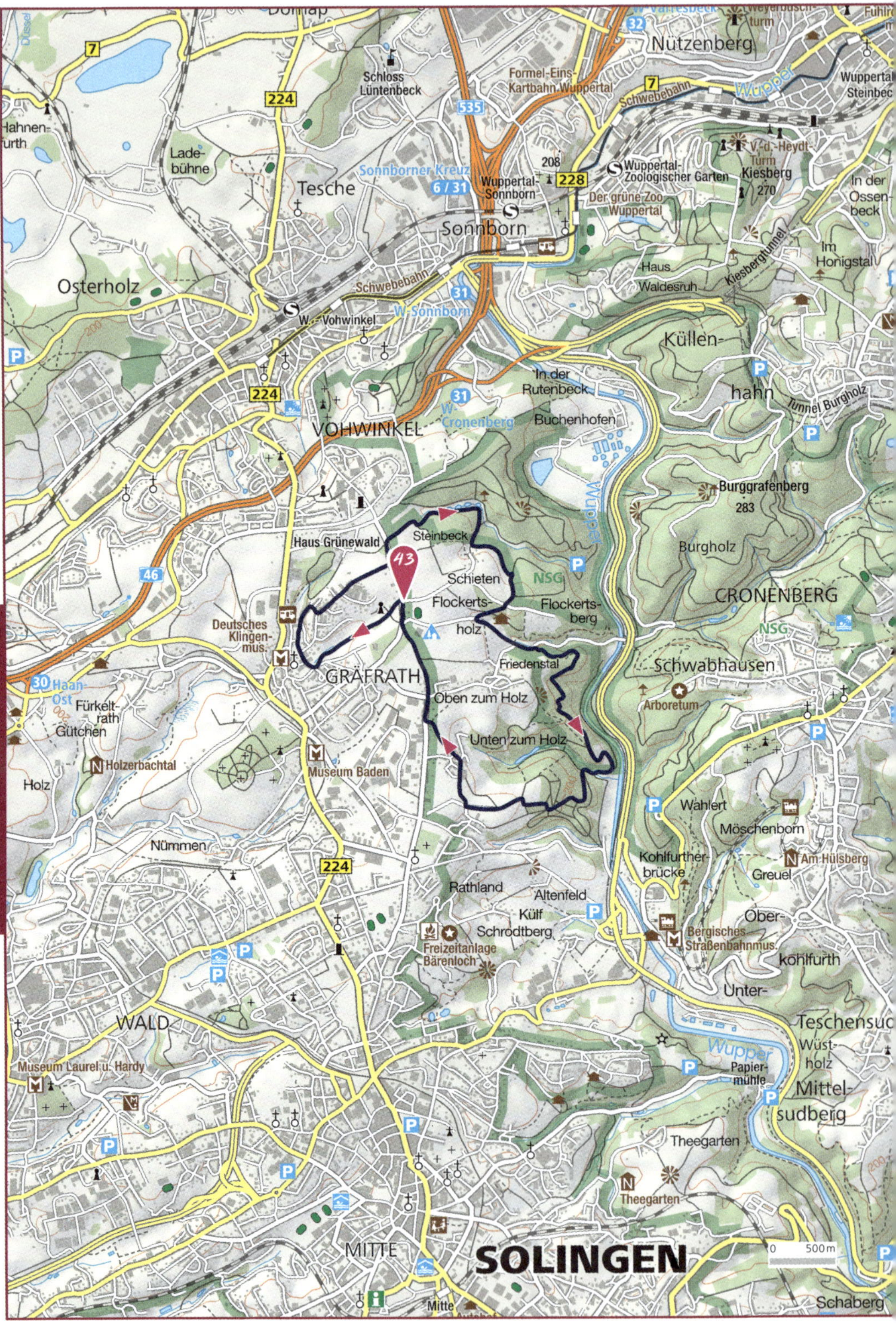
Nützenberg
Schloss Lüntenbeck
Formel-Eins-Kartbahn Wuppertal
Schwebebahn
Wupper
Wuppertal Steinbeck
Hahnenfurth
Ladebühne
Tesche
Sonnborner Kreuz
Wuppertal-Sonnborn
Wuppertal-Zoologischer Garten
Der grüne Zoo Wuppertal
V.-d.-Heydt-Turm
Kiesberg
270
208
In der Ossenbeck
Sonnborn
Im Honigstal
Kiesbergtunnel
Haus Waldesruh
Osterholz
W.-Vohwinkel
W.-Sonnborn
Küllenhahn
Tunnel Burgholz
In der Rutenbeck
Buchenhofen
W.-Cronenberg
VOHWINKEL
Burggrafenberg
283
Burgholz
Haus Grünewald
Steinbeck
Schieten
NSG
Flockertsholz
Flockertsberg
CRONENBERG
Deutsches Klingenmus.
Schwabhausen
GRÄFRATH
Friedenstal
Haan-Ost
Fürkeltrath
Gütchen
Arboretum
Oben zum Holz
Unten zum Holz
Holzerbachtal
Museum Baden
Holz
Wahlert
Möschenborn
Nümmen
Kohlfurther-brücke
Am Hülsberg
Greuel
Rathland
Altenfeld
Külf
Schrodtberg
Oberkohlfurth
Bergisches Straßenbahnmus.
Freizeitanlage Bärenloch
Unterkohlfurth
WALD
Teschensudberg
Wüstholz
Papiermühle
Museum Laurel u. Hardy
Mittelsudberg
Theegarten
MITTE
SOLINGEN
0 500 m
Mitte
Schaberg
43
7
224
535
228
6 / 31
31
46
30
32
200

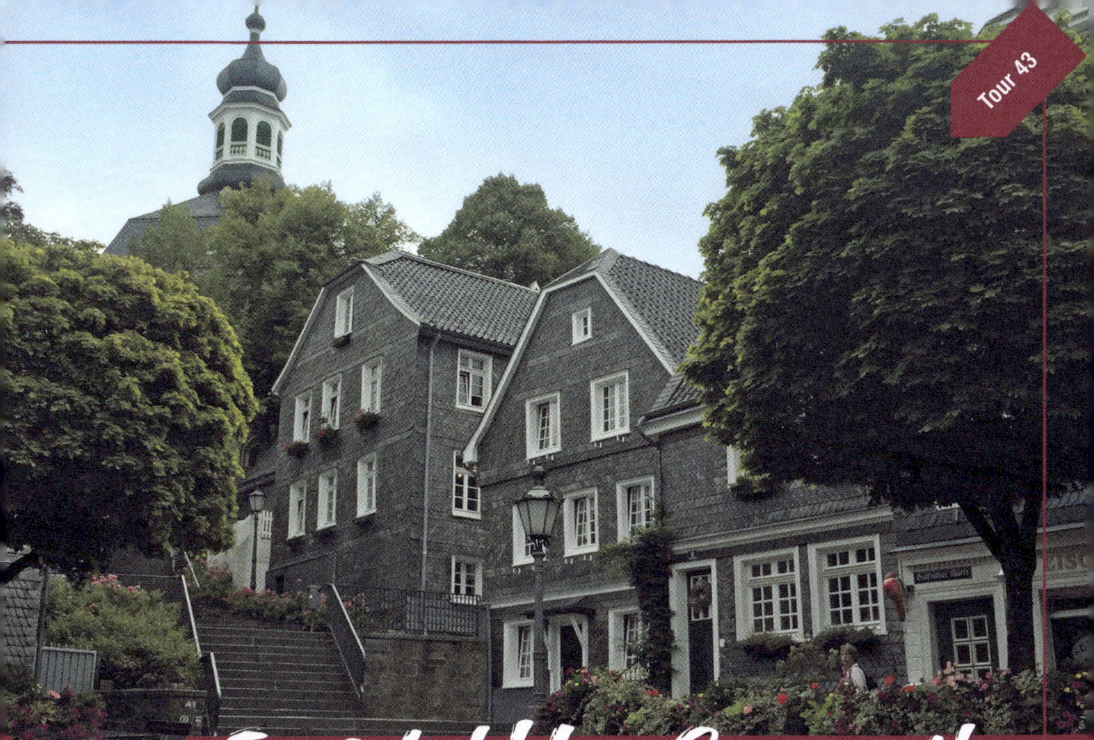

Tour 43

43 Genusstour

Im Wald bei Gräfrath

Eine historische Altstadt und Idylle nahe der Wupper

DAUER	2h 40min
LÄNGE	9,7 km
AUFSTIEG	210 hm
SCHWIERIGKEIT	LEICHT
MIT ÖFFIS ERREICHBAR	nein

Das erwartet dich ...

Vom dunklen Wald bis zur historischen Altstadt ist alles dabei auf dieser kontrastreichen Wanderung in schöner, alter Kulturlandschaft. Wenig befahrene Straßen, breite Waldwege und ein ganz kurzes Stück unmarkierter Weg.

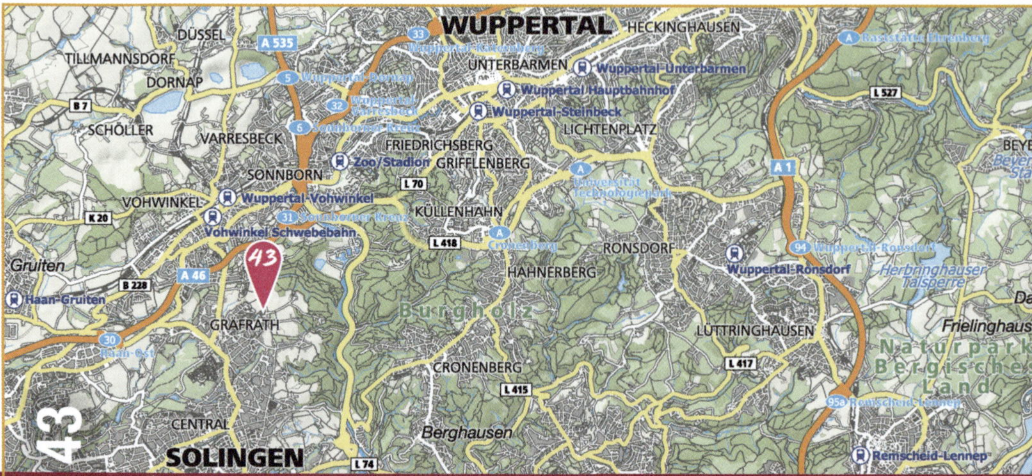

43 Genusstour

Start & Ziel & Anreise

Start- und Zielpunkt ist der Parkplatz des Tierparks Fauna in Gräfrath. Wir reisen über die A46 an, nehmen die Ausfahrt Haan-Ost (30) und folgen der L357. In Gräfenrath biegen wir dann auf die Schulstraße Richtung Tierpark Fauna ab.

Tourenbeschreibung

Neben seinem historischen Ortskern mit zahlreichen Baudenkmälern hat Gräfrath noch einiges mehr zu bieten: Einen Besuch lohnt beispielsweise das Deutsche Klingenmuseum, in dem – neben dem Gräfrather Kirchenschatz – Schneidwaren und Blankwaffen verschiedener Epochen und Kulturen ausgestellt sind.

Wir beginnen unsere Tour am Parkplatz des Tierparks Fauna in Gräfrath. Das Zeichen X führt uns nun erst einmal durch den Park zum Alt-Gräfrather Marktplatz. Beim Klingenmuseum geht es oberhalb vorbei, dann am Feuerwehrhaus vorbei und bald rechts hinauf. An der folgenden Straße links, dann gleich wieder rechts bis zum Abteiweg. In diesen biegen wir links ein und folgen ihm nun geradeaus, bis ein Fußweg auf die Felder führt.

Wir kommen an die Alte Kohlenstraße, an der wir nach links einbiegen und nach 100 Metern wieder rechts abzweigen. Bei Steinbeck geht es dann nach links in den Wald. Der Waldweg führt uns nun am Bach entlang und an Teichen vorbei hinab ins Tal. Nach gut 500 Metern biegen wir nach rechts auf A2 ab, auf einen breiteren Weg bergan. Nach wenigen Minuten an der alten Buche nach links. Wir folgen nun stetig A2, erst am Waldrand entlang, dann durch Eichen- und Buchenwäldchen. An der kommenden Straße wenden wir uns nach rechts, bald darauf links hinab und dann rechtshaltend zu den Fachwerkhäuschen von Flockertsholz. Wir passieren einen Teich und halten uns danach links, nun A3 und S folgend. Bergab geht es nun, bis wir auf ein Sträßchen treffen. Wir verlassen es bereits nach wenigen Minuten, es geht rechts auf einem steilen Serpentinenpfad hinauf, weiter auf S. Wir folgen der Markierung nun für gut 20 Minuten durch Friedenstal.

Wir folgen stetig weiter dem S, an einer Gabelung linkshaltend. Durch den Wald geht es abwärts, nach gut fünf Minuten queren wir den Unterholzer Bach. Gleich darauf wenden wir uns nach rechts, gleich an der Gabelung danach halten wir uns weiterhin rechts. A3 führt uns nun erst durch den Wald, dann am Waldrand entlang. Bald nach rechts, dann auf dem Feldweg links hinauf über die Weiden. An der Kreuzung vor Ketzberg geht es nach rechts, wir erreichen „Unten zum Holz".

An der ersten Gabelung weiter geradeaus, an der folgenden nach links hinauf. Wiederum an der nächsten Gabelung führt uns A3 zwischen den Häusern hindurch. Auf einem Pfad am Zaun entlang gelangen wir zur Lützowstraße, in die wir rechts einbiegen. Geradeaus geht es nun bis zum Lichtturm und zum Tierpark Fauna in Gräfrath zurück.

Autoren Tipp

Familien und Kinder wird es in Gräfrath eher in den Tierpark Fauna als in das Klingenmuseum oder die historische Altstadt ziehen. Und das ist auch durchaus eine gute Entscheidung, denn der Tierpark befindet sich praktischerweise gleich neben dem Wanderparkplatz. Er verbindet sehr geschickt die Wissensvermittlung mit dem Spaß und setzt dabei auf hautnahes Erlebnis.

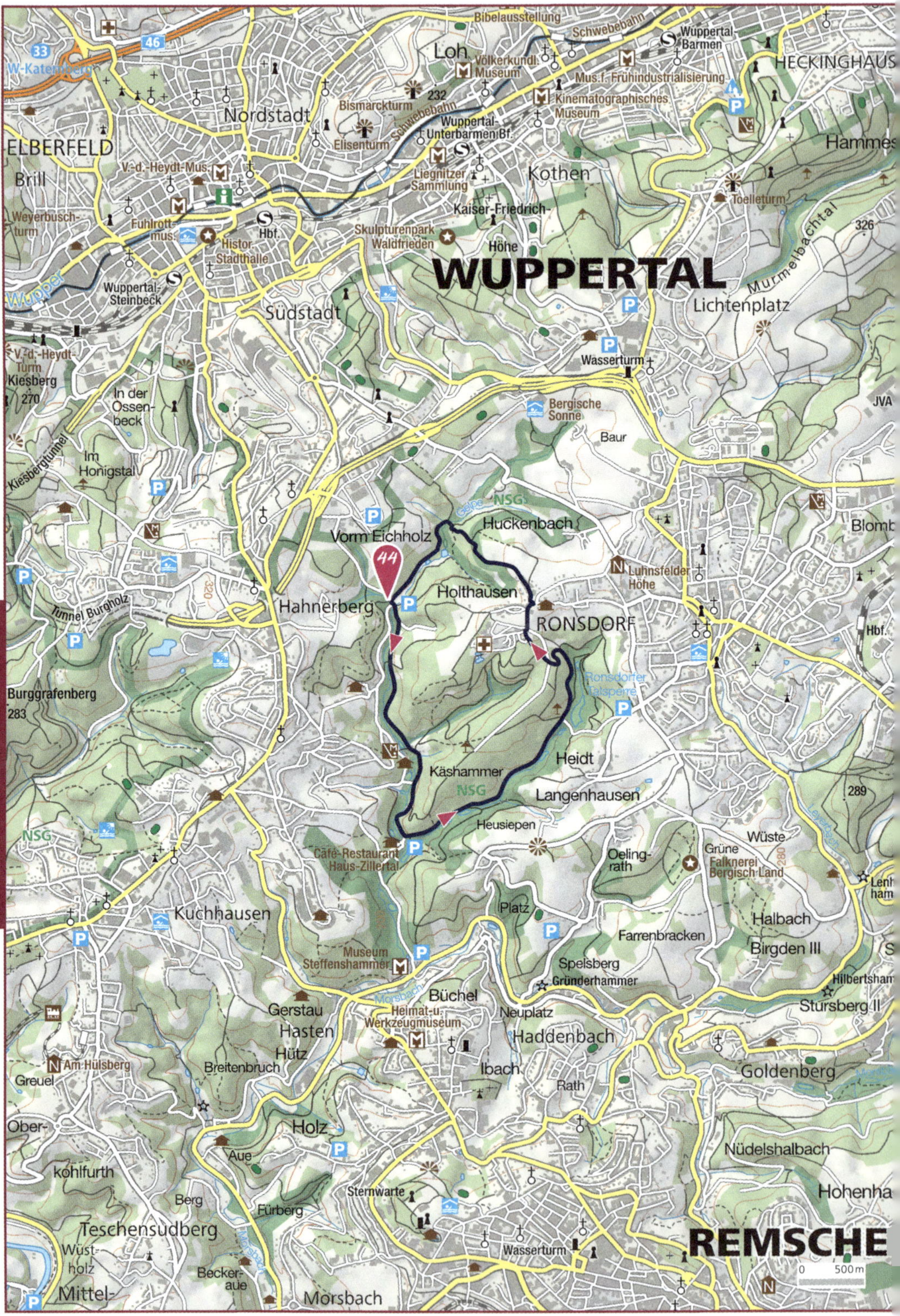
WUPPERTAL
ELBERFELD
Nordstadt
Brill
Loh
Bibelausstellung
Schwebebahn
Wuppertal-Barmen
HECKINGHAUS
Völkerkundl. Museum
Mus. f. Frühindustrialisierung
Kinematographisches Museum
Bismarckturm
232
Elisenturm
Wuppertal-Unterbarmen Bf.
V.-d.-Heydt-Mus.
Liegnitzer Sammlung
Kothen
Hammes
Toelleturm
Weyerbusch-turm
Fuhlrott-mus.
Histor. Stadthalle
Hbf.
Kaiser-Friedrich-Höhe
Skulpturenpark Waldfrieden
326
Murmelbachtal
Wupper
Wuppertal-Steinbeck
Südstadt
Lichtenplatz
Wasserturm
V.-d.-Heydt-Turm
Kiesberg
270
In der Ossen-beck
Bergische Sonne
Baur
JVA
Kiesbergtunnel
Im Honigstal
Gelpe
NSG
Huckenbach
Vorm Eichholz
44
Blomb
Luhnsfelder Höhe
Hahnerberg
Holthausen
Tunnel Burgholz
320
RONSDORF
Hbf.
Ronsdorfer Talsperre
Burggrafenberg
283
Heidt
Käshammer
NSG
Langenhausen
289
Heusiepen
NSG
Café-Restaurant Haus-Zillertal
Oeling-rath
Wüste
Grüne Falknerei Bergisch Land
280
Lenh ham
Kuchhausen
Platz
Halbach
Farrenbracken
Birgden III
Museum Steffenshammer
Spelsberg
Gründerhammer
Hilbertsham
Büchel
Stursberg II
Morsbach
Heimat-u. Werkzeugmuseum
Neuplatz
Gerstau
Hasten
Haddenbach
Hütz
Am Hülsberg
Ibach
Goldenberg
Greuel
Breitenbruch
Rath
Ober-kohlfurth
Holz
Nüdelshalbach
Aue
Hohenha
Sternwarte
Berg
Fürberg
Teschensudberg
Wüst-holz
Wasserturm
REMSCHE
Becker-aue
Mittel-
Morsbach
0
500 m
33
46
W-Katernberg

44

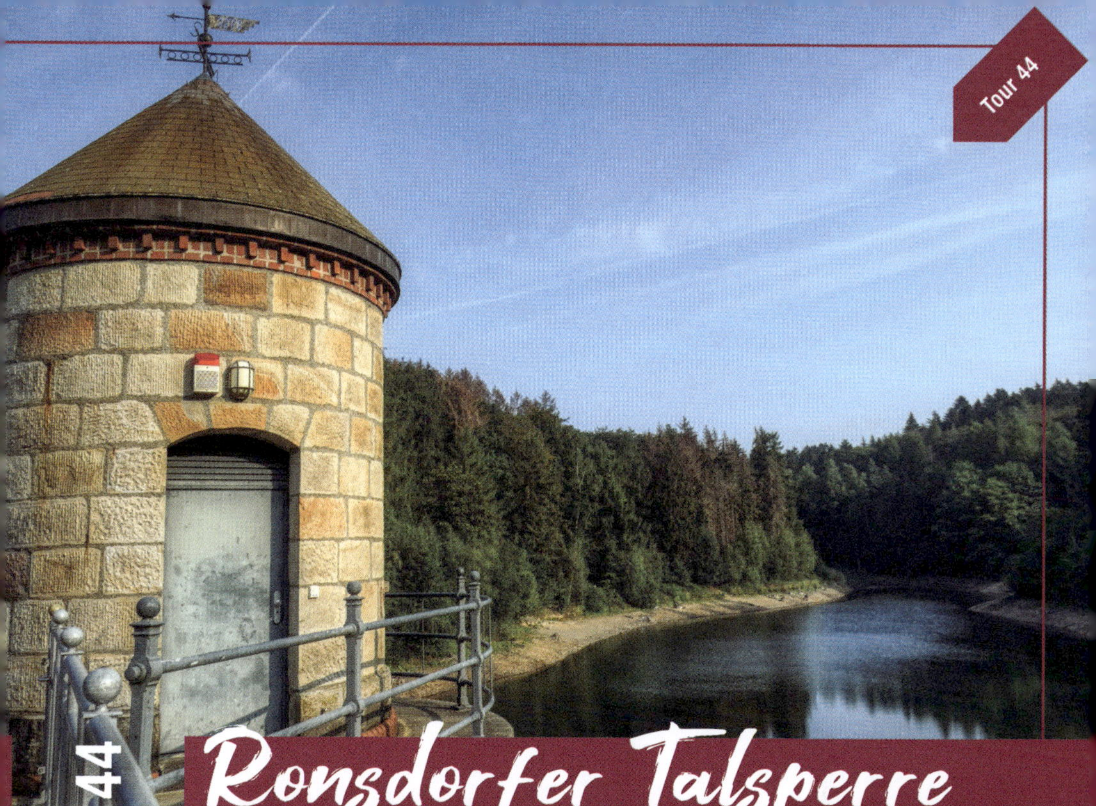

44 Genusstour

Ronsdorfer Talsperre

Durch ein kulturhistorisches Tal

DAUER	2h 10min
LÄNGE	6,8 km
AUFSTIEG	140 hm
SCHWIERIGKEIT	LEICHT
MIT ÖFFIS ERREICHBAR	nein

Das erwartet dich ...

Natur pur und Spuren der Geschichte mitten in der Stadtregion können wir auf dieser Tour erleben. Entspannte Pfade und schmale Teersträßlein wechseln sich mit breiteren Waldwegen ab. Auf einen langen Abstieg nach Zillertal folgt ein langer Aufstieg zur Ronsdorfer Talsperre. Hier werden wir jedoch durch die schöne Aussicht und die entspannte Atmosphäre entsprechend für die Strapazen belohnt.

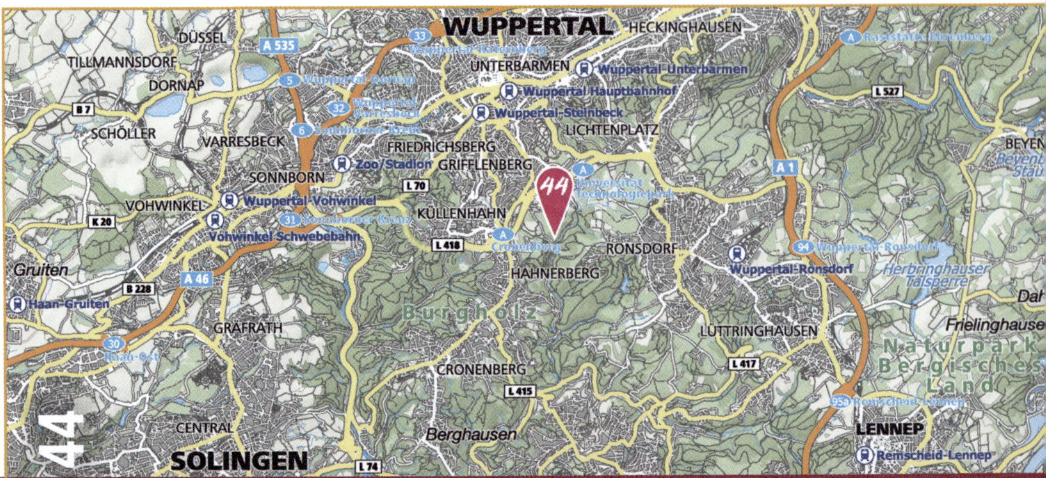

Start & Ziel & Anreise

Ausgangs- und Endpunkt ist der Parkplatz in der Straße Gelpetal in Wuppertal. Von der A46 kommend fahren wir am Kreuz Sonnborner Richtung W.-Cronenberg/W-Ronsdorf/W-Elberfeld. Wir folgen der L418 bis zur Ausfahrt Zentrum/Wuppertal-Elberfeld. Nun geht es gleich rechts auf die Straße Vorm Eichholz, bis wir bei der Straße Gelpetal links auf den Parkplatz kommen.

Tourenbeschreibung

Im Gelpetal geht es vorbei an historischen Schleifkotten und Hämmern; hier wurden bereits im Mittelalter Werkzeuge und Klingen geschmiedet. Infotafeln am Weg der Ausschilderung „Wanderweg Historisches Gelpetal" geben Einblick in das Leben und die Arbeit der dortigen Bevölkerung.

Wir starten diese kurze, aber schöne Runde am Wanderparkplatz im Gelpetal. Wir überqueren nun erst einmal die Gelpe, dann geht es gleich rechts weiter und folgen dem Dreieck, dem Zuweg „Erlebnisweg Morsbach". Auf schmalem, wurzeligem Pfad geht es nun immer an der Gelpe entlang. Nach gut 20 Minuten erreichen wir Käshammer. Hier geht es auf asphaltiertem Weg weiter geradeaus hinab. Wiederum nach rund 20 Minuten gelangen wir an eine Kreuzung, die uns zum Cafe-Restaurant Haus-Zillertal führt, wo wir einkehren können.

Der asphaltierte Weg führt in einer scharfen Rechtskurve weiter hinab. Wir jedoch wenden uns beim Wanderschild nach links und folgen dem Waldweg bergan. Zu unserer Rechten fließt nun der Saalbach. Nach circa einer halben Stunde erreichen wir – noch immer dem Zuweg „Erlebnisweg Morsbach" folgend – die Ronsdorfer Talsperre.

Wir wandern immer weiter geradeaus hinauf, an der Gabelung mit dem Pflasterweg biegen wir links ein, auf einen Waldweg steil aufwärts. An der folgenden T-Kreuzung geht es nach rechts, dann gleich wieder rechts. Wir kommen zur Straße Im Saalscheid, in die wir rechts bergan einbiegen. Bei der Halthauserstraße halten wir uns rechts, dann gleich Am Sonnenblick nach links, nun auf W. Bei den letzten Häusern führt uns das W hinab in die Wiese, an der Tannenbaumschule am Zaun entlang, dann noch ein kurzes Stück geradeaus bis zum Waldrand. Hier schräg rechts auf einen Pfad in den Wald hinein. Das W leitet uns zu einem breiten Waldweg, dem wir geradeaus hinabfolgen. An der nächsten T-Kreuzung nach rechts, über ein Holzbrücklein, dann wenden wir uns wieder nach links. Wir folgen dem Weg nun immer geradeaus und gelangen so zurück zum Wanderparkplatz Gelpetal.

Die Staumauer der Ronsdorfer Talsperre

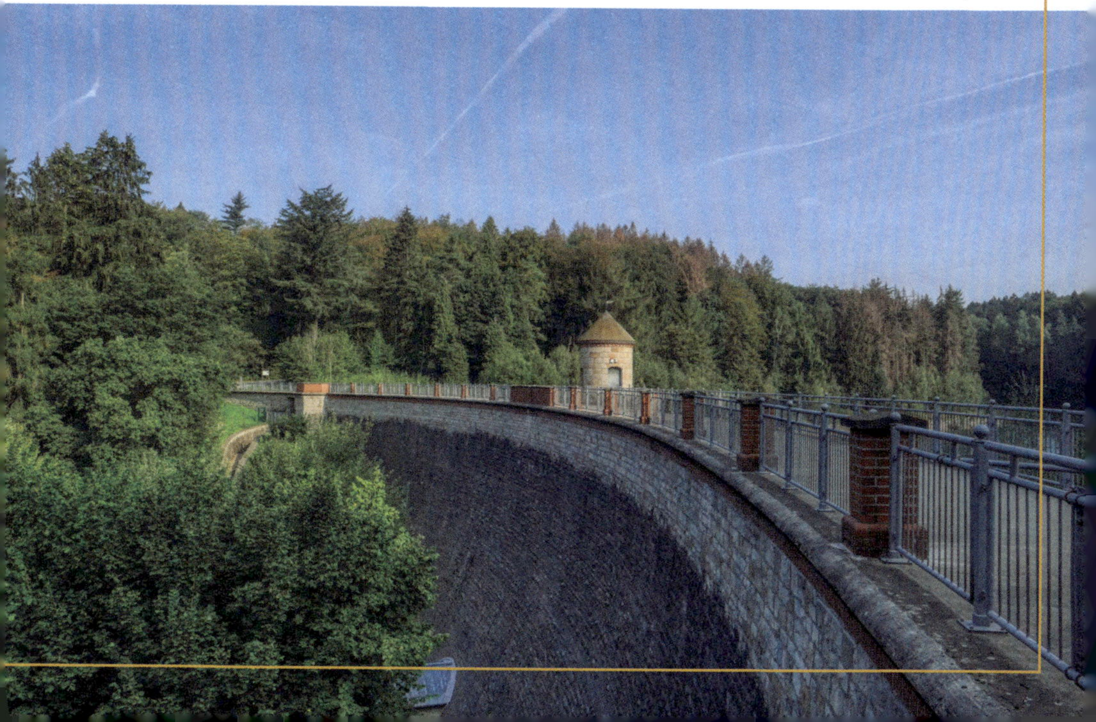

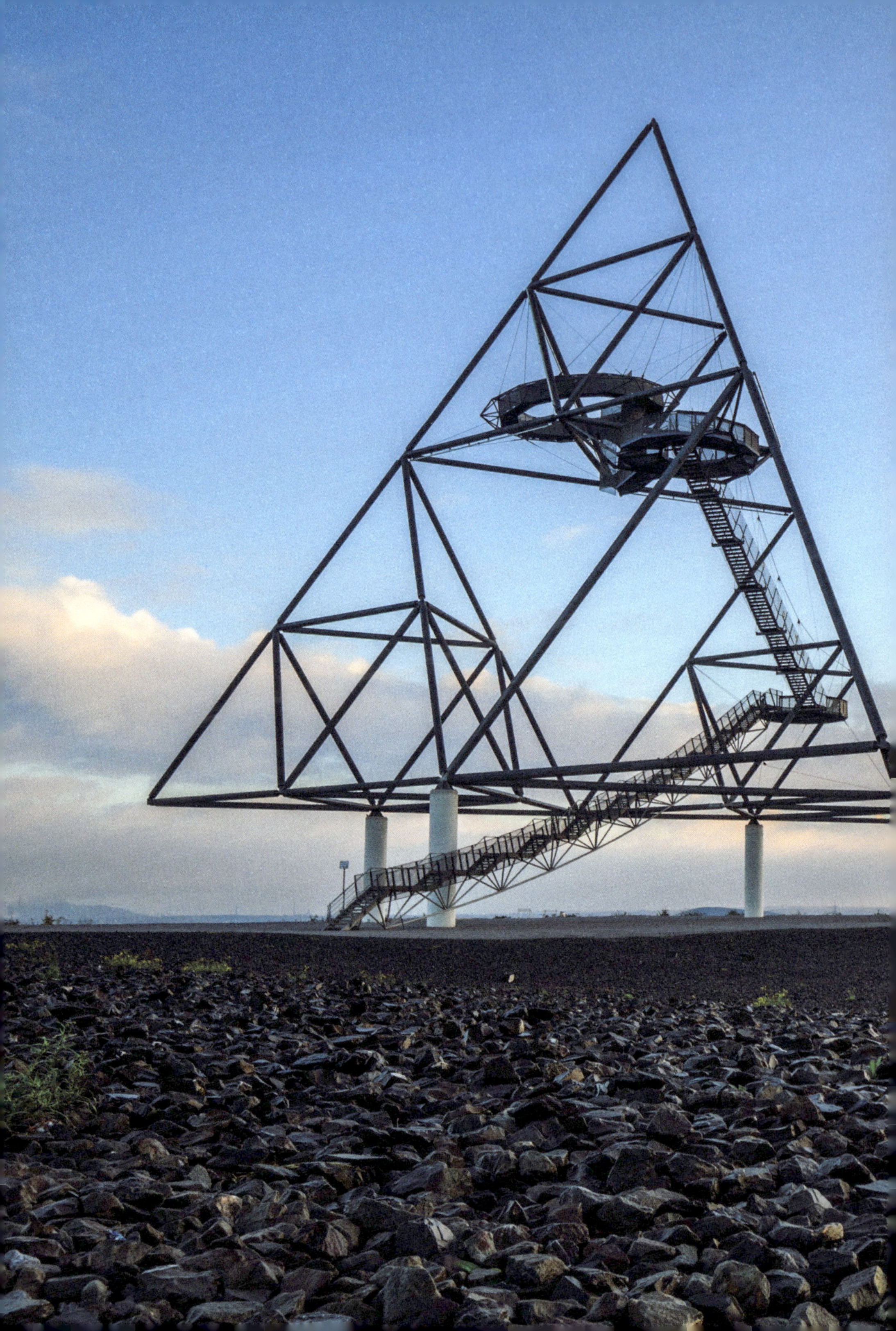

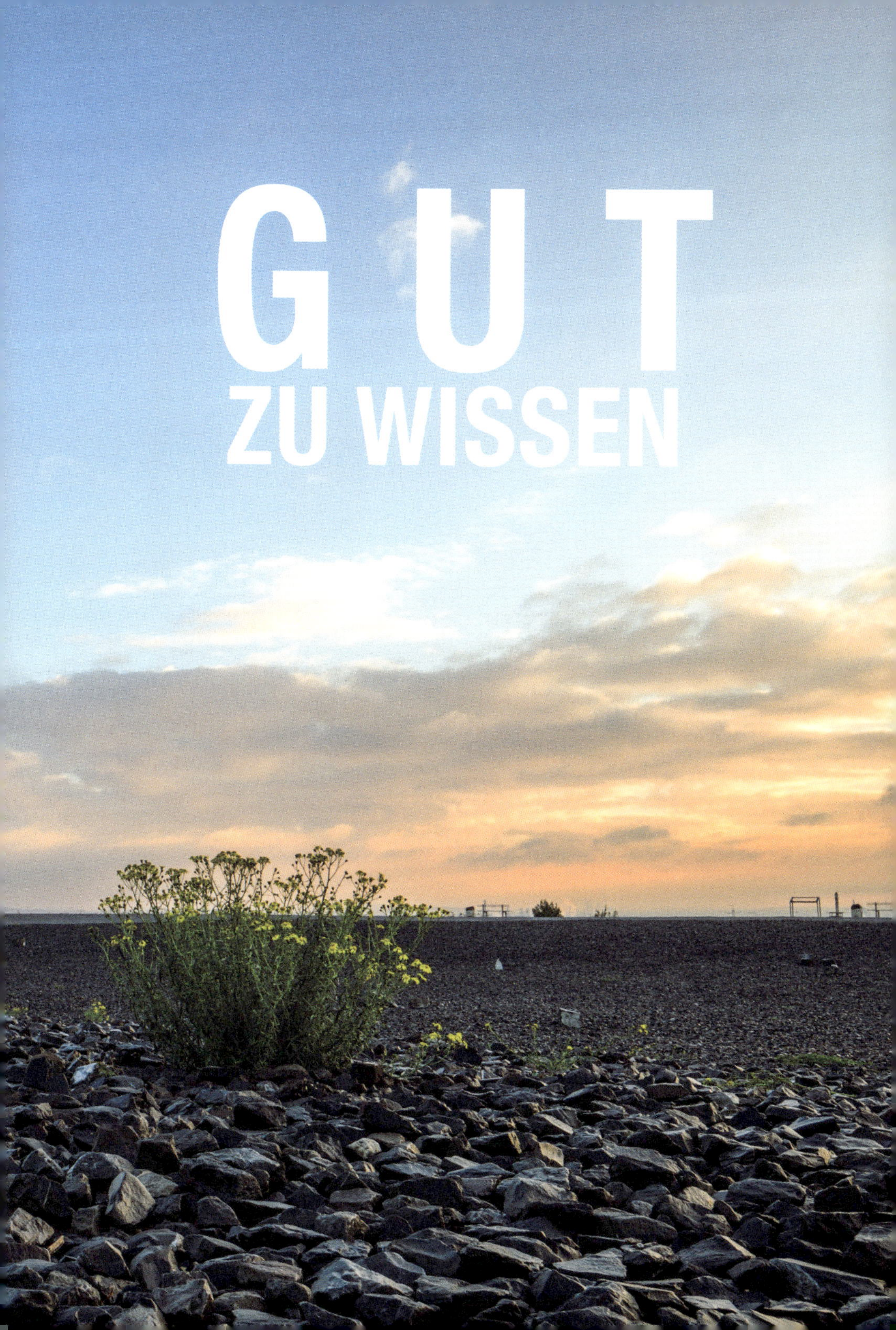
GUT
ZU WISSEN

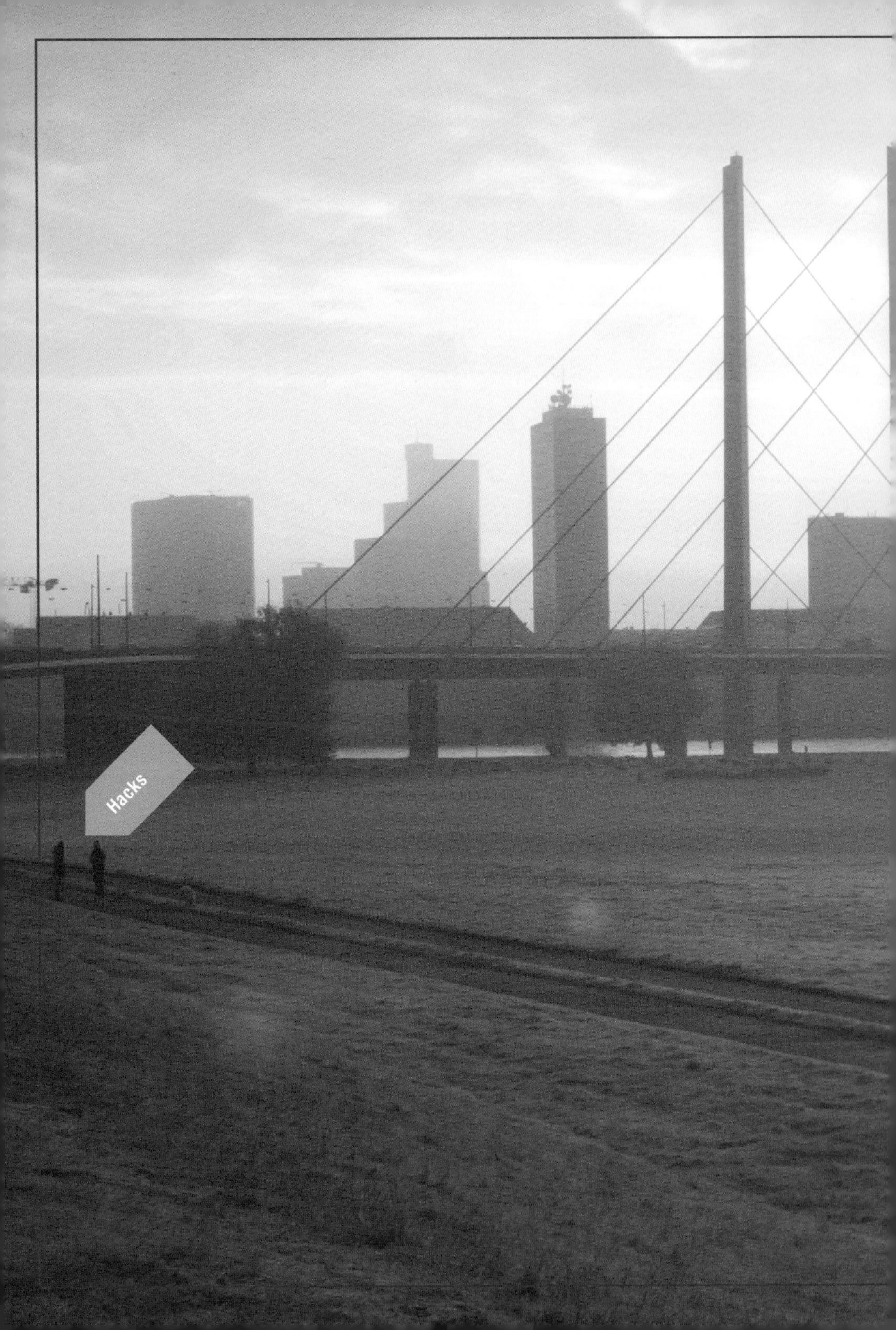
Hacks

Unsere Wander-Hacks

Es geht auch einfacher

HACKS

SAISONSTART

1000 Höhenmeter und 20 Kilometer sind etwas viel für die erste Tour, fange mit einigen gemütlichen Wanderungen an und steigere dich langsam. Je nach Fitnesslevel können das über 500 Höhenmeter am Anfang sein oder auch 200. Hör auf deinen Körper und überfordere dich nicht gleich am Anfang.

AUFWÄRMEN

Das Herz pumpt schon nach den ersten fünf Minuten wie verrückt? Dann bist du wohl zu schnell los! Wie bei jeder Sportart solltest du dich auch beim Wandern aufwärmen. Gehe die erste halbe Stunde etwas langsamer, bis der Kreislauf in Schwung gekommen ist. Vor allem in ungewohnten Höhenlagen muss sich dein Körper erst einmal an die neuen Bedingungen gewöhnen.

SCHUHWERK & SOCKEN

Das richtige Schuhwerk erspart dir sehr viel körperliches Leid – angefangen von Blasen und Druckstellen bis hin zu gefährlichen Stürzen durch Umknicken. Gleiches gilt für Wandersocken; sie sollten gut passen (lieber etwas zu klein kaufen) und Verstärkungen an der Ferse und Fußsohle haben, damit du hier keine schmerzhaften Blasen bekommst.

Endlich was Neues ausprobieren

Lust was Neues auszuprobieren?

WENN JA HABEN WIR EIN PAAR VORSCHLÄGE FÜR DICH.

- **MAISLABYRINTH IN HALTERN:** Zwar verlierst du schnell die Orientierung, aber das macht hier ausnahmsweise richtig Spaß!
- **CAMERA OBSCURA MÜHLHEIM:** Im alten Eisenbahnwasserturm erwartet dich ein 360°-Blick deiner Umgebung.
- **SEILBAHN FAHREN IM WESTFALENPARK:** Mitten in Dortmund kannst du den Park im Zweiersessel von oben betrachten.
- **ZECHE ZOLLVEREIN IN ESSEN:** Zwar nicht ganz neu, aber auf dem Industriegelände gibt es immer wieder Neues zu entdecken!
- **SCHWEBEBAHN WUPPERTAL:** Mit dem öffentlichen Verkehrsmittel unter Denkmalschutz solltest du einmal gefahren sein.

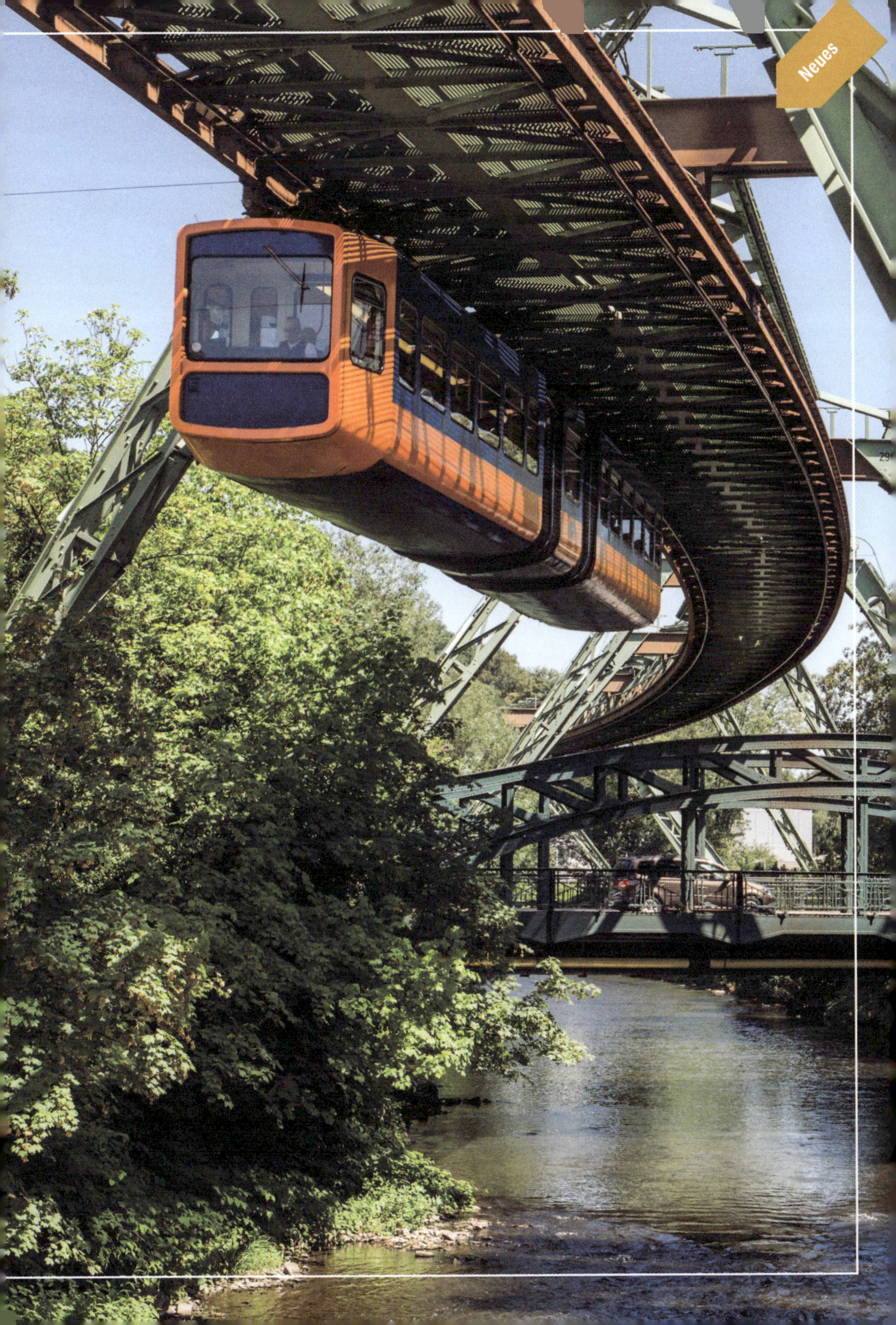

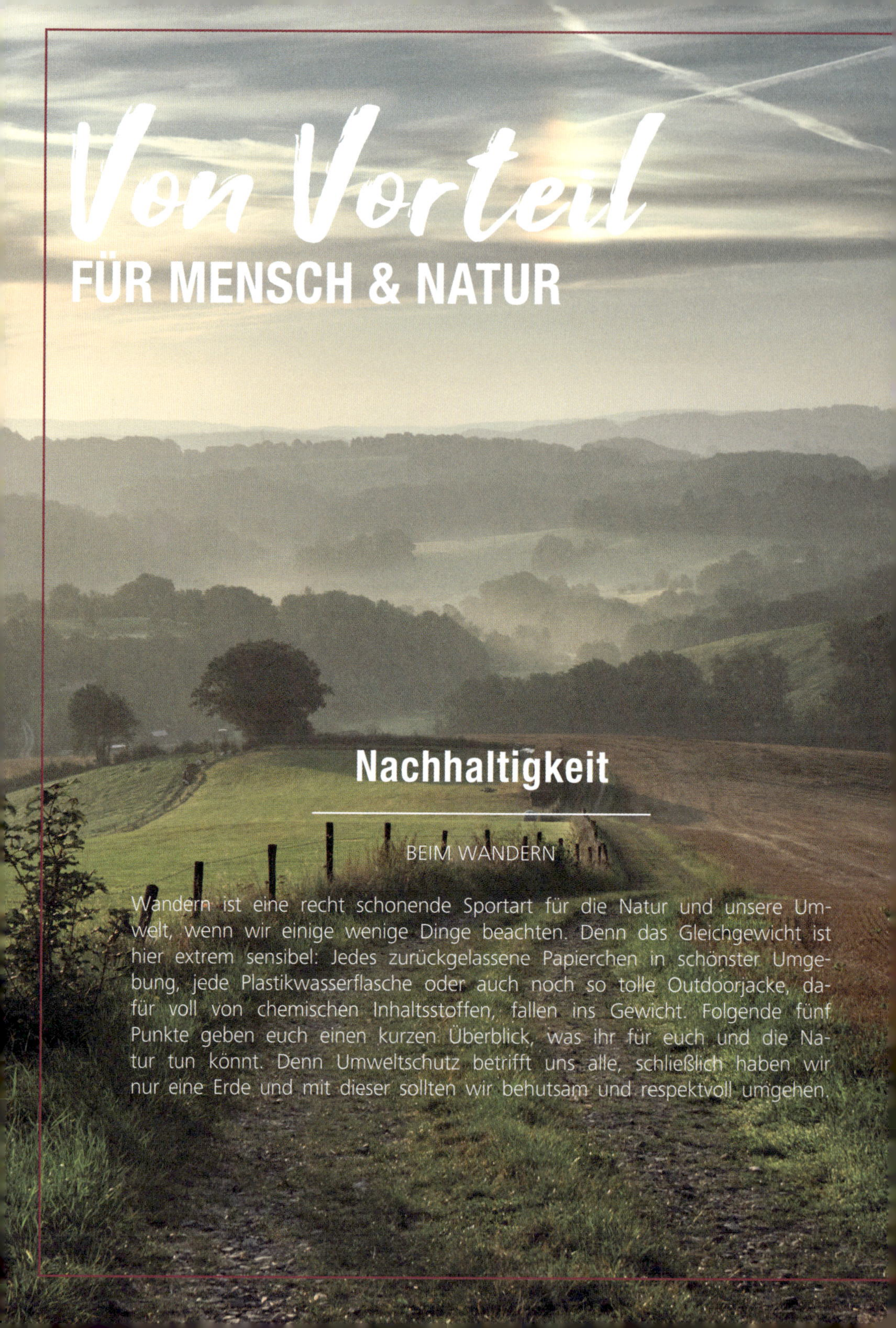

Von Vorteil
FÜR MENSCH & NATUR

Nachhaltigkeit

BEIM WANDERN

Wandern ist eine recht schonende Sportart für die Natur und unsere Umwelt, wenn wir einige wenige Dinge beachten. Denn das Gleichgewicht ist hier extrem sensibel: Jedes zurückgelassene Papierchen in schönster Umgebung, jede Plastikwasserflasche oder auch noch so tolle Outdoorjacke, dafür voll von chemischen Inhaltsstoffen, fallen ins Gewicht. Folgende fünf Punkte geben euch einen kurzen Überblick, was ihr für euch und die Natur tun könnt. Denn Umweltschutz betrifft uns alle, schließlich haben wir nur eine Erde und mit dieser sollten wir behutsam und respektvoll umgehen.

Und das kannst du machen ...

Green-Guide

01 Nachhaltigkeit beginnt schon bei der Anreise: Je mehr Menschen mit dem Auto fahren, desto mehr CO_2-Ausstoß und desto mehr umweltschädlicher Gummiabrieb der Reifen gibt es. Doch viele Ausgangspunkte sind auch gut mit den öffentlichen Verkehrsmitteln zu erreichen. Also einfach mal das Auto stehen lassen. Oder Fahrgemeinschaften bilden.

02 Keine Einwegflaschen: Gerade das Trinken ist auf Wanderungen wichtig. Doch sollte man aus Rücksicht auf die Natur und sich selbst auf Einwegflaschen aus Plastik verzichten und lieber seine eigene Trinkflasche mitnehmen.

03 Kein Verpackungsmüll: Die Verpflegung für den Hunger zwischendurch ist mindestens genauso wichtig wie das Trinken. Brotdosen bieten sich zum Transport von Proviant an oder einfach alles in ein Bienenwachstuch einwickeln.

04 Wanderausrüstung leihen: Gerade beim Ausprobieren einer Sportart muss nicht gleich alles neu gekauft werden, was dann vielleicht im Keller landet. Manche Ausrüstungsgegenstände können auch erst einmal ausgeliehen werden. Auch ist es nicht notwendig, jedes Jahr ein neues Outfit zu kaufen. Achtet ihr schon beim ersten Kauf auf Qualität, macht sich das bemerkbar, denn qualitativ hochwertigere Produkte begleiten uns oft jahrelang.

05 Weniger ist mehr: Oft findet sich die schönste Natur in unmittelbarer Nähe. So muss es nicht immer die weit entfernte Gebirgskette sein. Auch Ziele, die aufgrund ihrer Bekanntheit an Wochenenden und in den Ferien total überlaufen sind, freuen sich über ein paar Besucher weniger. Weniger bekannte Ziele haben auch ihren Reiz und warten nur darauf, entdeckt zu werden.

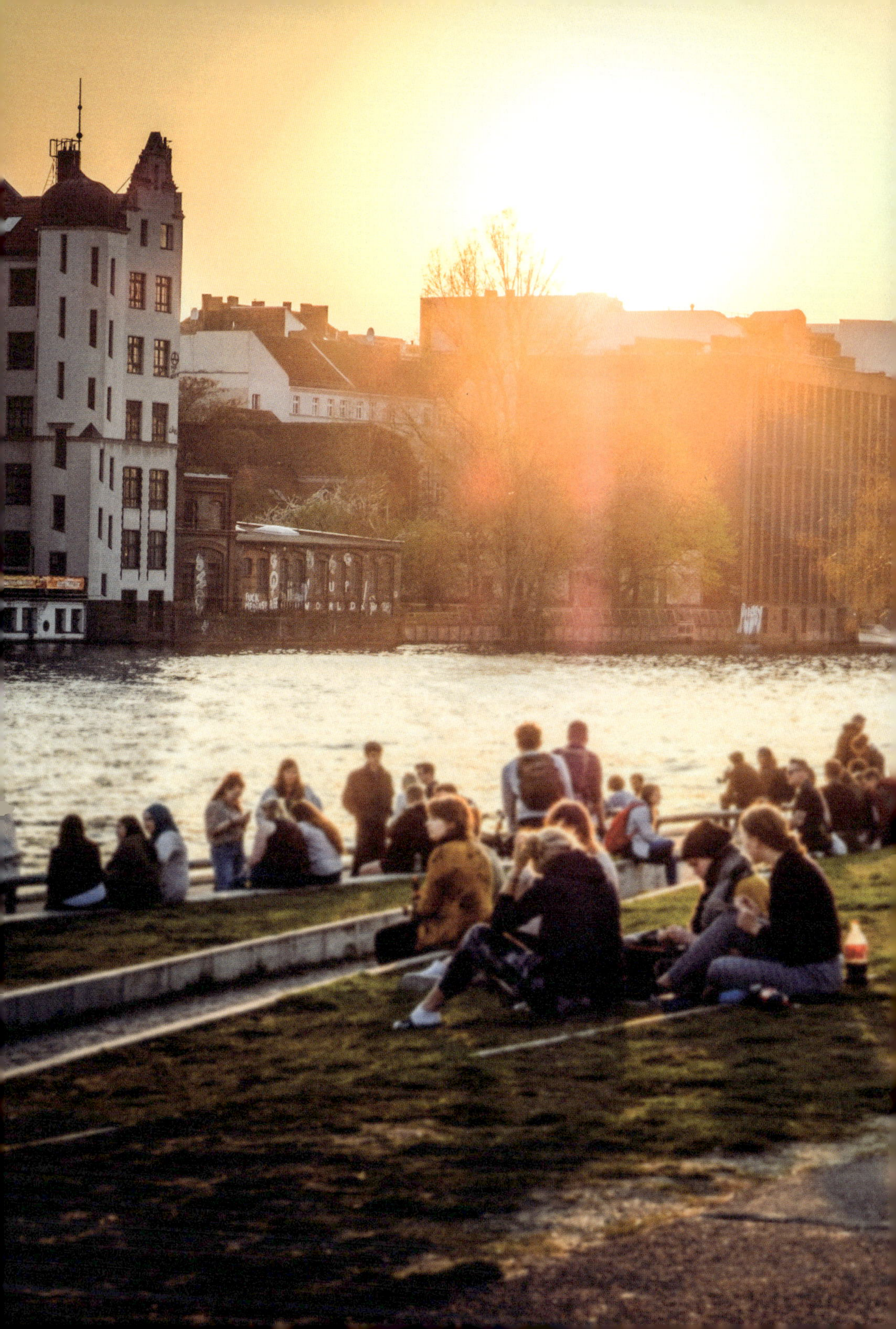

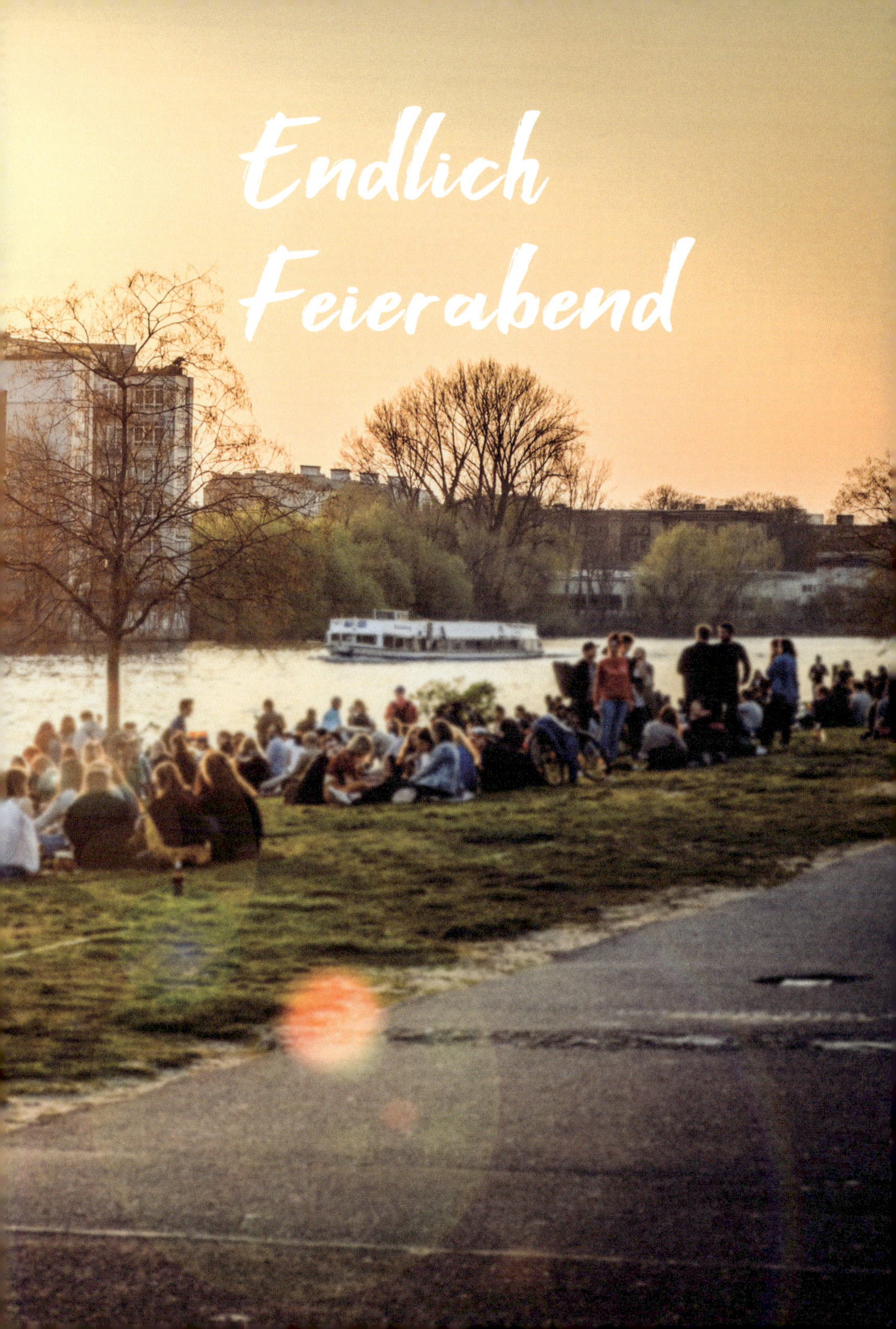
Endlich
Feierabend

Karl-Kapferer-Straße 5, A-6020 Innsbruck

1. Auflage 2022 (22.01)
Verlagsnummer 3504
ISBN 978-3-99121-365-9

Konzept und Bildnachweis

Konzept & Gestaltung: © KOMPASS-Karten GmbH

Text: KOMPASS-Karten AutorInnen (s. Klappe)

Grafische & Kartographische Herstellung:
© KOMPASS-Karten GmbH

Kartengrundlage: © KOMPASS-Karten GmbH
unter Verwendung von OpenStreetMap Contributers
(www.openstreetmap.org)

Titelbild: Die Zeche Ewald; © Simon - stock.adobe.com

Rückseite Cover: Die Glörtalsperre; Michael Büscher

Weiterer Bildnachweis:
S.2/3: © Lars - stock.adobe.com
S.4/5: © Marcus Retkowietz - stock.adobe.com
S.31; S.35; S.214/215: © Simon - stock.adobe.com
S.8/9; S.10/11: © 2011 Oliver Hoffmann
S.15; S.39: © NIKOLAY OKHITIN - stock.adobe.com
S.16: © Halfpoint - stock.adobe.com
S.18; S.91: © Barbara Buderath - stock.adobe.com
S.21: © U. J. Alexander - stock.adobe.com
S.22: © SRF Fotodesign - stock.adobe.com
S.24/25; S.127: Michael Büscher
S.27: © Marc venema - stock.adobe.com
S.43: © Iurii - stock.adobe.com
S.47: © MARCOWICKE - stock.adobe.com
S.51; S.111; S.123: © mitifoto - stock.adobe.com
S.54: © sehbaer_nrw - stock.adobe.com
S.59; S.97; S.101; S.107; S.118; S.125: Bernhard Pollmann
S.63; S.67: Thomas Max Müller
S.65: © annacovic - stock.adobe.com
S.71: © rameoart - stock.adobe.com
S.73: © Yannic Niedenzu - stock.adobe.com
S.75: Digimagic
S.78: © 2018 K. Lauter & J. Ackermann - stock.adobe.com
S.81: © mimeck - stock.adobe.com
S.83: Richard Scharpenberg
S.85: © hean - stock.adobe.com
S.87: © odluap - stock.adobe.com
S.95: Ralf Schmitz
S.99: © Tobias Arhelger - stock.adobe.com
S.103: Dirk Wolf
S.115: © Marcus Retkowietz - stock.adobe.com
S.131; S.133: © Michael Kaub
S.135: Sylvia und Thilo Behla
S.139: © druckreif-medien
S.143; S.147; S.151; S.153; S.155; S.159; S.163; S.179;
S.183; S.197: Lisa Aigner

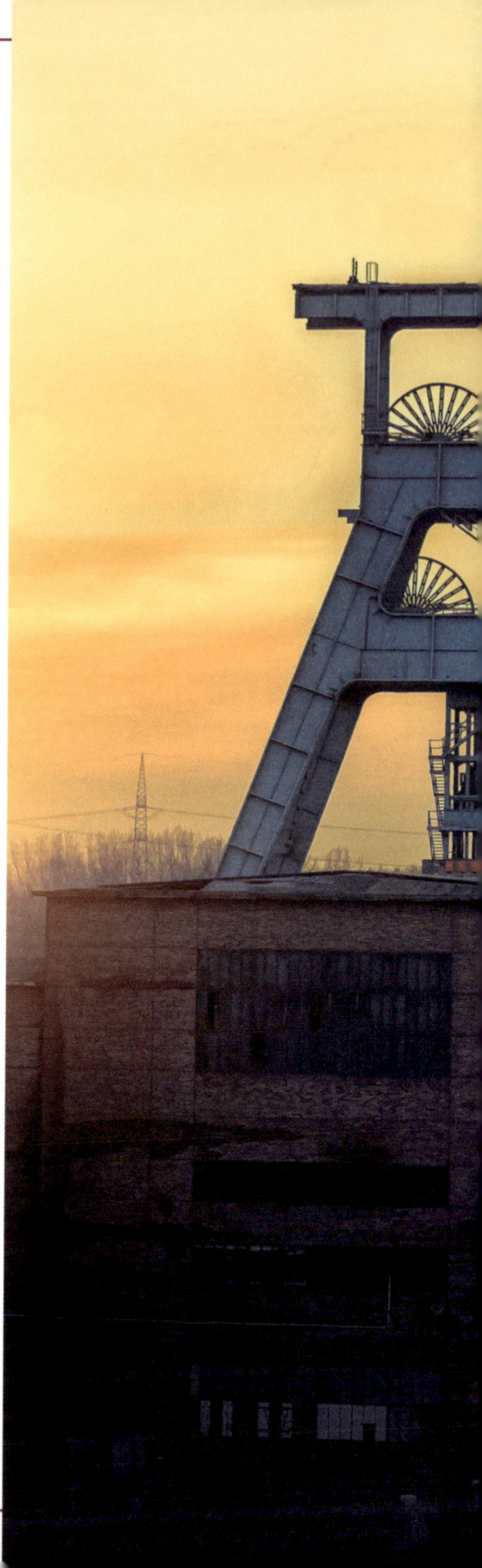

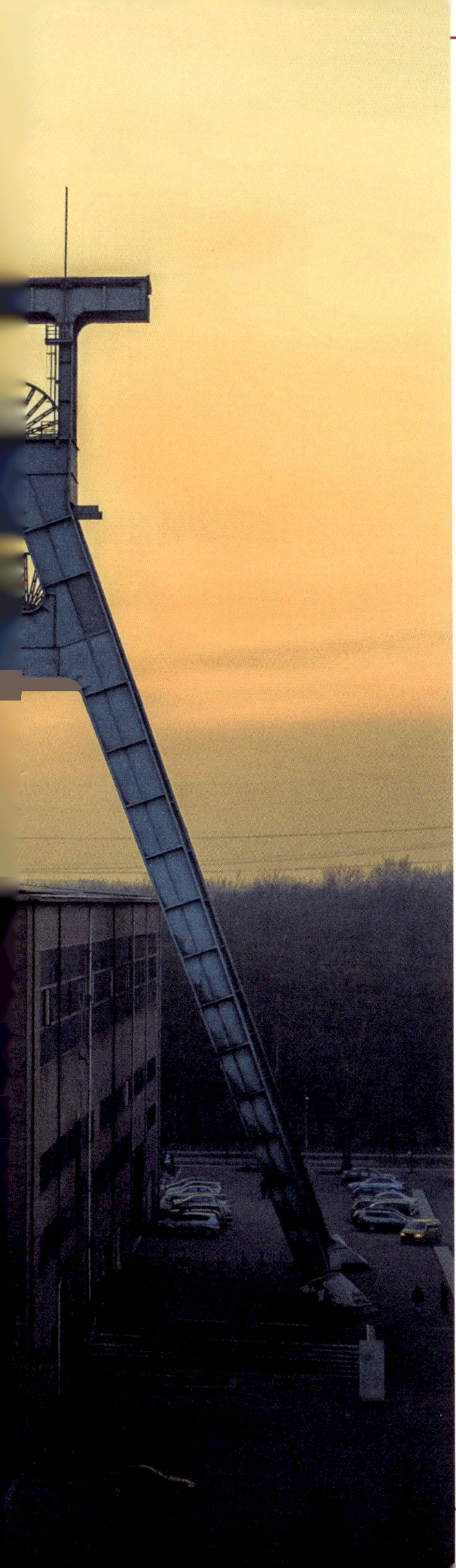

Deine Orientierung

FÜR DAS NAVIGATIONSGERÄT DEINER WAHL HABEN WIR ALLE TOUREN ALS GPX-TRACK ZUM DOWNLOAD.

Du planst und navigierst lieber digital? Dafür haben wir alle Touren auf unserer Webseite für dich.
www.kompass.de/gpx
Damit kommst du direkt zum Download-Bereich. Einfach das richtige Produkt auswählen, herunterladen und auf das Zielgerät oder in die gewünschte App importieren.

Weiterer Bildnachweis :
S.157: © Lukas Gürtler - stock.adobe.com
S.165: © Volker Drabent - stock.adobe.com
S.167: © Dominik Ketz
S.171: © Björn Wylezich - stock.adobe.com
S.175: © Ariane - stock.adobe.com
S.187: ©Omm-on-tour - stock.adobe.com
S.190/191: © Roland Abel - stock.adobe.com
S.193: © Thomas Stockhausen - stock.adobe.com
S:201; S:203: © hespasoft - stock.adobe.com
S.204/205: © Matthias - stock.adobe.com
S.206: © Stephan Walochnik - stock.adobe.com
S.209: © majonit - stock.adobe.com
S.210: © Lukasz - stock.adobe.com
S.212/213: © hanohiki - stock.adobe.com

Alle Angaben und Routenbeschreibungen wurden nach bestem Wissen gemäß unserer derzeitigen Informationslage gemacht. Die Wanderungen wurden sehr sorgfältig ausgewählt und beschrieben, Schwierigkeiten werden im Text kurz angegeben. Es können jedoch Änderungen an Wegen und im aktuellen Naturzustand eintreten. Wanderer und alle Kartenbenützer müssen darauf achten, dass aufgrund ständiger Veränderungen die Wegzustände bezüglich Begehbarkeit sich nicht mit den Angaben in der Karte decken müssen. Bei der großen Fülle des bearbeiteten Materials sind daher vereinzelte Fehler und Unstimmigkeiten nicht vermeidbar. Die Verwendung dieses Führers erfolgt ausschließlich auf eigenes Risiko und auf eigene Gefahr, somit eigenverantwortlich. Eine Haftung für etwaige Unfälle oder Schäden jeder Art wird daher nicht übernommen. Für Berichtigungen und Verbesserungsvorschläge ist die Redaktion stets dankbar. Korrekturhinweise bitte an folgende Anschrift:

KOMPASS KARTEN GMBH
Karl-Kapferer-Straße 5, A-6020 Innsbruck
www.kompass.de/service/kontakt

MIX
Papier aus verantwortungsvollen Quellen
FSC® C018236

#folgedeinemKOMPASS